國家社會科學基金重大項目『中、日、韓漢語音義文獻集成與漢語音義學研究』（19ZDA318）階段性成果

宋元韻圖五種用字研究

遆亞榮 著

武漢大學出版社
WUHAN UNIVERSITY PRESS

圖書在版編目(CIP)數據

宋元韻圖五種用字研究/邁亞榮著 . —武漢:武漢大學出版社,2022.12
ISBN 978-7-307-23308-9

Ⅰ.宋…　Ⅱ.邁…　Ⅲ.古漢語—音韻學—研究—宋元時期　Ⅳ.H11

中國版本圖書館 CIP 數據核字(2022)第 163130 號

責任編輯:李　瓊　　　責任校對:汪欣怡　　　版式設計:馬　佳

出版發行:**武漢大學出版社**　　(430072　武昌　珞珈山)
　　　　(電子郵箱:cbs22@ whu.edu.cn 網址:www.wdp.com.cn)
印刷:武漢郵科印務有限公司
開本:787×1092　1/16　印張:21　字數:430 千字　插頁:1
版次:2022 年 12 月第 1 版　　2022 年 12 月第 1 次印刷
ISBN 978-7-307-23308-9　　　定價:65.00 元

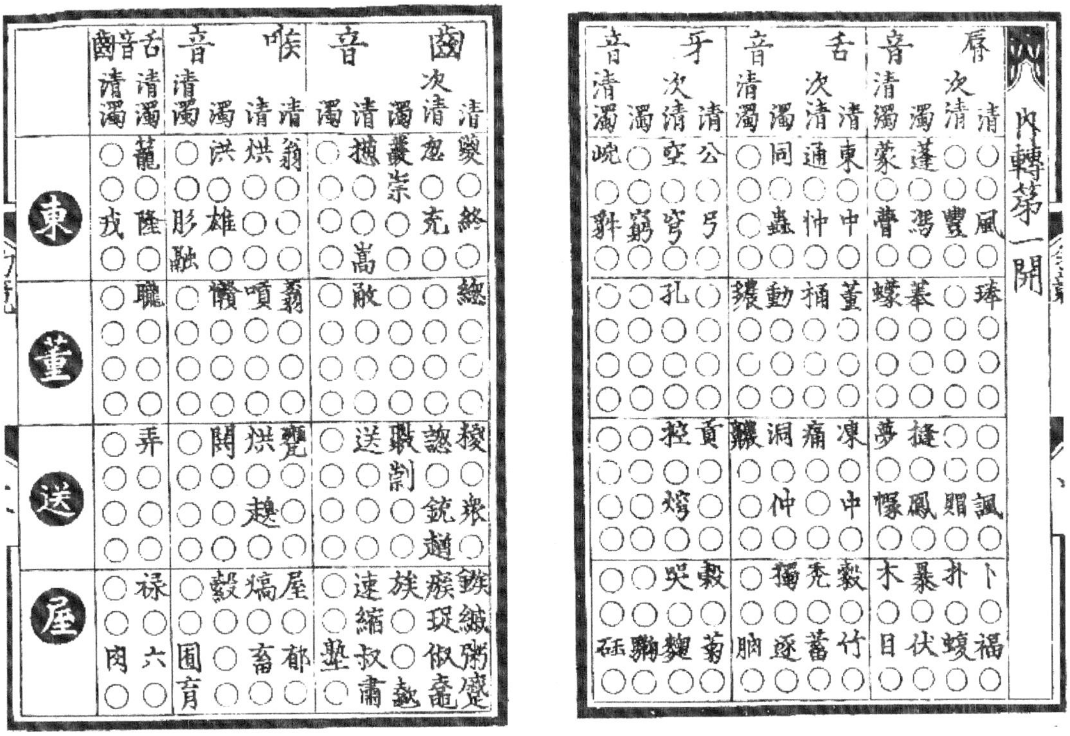

圖 1-1 《韻鏡》

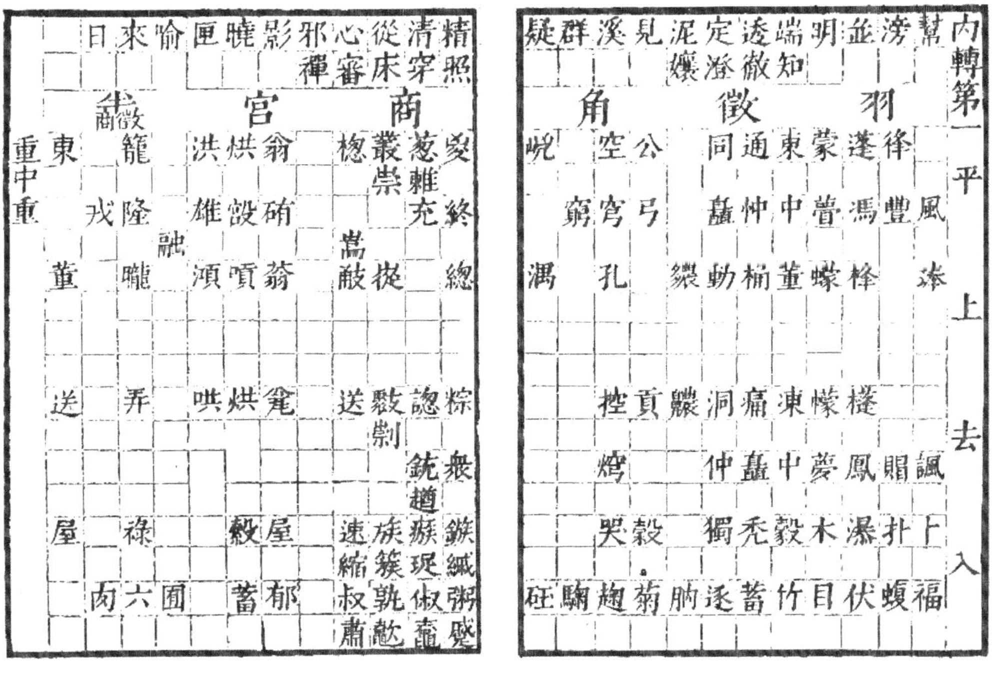

圖 1-2 《七音略》

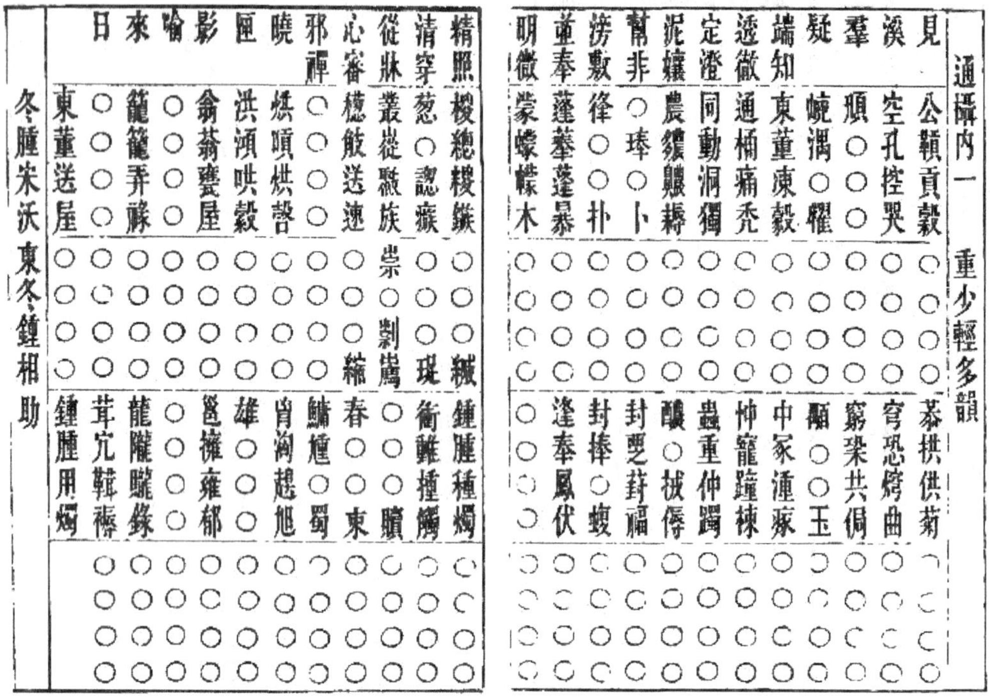

圖1-3 《四聲等子》

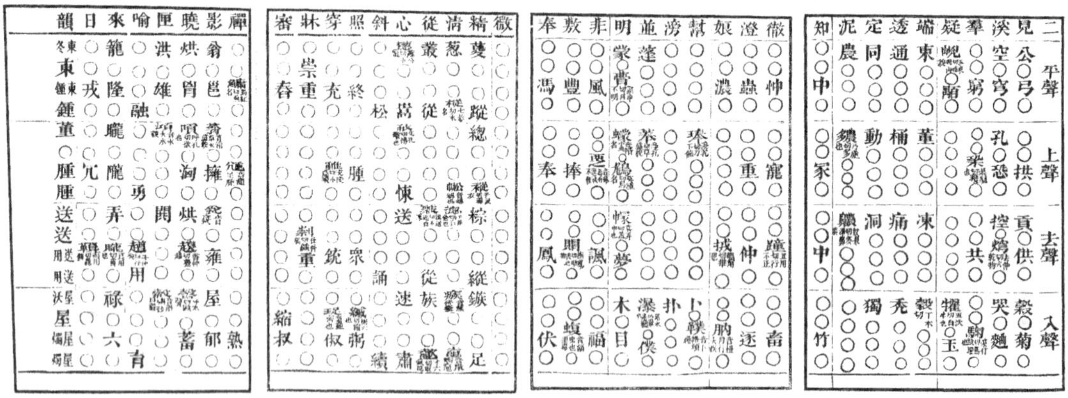

圖1-4 《切韻指掌圖》

圖 1-5 《經史正音切韻指南》

序

　　本書是邊亞榮博士在她的博士學位論文的基礎上修訂而成的學術專著。書的內容正如書名《宋元韻圖五種用字研究》，選取《韻鏡》《通志·七音略》《四聲等子》《切韻指掌圖》和《經史正音切韻指南》五種宋元時期的等韻圖，對韻圖的用字綜合進行比較，揭示在用字異同中蘊含的豐富的學術信息。

　　五種等韻圖中，《七音略》爲宋人鄭樵所撰，《經史正音切韻指南》爲元人劉鑑所撰，《韻鏡》和《四聲等子》兩種不著撰人名氏，《切韻指掌圖》題署宋司馬光撰，實際上也是佚名作者托名司馬光撰作，但五種書全都是宋元時期的作品是沒有問題的。從宋代到明清，現存的漢語等韻圖著作有一二百種，而以宋元韻圖五種時代最早，因此，對這五種書的研究一直受到學者的高度重視，在等韻學史和漢語語音史上具有重要的學術價值。

　　在中國傳統學術研究中，文字音韻訓詁學——即所謂"小學"是比較艱澀的，需要經過長期的專門的學術訓練纔能掌握，特別是音韻學更有"絕學"之稱，其中等韻學研究尤爲冷僻。個中緣由，正如清代學者勞乃宣在《等韻一得·自序》中所説：

　　　　有古韻之學，探源六經，旁徵諸子，下及屈（原）、宋（玉），以考唐虞三代秦漢
　　之音是也；有今韻之學，以沈（約）、陸（法言）爲宗，以《廣韻》《集韻》爲本，證以諸
　　名家之詩與有韻之文，以考六朝唐宋以來之音是也；有等韻之學，辨字母之重輕清
　　濁，別韻攝之開合正副，按等尋呼，據音定切，以考人聲自然之音是也。古韻、今韻
　　以考據爲主，等韻以審音爲主，各有專家，不相謀也。

　　勞乃宣這段話清晰地闡述了等韻學與古韻學、今韻學在研究材料和研究方法上的不同。

　　古韻學或稱古音學，研究材料是先秦漢魏的韻文，今韻學或稱今音學，研究材料是唐宋韻文和《切韻》系韻書。無論是韻文還是韻書，都是綫性可讀性文本。綫性是説文本行款是先從上到下，再從右到左順序連續展開；可讀性是説文本前後相屬構成完整的語篇，語義可以被人理解。

1

唐宋以降，律詩遵用官韻，寫詩必須選用韻書中同一個韻部的韻字構成一個一個押韻單位——韻段，讀詩時同一韻段的韻字覆檢韻書必然在同一個韻部中，在韻文和韻書相輔爲用的長期實踐中，學者逐漸領悟到韻字、韻段和韻部的關係，並嘗試將這種思想貫徹到古韻學的研究中，直至明末清初，顧炎武撰《音學五書》，始創立從韻文的韻字客觀歸納韻部的研究方法，是古韻學成熟的標識之一。到了清嘉慶道光年間，張惠言和張成孫父子相繼撰成《説文諧聲譜》，分古韻爲二十部，書中將這種方法形象地命名爲"絲聯繩引"法，並且按照古韻分部列出"絲聯繩引表"，清晰地展示了絲聯繩引的含義和操作步驟。

例如《説文諧聲譜》卷二十三《絲聯繩引表·中部第一》：

> 毛詩
> 中 采蘩二章 式微二章、桑中一章二章三章、定之方中一章、旱麓二章
> 采蘩二章
> 宮（又桑中一章二章三章、定之方中一章、雲漢二章）
> 式微二章
> 躬（又雲漢二章）
> 旱麓二章
> 降（又草蟲一章、出車五章、鳧鷖四章）
> 宮 雲漢二章
> 蟲（又草蟲一章、出車五章）
> 宗（又鳧鷖四章、公劉四章）
> ……

這個表的讀法，在卷五十《表例》中有具體的説明：

以韻求部，以《詩》中先見是部之字爲首而絲聯繩引焉。（如第一部之聲"中"最先見，故由"中"而得"宮躬降"，復由"宮"而得"蟲宗"。）

表惟取其聯引處，如"中"始見于《采蘩》，故以聯引得"宮"；又見《式微》，以聯"躬"；又見《旱麓》，以聯"降"；若《桑中》《定之方中》，亦見"中、宮"字，不複贅也。

所謂"聯引處"指韻段共有的韻字。表中，頂格所列"聯引"字，如"中宮降"等是"主聯引字"；退格所列"聯引"字，如主聯引字"中"下的"宮躬降"是"次聯引字"，次聯引字又可以昇格爲主聯引字。聯引字下排列相關的韻段，但是不出韻字，書中另有《毛詩韻》兩卷和《易韻》一卷，羅列《詩經》和《周易》的韻譜，可以查檢各個韻段包含的

韻字，以便與《絲聯繩引表》互相參看。將一個《絲聯繩引表》所有的聯引字匯集起來就是一個韻部。

張惠言、張成孫父子對於"絲聯繩引""以韻求部"的闡述，顯然具有集合論的特徵。現代集合論源起於德國數學家格奧爾格·康托爾（Cantor, Georg Ferdinand Ludwig Philipp）在1874年創立的樸素集合論（naive set theory）。樸素集合論的特徵是非公理化、非形式化，用自然語言討論一批事物的搜集（collection）。可以看出，絲聯繩引法的思想正具備這些特徵，並且早於樸素集合論二三十年。下面以現代公理集合論（axiomatic set theory）的形式化語言來分析並展示上文所引的張氏父子關於絲聯繩引法的論述。

首先是韻段的定義和性質：

韻段＝{韻字：韻相同，在一個韻文單位内，在句末}

這個定義表示韻段是同韻字的集合。冒號後是對韻字的特徵性質的描述。所謂"韻"指漢字的韻腹和韻尾，有時也包括聲調；如果不在一個韻文單位内，例如在另一首詩中，或者不在句末，即使韻相同也不是該韻段的元素。這種特徵性質就是中國人説的"押韻"。韻段中韻字之間是等價關係。例如《詩經·魏風·園有桃》一章："彼人是哉！子曰何其？心之憂矣，其誰知之？其誰知之，蓋亦勿思！"其韻段可以用下面的集合表達式表示：

園有桃一章＝{哉，其，之$_1$，之$_2$，思}

其中韻字"哉"與"其"押韻，也可以説"其"與"哉"押韻，呈現出"對稱性"；"哉"與"其"押韻，"其"與"之"押韻，"哉"也就與"之"押韻，呈現出"傳遞性"；"之$_1$"與"之$_2$"押韻，呈現出"自反性"。具有這三種性質就是"等價關係"，可以用符號≡表示，例如韻段《園有桃》一章的韻字之間的關係是：

哉≡其≡之≡思

對於中國人來説，韻段的這些性質是不言而喻、不證自明的公理。《絲聯繩引表》就是根據這條公理"搜集"聯引字，集合爲韻部。

主聯引字"中"的聯引步驟如下：

采蘩二章＝{中宫}，式微二章＝{躬中}，采蘩二章∩式微二章＝{中}

∩是集合"交"的運算符。這些表達式的意思是韻段《采蘩》二章有兩個韻字"中宫"，《式微》二章有兩個韻字"躬中"，這兩個韻段共有的韻字是"中"。可見"聯引"就是韻段的"交"運算，"聯引字"就是韻段的交集。表中據以確定聯引字的韻段，如"采蘩二章"可以稱爲"聯引韻段"，即所謂"第一部之聲'中'最先見"，"以《詩》中先見是部之字爲首而絲聯繩引"。此韻部就命名爲"中部"。

《式微》二章以下共六個韻段，其中有四個與《采蘩》二章相同：

桑中一章＝桑中二章＝桑中三章＝定之方中一章＝采蘩二章＝{中宫}

即所謂《桑中》《定之方中》，亦見‘中宮’字”。在集合運算中可以視爲一個韻段。這六個韻段交集也是“中”：

式微二章＝{躬，中}，桑中一章＝{中，宮}，旱麓二章＝{中，降}，式微二章∩桑中一章∩旱麓二章＝{中}

這六個韻段任意組合的交集都是“中”，可以稱爲“互交韻段”。互交韻段進行關係推理(relational inference) 可以獲得次聯引字：

躬≡中≡宮≡中≡降

這一關係推理的邏輯是因爲《式微》二章“躬”與“中”押韻，並且《桑中》一章“中”與“宮”押韻，由“中”的傳遞性，“躬”也與“宮”押韻，即“躬≡中≡宮”；依此，由《旱麓》二章即可得“躬≡中≡宮≡降”。即所謂“‘中’始見于《采蘩》，故以聯引得‘宮’；又見《式微》，以聯‘躬’；又見《旱麓》，以聯‘降’”，“由‘中’而得‘宮躬降’”。這一步驟在絲聯繩引法上的意義在於由“主聯引字”聯引得“次聯引字”，然後“次聯引字”可以昇格爲“主聯引字”，進一步展開絲聯繩引。

次聯引字“宮”的聯引過程，首先是引出次聯引字：

∵采蘩二章＝{中，宮}，∴宮≡中

這一推理的意思是因爲《采蘩》二章“中”與“宮”押韻，所以根據等價關係的對稱性“宮”與主聯引字“中”押韻，同屬一個韻部。即所謂“‘中’始見于《采蘩》，故以聯引得‘宮’”。《采蘩》二章的作用是傳遞“聯引字”，可以稱爲“傳遞韻段”。“宮”下的互交韻段又可以進行關係推理，再可聯引得本部韻字：

桑中一章＝桑中二章＝桑中三章＝定之方中一章＝{中，宮}，雲漢二章＝{蟲，宮，宗，臨，躬}，

桑中一章∩雲漢二章＝{宮}

中≡宮≡蟲≡宗≡躬

這一步驟即所謂“復由‘宮’而得‘蟲宗’”。至於“臨”是第四林部字，在《雲漢》二章中與第一中部合韻，所以在關係推理中被剔除。往下次聯引字“躬”和“降”不再贅述。

接著，“宮”由次聯引字昇格爲主聯引字，聯引得次聯引字“蟲宗”，即所謂“復由‘宮’而得‘蟲宗’”。

從集合論看“絲聯繩引”“以韻求部”的韻文研究方法，其操作步驟是由“聯引韻段”的交集得“主聯引字”，由“互交韻段”的關係推理得“次聯引字”；“次聯引字”再昇格爲“主聯引字”，繼續進行韻段的交運算和關係推理；匯聚全部絲聯繩引的韻字所得的集合就是韻部。

今韻學研究韻書的方法是“反切係聯法”，是清人陳澧在《切韻考》中創立的。

陳澧所説“《切韻》”實際是《廣韻》，《廣韻》的體制是四聲分卷，卷下分韻，韻下分“小韻”，小韻匯集同音字，用反切注音。查檢《廣韻》所能瞭解的語音信息衹有漢字的聲調和韻，“反切係聯法”就是利用反切上下字分析出漢字的聲類和韻類。聲類不是聲母，韻類也不是韻母，如圖 0-1 所示：

<table>
<tr><td colspan="5">韻字</td></tr>
<tr><td rowspan="2">聲母</td><td colspan="3">韻母</td><td rowspan="2">聲調</td></tr>
<tr><td>介音</td><td>韻腹</td><td>韻尾</td></tr>
<tr><td colspan="2"></td><td colspan="3">韻</td></tr>
<tr><td colspan="5">小韻</td></tr>
<tr><td>反切上字</td><td colspan="4">反切下字</td></tr>
<tr><td colspan="2">聲類(洪或細)</td><td colspan="3"></td></tr>
<tr><td></td><td colspan="4">韻類</td></tr>
</table>

圖 0-1

可以看出，聲類與聲母的區別是聲類根據洪細分爲兩類；韻類與韻母的區別是韻類包括聲調，韻母不包括聲調。

陳澧關於反切係聯法的表述，見《切韻考・條例》：

> 切語之法，以二字爲一字之音，上字與所切之字雙聲，下字與所切之字疊韻。……此蓋陸氏之舊也。今考切語之法，皆由此而明之。

顯然，這是反切係聯法得以成立的公理。

反切係聯法有基本條例、補充條例和分析條例，後兩種條例用以濟基本條例之窮。反切上字係聯的基本條例包括同用、互用和遞用：

切語上字與所切之字爲雙聲，則切語上字同用者、互用者、遞用者，聲必同類也。同用者，如“冬”都宗切，“當”都郎切，同用“都”字也；互用者，如“當”都郎切，“都”當孤切，“都”、“當”二字互用也；遞用者，如“冬”都宗切，“都”當孤切，“冬”字用“都”字，“都”字用“當”字也。今據此係聯之。

如果用符號≡表示雙聲關係，陳澧對同用、互用、遞用的表述可以形式化爲下面的表達式：

同用：∵ 冬≡都，當≡都，∴ 都≡當 or 冬≡都≡當

互用：∵ 當≡都，都≡當，∴ 當≡都

遞用：∵ 冬≡都，都≡當，∴ 冬≡都≡當

可見，"同用"是雙聲關係的對稱性或傳遞性，"互用"是雙聲關係的自反性，"遞用"是雙聲關係的傳遞性，而"係聯"就是關係推理。

至於反切上字係聯的具體操作步驟，可以用陳澧所說的"冬"、"都"、"當"的係聯進行說明。

第一，"搜集"反切上字。《廣韻》首位小韻見卷一上平聲《一東》東小韻"德紅切"，共17字。

第二，合併反切上字。遍歷《廣韻》3822小韻，得466個反切上字。其中又有卷三《三十八梗》打小韻"德冷切"，共1字。《廣韻》共有兩個小韻"德紅切"和"德冷切"用"德"作反切上字，得反切上字以備係聯。

第三，查檢反切上字的反切。"德"見卷五入聲《二十五德》德小韻"多則切"，可記作"德²多則"，這個反切表達式在反切係聯法上的意義是"德"是2小韻的反切上字，或者說2小韻18字的聲類可用"德"代表。這是一個性質特殊的反切，被切字和反切上字不僅是雙聲關係，而且都是《廣韻》使用的反切上字。這樣的反切纔能進入係聯，可以稱爲"係聯反切"。從集合論分析，設A爲係聯反切，則A＝{a，b：a是反切上字，b是a的反切上字}，且a和b存在等價關係。如A，B，C爲係聯反切，A＝{a，b}，B＝{c，b}，C＝{b，c}，∪爲併運算符，則同用爲A∪B＝{a，b，c}，互用爲B∪C＝{b，c}，遞用爲A∪C＝{a，b，c}。

第四，進行反切係聯，得52聲類。與"冬""都""當"相關的係聯情況如下：

都³⁷當孤，丁²⁴當經，當⁹都郎，冬¹都宗——（都貢切＝多貢切）——多¹¹得何，德²多則，得¹多則

在破折號兩邊各有一組係聯起來的反切上字，用頻率最高的反切上字命名就是在"都"組和"多"組。"都"組和"多"組是根據補充條例係聯起來的，見括號內的係聯表達式。所謂"補充條例"如下：

> 切語上字既係聯爲同類矣。然有實同類而不能係聯者，以其切語上字兩兩互用故也。如："多""得""都""當"四字，聲本同類，"多"得何切、"得"多則切，"都"當

孤切、“當”都郎切，“多”與“得”、“都”與“當”兩兩互用，遂不能四字係聯矣。今考《廣韻》，一字兩音者，互注切語，其同一音之兩切語，上二字聲必同類。如：《一東》“涷”德紅切，又都貢切；《一送》“涷”多貢切。“都貢”、“多貢”實同一音，則“都”、“多”二字實同一類也。今於切語上字不係聯而實同類者，據此以定之。

所謂“互注切語”，指《一東》東小韻“德紅切”下“涷”字有又音“又都貢切”，《一送》涷小韻“多貢切”下“涷”字有又音“又音東”；“涷”字去聲又音“音東”即平聲正切“德紅切”，平聲又音“都貢切”即去聲正切“多貢切”。據此，“涷”字去聲一音有兩個反切“都貢切”和“多貢切”，由反切等價關係的傳遞性可得“都≡涷≡多”。

由於“都”使用頻次最高，可以將此聲類命名爲“都類”，在反切係聯法上的意義是凡反切上字是“都丁當冬多德得”的韻字都屬於“都類”，聲母都相同。

《廣韻》反切上字係聯如圖 0-2 所示：

| 26194 字 |
| 3822 小韻 |
| 466 反切上字 |
| 52 聲類 |

圖 0-2

反過來，可以將《廣韻》看作韻字的全集，聲類、反切上字和小韻是層次不同的集合，《廣韻》是 52 個聲類的併集，每個聲類都是若干反切上字的併集（如“都類”是 7 個反切上字的併集），每個反切上字都是若干小韻的併集（如反切上字“都”是 37 個小韻的併集）。

反切下字係聯的基本條例亦見《切韻考·條例》：

切語下字與所切之字爲疊韻，則切語下字同用者、互用者、遞用者，韻必同類也。同用者，如“東”德紅切，“公”古紅切，同用“紅”字也；互用者，如“公”古紅切，“紅”戶公切，“紅”、“公”二字互用也；遞用者，如“東”德紅切，“紅”戶公切，“東”字用“紅”字，“紅”字用“公”字也。今據此係聯之，爲每韻一類、二類、三類、四類。

由上可以看出，反切下字係聯與反切上字係聯的原理和步驟幾乎完全相同，不同之處在於反切上字的"搜集"在《廣韻》全書 206 韻中進行，反切下字的"搜集"是在 206 韻每個韻之中分別進行，其意義是在"韻"中根據介音的不同分析出韻類。反切下字係聯如圖 0-3 所示：

26194 字
206 韻
3822 小韻
1190 反切下字
293 韻類

圖 0-3

在方法論意義上，反切係聯法與絲聯繩引法是相通的。《切韻考》成書於道光二十二年（1842），略晚於《說文諧聲譜》，有學者認爲陳澧曾見過《說文諧聲譜》，應該是受到"絲聯繩引法"的啓發纔創立"反切係聯法"的。一方面，作爲古韻學和今韻學最基本的研究方法，絲聯繩引法和反切係聯法操作步驟清晰，邏輯推理嚴密，表述富有形式化特徵，具有可操作性、可重複性、可檢驗性，毋庸置疑的信度和效度，是中國學術史上最具科學性的方法論，是清代學者對中國學術史最重要的貢獻，至今仍爲現代音韻學研究所沿襲的不二法門。另一方面，從中國傳統學術的視角看，絲聯繩引法和反切係聯法誠如勞乃宣所說，即所謂"考據"之法。考據以基於材料、無證不信、客觀歸納、實事求是爲其特徵，是中國學者，尤其是乾嘉學者最爲熟悉最善運用的治學方法。因此，學者衹要掌握了這兩種富有鮮明科學品性的"考據"方法，進行古韻學和今韻學研究，處理韻文和韻書，取得可靠的研究成果是足可期待的。

至於等韻學，在研究材料和研究方法上與古韻學、今韻學大不一樣。

等韻學的研究材料也是韻書，與今韻學相同，但是二者的研究方法不同。今韻學的研究方法是考據，目的是從小韻反切歸納出聲類系統和韻類系統；等韻學的研究方法是審音，確定韻書每個小韻的反切歸屬哪個聲類和韻類，即勞乃宣所說"辨字母之重輕清濁，別韻攝之開合正副"，目的是根據審定的字母、清濁和韻攝、開合、等第，將這個小韻的代表字放入等韻圖表的相應的格子中，即勞乃宣所說的"按等尋呼，據音定切"，從而構成那部韻書音韻系統的聲韻調配合表。所以,等韻學的特徵,從形式上看是將綫性文本轉化爲二維表格,從内容上看是將小韻反切抽象化爲字母清濁和韻攝等呼;等韻圖表的二維坐標就是横爲字母清濁,縱爲韻攝等呼,等韻圖的作者之審音是根據坐標將韻字(小韻代表字)定位歸格,使用者之審音則是根據坐標判定韻字的讀音。可見等韻圖的產生有四個要件:發明字母系統,分析韻攝的開合等第,發現聲韻調配合規律,採用能容納漢語全部音節的表格,前三個方面都來自域外文化,與天竺悉曇學的輸入密不可分,而表格則是源自中華本土固有的文體。

漢譯《涅槃經》《莊嚴法華經》《文殊師利問經》《大毗盧遮那成佛神變加持經》等佛經中有《字母品》《文字品》《示書品》等部分專説梵文悉曇字,下面引文見唐釋慧琳《一切經音義》卷二十五《大般涅槃經音義》卷八《次辯文字功德及出生次第》。梵文的拉丁文轉寫採用 IAST 系統(International Alphabet of Sanskrit Transliteration,國際梵文轉寫字母表)。

> 總有五十字,從初有一十二字是翻字聲勢,次有三十四字名爲字母,別有四字名爲助聲。稱呼梵字亦五音倫次,喉、腭、齗、齒、唇吻等聲,則迦 k、左 c、縒ṭ、欂 t、跛 p。五聲之下,又各有五音,即迦 k、佉 kh、誐 g、伽 gh、仰 ṅ,乃至跛 p、頗 ph、麼 b、婆 bh、莽 m,皆從深向淺,亦如此國五音宫、商、角、徵、羽。五音之内,又以五行相參,辯之以清濁,察之以輕重,以陰陽二氣揀之,萬類差别,悉能知矣。
> ……

以上三十四字名爲字母,野字、囉字以下九字是歸本之聲,從外向内。

文中所説"聲勢",或譯作"悉曇"、"字本"、"字音"等,指元音,"字母",或譯作"體文",指輔音。字母前二十五字分"五聲",依次是喉聲"迦"k、腭聲"左"c、齗聲"縒"ṭ、齒聲"欂"t、唇吻聲"跛"p,發音部位從軟腭(舌根、舌面後)依次往前是齒齦硬腭(舌面前)、卷舌(舌尖後)、齒齦(舌尖前)、唇(雙唇),即所謂"從深向淺";字母後九字依次爲"野"y、"囉"r、l、v、ś、ṣ、s、h,大致説起來發音部位"從外向内",又從前往後移動回歸到軟腭,所以稱爲"歸本之聲"。五聲之下又各有"五音",指字母的發音方法,如喉聲"迦"k、"佉"kh、"誐"g、"伽"gh、"仰"ṅ,乃至唇吻聲"跛"p、"頗"ph、"麼"b、"婆"bh、"莽"m,依次是清、清送氣、濁、濁送氣、鼻音;對發音方法的分析建立在五行、五音、陰陽以及"清濁"、"輕重"的參辨之上,這些是等韻學的重要觀念。可以看出,悉曇學給中國人帶來了以下幾點重要啓示:第一,聲母(輔音)是一個與韻母(元音)對立的另一個獨立的音韻學範疇；第二，應該建立聲母這個概念，名稱可以選擇"字母"；第三，今韻學用雙聲、反切上字表現聲母，用字隨機甄選，變動不居，而梵文一個字母衹用一個悉曇字，兩相比較，漢語一個聲母也應該衹有一個名稱，以形成規範化、標準化的術語系統，便於指稱；第四，聲母具有發音部位和發音方法兩種性質；第五，可以從發音部位和發音方法分別對聲母進行分類和分組，從而建構一個聲母系統，最具啓發性的是悉曇字母五聲五音排比組合得二十五字，悉曇學或據數字稱爲"五五字"，或據排比稱爲"比聲"。在這樣的學術背景下，針對漢語的字母就呼之欲出了，宋《崇文總目》和王應麟《玉海》卷四十四《藝文·小學》、鄭樵《通志》卷六十四《藝文略第二·小學類第四·音韻》都著錄有僧守溫《三十六字母圖》一卷，這就是所謂"守溫字母"，也就是宋元五種韻圖所採用的三十六字母。三十六字母完全符合上述悉曇字母的五點特徵，下面以《韻鏡》三十六字母爲例，與慧琳《一切經音義》悉曇字母譯文進行比較列表如下，表 0-1 中正斜綫(/)前爲慧琳《音義》後爲《韻鏡》，另外， kṣ是 k 和 ṣ組合成的二合字，讀法有幾種，表 0-1 中取 tṣh 一讀。

表 0-1

	字母/字母						
	五音/				歸本之聲/		
	/清	/次清	/濁	/清濁	/清	/濁	/清濁
喉聲/牙音	k/見	kh/溪	g gh/群	ñ/疑	h/曉		y/喻
腭聲/齒音	c/照三	ch/穿三	j/jh/牀三禪三	ñ/日	ṣ/審三		
斷聲/舌上音	ṭ/知	ṭh/徹	ḍ/ḍh/澄	ṇ/娘	ṣ/審二		kṣ(tṣh)/穿二
齒聲/舌頭音	t/端	th/透	d/dh/定	n/泥	s/心		r l/來
唇吻聲/唇音	p/幫	ph/滂	b bh/並	m/明		v/奉	

　　從表 0-1 可以清晰地看出三十六字母與悉曇字母表的源流承繼關係，即鄭樵在《〈七音略〉序》中所説"起自西域，流入諸夏"。

　　從悉曇字母到三十六字母並不是一蹴而就。《續通志》卷九十三《七音略一》："唐舍利始立三十字母，《崇文總目》載僧守溫《三十六字母圖》一卷。"又卷九十六《七音略四·通釋》："唐舍利立字母三十，守溫又增六母，爲三十六母。"在卷九十六《古切字要法》一節中，作者對舍利字母的緣起有詳細的闡述：

　　"因煙"、"人然"等字，凡三十類，一本以末四虛圈作"芬番"、"文樠"四字，亦分爲三十類。此法自魏秘書孫炎作反語後即有之，傳之最古。故神珙之《五音》、《九弄》諸圖，下及《海篇》諸書皆用此法作切，無有言及字母者。韓道昭、呂維祺皆云唐舍利初置字母三十，後梁山僧守溫益以六母，蓋即此《切字要法》之三十類，舍利標出"見、溪、郡、疑"等字爲三十母，而守溫又增六母爲三十六母耳。然《字海》所云守溫添"微、奉、幫、滂、狀、孃"六母者，亦不可信。《切字要法》三十類，除四無文者外，凡五十六字，以字母考之，少"知、徹、澄、孃、非、奉"六母，此即類隔、交互諸門法所由起。守溫所增六字，蓋即在所少六母之內，並舍利原定之三十母，總之爲三十六母也。

　　書中所引古《切字要法》配列"因煙"、"人然"等雙聲字，總共三十組。這些字即所謂"助紐字"，《韻鏡》卷首所載宋人張麟之識語說："每翻一字，用切、母及助紐歸納"，《韻鏡》書中就專有《歸納助紐字》一節，內容即"因煙"、"人然"等雙聲字組。神珙爲唐代沙門，張麟之《韻鏡序》說："有沙門神珙，號知音韻，嘗著《切韻圖》，載《玉篇》卷末。"今存《大廣益會玉篇》卷末所載《四聲五音九弄反紐圖》應該就是張麟之所說《切韻圖》；神珙《四聲五音九弄反紐圖序》說："列五箇圓圖者，即是《五音之圖》……又列二箇方圖者，即是《九弄之圖》"，總共七圖，應該就是《續通志》所說《五音》《九弄》諸圖。《五音》《九弄》七圖的體例是"紐弄"，神珙《序》說："夫欲反字，先須紐弄爲初，一弄不調，則宮商靡次。"又說："（正紐）傍紐者，皆是雙聲。'正'在一組之中，'傍'出四聲之外。傍、正之目，自此而分清濁也。"括號中的"正紐"二字爲筆者根據文意所補。從這兩段文字可知"紐弄"即根據一定規則編製雙聲字組，主要的規則是"正紐"和"傍紐"。"正紐"是四聲相承的雙聲字組，例如《九弄圖》的正紐"眞整正隻"、"盈引脛懌"，音韻關係如表0-2：

表 0-2

	眞	整	正	隻	盈	引	脛	懌
聲	照	照	照	照	喻	喻	匣	喻
韻	眞	靜	勁	昔	清	軫	徑	昔
調	平	上	去	入	平	上	去	入

這八個字中"眞"和"引"是臻攝字，其他六個字是梗攝字；後四字中"脛"是匣母字，其他三個字是喻母字，這些問題應該是方言語音的反映，但這兩組正紐都是平、上、去、入四聲相承是無疑的，反之其他各類沒有這種關係的雙聲即傍紐，這就是神珙所説"'正'在一紐之中，'傍'出四聲之外"。《海篇》是明清十分流行的一種字書，版本繁多，都使用直音注音，與"用此法作切"之語不符。按，《續通志》卷九十六《七音略四·古切字要法》引《海篇》云：

所謂雙聲疊韻者，韻之子母，正切、回切也。如"龍"盧容切，反云"盧零連龍"，"盧"字爲韻之子，"容"字爲韻之母，"零連"字爲韻之祖。雙聲者，子正切得母，母回切得子，而且同祖；疊韻者，子正切得子，母回切得母，而不同祖。唐人吟詠，深以此爲親切。劉禹錫詩"出谷嬌鶯新睍睆，營巢乳燕舊呢喃"，乃雙聲也。正切"睍睆"："睍興掀睆"；回切"睆睍"："睆興掀睍"；正切"呢喃"："呢寧年喃"，回切"喃呢"："喃寧年呢"，此雙聲之説，明矣。又杜甫詩"卑枝低結子，接葉暗巢鶯"，乃疊韻也。正切"卑枝"："卑賓邊卑"，回切"枝卑"："枝真氈枝"；正切"接葉"："接精箋接"，回切"葉接"："葉寅延葉"，此疊韻之説，明矣。是故平、上、去、入謂之雙聲，同韻連綿謂之疊韻云爾。

助紐字"零連"是來母，"興掀"是曉母，"寧年"是泥母，"賓邊"是幫母，"真氈"是照母，"精箋"是精母，"寅延"是喻母。從上面的討論可以看出《五音》、《九弄》七圖結構十分複雜，排列反切縱橫交錯窮盡可能的變化，這些繁難的調製的目的即神珙所説的"夫欲反字，先須紐弄爲初"；《海篇》則通過助紐字順序"正切"、逆序"回切"選取反切上字或者確定雙聲疊韻字的聲紐。這些工作的目的就是通過反復念誦熟極而流習得製作反切的能力，其意不在展示漢語的聲紐系統。

韓道昭是金代等韻學家，與其父韓孝彦用等韻學理改編《集韻》和《玉篇》等韻書字書爲《五音集韻》和《五音類聚四聲篇》，後書或稱《四聲篇海》，與《五音集韻》合爲一種"篇韻"。北宋仁宗寶元二年（1039），丁度等人奉旨修成《集韻》，並又奏欲乞委修韻官將新增韻字添入《玉篇》，別爲《類篇》，與《集韻》相副施行。這是中國學術史上首次自覺以同一批材料編纂成相配的字書和韻書，即所謂"篇韻"。此後，古人又把陸法言《切韻》和顧野王《玉篇》、《大宋重修廣韻》和《大廣益會玉篇》稱爲並行"篇韻"，但是這衹是後人的追認，並不是編撰者自覺的行爲，而韓道昭父子所編《五音集韻》和《四聲篇海》正是相同的學者秉持同一學術理念，根據同一批材料自覺修撰而成的"篇韻"。到了明武宗正德十一年

(1516)，釋真空取署名韓道昭的《改併五音類聚四聲篇》十五卷和《改併五音集韻》十五卷，加上署名劉鑑的《新編經史正音切韻指南》一卷，又新構建了"篇韻圖"合刊的編撰模式，再附上自撰的《新編篇韻貫珠集》一卷，作爲檢閱《五音集韻》和《四聲篇海》的參考工具書，輯爲叢書《韻書四種》。在《篇韻貫珠集·類聚雜法歌訣》中《總述來源譜》一節共有三首歌訣，第一首說："法言造《韻》野王《篇》，字母温公舍利傳。……大唐舍利置斯綱，外有根源定不妨。後有梁山温首座，添成六母合宫商。輕中添出'微'於'奉'，重内增加'幫'迨'滂'。正齒音中'牀'字是，舌音舌上卻添'孃'。"《續通志》的作者應該是看到《韻書四種》和《篇韻貫珠集》的書名，於是誤指這段文字是韓道昭所說。吕維祺爲明代理學家，著有音韻學著作《音韻日月燈》，該書之《同文鐸·音辨》說："大唐舍利創字母三十，後温首座益以'孃、牀、幫、滂、微、奉'六母，是爲三十六母，合之爲七音。"《字海》指《精鐫海若湯先生校訂音釋五侯鯖字海》，此書未署撰人，陳繼儒《序》云："海若湯先生……嘗取《海篇》原本，遵依《洪武正韻》，而參合成書。"此語與書名相符。按，"海若"是明代著名戲曲家湯顯祖之號，則《五侯鯖字海》爲湯氏著作無疑。《五侯鯖字海》首卷雜録各種圖例譜訣，其中有《總述來源譜》，内容即上述釋真空《篇韻貫珠集》之訣，文字稍有差異，但是從"大唐舍利置斯綱"到"舌音舌上卻添'孃'"是完全相同的，這就是《續通志》：《字海》所云守温添'微、奉、幫、滂、牀、孃'六母"這段話的出處，與吕維祺所述守温對舍利字母所添六母完全相同。

　　上引《續通志》那段文字前列有"古《切字要法》"，共二十八類雙聲助紐字，開始兩類是"因煙""人然"，最後有兩組虛圈"〇〇　〇〇"，加上這兩個無文組，就是三十類；另一本四虛圈爲實字"芬番""文橫"，就是實在的三十類。這三十類助紐字也見於《韻鏡》"歸納助紐字"和《四聲等子》"七音綱目"，但是數目是三十六類；又《經史正音切韻指南》"辨開合不倫"條說："如今之切韻者多用'因煙'、'人然'、'經堅'、、'丁顛'之類，此法極是浮淺，乃前賢訓蒙誘引切韻入門之法耳，甚不足爲儒者所尚，反害其正音。"可見當時此法十分流行，但是宋元五種韻圖都沒有標稱爲"切字要法"。"切字要法"可以用明陳仁錫所撰《陳明卿太史考古詳訂遵韻海篇朝宗》卷一所載《切字要法》和《三十六字母切韻法》以及明陶承學《併音連聲字學集要》書首所載的《切字要法》等爲例進行討論。這些材料大同小異，雖然有些助紐字用字不一樣，次序或有參差，但是代表的聲母無異，音韻價值相同，說明它們的來源相同，是同一文本的不同傳本。六種材料可以分爲三類，《韻鏡》和《四聲等子》是一類，不標示"切字要法"，三十六類助紐字歸附於三十六字母；《續通志》和《海篇朝宗》的《切字要法》是一類，衹列助紐字，不標字母；《三十六字母切韻法》和《字學集要》是第三類，所列助紐字都明確標示所屬的字母。下面以《韻鏡》、《續通志》和《字學集要》

分別作爲三類的代表進行比較，表格按《韻鏡》三十六字母編排；正斜綫(／)隔開的數據，前一個是《韻鏡》，中間是《字學集要》，最後是《續通志》；如果有三個字，第一個是字母名目；加圈的字是《續通志》最後兩類，兼顧虛圈和實字兩個版本；阿拉伯數字是助紐字的排次。（見表 0-3）

表 0-3

重唇	幫賓邊/8 幫賓邊/8 賓邊	滂繽篇/12 滂嫔偏/15 嫔偏	並頻蠙/15 並平便/18 平便	明民眠/22 明明眠/26 民眠	
輕唇	非分蕃/—/—	敷芬翻/24 敷分番/29 ㊉㊀	奉汾煩/25 奉墳煩/—	微文樠/—/30 ㊇㊈	
舌頭	端丁顛/19 端丁顛/22 丁顛	透汀天/27 嘆汀天/24 汀天	定廷田/13 定亭田/16 亭田	泥寧年/5 泥迎妍/12 寧年	
舌上	知珍邅/—/—	徹㣺辿/—/—	澄陳廛/14 澄澄廛/17 澄纏	娘紉纈/—/—	
牙	見經堅/9 見經堅/9 經堅	溪輕牽/17 溪輕牽/20 輕牽	群勤虔/16 勤擎虔/19 擎虔	疑銀言/—/5 迎妍	
齒頭	精精煎/21 精精箋/25 精箋	清親千/7 清清千/7 清千	從秦前/4 從餳涎/11 秦前	心新仙/3 心新鮮/3 新鮮	邪餳涎/—/4 餳涎
正齒	照真邅/11 照征邅/14 真邅	穿瞋燀/18 穿稱川/21 稱燀	牀葏潺/—/—	審身羶/23 審聲羶/27 聲羶	禪辰禪/—/10 神禪
喉	影殷焉/1 影因煙/1 因煙	曉馨祅/20 曉興掀/23 興掀	匣礥賢/26 逸刑賢/28 刑賢	喻勻緣/10 喻勻緣/13 寅延	
半舌半齒	來隣連/6 來零連/6 零連	日人然/2 日人然/2 人然			

表 0-3 中《韻鏡》曉母"馨祅"，"祅"《廣韻・四宵》於喬切，爲影母，不合，《集韻・一先》馨煙切，正是曉母字；徹母"㣺辿"，"辿"，《廣韻》未收，《字彙・辵部》丑連切，徹母字，則此音唐宋韻書失收。《續通志》17"澄纏"，"纏"，《廣韻・二仙》直連切，澄母，與《字學集要》14 澄母"澄廛"性質相同，《韻鏡》澄母"陳廛"與牀母"葏潺"對立，可見《續通志》所少的是"牀"而不是"澄"。

《海篇朝宗》之《切字要法》助紐字雖然衹有二十六類，但是字目和排序與《續通志》完全相同，二者可以互相印證；所缺四類爲《續通志》的最後的審母“聲羶”、匣母“刑賢”、敷母“芬番”和微母“文樠”，看起來應該是刊刻時脱落。這兩種《切字要法》互相印證，説明《續通志》所録應該是古《切字要法》的原貌。從表0-3可以看出，《切字要法》各類都是互相對立的獨立的一個聲母，對應於三十六字母的一個字母，所以説“舍利標出‘見、溪、郡、疑’等字爲三十母”並不是空穴來風，而《字學集要》代表的就是從《續通志》到《韻鏡》的這個中間階段，衹是這份材料曾被人竄易，已非原貌。據陶承學《字學集要序》所述，他於吴中得《韻學》一編，不著撰人名氏。書以四聲統貫《説文》之字，陳氏認爲乃徐鍇《説文韻譜》和李燾《説文五音譜》撰述之遺。陶承學又以該書簡編脱遺，字畫舛譌漫漶，囑同邑毛曾芟繁剔冗，書名《字學集要》也是刊行時所改。《四庫全書總目提要》對此書頗有微詞：

> 前列《切字要法》，刪去“群、疑、透、牀、禪、知、徹、娘、邪、非、微、匣”十二母；又增入“勤、逸、歎”三母。蓋以“勤”當群，以“逸”當疑，以“歎”當透，而省並其九母，又無説以申明之，殊爲師心自用。承學《序》乃擬爲徐鍇《説文韻譜》與李燾《説文五音譜》。作者、刪者與刻者，均可謂漫無考證矣。

按，四庫館臣説《字學集要》改字母透、群爲“歎(嘆)”、“勤”不錯，但説“以‘逸’當疑”則不確。逸母助紐字“刑賢”是匣母字，《續通志》“刑賢”與“迎妍”對立，“迎妍”爲疑母，則“刑賢”衹得爲匣母，所以《字學集要》應是改匣爲“逸”，省併九母有“疑”而不是“匣”。又，四庫館臣批評《字學集要》省併九母“殊爲師心自用”也不對。《字學集要》24敷母“分番”，“分”，《廣韻·二十文》府文切，爲非母，《韻鏡》正在非母；《韻鏡》和《續通志》字作“芬”，“芬”，《廣韻·二十文》撫文切，爲敷母；《字學集要》和《續通志》都是有“敷”無“非”，但性質不同，《續通志》是“非”母缺位而《字學集要》是“非”“敷”混同。5泥母“迎妍”，“迎”，《廣韻·十二庚》語京切，“妍”，《廣韻·一先》五堅切，都是疑母；《續通志》5“迎妍”與12“寧年”對立，而《韻鏡》“寧年”屬泥母，與疑母“銀言”對立，所以“迎妍”原本應爲疑母，《字學集要》“疑”、“泥”混同，其助紐字“迎妍”下注“即寧年”，足可證作者是清楚知道這一點的。4從母“餳涎”，“餳”，《廣韻·十四清》徐盈切，“涎”，《廣韻·二仙》夕連切，都是邪母；《韻鏡》“餳涎”歸邪母，與從母“秦前”對立，《續通志》也是4“餳涎”與11“秦前”對立，可見《字學集要》“邪”“從”混同，其助紐字“餳涎”下注“即秦前”，足證作者是清楚知道這一點的。這些變化從漢語語音史的角度看都是有跡可循、有理可説的，因此，《字學集要》省併字母應該是根據實際語音，反映了語音的歷史變化，又改"匣"爲"逸"，"逸"，《廣韻·五質》夷質切，爲喻母，這也應該與實際語音有關。《字學集要》共有二十七類助紐字，《四庫總目提要》説其省併九類，可見四庫館臣所見《切字要法》助紐字有三十六類，與《續通志》所録三十類《切字要法》不同。《海篇朝宗》之《三十六字母切韻法》正是三十六類助紐字，四庫館臣所用應該就是此類《切字要法》。陳仁錫《敍海篇朝宗》説："緣有《海篇》行乎其世，而諸坊間亦多踵襲，刻者縷縷然，而缺而不全、全而不詳者有矣，甚有即五經字義而遂以窮其蘊而莫可考者。斯則何以刊用而重世也哉。"於是彙集諸本並"考古詳訂"，自詡"是編也，執一而應萬，萬殊而統一，其與水之浩浩洋洋，無際無涯而罔不朝宗者"。所以名其書曰"海篇朝宗"。可知該書實爲《海篇》一系書之集大成者，卷一所載《切字要法》和《三十六字母切韻法》等三十餘篇文字都是録自舊本各種《海篇》，是實際存在過的文獻，上面所引的《續通志》"古切字要法"一節關於《海篇》雙聲、叠韻、正切、回切的那段文字也應該是有文獻根據的。

　　《三十六字母切韻法》不僅提供了一個三十六類助紐字《切字要法》的標本，更重要的是還搭建了一座從雙聲叠韻助紐字經《切字要法》到字母的橋梁。下面以《續通志》所説《海篇》雙聲、叠韻、子、母、祖、正切、回切爲例，與《字學集要》之《切字要法》和《三十六字母切韻法》相應文字的比較表，《海篇》雙聲正切和回切意義相等，表中祇取正切。（見表 0-4）

表 0-4

雙聲叠韻	切字要法	切韻法
盧零連龍	零連(即隣聯) 郎才切(郎零連) 來(來零連)	(郎才)郎隣連⑪
睍興掀睆	興掀(即馨襖、兄嘻) 馨皎切(馨興掀)曉(曉興掀)	(馨鳥)馨馨襖⑳
卑賓邊卑	賓邊 博旁切(博賓邊) 幫(幫賓邊)	(博旁)博賓邊⑯
枝真氈枝	征氈(即真氈) 之笑切(之征氈)照(照征氈)	(之笑)之征氈⑭
接精箋接	精箋(即津煎) 子盈切(子精箋)精(精精箋)	(子精)子津煎⑯
葉寅延葉	匀緣(即營員) 俞成切(俞匀緣)喻(喻匀緣)	(俞戌)俞匀緣⑯

　　《海篇朝宗》⑯，原文作"清"，與(七經)七親千"精"前後互易致誤。"子精"之"精"亦疑與"七經"之"經"互易致誤。從表 0-4 可以看出，《續通志》所引《海篇》諸例雖然祇有幾例，但是助紐字都在《切字要法》三十類之中，祇是没有標示字母，可見作者用的就是《續通志》所録的古《切字要法》；從《海篇》關於"雙聲、叠韻""子、母、祖"和"正切、回切"

的闡述看，助紐字是根據需要隨文從《切字要法》中取用，目的是藉助"祖(助紐字)"辨識"子(反切上字)"和"母(反切下字)"的聲紐。《字學集要》之《切字要法》的體例是先出助紐字，如"零連"；再用字母的反切引出字母，如"郎才切"—"來"，在這個過程中重複使用助紐字利用雙聲法強調字母的音讀，如"郎零連"—"來零連"。這些步驟看起來似乎有點迂曲，但是正如周恪《書〈字學集要〉後序》所言："事必以習而後能精"，其目的是通過助紐字的不斷組構和反復念誦來認定字母，應該是字母始訂時幫助初學者儘快掌握字母的辨法，充分體現了設計者的良苦用心。值得注意的是，在大多助紐字下都有"即某某"的小注，可見當時此類《切字要法》版本繁多，使用廣泛。此類《切字要法》發展到最後就演變爲《三十六字母切韻法》一類的書。《切韻法》採用《海篇》的盧容切龍—"盧零連龍"之生成模式，直接取《字學集要》式《切字要法》之表達式的中間部分，如"郎零連來"，但前面還用小注保留字母的反切如"郎才"，透露出與《續通志》所錄《海篇》和《字學集要·切字要法》的關係；後面字母又外加圈號進行提示；到此，離字母獨立成文就祇有一步之遙了。從這些材料看，字母是通過助紐字篩選固化得來的，開始時還依附於助紐字，依賴助紐字的推演，最後繞從或繁或簡的表達式中剝離出來獨立成文。

清末，從敦煌藏經洞發現了兩份反映唐末三十字母的寫本，兩書前部都已經殘闕，不知書名和撰著人。其中S0512首有"歸三十字母例"，故用以命名，另一種P2012因爲卷中有"南梁漢比丘守溫述"的字樣，所以被稱爲"守溫韻學殘卷"。除了溪母作"磎"之外，《歸三十字母例》所列字母名目與《守溫韻學殘卷》完全相同，因此人多認爲此三十字母繞是守溫字母，而三十六字母是宋人的增補本而仍然托名守溫所作。這種觀點是建立在P2012中的"南梁漢比丘守溫述"的文字之上。但是，從殘卷現存內容看，在記載三十字母的部分之前有"兩字同一韻憑切定端的例"、"聲韻不和切字不得例"、"辨宮商徵羽角例"、"辨聲韻相似歸處不同"等章節，之後還有"定四等重輕兼蒡聲韻不和無字可切門"、"四等重輕例"等章節，可見此卷很可能是一種輯錄等韻門例的書，因此"南梁漢比丘守溫述"絕不是書名，並且這八個字的前面已經殘闕，也無法判定這八個字是章節名，而應該祇是某個章節題目下的題署，不能據以確認守溫是該書的撰著人。"述"作爲文體一般表示是闡述前人成說，語出《論語·述而》："述而不作"，南朝梁皇侃《論語集解義疏》："述者，傳於舊章也；作者，新制作禮樂也。孔子自言我但傳述舊章而不新制禮樂也。"所以，所謂"守溫韻學"應該祇是守溫轉述前人舊作，而根據文獻記載，這個前人舊作應該就是舍利字母。

《守溫韻學殘卷》和《歸三十字母例》收錄的字母數都是三十，三十字母名目相同，也都按五音分組，不同之處在於《守溫韻學殘卷》明確標示"唇、舌、牙、齒、喉"五音，而

《歸三十字母例》沒有五音標識，而且在字母後列有四個助紐字。《歸三十字母例》卷背抄有"三十字母敲韻"六字，應該是此卷真正的書名。敦煌寫本殘卷北6280存有"端、透、定、泥、審"五個字母，"端、透、定、泥"爲一組，於五音屬於舌音之舌頭音，每個字母下列有十二個助紐字；四個字母後接著是"韻"字，後面列有"先、東、寒、唐、青、覃、模、歌、登、侯、齊、豪"十三個韻目，每個字母下十二個助紐字分別屬於這十二韻。如此，每個字母下豎列十二個助紐字爲雙聲，十二橫行四字爲疊韻。"審"母僅存六個助紐字，往後即已經殘缺，詳情不得而知。此卷所存"端、透、定、泥、審"五個字母與《歸三十字母例》開頭五母相同，順序一樣，祇是助紐字多寡不同，《歸三十字母例》也是五音各組助紐字豎讀爲雙聲，橫讀爲疊韻，可見這兩種書屬於同一種類型，應該就是所謂"字母敲韻"，所以學者將北6280命名爲"敲韻"。表0-5即按"端、透、定、泥"四個字母，將《歸三十字母例》和《守溫韻學殘卷》與《續通志》所錄之古《切字要法》、《字學集要》之《切字要法》、《海篇朝宗》之《三十六字母切韻法》、《敲韻》進行比較，藉以觀察從《切字要法》到三十六字母的演變過程。《字學集要》之《切字要法》祇取表達式最後的字母加助紐字的部分，如"來零連"。

《切字要法》泥母的助紐字原爲"迎妍"，表0-5中根據助紐字下的小注"即寧年"改爲"寧年"，透母原作"嘆"，回改爲"透"，以方便與其他材料比看，具體緣由可以參閱上文關於《字學集要》之《切字要法》的討論。此表清晰地顯示出從《切字要法》到三十六字母的演變軌跡。首先，古《切字要法》從雙聲疊韻法隨機組建的助紐字中篩選出三十類，固化成文，《海篇朝宗》所錄《切字要法》也屬於這一系統；接著有人爲每個助紐字指定一個包括反切在內的"字母"，這類文獻稱爲《切韻法》；如果剔除字母的反切，僅保留字母和助紐字，就是《字學集要》的底本《韻學》所載以及《四庫全書總目提要》作者所見的《切字要法》，此類《切字要法》的助紐字有三十類的，也有三十六類的；這一種《切字要法》如果增加助紐字的數量，就是包括《歸三十字母例》在內的所謂《敲韻》一類的書；如果再剔除助紐字，就是三十字母或三十六字母。仔細觀察表0-5就可以發現，貫穿《切字要法》《切韻法》《敲韻》等類文獻始終不變的是"古《切字要法》"的三十類助紐字，宛如一綫貫珠，正是這些材料先後承繼的有力證據。當然，也有一些例外，但這些例外是可以解釋的，表0-5中《三十六字母切韻法》的定母的助紐字是"廷田"而不是"亭田"，《字學集要》定母"亭田"下注"即廷田"，可見《三十六字母切韻法》源自另本《切字要法》；《敲韻》則或二字倒置，如端母"顛丁"、泥母"年寧"，或祇有一字，如透母"天"、定母"田"，這顯然是因爲十二個助紐字受到十二韻的約束，用字有所限制，但同《切字要法》的淵源關係是毋庸置疑的。

表 0-5

古切字要法	切韻法	切字要法	歸三十字母例	敲韻		韻學殘卷		
丁顛	（多官）多丁顛端	端丁顛	端 丁當顛战	端 顛東丹當丁擔都多登兜堤刀			端	
汀天	（他候）他汀天透	透汀天	透 汀湯天添	透 天通灘湯廳甜嘟他替偷提叨	舌音		透	是舌頭音
亭田	（徒徑）徒廷田定	定亭田	定 亭唐田甜	定 田洞壇唐停罩徒陀騰頭啼匋			定	
寧年	（年定）年寧年泥	泥寧年	泥 寧曩年拈	泥 年農難曩寧南奴那能臑泥揉			泥	
				韻 先東寒唐青罩模歌登侯齊豪				

　　這個過程有三個關鍵點，第一是從隨機助紐字中甄選出《切字要法》三十類，創始人尚待考證；第二是爲三十類助紐字指配字母，文獻記載是舍利所爲；第三是增補三十字母爲三十六字母，文獻記載是守溫所添。但是，自從《守溫韻學殘卷》重現之後，學者多認爲卷中所錄三十字母是守溫所創，這種觀點唯一的根據祇是殘卷中“南梁漢比丘守溫述”幾個字，上文已經指出“述”字恰好否定了守溫的著作權，相反，這份材料的出現倒是爲舍利創之，守溫添之的傳統説法提供了證據。與三十六字母比較，《守溫韻學殘卷》所缺的是“幫、滂、奉、微、娘、牀”六母，這與上文所引《字海》所云守溫添‘微、奉、幫、滂、狀、孃’六母”之説若合符契。顯然，這種情況給了《守溫韻學殘卷》另外一個新的解讀，即守溫所述的是舍利的三十字母，加上殘卷所缺的六母纔是守溫三十六字母。《續迪志》斥《字海》之説“亦不可信”，那是因爲他們已經看不到明代尚存的一些文獻材料。也有學者認爲《守溫韻學殘卷》所缺的是“非、敷、奉、微、娘、牀”六母，這是因爲對殘卷“唇音：不芳並明”的審讀角度不同所致。按《廣韻》，“不”有“分勿”、“方久”、“甫鳩”三切，都是非母字；“芳”字敷方切，是敷母字，根據實際讀音，就會認爲所缺的是“幫、滂”二母；如根據“並明”推定，就會認爲“不、芳”是“幫、滂”，所缺的是“非、敷”二母。

　　其實，即使是三十六字母也存在不同版本。明胡廣等所撰《性理大全書》卷八：“上官氏萬里曰：自胡僧了義以三十六字爲翻切母，奪造化之巧。”據《續通志》卷九十六《七音略四·通釋·等韻三十六母》記載上官萬里所注之書爲《皇極經世聲音法》。又宋熊朋來《經説》卷四“八尊六尊”條：“華之爲‘敷’，洩之爲‘泄’，委蛇之爲‘佗’，亨之音‘烹’，單之音'燀'，二音皆不可以了義字母爲拘者。"可見了義字母也是宋人通用的一種三十六字母。宋祝泌《皇極經世解起數訣·聲音韻譜序》還透露出了義字母的一些具體信息：

> 胡僧了義三十六字姆流傳無恙，雖極之遐荒僻嶠，亦能傳習。……然揆之自然之聲音，陰陽無不該之物，輕重無不分之理。有陰則有陽，有清則有濁，有輕則有重也。今即了義字姆論之，脣音分輕重，齒音分清濁是矣。舌音分舌上、舌頭，曾知舌頭即重音，舌上即輕音乎？牙音、喉音乃不分輕重，半宮、半徵音又止有二字，而缺其一。是了義之字姆猶未全。惟皇極用音之法，於脣、舌、牙、齒、喉、半皆分輕與重，聲分平、上、去、入，音分開、發、收、閉，至精至微。

祝泌是用傳統哲學萬物皆分陰陽之説批評了義字母的五音分組，自不足論。這段文字説明了義字母的分組與守温字母基本一樣，但是齒音分清、濁兩組則明顯不同。另外，與宋人等韻圖三十六字母的分組相比較，《韻鏡》採用的是脣、舌、牙、齒、喉五音，《七音略》是宮、商、角、徵、羽五聲，《四聲等子》兼用五音和五聲，《切韻指掌圖》祇標字母，而了義字母前五組用五音，最後"半"組用五聲，別爲一類。綜上所述，守温爲漢土比丘，了義爲外國僧人，兩人所作三十六字母，雖然同時通行於宋代，但並不是一個系統。《守温韻學殘卷》重新面世之後，三十字母的發明權給了守温，增添六母的人便落了空，於是有學者提出了守温創三十字母、了義補足三十六母的説法，這種觀點没有注意到守温字母和了義字母並不是一個系統，值得商榷。

在宋元五種韻圖，三十六字母是兩級分類，一級按發音部位分"重脣""輕脣""舌頭""舌上""齒頭""正齒""牙""喉""半舌半齒"九音，二級按"清濁"即發音方法分爲"清（全清）""次清""濁（全濁）""清濁（次濁）"，具體情況可以參看上文的《韻鏡》三十六字母和慧琳《一切經音義》悉曇字母譯文比較表。《守温韻學殘卷》字母喉音分"喉中音清"和"喉中音濁"兩組，了義字母齒音分清、濁兩組，這是一級分類，殘卷字母的"清濁"指發音方法無疑，了義字母的"清濁"則含義不明，如果也指發音方法，則違反了一級分類祇能有一個標準的原則；如果指發音部位，則上位概念和下位概念混用同一名稱，無論是哪種情況，都會引起邏輯概念和系統分類的混亂。故此，守温三十六字母纏因分類和排列密合音理而最終被等韻學所認可採用。

總而言之，字母觀念的確立和三十六字母的形成經歷了一個漫長而複雜的演變過程，首先是儒者受到梵文悉曇字母的啓發，利用中國傳統的雙聲疊韻法，製訂了三十類助紐字；接著唐代僧人舍利甄選出三十個漢字作爲三十類助紐字的標目；隨之有人參照梵文悉曇字母五聲五音的學理，對三十類助紐字進行了分組；然後有人根據漢語實際進一步調整了五音分組並剔除了助紐字，形成了第一份漢語字母表；最後漢土比丘守溫添加六個字母，這就是宋元五種韻圖所用的守溫三十六字母；《韻鏡》和《四聲等子》所列三十六字母又附注助紐字，保存了《切字要法》和三十六字母的淵源關係。此過程可以說是梵僧傳之，華僧續之，釋子創之，儒者訂之，追根溯源，字母之學帶有濃厚的外來文化氣息，不太容易被中國人理解。

字母的產生爲等韻圖二維表準備了橫行坐標，而竪列坐標的建立則有待對韻攝、開合、等第的分析，完成等韻圖產生的第三個要件。

今韻學衹有韻和小韻的概念。韻指韻腹、韻尾和聲調相同，小韻指聲、韻、調即字音相同，而要與橫行字母相拼成音節表，竪列衹能是韻母（介音＋韻腹＋韻尾）加聲調，等韻圖是用攝、韻、等、呼來表達韻母的。

《廣韻》二百零六韻按照十六攝排次，但並沒有"攝"的名目，俞敏先生在《等韻溯源》（《音韻學研究》1984 年第 1 輯）指出，"攝"作爲等韻學術語來自悉曇學。

隋法言撰《切韻》，開口韻系"咍""痕""欣"分別與合口韻系"灰""魂""文"對立，到唐代孫愐作《唐韻》，又從"真""寒""歌"三個韻系中分立"諄""桓""戈"三個合口韻系，這種情況說明《切韻》系韻書的作者已經能夠辨識開口韻和合口韻，但是今韻學並沒有相關的術語。"開合"應該也是來自悉曇學，慧琳《一切經音義·大般涅槃經音義·次辯文字功德及出生次第》：

塢（u）（烏古反。或作鄔，亦通。）

污（ū）（塢固反。引聲，牙關不開。）

污（o）（襖固反。大開牙，引聲。雖即重用"污"字，其中開合有異。）

奧（au）（阿告反，引聲。）

根據悉曇學，梵文 u、ū 和 o、au 是兩組長短相對的元音，ū 是 u 的長元音（即所謂"引聲"），o 是 au 的短元音，但是慧琳對這兩個元音的譯音字都是"污"，所注的反切下字也同是"固"，那麼爲什麼這是兩個不同的元音呢？慧琳說得很清楚，ū）"牙關不開"，o "大開牙"，"雖即重用'污'字，其中開合有異"。從現代音韻學來解釋慧琳的這幾句話，就是如果用-w-表示合口介音，污（ū）讀 wu，是合口呼，污（o）讀 o，是開口呼，可見唐代僧人談悉曇已經有明確的"開合"二呼的說法了。另外，唐代僧人還用"重輕"來表示"呼"這個概念，上引慧琳《大般涅槃經音義·次辯文字功德及出生次第》說："以五行相參，辯之以清濁，察之以輕重"，這裏"輕重"可能就是"開合"。羅常培先生在《釋重輕》（歷史語言研究所《集刊》二本四分，1932）指出，《韻鏡》的"開""合"在《七音略》中作"重""輕"，而《四聲等子》則"重輕""開合"兼存不廢，可以爲證。綜上所述，今韻學已有十六攝和開口韻、合口韻的觀念，但是"攝"和"重輕(開合)"的名目卻來自悉曇學，這些情況前賢已作闡述，不必再予詳論。

宋元五種韻圖中韻分四等，這種以"等"分韻爲四類的處置早在敦煌文獻中就已經出現。《守溫韻學殘卷》中"四等重輕例"一節分平聲、上聲、去聲、入聲四個部分，聲調之下列舉若干個四字雙聲組，下面四聲各舉一例，每組首字反切下括注聲紐和韻目：

平聲：高(古豪反(見豪))　交(肴)　嬌(宵)　澆(蕭)

上聲：杲(古老反(見晧))　姣(巧)　矯(小)　皎(篠)

去聲：岸(五旰反(疑翰))　鴈(諫)　彥(線)　硯(霰)

入聲：刻(苦德反(溪德))　繣(麥)　陳(陌)　喫(錫)

每組四字，聲紐相同，所以首字出反切，以下三字祇出韻目，表示聲紐相同承上不必再列；四字屬韻依次爲一、二、三、四等。

再如：

平聲：丹(多寒反(端寒))　邅(山(知))　邅(仙(知))　顛(先(端))

　　　裒(薄侯反(並侯))　⊘浮(尤(奉))　滮(幽(並))

　　　樓(落侯反(來侯))　⊘流(尤)　鏐(幽)

丹組屬舌音，一、四等是舌頭音端(透定)母，二、三等是舌上音知(徹澄)母；裒組屬脣音，一、二、四等是重脣音並(幫滂)，三等是輕脣音奉(非敷)母；樓組是來母，一、三、四等有字，二等無字。這種舌頭音和舌上音互補，重脣音和輕脣音互補，來母祇有一、三、四等的狀況，是《廣韻》音系在等第分佈上的特點，這樣把不同聲紐舌頭音和舌上音、重脣音和輕脣音安排在同一組的處置，反映的就是《廣韻》音系的這種結構特點，可見後世宋元五種韻圖把這三種聲紐猶如同一聲紐那樣納入韻圖一個竪列的四個格子的處置，其來源早在唐代就已經形成。"四等重輕例"是用排次位置暗示等第，沒有標識，《守溫韻學殘卷》"定四等重輕兼辨聲韻不和無字可切門"就明確指明那些例字所屬的等第：

"高"，此是喉中音濁，於四等中是第一字。……但是四等喉音第一字，惣如"高"字例也。

“交”，此字是四等中弟二字。……但是四等弟二字，惣如“交”字例也。

上面説的是等韻學對聲母系統和韻母系統的認識和分類，聲母和韻母相拼是音節，反映在韻書就是小韻。《廣韻》二百零六韻所轄的小韻或多或少，小韻的排序也没有一定的規則。等韻圖産生的第三個要件就是音節排序，或者説是聲韻調配合規律的發現。

學術界普遍認爲等韻圖的産生跟梵文悉曇十八章的引入有關。關於“悉曇章”最精煉的解説見唐釋義淨的《南海寄歸内法傳》卷四《三十四西方學法》：

創學悉談章，亦名悉地羅窣覩。斯乃小學標章之稱，俱以成就、吉祥爲目。本有四十九字，共相乘轉成一十八章。

“悉談”即悉曇，是梵文 Siddham 的音譯，“悉地羅窣覩”是 Siddhirastu 的音譯，意譯是“成就”，意思是説梵文的“體文”（輔音）和“悉曇”（元音）輾轉相拼可以生成梵字。《隋書·經籍志》著録有《婆羅門書》一卷，在小學類序中説：

自後漢佛法行於中國，又得西域胡書，能以十四字貫一切音，文省而義廣，謂之婆羅門書。

所謂“婆羅門書”即天竺所用梵文，有四十九個字母（根本字），即義淨所説“四十九字”，“十四字”指四十九根本字中的十四個元音（悉曇），另外三十五個是輔音（體文）。“十四字貫一切音”即義淨所説“四十九字，共相乘轉成一十八章，總有一萬餘字”。可見早在後漢開始翻譯佛經，悉曇學就傳入中國，但是《婆羅門書》是所謂“西域胡書”，應該不是漢文譯本。現存最早的漢語文本是唐釋智廣所撰《悉曇字記》，書中對悉曇十八章有詳細而具體的描述。

籠統地説等韻圖源自悉曇十八章並不準確。《悉曇字記》“初章”一節説：

將前三十四文對阿（𑖀a）、阿（𑖁ā）等十二韻呼之，增以摩多，生字四百有八。即𑖎（ka）迦（上）、𑖎（kā）迦（平）等是也。迦（k）之聲下十有二文，並用迦（k）爲字體，以阿（a）、阿（ā）等韻呼之，增其摩多，合于聲韻，各成形也。𑖏（kh）佉、𑖐（g）伽等聲下例之，以成于一章。次下十有四章，並用初章爲字體，各隨其所增，將阿（a）、阿（ā）等韻對所合聲字呼之，後增其摩多。遇當體兩字將合，則容之勿生，謂第四章中重𑖩（lla）羅，第五重𑖪（vva）嚩（房柯反），第六重𑖦（mma）麼，第七重𑖡（nna）那等

23

是也。十一已下四章，如次同上之四章同之除。

"十二韻"指悉曇，"三十四文"指體文，字母數與所謂"四十九根本字"不同，這是因爲悉曇家所取字母不同。按，《悉曇字記》："舊云十四音者，即於悉曇十二字中甌(ऊū)字之下，次有ऋ(ṛ)紇里、ॠ(ṝ)紇梨、ऌ(ḷ)里、ॡ(ḹ)梨四字，即除前悉曇中最後兩字(अंaṃ、अःaḥ)，謂之界畔字也，餘則爲十四音。今約生字，除紇里(ṛ)等四字也。"這是說梵文元音अa、आā、इi、ईī、उu、ऊū、एe、ऐai、ओo、औau，加上ṛ、ṝ、ḷ、ḹ是十四音，加上界畔字अंaṃ、अःaḥ是十二韻。智廣之所以不取"紇里"等四字，是因爲這幾個字不能與體文拼合"生字"。又："字體三十五字，後章用三十四字爲體，唯濫(llaṃ)字全不能生。餘隨所生。"體文不取"濫"也是因爲此字不能生字。摩多指元音符號，是梵文Mātṛ的音譯，意譯爲點畫或韻，"點畫"指摩多的筆形，"韻"指摩多的功能。《悉曇字記》："有十一摩多囉(Mātṛ)，此猶點畫。兩箇半體兼合成文。"這是說梵文元音有十二個，但是元音符號祇有十一個。悉曇十二文雖然有獨立的字形，但單用祇限於表示純元音，體文單用時都默認元音爲a，如果與其他十一個元音相拼合成梵字，就在體文上加摩多，"兩箇半體兼合成文"。例如，kā是在體文क(k)之上加摩多ा(ā，虛圈表示體文位置)合成का，如果क加上摩多ि(i)就生字कि(ki)。然後其餘體文ख(kh)佉、ग(g)伽等三十三聲依照此例與十二韻拼合生成梵字，這樣三十四聲與十二韻輾轉拼合可"生字四百有八"（34×12＝408），從而構成第一章，用開頭兩字作爲章名，稱爲"迦、迦章"。"次下十有四章，並用初章爲字體，各隨其所增"，說的是從第二章至第十四章，是以初章梵字作爲基字，附加體文生成複輔音。所謂"當體兩字"，指附加體文與基字相同，梵文中不允許有這樣的音節，所以要在悉曇章中剔除。文中所舉第四、五、六、七章當體重文的例子，可以參見下文關於第四章的討論。

悉曇章前十七章稱爲"正章"，第十八章稱爲"孤合之文"；正章又分爲"單章"、"重章"和"異章"三類。根據《悉曇字記》的解說，初章之餘單章"即第二、第三及第八、第九、第十章也"。例如第二章"枳也、枳耶章"：

> 將半體中ृ祇耶(y)合於初章迦(ka)、迦(kā)等字之下，名क्य(kya)枳也क्या(kyā)枳耶，生字三百九十有六。(先書字體三百九十六，然將祇耶(y)合之，後加摩多。夫重成之字，下者皆省除頭也。已下並同也。)

य是體文單用作梵字ya時的字形，ृ是作爲下加字(y)時的字形，祇有原體文的一半，所以稱爲"半體"，半體同時去掉頭上一橫，即所謂"下者皆省除頭"。另外，體文क(ka)作合字的基字時變形爲ㅅ(k)。初章四百零八字，此章祇有三百九十六字，是因爲基字和下加字同爲 ya 構成十二個當體重文，剔除後就祇有三百九十六字。表 0-6 是初章和單章的简表，從梵文章名可以看出單章五章生字的規則。

表 0-6

	初章	二章	三章	八章	九章	十章
基字		初章	初章	初章	二章	三章
加字 原形		य(ya)	र(ra)	र(ra)	र(ra)	र(ra)
半體		J(y)	⌣(r)	⌐(r)	⌐(r)	⌐(r)
章名 梵文	ㅈㅈ(ka kā)	ㅉㅉ(kya kyā)	ㅈㅈ(kra krā)	ㅉㅉ(rka rkā)	ㅉㅉ(rkya rkyā)	ㅉㅉ(rkra rkrā)
譯文	迦、迦	枳也、枳耶	迦略、迦略	阿勒迦、阿勒迦	阿勒枳耶、阿勒枳耶	阿勒迦略、阿勒迦略

《悉曇字記》"重章"："重成也。即第四、五、六、七及第十一已下四章也。""重成"指下加字不是半體，直接用體文原形重加在基字之下合成生字。例如第四章"迦攞、迦攞章"：

將 व(la) 攞字合章字之下，名 ㅉ(kla) 迦攞 ㅉ(klā) 迦攞。

ㅉ(kla) 迦攞是將體文 व(la) 攞重加在基字 ㅅ(k) 下合成，ㅉ(klā) 迦攞是在 ㅉ(kla) 迦攞上添加摩多 ⌣(ā) 合成。表 0-7 是重章的简表，以觀察重章八章生字的規則。

表 0-7

		四章	五章	六章	七章	十一章	十二章	十三章	十四章
基字		初章	初章	初章	初章	四章	五章	六章	七章
上加字						⌐(r)	⌐(r)	⌐(r)	⌐(r)
下加字		व(l)	र(v)	म(m)	न(n)				
章名 梵文		ㅉㅉ(kla klā)	ㅉㅉ(kva kvā)	ㅉㅉ(kma kmā)	ㅉㅉ(kna knā)	ㅉㅉ(rkla rklā)	ㅉㅉ(rkva rkvā)	ㅉㅉ(rkma rkmā)	ㅉㅉ(rkna rknā)
	譯文	迦攞、迦攞	迦嚩、迦嚩	迦麼、迦麼	迦那、迦那	阿勒迦羅、阿勒迦羅	阿勒迦嚩、阿勒迦嚩	阿勒迦麼、阿勒迦麼	阿勒迦那、阿勒迦那

這八章中，"第四章中重蠡(lla) 羅，第五重𑖓(vva) 㘞(房柯反)，第六重𑖦(mma) 麼，第七重𑖜(nna) 那"，每個當體重文下十二韻應該剔除，每章祇有三百九十六字(408-12＝396)；第十一章至第十四章"生字三百八十有四"，是因爲上加字和下加字各構成十二個當體重文，剔除後就祇剩下三百八十四個梵字(408-12-12＝384)。

第三類是異章，包括第十五、十六、十七章，生字另有規則，不是由輔音和元音輾轉拼合而成，與單章和重章不同，所以稱爲"異章"。至於第十八章又單獨成一類，《悉曇字記》説："生字之章一十有七，各生字殆將四百，則梵文彰焉。正章之外有孤合之文，連字重成，即字名也。"可見第十八章不是根據規則生字，所轄梵字都是各自"連字重成"，分別獨立成文，所以稱爲"孤合之文"。可見根據聲韻輾轉相拼的規則生字的祇有前十四章。十四章可以分爲三個層次，底層是初章；第二層是在基字上添入下加字，包括單章的第二章、第三章和重章的第四、五、六、七章；第三層是在第二層各章的梵字上再添入上加字𑖨(r)，單章中對應於初章和第二、三章的是第八、九、十章，重章中對應於第四、五、六、七章的是第十一、十二、十三、十四章。祇有初章纔是"將前三十四文對阿(a)、阿(ā)等十二韻呼之，增以摩多，生字四百有八"。其他各章都是先書初章梵字作爲基字，然後再在基字上插入附加體文生成複輔音，祇是以初章底板略作修改，沒有聲韻相拼的過程。因此，説到悉曇章對等韻圖的影響，祇能是第一章，即使再放寬標準，也祇能説是前十四章。

顯而易見，從數學的角度看，悉曇第一章是一個體文爲列(column)、悉曇爲行(row)的矩陣。矩陣的運用在中國並不罕見，甲骨文中就有由天干和地支組成的六十甲子表，還有春秋戰國籌算中已經產生的九九乘法表，矩陣最著名的運用就是八卦排列組成的六十四經卦，漢代揚雄所撰的《太玄經》則是易卦矩陣的仿作和擴展，但是直到《切韻》、王仁昫《刊謬補缺切韻》、《唐韻》等韻書相繼面世，今韻學成熟以後，等韻圖也沒能產生。等韻圖不能在中國自發產生的原因，就是沒有聲母和韻母的觀念和術語，不能構成音節矩陣的兩個元素，祇有等到在悉曇學的影響下產生了字母清濁和攝韻等呼，再受到悉曇章的啟發，纔能構成漢語的音節矩陣，最終完成了等韻圖藉以產生的第三個要件。

之所以説等韻圖是一種矩陣，是因爲圖中格子窮盡了聲韻調配合的所有可能，不僅可以列入韻書的全部小韻代表字，而且還用圓圈〇表示有音無字(《七音略》除外無圈號)。例如前引《守溫韻學殘卷》中"四等重輕例"一節中的兩組例字：

裒(薄侯反(並侯))　㫚浮(尤(奉))　淲(幽(並))

樓(落侯反(來侯))　㫚流(尤)　鏐(幽)

這兩組例字所屬的韻目相同，⽆都在二等，但是性質不同。《韻鏡》"褒"組在《内轉第三十七開》唇音"濁"，此表所配韻目一等是侯韻系，三等是尤韻系，四等是幽韻系，二等沒有配韻，所以二等用○是表示空位無音無字；如果看與"褒"組對應的唇音"清""○○不彪"一等爲○，"次清""○○○飆"一、三等爲○，這是有音無字。"樓"組三等流字在《韻鏡》作"劉"，樓組可以與《外轉第二十三開》來母"蘭○連蓮"比較，此表所配韻目是"寒、删、仙、先"，四等俱全，二等也爲○，這是因爲除了個别例外，來母沒有二等字；可以看出，這兩表來母二等都是空位無音無字，但是"蘭"組是因爲來母無二等，其他字母下是有字的，而樓組是因爲表無二等韻，其他字母下也都爲○。等韻圖所列○不外上面所說的有音無字、韻空位無音無字和聲空位無音無字三種類型，這是基於漢語語音系統的分析。但是，從等韻學家看來都是"有音無字"。《守温韻學殘卷》"定四等重輕兼辨聲韻不和無字可切門"説：

> "高"，此是喉中音濁，於四等中是弟一字，与歸"審、穿、禪、照"等字不和。若將"審、穿、禪、照"中字爲切，將"高"字爲韻，定無字可切。但是四等喉音弟一字，惣如"高"字例也。
> "交"，此字是四等中弟二字，与歸"精、清、從、心、邪"中字不和。若將"精、清、從、心、邪"中字爲切，將"交"字爲韻，定無字可切。但是四等弟二字，惣如"交"字例也。"審高反"、"精交反"，是例諸字也。

"切"指反切上字，"韻"指反切下字。"高"字條是説正齒音""審、穿、禪、照"爲"切"祇能與二、三等"韻"拼合成字，如果以"高"之類的一等韻爲"韻"，"定無字可切"；"交"字條是説齒頭音""精、清、從、心、邪"爲"切"祇能與一、四等"韻"拼合成字，如果以"交"之類的二等韻爲"韻"，"定無字可切"。顯然這兩條討論的是漢語的聲韻結構規律，三十六字母和四等韻相拼的二元矩陣中，齒音列下，齒頭音"精、清、從、心、邪"和正齒音互補，齒頭音祇配一、四等韻，正齒音祇配二、三等韻，如果齒頭音遇二、三等韻，正齒音遇一、四等韻，就是"無音無字"。例如，《韻鏡》之《外轉第三開合》祇有二等江韻系，齒頭音一、四等爲○，是"韻空位無音無字"，正齒音下三等爲○，是"聲空位無音無字"。但是，上面引文中的"審高反"是二、三等"切"一等"韻"，"精交反"是一、四等"切"二等"韻"，在今韻學是不存在的音節，是不可能出現的反切，但是從等韻學的角度看，各個聲母依次遍歷所有韻母都有一個真實的讀音，還可以製造一個反切來展示其音韻地位(攝、韻、等、呼、聲、調)，祇是無法找到一個相應的漢字來表示這個音。無疑，這種觀念與今韻學對漢語音韻結構的理解不合，如果沒有受到悉曇章的啓示是不太可能在中土自發萌生的。

等韻圖與悉曇章兩種矩陣也有區別，悉曇章是"行"爲悉曇(元音)，"列"爲體文(輔音)，而等韻圖相反，"行"爲聲母(字母)，"列"爲韻母。等韻學和今韻學也有著密切的關係，宋元五種韻圖音節矩陣的數據源是《切韻》系韻書，等韻圖中的列字就是韻書的小韻，但二者也有區別，等韻圖列字是有序排列，而韻書小韻是無序組合。

等韻圖得以形成的第四個要件是採用適宜收納漢語音節矩陣並能科學展現二元矩陣的結構的容器，這個容器就是表格，是等韻學家從中國傳統文體中提取出來的。

悉曇章的格式不是表格。前引義淨的《南海寄歸内法傳·三十四西方學法》描述過悉曇章的形式：

> 本有四十九字，共相乘轉成一十八章，總有一萬餘字，合三百餘頌。凡言一頌，乃有四句，一句八字，總成三十二言。

"頌"，梵文 Gāthā 的意譯，音譯爲"伽陀"，略譯爲"偈"。唐慈恩法師窺基《妙法蓮華經玄贊》卷二："梵云伽陀，此翻爲'頌'。頌者，美也，歌也。頌中文句極美麗故，歌頌之故。訛略云'偈'。"可見悉曇章是一種頌贊體，是一種綫性文本，將之納入表格完美地展現出二元矩陣的面貌顯然是中國等韻學家的創舉。

表格是源自中華本土固有的文體，與綫性文本相比，表是一種晚起的、人所不熟也不善用的文檔格式。中國古代文體中有兩種"表"，一般所說的表指的是用於陳請謝賀的奏章，即《釋名·釋書契》所說："下言上曰表，思之於内表施於外也。"這種表仍然是綫性文本。另外一種是等韻圖那種有邊框格綫的表格之"表"，作爲文體應該起於司馬遷在《史部》中創製的十表。有人認爲《史記》十表的體制仿自周代譜牒。《史記·十二諸侯年表》："太史公讀春秋曆譜諜"，司馬貞索隱："案，劉杳云：'《三代系表》，旁行邪上，其放《周譜》。'"按，"系表"當爲"世表"。劉杳之言見《梁書·劉杳傳》：

> 王僧孺被敕撰譜，訪杳血脈所因。杳云："桓譚《新論》云'太史《三代世表》，旁行邪上，並效《周譜》。'以此而推，當起周代。"僧孺歎曰："可謂得所未聞。"

體察文意，劉杳所言旨在誇耀門庭，頗有"大話""戲説"的意味。《周譜》久已亡佚，現在僅能見到的一段佚文是王莽時王橫言治河之語中的一句話："《周譜》云：'定王五年河徙。'"這句話見於《漢書·溝洫志》、《水經注·河水五》和唐馬總所撰《意林》，這短短幾個字顯然並不能證實《周譜》是一種表格，從現有證據看，表格之"表"應該是司馬遷的創製。十表中每一格裏面的文本與上下左右格子中的文本在時間、地理、因果、世系、傳承上存在可認知的關係。以卷十三《表第一·三代世表》爲例，首列表頭爲"帝王世國號"；竪列依次爲"顓頊屬"、"俈屬"、"堯屬"、"舜屬"、"夏屬"、"殷屬"、"周屬"；橫行頂格"黃帝"爲本表之根。表中同列從上到下爲兄弟同輩關係，同行從右到左依次爲父子世次關係。這種樹形表結構，不是常見的傘狀（∧）形樹結構而是單側左出的坡狀（◿）形或右高左低的梯形樹結構；利用這種世表追尋世系，必須從左到右逆推，遇節點必須往上昇格，直到血脈所因，這種猶如上坡爬梯的↗狀過程，就是所謂"旁行邪上"。這種"表"在《史記》之前不曾見，在《史記》之後也不是獨立的單種文體，即使在紀傳體史書也不是必備的組成部分，直到等韻圖問世纔出現另一種作爲獨立文體、構成一種著作的主體的表格之"表"。等韻圖的一個功能就是將悉曇章一類的綫性文本式矩陣轉化爲二維表式矩陣，由此可見《史記》十表與等韻圖表之間的淵源關係。但是這兩種表也有許多不同，《史記》十表的内容源自歷史文獻，等韻圖由聲韻輾轉配搭而生成；《史記》十表的數據是樹形結構，等韻圖是網狀結構；《史記》十表多有空格，等韻圖表格由單字和圓圈填滿。更爲重要的是，這兩種表都是工具書，但信息的排檢法根本不同，《史記》十表中的文本呈現碎片化，但仍然是可閲讀可理解的，排檢法即所謂"旁行邪上"，無論是"旁行"還是"邪上"，都是由格中文本語義之間的關聯加以牽引纔能進行；等韻圖格子中的漢字和圓圈呈現孤立化，漢字有音無義，所以各個漢字與上下左右的漢字没有語義上的關聯，衹有音韻分類上的關係，排檢法是根據橫行爲字母清濁，縱列爲韻攝等呼的二維坐標定位，確定該字的音韻地位。

總結上文的討論，等韻學與古韻學、今韻學的性質不同，古韻學、今韻學屬於漢語語音史的範疇，研究目的是客觀歸納韻書或韻文的聲類、韻類系統；等韻學——非指以研究等韻圖的語音系統爲目的的現代等韻學——屬於辭書學範疇，目的是編纂查檢字音的工具書。等韻學和今韻學都可以以韻書作爲材料，但是今韻學是探求韻書的語音系統，等韻學是展示等韻學家所瞭解的語音系統。以《廣韻》的聲母系統爲例，《韻鏡》和《七音略》所列的是三十六字母，根據現代學者用今韻學反切係聯法的研究，《廣韻》音系的聲母也是三十六個，但系統並不相同，與三十六字母比較，輕脣音"非、敷、奉、微"還没有從重脣音"幫、滂、並、明"中分化出來；正齒音"照、穿、牀、審、禪"分爲二等"莊、初、崇、生"和三等"章、昌、船、書、禪"兩組；喉音"喻"母分爲"于"和"以"兩類，"于"併入"匣"母。古韻學、今韻學植根於中華本土學術，等韻學帶有濃厚的域外文化基因，對於國人來説往往難以理解、難以使用。在構成等韻圖的四個要件中，橫坐標"字母"不是中華固有的概念，字母没有語義，也没有具體的完整的字音，衹代表一個抽象的聲母類别；竪坐標必須綜合"攝、韻、等、呼、調"五個元素纔能把握其屬性，"攝、等、呼"是源自悉曇學的語音學術語，不能按照字面理解；聲韻輾轉相拼生成二元音節矩陣，特別是有音無字的觀念，也不是容易瞭解的思想。再說表格之"表"，雖說起於本土，但是作爲一種晚起的罕見的文體，一般人也會覺得生疏而不會操弄。即使是《史記》十表，由於具有獨特的體制——"旁行邪上"，閱讀時可以從左到右再從下往上，與傳統線性文本的從上到下再從右到左的行款格式剛好相反，各個格子之間的文本雖有關聯卻又意不相屬，呈現出碎片化的特徵，因而向來被認爲難讀難懂；至於等韻圖是二維表，橫行坐標、豎列坐標和格中列字，都是有音無義，與中國傳統語言文字學的漢字是形、音、義結合體的基本學理不符；字形也祇能說是一個代表聲類、韻類或音節的音標，逸出六書學說之外；如果需要以音定字，必須先尋定橫坐標往下、豎坐標往右以交點定位，然後再去韻書檢閱小韻查找該字，如果以字定音，就要反向操作，先檢閱韻書找到該字所屬小韻，再到等韻圖定位到該小韻的代表字，然後往上定橫坐標、往左定豎坐標，最後纔能聲韻相拼得其讀音，當然，一般情況下等韻圖列字就是韻書小韻代表字，可以略去到小韻查找列字的步驟，但整個過程還是十分繁複，操作困難，一般讀者會感到無從捉摸，難以索解。

再回頭看勞乃宣《等韻一得》所說："古韻、今韻以考據爲主，等韻以審音爲主，各有專家，不相謀也。"可以作爲上面討論之總結。正因爲等韻學以審音爲支撐，而審音爲口耳之學，這種能力不是僅靠勤學苦練就可以獲得，等韻學就學科知識而言趕不上古韻學、今韻學那麼艱深複雜，但學人往往覺得更難窺見其治學門徑。故此相比而言，古韻學、今韻學的研究成果豐碩，等韻學——包括現代等韻學——就顯得門庭冷落，論著不多，研究選題限於等韻圖簡介、等韻學術語和門法闡釋、等韻書校勘、等韻圖音系分析等幾個方面。逯亞榮博士《宋元韻圖五種用字研究》從韻圖用字這個最爲基礎的環節切入，展開全面整理與分析比較，無疑具有相當的難度，也在等韻學中開闢了一個新的研究領域。

本書在韻圖的數字化處理上做了富有挑戰性的有益的探索。古籍數字化的工作迄今已經將近半個世紀，北京書同文公司的"文淵閣四庫全書電子版"中就有《通志·七音略》《四聲全形等子》《切韻指掌圖》《經史正音切韻指南》四種宋元等韻圖，但是這幾種電子韻圖的功能主要是閱讀和全文檢索，不能滿足數字化研究的要求。再者，這套電子版叢書開發的時候使用的 Unicode 編碼平面爲 BMP(Basic Multilingual Plane，基本多文種平面)，漢字字庫是 GBK(《漢字內碼擴展規範》)或 CJK 基本集(CJK Unified Ideographs (Han)，中日韓統一表意文字(漢字))，包括簡化字和非中文漢字(日本、韓國、朝鮮、越南、新加坡等國家漢字和方塊壯字等中國少數民族文字)在內，字種祇有兩萬多字，用於古籍數字化不免捉襟見肘不敷應用，字符集中未收的冷僻字無法正常顯示。逯亞榮博士對宋元五種韻圖的數字化處理是基於數字化研究。首先，所有字符都遵循 Unicode 規範，字符集沒有的字符則在 Unicode 用戶自定義區(Private Use Areas，PUA)中定義，這是漢字計算機信息處理的先決條件；其次，使用自行開發的漢語中古音數據庫對電子韻圖的列字進行音韻地位(攝、韻、等、呼、聲、調和反切)自動標注，從而建立了用字比較研究的標準參照系。最重要的工作是建立數據庫對五種韻圖進行歸一化處理。宋元五種韻圖雖然都是展示中古音的早期韻圖，但是結構複雜且各有不同，所用術語也有差異。表 0-8 所列是宋元五種韻圖的幾個主要差異：

表 0-8

	圖數	攝數	五音次序	字母列數	喉音次序	韻表結構	入聲分配
韻鏡	43	(16)	脣舌牙齒喉	23	影曉匣喻	四聲轄四等	入承陽
七音略	43	(16)	脣舌牙齒喉	23	影曉匣喻	四聲轄四等	入承陽
四聲等子	20	16	牙舌脣齒喉	23	曉匣影喻	四等轄四聲	兼承陰陽
切韻指掌圖	20	13	牙舌脣齒喉	36	影曉匣喻	四聲轄四等	兼承陰陽
經史正音切韻指南	24	16	牙舌脣齒喉	23	曉匣影喻	四等轄四聲	兼承陰陽

"攝數"列帶括號的表示未標攝名，16 爲十六攝"通、江、止、遇、蟹、臻、山、效、果、假、宕、梗、曾、流、深、咸"，13 爲十三攝是由十六攝"宕、曾、果"與"江、梗、假"合併而成；"字母列數"指三十六字母排列的格式，23 列是"輕脣、舌上、正齒"十三母分屬"重脣、舌頭、齒頭"，36 列是"輕脣、舌上、正齒"與"重脣、舌頭、齒頭"平列；"入聲分配"列《七音略》入聲韻承陽聲韻，但第二十五轉例外，入聲"鐸"和"藥"韻分別配陰聲"豪"韻系和"肴"韻系；另外，韻圖所列韻目也有很多差異，情況更爲複雜，表中沒有收錄。由表 0-8 所舉諸端事項造成宋元五種韻圖相比，列字多寡不一，相同的位置可以音韻地位不同，還有同字異音、同字異體、同音異字等各種歧異，如果用原始形態的韻圖直接進行比較必將費時耗力而且容易出錯。遆亞榮博士採用的對策是建立宋元五種韻圖用字數據庫，將複雜且各異的表結構統一爲簡潔的聲韻調配合表；將各種各樣的術語轉化爲統一的字段(列)和記錄(行)名稱，這種化繁爲簡、化異爲同的工作就是所謂"歸一化"。"歸一化"使異質數據得以在統一的平臺上進行準確無誤的同質比較，而"歸一化"工作的優劣成敗決定於開發者所具有的專深的學科知識、計算機技術、數據建模能力和學術創新理念，絕非易事。必須指出的是，本書的工作是五種韻圖用字的綜合比較，如果兩兩比較，就必須做 4+3+2+1＝10 次，如果再做五種、四種、三種韻圖之間的用字比較，若是學者個人的案頭工作，是很難想象的複雜而繁重的工作，遆亞榮博士根據用字比較的各種模式和需求，編寫代碼，利用計算機程序處理宋元五種韻圖用字數據庫，自動進行標注、分類、排序、篩選、統計、歸納等工作，保證了研究結論的信度和效度。本書爲韻圖數字化

整理和數字化研究提出了一套完整的、適用的可操作的解決方案，這是本書的一個鮮明的特點。

本書對宋元五種韻圖用字的綜合比較取得了不少值得重視的研究成果。例如，經過統計，可以看出宋元五種韻圖與宋金韻書的關係：五種韻圖用字與《廣韻》的相合比例均在80%以上，相異用字中有很多與《集韻》、《五音集韻》相合，表明宋元韻圖主要依《廣韻》列字，並且依據後出韻書如《集韻》、《五音集韻》等進行過修訂。韻圖韻字與《廣韻》用字的不同主要體現在以下幾個方面：第一，韻圖列字與《廣韻》小韻首字不盡一致，這是因爲韻圖依據其他韻書增補小韻，如《七音略》中很多小韻即來自《集韻》，《經史正音切韻指南》中的小韻均選自《五音集韻》；也有韻圖依據實際語音調整小韻，如《四聲等子》對韻圖體制進行了重大的改革，將四十三圖壓縮爲二十，從而造成韻目的合併，韻書和早期韻圖中很多小韻無法一一列出。第二，擇字不同：一般來説，韻圖選擇比較常見的小韻首字，有些韻圖所選的小韻代表字在《廣韻》中不是小韻首字，但是如果韻字在《集韻》等其他韻書中爲小韻首字，韻圖據其他韻書列字；如果韻字在《集韻》等其他韻書中也非小韻首字，韻圖作者另行選擇用字。第三，韻圖列字的音韻地位與《廣韻》不同，原因包括小韻重出，即同一小韻在韻圖中出現了兩個字，韻圖放錯位置，特別是放在相鄰的格子中；韻圖依語音變化進行調整。第四，字形不同，原因是韻圖使用異體字、俗訛字或通假字。再如宋元五種韻圖之間的關係，通過對韻圖用字的相互比較，發現《韻鏡》與《七音略》、《七音略》與《四聲等子》、《四聲等子》與《切韻指掌圖》、《切韻指掌圖》與《經史正音切韻指南》之間用字相合比例均達50%以上，這些統計數字顯然清晰地勾畫出宋元韻圖的歷史演變軌跡，説明五種韻圖一脈相承的淵源關係，爲宋元韻圖的斷代綜合研究奠定了不可或缺的基礎。

這些問題可能也有學者討論過，但是本書的結論基於對數據的精確統計分析，爲這些問題的解決提供了科學而堅實的證據，對於漢語音韻學研究具有重要價值，所以非常樂意向讀者推薦。

當然，本書也會存在一些問題，也期待讀者不吝指出。

尉遲治平

2020 年 6 月 28 日於美國加州

目　　録

1 緒　　論

　　我國古代研究語言文字的學問稱爲"小學"，傳統小學的研究包括文字、音韻、訓詁三方面的内容。音韻學是研究古代各個歷史時期的漢語語音及其發展規律的學科，可以細分爲古音學、今音學、北音學和等韻學。

1.1　等韻學和等韻圖

　　等韻學是傳統漢語音韻學的一個重要分支，用"等"的概念來區分漢語的聲類和韻類①，通過對語音系統和發音特征的精密分析，系統展示漢語的音系結構②。等韻圖既是等韻學的留存成果，也是等韻學研究的主要内容。它是一種語音二維圖表，這種圖表按照語音的構成因素歸納編排，横列字母清濁，縱列韻之等第，並以四聲歸納，縱横交錯處依音列出小韻代表字，成爲一種聲韻調配合表。現存於世的等韻圖有《韻鏡》《七音略》《四聲等子》《切韻指掌圖》《經史正音切韻指南》《等韻切音指南》《四聲切韻表》《等韻輯略》《重訂司馬溫公等韻圖經》等，若論派系，一般我們分爲"宋元學派"和"明清學派"，也有學者從語音系統的角度進行區分，認爲"所謂宋元學派，大都是根據於'今音'的系統，音韻比較繁複，所以和現今南部的方言很多符合；所謂明清學派，大都根據於'北音'的系統，音韻比較簡單，和國語注音符號上的系統，漸行接近"③。

　　宋元早期韻圖如《韻鏡》《七音略》等反映了《切韻》系韻書的語音系統，韻圖中的聲、韻分別展示了韻字反切上、下字的發音狀況，使韻書反映的紛繁的反切條理化，便於從反切查音，也便於從音求反切，可作爲研究《切韻》反切的重要材料；此外，《四聲等子》《經史正音切韻指南》等韻圖不僅依據韻書，還反映了時音的面貌，可以展現語音系統的發展變化。近代學者勞乃宣《等韻一得·序》説："古今之韻得反切而後易明，反切之理得等

---

①　李新魁. 漢語等韻學[M]. 中華書局，1983：3.
②　耿振生.《等韻源流》述要[M]. 趙蔭棠. 等韻源流. 商務印書館，2011：371.
③　張世禄. 等韻學派系統的分析. //張世禄語言學論文集[M]. 學林出版社，1984：87-88.

韻而後易解；則等韻又古韻、今韻之階梯矣。"韻圖中亦可窺見古音的痕跡，從而推求語音的發展脈絡。

1. 2　宋元韻圖五種研究概況

有關等韻學的問題，前輩學者已經做了大量深入的研究，得出了很多有價值的結論，代表性成果有趙蔭棠《等韻源流》、李新魁《漢語等韻學》、陳新雄《等韻述要》、俞敏《等韻溯源》、耿振生《明清等韻學通論》等。關於宋元時期五種代表性韻圖《韻鏡》《七音略》《四聲等子》《切韻指掌圖》《經史正音切韻指南》的研究，主要成果有羅常培《通志·七音略研究》、孔仲溫《韻鏡研究》、高明《韻鏡研究》《鄭樵與通志·七音略》《四聲等子之研究》《經史正音切韻指南之研究》、陳廣忠《韻鏡通釋》、楊軍《韻鏡校箋》《七音略校注》、龍宇純《韻鏡校注》等。可以看出，音韻學界對於這五種韻圖的研究用力不均，存在偏頗，《韻鏡》的研究深入而廣泛，涉及校勘、語音分析、結構分析等很多方面，在與諸韻圖的比較研究中也頗受青睞，而其他韻圖的受關注程度遠不及此，特別是《四聲等子》和《經史正音切韻指南》，學者關注較少，研究成果也非常有限。

1. 2. 1　《韻鏡》研究概況

（1）龍宇純《韻鏡校注》

龍宇純先生《韻鏡校注》作於 1959 年 10 月，是我國第一部對永禄本《韻鏡》進行校勘的力作，所據《韻鏡》版本爲黎氏古逸叢書本（永禄本）、臺灣大學所藏日本刊本一種（寬永十八年本）和北京大學景印本（北大本），校勘過程以黎本爲主，其他兩本做輔助；並依據《廣韻》、《集韻》與《唐寫本切韻殘卷》、《王仁昫刊謬補缺切韻》、《唐寫本唐韻》、《五代刊本切韻》等隋唐韻書，參照《通志·七音略》，對《韻鏡》中的誤脱、誤增、字形訛誤、據《集韻》增入、據《廣韻》增入和經後人增改之處進行詳細注釋。

（2）李新魁《韻鏡校證》

李新魁先生《韻鏡校證》以永禄本《韻鏡》爲底本，參核寬永本，校其正誤，證其異同。該書主要包括以下七個方面的内容：（一）校訂《韻鏡》一書中與音韻有關的錯誤，如韻、等、聲、調各方面列字之錯誤、缺漏；（二）指明《韻鏡》列字在字體上的訛謬差錯；（三）比勘各版本的異同；（四）詮釋列字所從同或違異之韻書；（五）比較宋元各韻圖在與《韻鏡》的差謬上有關的異同情況；（六）全面比較《廣韻》《集韻》與《韻鏡》之異同，表明《韻鏡》與《廣韻》《集韻》之關係；（七）比較《韻鏡》與唐宋時代各韻書（及其他典籍音切）的異同。

（3）孔仲温《韻鏡研究》

孔仲温先生《韻鏡研究》是目前所能看到的我國學者比較全面、細緻地研究《韻鏡》的著作，該書對《韻鏡》作了全方位的透視，分別從韻鏡源流、韻鏡内容、韻鏡音系三個方面展開。第一部分首先對《韻鏡》進行溯源，認爲《韻鏡》的產生有據於傳統聲韻中反切的興起和韻書的流行，加之佛教東來，翻譯佛經事業興起，梵文字書悉曇章的引入，爲《韻鏡》的形成提供了契機；接著綜述了六種關於《韻鏡》撰者、撰述年代的代表性觀點：主張《韻鏡》爲唐元和時神珙所作，主張《韻鏡》原型出於隋唐，主張《韻鏡》不創自宋人，主張《韻鏡》起於隋唐尚在疑似之間，主張《韻鏡》成書於張麟之初次刊行或陳彭年重修《廣韻》前，主張《韻鏡》成書於宋、底本則據宋以前；然後介紹了《韻鏡》的流傳情況，主要講了兩個問題，即《韻鏡》傳入日本的時間和在日本流行的情況。第二部分對《韻鏡》内容進行剖析，不僅詮釋了《韻鏡》中幾個比較晦澀的術語——内外轉、開合、四等、七音、清濁，而且探討了《韻鏡》聲母、韻母的編排體例，以及該圖歸字列等的基本精神和具體方法。第三部分作者借用高本漢擬測《切韻》音值之方法，對《韻鏡》聲值、韻值進行構擬。

（4）陳廣忠《韻鏡通釋》

陳廣忠先生《韻鏡通釋》共分六章。第一章，主要介紹了《韻鏡》的序和跋；第二章，關於《韻鏡》的聲紐系統，介紹了七音、清濁、聲紐與"等"之關係；第三章，《韻鏡》的韻部系統，包括"韻"與"等"、開合、内外轉、重紐、四聲等；第四章，《韻鏡》音韻地位的考辨及擬音，作者著重介紹了永禄本《韻鏡》四十三圖，對各圖列字進行音韻地位考辨、擬音，對重出小韻字進行辨析；第五章，主要討論了《韻鏡》與門法的相關知識；第六章，介紹了《韻鏡》產生的時代，在日本的流傳情況，以及《韻鏡》返歸故國情況。《韻鏡通釋》一書通過全面細緻的剖析，從多方面展現了《韻鏡》的價值。陳廣忠先生"通釋"主要包括以下幾方面的内容：對《韻鏡》所有列字的音韻地位進行辨正；對内外轉進行專題考釋；《韻鏡》雖然不依據一書之音，但是主體不離唐宋，合《廣韻》的音系，對有音韻地位的每個小韻字構擬了中古音；對聲紐、韻部的關係進行了全面考察；對版本中出現的錯位、失位、訛誤、重出的字進行了重新核定；對《韻鏡》與門法之間關係進行了新的審查。

（5）楊軍《韻鏡校箋》

楊軍教授《韻鏡校箋》是《韻鏡》研究的集大成者，被譽爲“《韻鏡》研究不可逾越的智慧山峰”①。該書在充分梳理相關材料的基礎上，對《韻鏡》之文字異同、文字正訛及致誤原因逐一進行考辨，以翔實可靠的文獻材料作爲支撐，得出了一系列有價值的結論，爲後人研究《韻鏡》鋪平了道路。楊教授以永禄本《韻鏡》爲底本，採用國内罕見的嘉吉元年寫本、寶生寺藏福德二年寫本、六地藏寺寫本、應永元年寫本等日本古寫本和寬永十八年本、北大本、寬永五年本、古活字本等重要的版本進行互勘，並與今存所有唐五代韻書資料、《廣韻》《集韻》等韻書進行比對，參考相關韻圖如《七音略》以及諸多古代韻書、字書、音義書等材料，對《韻鏡》進行了“更上一層樓”的新注、新校。除細緻精審的校注之外，楊教授還在書中發表了關於《韻鏡》的產生與發展、刊行與流傳等問題的獨到見解，突破了傳統校箋的模式，開拓了學術視野，成爲《韻鏡》研究的典範。

（6）劉華江《韻鏡考論》

劉華江先生《韻鏡考論》主要對《韻鏡》所據韻書、《韻鏡》各版本及《韻鏡》中的相關問題進行了考論。第一章緒論部分從十八個方面綜合概述了《韻鏡》的基本情況，包括作者、產生條件、成書年代、體例等；第二章《韻鏡》所據韻書，主要從相關韻書與《韻鏡》在韻目上的比較、相關韻書收字與《韻鏡》列字在宏觀上的比較、相關韻書收字與《韻鏡》列字在微觀上的考察等三個方面全面而系統地考察了《韻鏡》與相關韻書之間的關係，最後得出了比較一致的結論，即《韻鏡》列字所依據韻書爲李舟《切韻》之前的，而與《唐韻》又有比較密切關係的某一種《切韻》系韻書。第三章《韻鏡》諸本異同及層累成分考論，考察了目前能見到的所有版本的《韻鏡》的異同，同時依據各成分在各版本和相關韻書中的體現較系統地探討了《韻鏡》的層累成分。第四章以各版本和相關韻書爲依據，並參考《説文》及《字林》《五經文字》《九經字樣》等，或刊定字形，或校正列位，或補充缺漏，或剔除後增，最後完成了《韻鏡》的復原。

（7）高明《韻鏡研究》

高明先生此文對《韻鏡》的研究主要從四個方面展開，分別是：①《韻鏡》之流傳，考釋了《韻鏡》傳入日本的年代，介紹了該書在日本的流傳情況；②《韻鏡》之先驅，分別從

---

① 李無未. 韻鏡校箋·跋[M]. 浙江大學出版社，2007：549.

韻部之分析、聲類之分析、四聲之分析、七音之分析、清濁之分析、開合之分析、內外轉之分析、洪細(即四等)之分析八個方面闡述了等韻學中的重要概念，介紹了《韻鏡》產生的理論基礎；③《韻鏡》之內容，從全書的組織、韻部之等別、歸字之原則等方面展示了《韻鏡》的主要內容；④《韻鏡》之校訂，運用所掌握的新版本對龍宇純《韻鏡校注》一書中的一些問題進行補充校釋。高先生對《韻鏡》的研究成果還可以參見其文《嘉吉元年本〈韻鏡〉跋》。

(8) 李新魁《〈韻鏡〉研究》

李新魁先生在文中深入探討了《韻鏡》涉及的幾個重要問題：第一，悉數了《韻鏡》的韻數、韻目和韻序。第二，分析了《韻鏡》中的內外轉與開合口。第三，將《韻鏡》列字與《廣韻》《集韻》做了全面的比較，統計分析了《韻鏡》用字與《廣韻》的小韻首字、《廣韻》《集韻》備載而《韻鏡》不錄的字、《韻鏡》有而《廣韻》《集韻》不錄的字、《韻鏡》在音韻地位上與《廣韻》《集韻》不合的字，得出：《韻鏡》是據與《廣韻》同一體系的韻書所作，也可能曾據某一種本子的《廣韻》校訂過；《韻鏡》與《集韻》也有一定的關係，但不是依《集韻》而作。第四，關於《韻鏡》所據韻書及撰作年代的問題，討論了關於《韻鏡》撰作年代的兩種觀點，即趙蔭棠先生主張的宋朝說和日本學者大矢透及我國學者羅常培、葛毅卿主張的唐朝說。作者通過對《韻鏡》語音、避諱等的全面研究，認為《韻鏡》據《景德韻略》所作是大有可能的。①

(9)《韻鏡》補校

圍繞《韻鏡校注》與《韻鏡校證》的內容，一些學者做了補正方面的工作，代表成果如下：

陳廣忠先生對《韻鏡校注》的失誤及尚需進一步考證之處加以補正②；楊軍先生先後撰文《〈韻鏡校證〉補正》③與《〈韻鏡校證〉續正》④，匡補李新魁先生《韻鏡校證》之疏失，續文中更是盡可能地將李書之誤漏者悉數刊布；白鍾仁《〈韻鏡校證〉求疵》將自己據《廣韻》所作韻圖與李新魁先生《韻鏡校證》作對照，指出李書中涉及《廣韻》的闕誤之處⑤；謝伯良《〈韻鏡〉李校補遺》對李書所未予關注或雖關注但尚有可談之處作補充闡述，並指出了

① 李新魁.《韻鏡》研究[J]. 語言研究，1981(1)：125-166.
② 陳廣忠.《韻鏡校注》補正[J]. 語言研究，2004(2)：84-87.
③ 楊軍.《韻鏡校證》補正[J]. 貴州大學學報，1995(1)：75-80.
④ 楊軍.《韻鏡校證》續正[J]. 古漢語研究，2001(2)：26-30.
⑤ 白鍾仁.《韻鏡校證》求疵[J]. 古漢語研究，1998(2)：18-19.

少數文字之訛誤。①

（10）《韻鏡》成書年代

張麟之嘉泰三年的《韻鏡·序》有言："韻鏡之作，其妙矣夫！餘年二十，始得此，學字音。往昔相傳，類曰《洪韻》，釋子之所撰也。有沙門神珙（恭拱二音），號知音韻，嘗著《切韻圖》，載《玉篇》卷末，竊意是書作於此僧，世俗訛呼'珙'爲'洪'爾，然又無所據，自是研究，今五十載，竟莫知原於誰。"張氏認爲《韻鏡》爲神珙所作，但不一定確實。

趙蔭棠《等韻源流》認爲："'洪韻'未必是'珙韻'之誤，引《朱子語録·卷百四十》：'洪州有一部《洪韻》，太平州亦有部《韻家文字》'，依此而言，安知'洪'非指地域而言？"②羅常培《〈通志·七音略〉研究》則提出三條證據論證"等韻圖肇自唐代非宋人所創"之説："張麟之《韻鏡序作》題下注云：'舊以翼祖諱敬，故名《韻鑑》，今遷祧廟，複從本名。'案翼祖爲宋太祖追封其祖之尊號，如《韻鏡》作於宋人，則宜自始避諱，何須複從本名？倘有本名，必當出於前代：此一證也。《七音略》之轉次，自第三十一轉以下與《韻鏡》不同：前者升覃咸鹽添談銜嚴凡於陽唐之前，後者降此八韻於侵韻之後。案隋唐韻書部次，陸法言《切韻》與孫愐《唐韻》等爲一系，李舟《切韻》與宋陳彭年《廣韻》等爲一系。前系覃談在陽唐之前，蒸登居鹽添之後；後系降覃談於侵後，升蒸登於尤前。今《七音略》以覃談列陽唐之前，實沿陸孫舊次，特以列圖方便而升鹽添咸銜嚴凡與覃談爲伍。至於《韻鏡》轉次則顯依李舟一系重加排定，惟殿以蒸登，猶可窺見其原型本與《七音略》爲同源耳。此二證也。敦煌唐寫本守溫《韻學殘卷》所載"四等重輕例"云："……其分等與《七音略》及《韻鏡》悉合。降及北宋，邵雍作《皇極經世聲音圖》分字音爲'開''發''收''閉'四類，除舌頭、齒頭、輕唇及舌上娘母與等韻微有參差外，餘則'開'爲一等，'發'爲二等，'收'爲三等，'閉'爲四等，亦並與《七音略》合。是四等之分割，在守溫以前蓋已流行，北宋之初亦爲治者所沿用，則其起源必在唐代，殆無可疑：此三證也。"③趙先生對羅先生的幾點證據不完全贊同，他認爲《韻鏡》起於隋唐的話，尚在疑似之間。④

葛毅卿《〈韻鏡〉音所代表的時間和區域》一文對《韻鏡》成書的時間和代表的區域進行了深入探討，認爲《韻鏡》寫成於公元751—805年，代表隋及唐時的長安音系統。成書時間的推測，葛先生層層深入，首先由《韻鏡·序》中的題注"舊以翼祖諱敬故爲韻鑑，今遷祧廟，複從本名"説明該書當寫於宋之前；然後以"韻鏡不用三十六字母標紐"，"唐朝初、

①　謝伯良.《韻鏡》李校補遺[J]. 語言研究, 1993(1)：155-164.
②　趙蔭棠. 等韻源流[M]. 商務印書館, 2011：74-76.
③　羅常培.《通志·七音略》研究[M]. "中央研究院"歷史語言研究所集刊, 1935(5-4)：522-523.
④　趙蔭棠. 等韻源流[M]. 商務印書館, 2011：77.

中期端知不分幫非無別"爲據，説明《韻鏡》應寫於唐末之前；最後從對《韻鏡》列字歸韻和韻目排列次序的討論上得出結論：《韻鏡》所根據的韻書當在孫愐《唐韻》之後，李舟《切韻》之前，應是公元751年後805年前的本子。代表區域的問題上，作者通過比較《韻鏡》二百零六韻與漢、吳、朝鮮音之間的一致關係，認爲《韻鏡》音和吳音系統不合、和朝鮮譯音系統基本符合、和漢音系統全合，代表的是唐朝中期的長安音系統。①

(11)《韻鏡》結構、音系等

學者們對《韻鏡》的研究還涉及其他很多方面，如結構編排、體例、反映的語音、與韻書的對比等，内容十分豐富。

周法高《〈韻鏡〉中韻圖之結構 On The Structure Of The Rime Tables In The Yun-Ching》、范進軍《〈韻鏡〉分圖之微瑕》和付新軍、李曼《從〈韻鏡〉的韻部排序看作者用意》探討了《韻鏡》之結構特點。針對《韻鏡》中出現的"開合""等""轉""助紐"等概念，學者們也專文進行了論述，如陳貴麟《論〈韻鏡〉重紐的邏輯原型及其重估之現象》、孔仲温《論〈韻鏡〉序例的"題下注""歸納助紐字"及其相關問題》、葛毅卿《〈韻鏡〉中的等呼》、楊軍《〈韻鏡〉所標"開合"及相關問題再研究》等。其中關注比較多的是《韻鏡》中的"開合"問題。《韻鏡》四十三圖在標注開合口時，有四圖示爲"開合"字樣，這與其他三十九圖只標"開"或"合"的情況不同，是訛誤還是另有用意？情況不甚明白，楊軍先生等在整合前輩學者看法的基礎上就此問題進行再次探索，認爲此"開合"是流傳期間校讀者的批註被誤抄於正文之中所造成的。②

對於《韻鏡》中的特殊語音問題，黎新第《〈韻鏡〉異常歸字所見時音辨析》和吳聖雄《張麟之〈韻鏡〉所反映的宋代音韻現象》都有論述。黎文考察了《韻鏡》中與《切韻》系韻書音系不符合的異常歸字，論證了其中所反映的時音情況③；吳文采用了"文獻現象與語言現象的基本性質不同"與"文獻材料的多層性"的觀點，先後將《韻鏡》列字與《廣韻》、《韻鏡》日本手抄本、《七音略》進行比較，總結了《韻鏡》中所反映的濁音清化、知照相混、狀禪不分、重紐三四等混同等音韻現象。④ 另有賴江基《〈韻鏡〉是宋人拼讀反切的工具書》一文，對《韻鏡》一書和宋代音韻學家的研究成果進行了詳細分析，認爲《韻鏡》既表現了《切韻》的反切系統，又表現了宋代時音，是宋人拼讀《切韻》系韻書反切的工具書。⑤

---

① 葛毅卿.《韻鏡》音所代表的時間和區域[J]. 學術月刊，1957(8)：79-91.

② 楊軍.《韻鏡》所標開合及相關問題再研究[J]. 古漢語研究，2005(2).

③ 黎新第.《韻鏡》異常歸字所見時音辨析[J]. 語言研究，2005(4)：1-8.

④ 吳聖雄. 張麟之《韻鏡》所反映的宋代音韻現象[J]. 聲韻論叢，1999(8)：245-274.

⑤ 賴江基.《韻鏡》是宋人拼讀反切的工具書[J]. 暨南學報，1991(2)：104-112.

關於《韻鏡》與相關韻書的比較研究，劉華江曾撰系列文章進行論述，主要有《〈韻鏡〉與相關韻書的比較研究》、《從〈韻鏡〉與相關韻書之比較看〈韻鏡〉列字所依據的韻書》、《從〈韻鏡〉與相關韻書韻目及其排序之比較看〈韻鏡〉列字所據之韻書》及《〈韻鏡〉列字所據韻書初探》，全面比較了《韻鏡》所列之字與相關韻書所收之字，以統計數據爲導向，指出《韻鏡》當是依據《唐韻》同時期或前後不遠的某種切韻系韻書來列字的。

另有陳廣忠《釋〈韻鏡〉"邪"組》①以中古韻書、韻圖爲佐證，對《韻鏡》邪組三十六個小韻字詳加考察，證明邪組只有三等。楊軍《北大本〈韻鏡〉的版本問題》討論了北京大學影印本《韻鏡》的版本歸屬，指出它是寬永十八年刊本的複製本，與原本之間有多種差異，並對其中的訛誤進行了校勘。②

（12）日本學者的《韻鏡》研究

因《韻鏡》流傳日本時間之久，曾引起日本語言學界的關注，研究成果也頗爲豐碩。李無未先生《日本學者的〈韻鏡〉研究》就系統、全面地描述了日本學者《韻鏡》研究的盛況，文章從《韻鏡》的產生與形成、《韻鏡》的版本、《韻鏡》傳入日本與日本的《韻鏡》研究書、《韻鏡》的內在結構形式、《韻鏡》對音（與漢日、漢朝鮮、漢越南、漢藏）、《韻鏡》的語音性質論爭、《韻鏡》的研究理論與方法七個方面進行詳細總結，展示了日本"韻鏡學"的繁榮，爲我們研究《韻鏡》開闊了視野。③ 現列舉我們所能看到的日本學者的部分研究成果如下，對其內容進行簡單介紹。

大矢透《韻鏡考》

《韻鏡考》是中日《韻鏡》研究史上具有里程碑意義的學術著作之一。大矢透先生強調該書的著眼點是考證與《韻鏡》相關諸事項，主要論述了五方面的問題：音圖完成的時代、反切製作的時代、206韻的性質、等位的解釋、內外轉之別與十六攝目之用。李無未先生《大矢透〈韻鏡考〉"要說"尋繹》從大矢透所列五"要項"入手，條分縷析，揭示他的獨特建樹以及科學預見性特點，強調《韻鏡考》的現代學術意義，同時也不回避它所存在的一些時代局限性。④

馬淵和夫《韻鏡校本と廣韻索引》

該書據日本國立國會圖書館龜田文庫藏本影印，是一部有關《韻鏡》研究的專著。全書共有三大部分。第一部分，主要以韻圖爲主，即作者文雄對《韻鏡》四十三圖的校訂；第二

① 陳廣忠. 釋《韻鏡》"邪"組[J]. 語言科學，2004(3-2)：79-82.
② 楊軍. 北大本《韻鏡》的版本問題[J]. 貴州大學學報，2001(19-4)：63-68.
③ 李無未. 日本學者的《韻鏡》研究[J]. 古漢語研究，2004(4)：5-16.
④ 李無未. 大矢透《韻鏡考》"要說"尋繹[J]. 古漢語研究，2008(3)：21-28.

部分，主要包括《韻鏡索引》和《翻切門法》兩大内容；第三部分，從五個方面進行解説，即文雄及其著書、《磨光韻鏡》版本、《磨光韻鏡》結構和内容、《韻鏡指要録》等、《磨光韻鏡》的影響。中國臺灣學者林慶勳先生《論〈磨光韻鏡〉的特殊歸字》①就《磨光韻鏡》中的六十四個特殊歸字一一考察，顯示作者敘例與韻圖歸字的相互矛盾。

三澤諄治郎《〈韻鏡〉研究》

這是一部有關《韻鏡》的專書研究著作。全書由兩大部分組成，第一部分專門探究了《韻鏡》的構成原理，分三篇來討論，即：等韻圖的兩大系統與内外轉的意義、《韻鏡》四等位的成立與反切門法的產生、《韻鏡》開合的分別和《七音略》的重輕。第二部分研究了《韻鏡》的諸版本(見在本)，並根據《韻鏡》的構成原理，嘗試性地重新建構了等韻圖，此部分共分兩篇，即第四篇《韻鏡》各轉的研究和第五篇新訂《韻鏡》，主要以《信範本韻鏡》爲底本，參校鄭樵《七音略》以及《切韻》《唐韻》《廣韻》整理而成。

1.2.2 《七音略》研究概況

(1)羅常培《〈通志·七音略〉研究》

羅常培先生《〈通志·七音略〉研究》是《七音略》研究的早期代表成果，文章討論了與《七音略》相關的五個問題。第一，宋元等韻的派別。以編排體例爲准，明確提出將宋元等韻圖分爲三系，即《七音略》《韻鏡》一系、《四聲等子》《切韻指南》一系、《切韻指掌圖》一系。第二，等韻圖的肇端。認爲《七音略》所據《七音韻鑑》與《韻鏡》同出一源，列舉五條實證來證明等韻圖產生於唐代，並非宋人所創。第三，通過對比《等韻切音指南》與《切韻指南》的不同點，得出"不能以歸字來確定時代"的説法，從而反推《七音略》與《韻鏡》之歸字特點，認爲不能因其從宋音而不從唐音就否認其原型作自唐代。第四，比較《七音略》與《韻鏡》内容上的七個不同之處。第五，《七音略》幾個版本校勘。利用至治本、武英殿本、浙江局本三個版本進行對照校勘，將百餘條訛誤之處一一列出。

(2)楊軍《七音略校注》

楊軍先生《七音略校注》是《七音略》刊行以來的第一本校注，而且是詳注，全書包括元至治本《通志·七音略》四十三圖和《七音略》校注兩大部分。楊先生參校了《七音略》的各種版本，除了當年羅常培先生參校過的元至治本、武英殿本、浙江書局本外，還有金壇于敏中重刻本、大中堂本、崇仁謝氏重刻本、上海圖書集成石印本和上海中華書局聚珍

---

① 林慶勳. 論《磨光韻鏡》的特殊歸字. //聲韻論叢第一輯[M]. 臺灣學生書局，1994：297-320.

本。本書校注以元至治本爲底本，結合《切韻》《廣韻》《集韻》《韻鏡》等韻書、韻圖的多種版本，包括很多國内稀見的日本版本，如《韻鏡》的嘉吉元年寫本、寶生寺藏福德二年本、六地藏寺本等，對《七音略》各圖進行詳細校注。另外，作者還參考了《説文》《玉篇》《篆隸萬象名義》《經典釋文》《一切經音義》等各種字書及音義書。其材料收羅之廣，用功之大，實屬韻圖校注上的一種超越。除韻字校注外，本書還採納了魯國堯先生關於早期韻圖是"層累造成的"這一觀點，即韻圖在長期的流傳過程中，會經常有人根據自己的需要對它進行加工，而且本書認爲鄭樵逞臆更改韻圖的例子也很多，所以本書的一個重要工作就是"盡力剥除這些'層累'的成分，盡可能恢復早期韻圖的舊貌"。

(3)高明《鄭樵與〈通志·七音略〉》

高明先生此文圍繞"鄭樵其人"與"《七音略》造意"兩個主題進行系統闡述。第一部分介紹《通志·七音略》之作者鄭樵，高先生從《宋史》《福建通紀》《莆田縣志》《四庫全書總目提要》等文獻中提取有效信息，爲鄭樵作新傳，詳細介紹了他的生平事跡，包括其治學、爲官、著書等情況；第二部分從《通志》總序和《通志·七音略》序文著手，具體闡明《七音略》之五義：一曰，字音本諸天籟，其構成自有經緯，四聲爲經，七音爲緯，經緯相交而音成；二曰，七音之説，起自西域，流入諸夏，更取隋、唐人論樂之語，以證七音之存在；三曰，《通志·七音略》之作，本於胡僧之《七音韻鑑》；四曰，研究製字，考證諧聲，知古人已通七音之妙；五曰，觀於瞿曇之書能入中夏，而宣尼之書不能至跋提河，以爲其關鍵在於七音圖之有無，故作《通志·七音略》，欲使學者通其學，以周宣仲尼之教於全世界。

學界對《七音略》的探索，除了宏觀著眼、系統分析外，還深入其中細節，對某些概念進行探究，主要成果有趙克剛《〈七音略校釋〉緒論》和《〈七音略校釋〉緒論(續)》、曹正義《〈通志·七音略〉"重""輕"探疑》、温春燕、李計珍《試析〈七音略〉中的"輕中重"、"重中輕"兩圖》以及董紹克《論〈七音略〉鐸藥兩韻塞音韻尾的音質特徵》等。

1.2.3　《四聲等子》研究概況

關於《四聲等子》的研究，中國臺灣學者顯得比大陸學者更爲活躍。早在20世紀20年代，顧實先生就已對《四聲等子》進行過探索，並相繼撰文《重刻四聲等子序》《四聲等子審音》，分別刊於《國學叢刊(東南)》1卷1期和1卷2期。高明、竺家寧兩位先生也對《四聲等子》的研究做出了貢獻，高明先生《〈四聲等子〉之研究》、竺家寧先生《〈四聲等子〉音系蠡測》、《〈四聲等子〉之音位系統》都是等子研究的重要成果。

(1) 高明《〈四聲等子〉之研究》

高先生此文對《四聲等子》的研究主要從以下三個方面展開：第一，《四聲等子》撰者及撰述時代，由於書中未題撰者姓名，高先生便通過查檢文獻、分析序文等相關材料首先對此問題進行梳理；第二，《四聲等子》之內容評述，分別從聲類之排列、韻攝之製定、等之排列與入聲之分配三個角度詳細展示了書中所列二十韻圖的基本面貌，並系統闡述了"内外""開合""輕重"等概念在韻圖中的體現；第三，《四聲等子》之門法說，對書中所列之"辨音和切字例""辨類隔切字例""辨廣通侷狹例""辨内外轉例""辨窠切門""辨振救門""辨正音憑切寄韻門法例""辨雙聲切字例""辨疊韻切字例"九條門法條例進行逐一評述。

(2) 唐作藩《〈四聲等子〉研究》

唐作藩先生早在 1898 年就撰文《〈四聲等子〉研究》，對《四聲等子》進行了兩方面的探討。第一，校勘。利用文津閣本（北京圖書館藏）、文津閣本的壬申（1932 年）抄本（中國科學院圖書館藏）、粵雅堂叢書本、咫進齋叢書本和商務印書館叢書集成本五個版本進行校勘，將存在問題的一百一十九條內容一一列出並加以說明，從脫誤、異體字、同音字等方面的情況探討各版本的特點。第二，語音音系。從《四聲等子》的韻圖結構著手，通過分析聲、韻母的排列格式和次序，並與前後期韻圖作對比，得出語音音系的一些特點：聲母系統仍是三十六字母，保存著全濁聲母，没有反映出什麽突出的變化；韻母系統則不然，它分十六攝爲二十圖，不僅打破了《韻鏡》《七音略》等早期韻圖的體系，而且與同類的《切韻指南》《切韻指掌圖》也有明顯的差別，文中按攝分析了《等子》的韻母，在各圖的對比中展示了這些韻母的語音面貌，並對此進行解析。唐先生的研究可以說扣住了韻圖研究的要害，非常清晰地展示了韻圖的面貌。

對於唐作藩先生研究《四聲等子》時發現的該書咫進齋本和叢書集成本在版本上有較大不同的結論，南京大學王曦博士曾撰文《咫進齋叢書〈四聲等子〉版本研究》，發現咫進齋本《四聲等子》有初刻本和重刻本之別，唐先生所據咫進齋本爲初刻本，而叢書集成本影印所據卻是重刻本，通過比較指出姚覲元重刻時曾據粵雅堂本進行過系統校勘。[①]

1.2.4 《切韻指掌圖》研究概況

《切韻指掌圖》作爲中古最重要的韻圖之一，對研究當時的語音面貌意義重大，因此頗

---

① 王曦. 咫進齋叢書《四聲等子》版本研究[J]. 湖南社會科學, 2008(2): 207-209.

受學界關注。

（1）趙蔭棠《〈切韻指掌圖〉撰述年代考》

趙先生此文專題考證了《切韻指掌圖》的撰者和撰述年代，他從該書各版本的審查開始，認爲《切韻指掌圖》之刻板，當以董氏作序之年爲始，而《指掌圖》的初版時間據考即是該書的產生年代，它的形成受《四聲等子》的影響較大，無論形制上還是內容上二者都關係密切。通過諸方面的考察，趙先生得出結論：所謂《切韻指掌圖》者，確非司馬光所作；它的產生，當在淳熙三年（1176）以後、嘉泰三年（1203）以前。

（2）董同龢《切韻指掌圖中幾個問題》

董先生在文章中對《切韻指掌圖》涉及的幾個相關問題作了討論，具體內容包括：時代與作者、所根據的韻書、攝數、入聲分配、中古韻母的簡化與新韻母的產生以及聲母演變的推測。關於時代與作者，董先生在認可趙蔭棠先生結論的同時提出幾點考慮，從而鞏固了"司馬光不作《切韻指掌圖》"的說法，並確定《指掌圖》"必在孫覿作《切韻類例·序》之後，必在孫奕作《示兒編》之前"。至於所據韻書，通過各項材料辨析，得出《指掌圖》不是據《廣韻》所作，也不是完全依據《集韻》，而是顧及了二者之外的其他材料。

（3）許紹早先生《〈切韻指掌圖〉試析》

許先生此文對《切韻指掌圖》的語音系統進行了細緻的分析。文中首先講了《指掌圖》並韻和入聲兼配陰陽的情況，接著具體討論了韻分開合、韻分四等、重紐問題和入聲兼配陰陽問題，並在此基礎上擬測了《指掌圖》的韻母系統；然後通過與《廣韻》《集韻》的對比，揭示了《指掌圖》中聲母的演變情況；最後得出《指掌圖》不是專主一部韻書，而是幾本韻書互相補充、斟酌而用的產物。周世箴《論〈切韻指掌圖〉中的入聲》和李紅《〈切韻指掌圖〉入聲問題再探》主要涉及《指掌圖》的入聲。周文著重討論入聲之分配問題所反映的語音現象，先討論韻圖的結構，接著討論諸韻圖入聲的分配，最後從《指掌圖》所作的平入相承的新安排入手，探討其中所反映的語音現象①。李文對《指掌圖》入聲的分析關注入聲韻尾的變化，提出"入配"即是"入派"②。

（4）李紅《〈切韻指掌圖〉研究》

李紅博士的學位論文《〈切韻指掌圖〉研究》對《切韻指掌圖》的研究可謂系統完備，文

---

① 許紹早.《切韻指掌圖》試析. 音韻學研究（第三輯）[M]. 中華書局，1994：89-101.
② 李紅.《切韻指掌圖》入聲問題再探[J]. 漢字文化，2009（3）：29-33.

章涉及《指掌圖》的"例"、版本、著録情况、研究綜述、聲韻母系統等方面的内容，基本上網羅了與《指掌圖》相關的所有問題，李紅博士在對《切韻指掌圖》進行全面系統研究時運用統計的方法判定韻圖的性質，用數據説明它究竟與《廣韻》更爲接近還是與《集韻》更爲接近。

此外，夏瑞華《日譯漢字音與〈切韻指掌圖〉聲母對照》和《日譯漢字音與〈切韻指掌圖〉韻母對照》通過日語漢字讀音與《切韻指掌圖》的對比，考察日語的"漢音"、"吴音"等讀音的源流，並爲漢語的古音擬測及《切韻指掌圖》的成書年代提供一些佐證。

1.2.5 《經史正音切韻指南》研究概况

寧忌浮先生對《經史正音切韻指南》的研究做出了貢獻，代表成果有《〈切韻指南〉的列字和空圈——〈切韻指南〉研究之一》和《〈切韻指南〉的唇音開合與入配陰陽——〈切韻指南〉研究之二》。前者對《切韻指南》列字和空圈的分析從三個方面進行，第一，《切韻指南》列字與《五音集韻》小韻首字的比較；第二，《切韻指南》特有而其他韻圖没有的列字和空圈的分析；第三，思宜本《切韻指南》列字訛誤的校訂。後者對《切韻指南》的入聲韻兼配陰陽問題和唇音字開合口問題進行了探索，其分析工作在與《四聲等子》和《切韻指掌圖》的比較中進行，從中發現其規律性與優劣之處。

(1)高明《經史正音切韻指南之研究》

高先生認爲《經史正音切韻指南》是繼《韻鏡》《七音略》《四聲等子》之後等韻學最重要的著作。他在文中分三個部分闡述了《切韻指南》的研究成果：①《切韻指南》之編撰，從該書的序文著手，對其編撰時代、編撰過程、版本流傳情况等進行梳理，並將該書的編撰之旨歸納爲三，即究聲韻之源、正誦讀之誤、明聖賢之書。②《切韻指南》之内容，首先闡釋了二十四韻圖前所附六條例的具體内容，然後詳述該書之主體二十四韻圖的體例，系統展示十六攝所屬韻目的編排情况，並對"内外""獨韻""開合""廣通""偏狹"等現象進行了解釋，最後對二十四韻圖後五類附録進行了闡釋，重點介紹了"門法玉鑰匙"所述十三門法和"總括玉鑰匙玄關歌訣"所述歌訣的具體内容。(三)《切韻指南》之根據，分別從歸韻列字、韻圖形式等方面探討該書與《五音集韻》《四聲等子》之間的關係，用實例驗證"《切韻指南》歸字則據《五音集韻》，圖式則據《四聲等子》"的説法。

(2)婁育《〈經史正音切韻指南〉考——以著録、版本、音系研究爲中心》

婁育博士在他的博士學位論文中對《經史正音切韻指南》進行了綜合研究。全文共分五章，分別是緒論、《切韻指南》的相關著録與記載、《切韻指南》的版本、《切韻指南》與《四聲等子》的淵源關係、《切韻指南》的音系。文中結合著録與文獻材料，考得《切韻指南》的版本分三個系統，即明弘治九年本一系、明萬曆己丑本一系、明嘉靖四十三年本一系。通過對各版本韻圖列字的詳細對勘，一方面，爲它的"深入"研究提供"精校本"；另一方面，嘗試探索"新材料"、"新視角"。文中還探討了《切韻指南》的產生、傳承和發展特點，通過對《切韻指南》與《四聲等子》發展淵源關係的考證，進一步認識了它的性質及在漢語等韻學發展史、韻圖發展史上的價值與地位，以及《切韻指南》與佛門的淵源關係。婁博士關於該書的研究成果，還集中在他出版於 2013 年的專著《〈经史正音切韵指南〉文献整理与研究》中。

《經史正音切韻指南》的研究成果還有吕斌《淺談等韻圖產生的背景以及〈切韻指南〉的特點與優點》，描述了等韻圖產生的文化背景以及《切韻指南》的構圖特點和排列格式，並通過與《切韻指掌圖》的對比展示二者的異同之處，進一步彰顯《切韻指南》的優點。李行傑《〈經史正音切韻指南〉在音韻學上的意義——等韻述聞之一》闡明了《切韻指南》在音韻學上的四個意義，即力圖保持音系舊面貌、真實反映實際語音、入聲配陽聲理論的借入、展示實際語音的變化發展。董小徵《〈五音集韻〉與〈切韻指南〉韻母系統之比較研究》從四等韻部的歸併、假二等和假四等情況、對重紐的處理三個方面對《五音集韻》與《切韻指南》的韻母系統進行了比較，反映出《五音集韻》和《切韻指南》的語音面貌是部分來自實際語音、部分沿襲韻圖舊制，較之《五音集韻》，《切韻指南》更接近於宋金時代的實際語音。

1.2.6　五種韻圖綜合研究

韻圖的產生除了依據韻書外，還代表著某一時期語音的面貌，因此通過對不同時期韻圖的比較可以發現語音的演變規律。學者們以此爲出發點做出了探索。

張平忠《〈韻鏡〉一系韻圖齒音開合在〈等子〉一系韻圖中的演變》從齒音的角度探討《韻鏡》一系韻圖發展到《等子》一系韻圖時語音系統所發生的開合口的變化，從而爲揭示這一時期語音發展演變的情況提供了線索。

鍾樹梁《從〈切韻指掌圖〉到〈切音指南〉及所謂漢語韻母由"豐富"到"偏枯"和"時音"問題——中國聲韻學研究之三》通過《切韻指掌圖》真韻母表與《洪武正韻》韻部分類表的對比，論證"漢語韻母自隋迄明乃由豐富到貧枯之説"不可信。

劉鬆寶《從〈韻鏡〉到〈四聲等子〉等列的變遷與語音的演變》對《韻鏡》、《四聲等子》兩部韻圖的聲母、韻母的等列、各韻用字的不同等方面進行了詳細的比較，闡釋了這些不同所反映的實際語音的演變。

王瑩瑩《〈韻鏡〉與〈切韻指掌圖〉語音比較研究》運用比較的方法，對兩韻圖的結構、聲母系統、韻母系統進行歷時比較，同時也結合同時代其他韻圖、韻書進行共時比較，顯示出語音的演變情況。

1.2.7 等韻門法研究

等韻門法是等韻學家編寫的一些條例，用於闡明等韻圖的各種複雜情況，正如竺家寧先生所述，門法作爲韻圖設計上的變通法則，它的產生是有原因的：第一，韻圖的製作主要表現的是韻書中的舊反切，而語音的發展變化使得舊反切與新反切之間存在矛盾，使得韻圖格式和它所表現的反切語音並不完全一致；第二，韻圖的設計者極力要求空間的經濟，想用最少的圖表容納所有的語音，不同的語音間又不能混淆，使得聲母上存在並列的情況，韻母上也有寄放的情形，這些現象都需要借助門法來説清楚。①

門法的早期研究成果見董同龢先生《等韻門法通釋》，囊括了《四聲等子》《切韻指掌圖》《經史正音切韻指南》《直指玉鑰匙門法》《續通志七音略》中所列幾十條等韻門法條例，首先通過對各條例內容的比較揭示門法的沿革，辨明以劉鑑《經史正音切韻指南·門法玉鑰匙》爲界限，其前後門法實有不同。其次又通過比較不同韻圖中門法與等韻條文的異同，並根據對中古韻書與韻圖之最新認識，表明等韻門法的性質。最後對門法逐條予以詮釋，並闡明其中所包含的語音現象，更就劉氏以後門法變革論其得失。② 關於門法的起源問題，聶鴻音《智公、忍公和等韻門法的創立》③和《黑水城出土等韻抄本〈解釋歌義〉和早期等韻門法》④以黑水城出土等韻抄本《解釋歌義》這一罕見文獻材料爲佐證，對其中提到"智公"的部分，尤其是所保留的干忍公與智邦問答部分的內容進行了分析，論證了《四聲等子》序言中提到的"《切韻》之作，始乎陸氏；關鍵之設，肇自智公"的説法，爲探究門法創立者的問題提供了線索。李新魁對門法的研究涉及它的產生背景、條例內容、發展情況諸方面，並且通過條例分析歸納出韻圖列字歸等的基本精神。⑤

具體到某一門法或門法某方面的獨立研究，主要成果還有閆玉山《等韻"門法"中的"類隔"切語——兼論〈切韻〉音系中舌音的分合》、孔德明《論等韻門法歸字列等的基本原

---

① 竺家寧. 聲韻學[M]. "國立"編譯館, 1992：259.
② 董同龢. 等韻門法通釋[J]. "中央研究院"歷史語言研究所集刊, 1949(14)：257-306.
③ 聶鴻音. 智公、忍公和等韻門法的創立[J]. 中國語文, 2005(2)：180-182.
④ 聶鴻音. 黑水城出土等韻抄本《解釋歌義》和早期等韻門法[J]. 寧夏大學學報, 1997(4)：14-17.
⑤ 李新魁. 等韻門法研究, 語言研究論叢[M]. 天津人民出版社, 1980：121-162.

則》和史存直《關於"等"和"門法"》。閻文選取了等韻門法之一的"類隔"，闡述了它所反映的語音現象——舌音的分合；孔文以元劉鑑《切韻指南》的十三門法和明釋真空《直指玉鑰匙門法》的二十門法為主要研究對象，參照《四聲等子》的九個門法，探討了等韻門法歸字列等的基本原則；史文則重點探討了門法中所反映的"等"的矛盾。

1.2.8　韻圖反映的語音性質和音系

韻圖作為漢語音韻學的重要內容，能夠充分反映特定時期的語音面貌，這一問題也成為前輩學者研究的核心。李新魁《漢語等韻學》詳細剖析了《韻鏡》《七音略》《四聲等子》《切韻指掌圖》《經史正音切韻指南》這些韻圖的音韻系統，認為前兩圖主要是表現中古《廣韻》系韻書的音韻系統，後三圖則反映隨時代變化的實際語音。① 李新魁、麥耘《韻學古籍述要》專題介紹了宋元韻圖的基本狀況，描述了它們的語音系統。② 陳新雄《等韻述要》分析了《韻鏡》與韻書系統之參差以及《韻鏡》之分等與《廣韻》各韻之關係，證實了《七音略》與《韻鏡》音系方面同出一源，此外，還介紹了《四聲等子》《切韻指掌圖》《經史正音切韻指南》的語音特點。③

綜上所述，前輩學者對等韻圖進行了多角度的研究，有些研究主要圍繞單本韻圖展開，有些則是通論性質的，對韻圖的體制、術語、語音系統、等韻門法等做出分析，也有些選取不同版本進行校釋，成果豐碩。但總體來看，缺乏對韻圖的整體觀察、深入細緻的描寫以及歷時的比較。韻圖的綜合研究中，韻字的研究是最基礎的工作，如果沒有對韻圖幾千個音節用字的細緻觀察，沒有對每個字音韻地位的準確描寫，韻圖的研究就無法建立在科學堅實的基礎之上，而幾千字的音韻地位、來源和字形，工作十分繁重，是一種勞動密集型工作；韻字的研究還涉及韻圖所依據韻書的分析，又是一種知識密集型工作。20世紀開始，學者們嘗試利用現代手段對等韻學進行科學的研究，黃耀堃《中古韻圖電腦化研究》提出"韻圖電腦化"的問題，為韻圖研究中現代信息技術的引入提供了思路。我們不揣譾陋，選取宋元時期最具代表性的五種韻圖《韻鏡》《七音略》《四聲等子》《切韻指掌圖》《經史正音切韻指南》為材料，對其用字進行全面研究，以期探討現象中表露的韻圖本質問題。

---

①　李新魁. 漢語等韻學[M]. 中華書局，1983：163-188.

②　李新魁、麥耘. 韻學古籍述要[M]. 陝西人民出版社，1993：198-219.

③　陳新雄. 等韻述要[M]. 譯文印書館，1999：13-106.

1.3 研究材料、研究方法及研究步驟

1.3.1 研究材料

據有關著錄統計，現存於世的韻圖有一百二十餘種①，其中宋元韻圖有《韻鏡》《七音略》《聲音倡和圖》《皇極經世解起數訣》《四聲等子》《切韻指掌圖》《盧宗邁切韻法》《經史正音切韻指南》等，我們選取《韻鏡》《七音略》《四聲等子》《切韻指掌圖》和《經史正音切韻指南》五種韻圖作爲材料，進行全面系統的研究。

1.3.2 研究方法

1. 比較法

韻圖用字的研究是在比較中展開的。首先是韻圖與韻書的比較，將韻圖所收韻字與韻書進行比較，觀察這些韻字在韻書中是否收入，如果收入，則進一步明確其所屬的小韻，並通過反切系聯判斷韻書與韻圖中韻字音韻地位的異同；其次是五種韻圖之間的比較，主要觀察韻字在不同韻圖中的收錄情況。通過兩個層面的比較，可以判斷韻圖與韻書或實際語音的遠近，以及五種韻圖之間的關係。

2. 統計法

美國學者白一平在研究上古-u 和-iw 的押韻問題時提出運用卡方分析的方法進行驗證②，較早地用統計法解決音韻學問題。陸志韋、朱曉農等學者也曾採用數量統計、t 分佈假設檢驗等方法分析過音韻學的材料。一般來説，採用何種方法取決於數據的性質，對於不規則數據如押韻這樣的問題可以採取概率統計的方法，而判斷韻圖與韻書或時音的相似度屬於抽樣觀察，韻字的選擇也不是一種隨機現象，所以只能採用計數的方法。

3. 計算機輔助法

文本處理是一切研究的基礎，紙本時代的文本處理主要是進行閱讀和摘錄，漢代以來

---

① 李新魁. 漢語等韻學[M]. 中華書局，1983：62.
② 白一平. 漢語上古音的-u 和-iw 在《詩經》中的反映[J].//漢語音韻學論文集[M]. 首都師範大學出版社，1997：687-714.

17

直至清代的學者就是根據不同需要整理出新的文本資料方便後人使用，電子時代以電腦爲工具的文本處理更加方便、準確、快捷。運用計算機技術，將《韻鏡》《七音略》《四聲等子》《切韻指掌圖》《經史正音切韻指南》五韻圖的紙質文本電子化，處理好的電子文本作爲我們研究韻圖的重要材料，爲韻圖全面系統詳盡的研究提供可行性。具體實施過程如下：

（1）韻圖文本輸入

爲確保韻圖文本的信度，需要以手動輸入方式進行文本録入。我們以永禄本《韻鏡》、元至治本《七音略》、思進齋本《四聲等子》、墨海金壺本《切韻指掌圖》和弘治本《經史正音切韻指南》五種韻圖爲底本，首先分析各韻圖的結構，確定文本版式，基本原則是盡可能保留韻圖原貌，同時又要便於計算機檢索。經過綜合研判，確定各韻圖樣本如下：

	齒音舌		音　喉				音　齒					音　牙				音　舌				音　脣				一內轉第一開
	清	清			清	清			次			清	次			清	次			清	次			
	濁	濁	濁	濁	清	清	濁	清	濁	清	清	濁	濁	清	清	濁	濁	清	清	濁	濁	清	清	
東	○	籠	○	洪	烘	翁	○	楤	叢	忽	蓯	峺	○	空	公	○	同	通	東	蒙	篷	○	○	
	○	○	○	○	○	○	○	崇	○	○	○	○	○	○	○	○	○	○	○	○	○	○	○	
	戎	隆	彤	雄	○	○	○	○	充	終		穹	窮	穹	弓	○	蟲	忡	中	瞢	馮	豐	風	
	○	○	融	○	○	○	嵩	○	○	○	○	○	○	○	○	○	○	○	○	○	○	○	○	
董	○	曨	○	澒	嗊	蓊	○	敵	○	○	總	○	○	孔	○	繷	動	桶	董	懵	菶	○	琫	
	○	○	○	○	○	○	○	○	○	○	○	○	○	○	○	○	○	○	○	○	○	○	○	
	○	○	○	○	○	○	○	○	○	○	○	○	○	○	○	○	○	○	○	○	○	○	○	
	○	○	○	○	○	○	○	○	○	○	○	○	○	○	○	○	○	○	○	○	○	○	○	
送	○	弄	○	哄	烘	甕	○	送	謥	粽	糉	○	○	控	貢	齈	洞	痛	凍	夢	鞥	○	○	
	○	○	○	○	○	○	○	○	○	○	剒	○	○	○	○	○	○	○	○	○	○	○	○	
	○	○	○	○	趩	○	○	○	○	銃	衆	○	○	焪	○	○	仲	○	中	㙤	鳳	賵	諷	
	○	○	○	○	○	○	○	○	○	○	趙	○	○	○	○	○	○	○	○	○	○	○	○	
屋	○	禄	○	縠	熇	屋	○	速	族	瘯	鏃	○	○	哭	穀	○	獨	禿	穀	木	暴	扑	卜	
	○	○	○	○	○	○	○	縮	○	珿	縬	○	○	○	○	○	○	○	○	○	○	○	○	
	肉	六	囿	○	畜	郁	塾	叔	○	摍	粥	砡	驧	趜	菊	朒	逐	蓄	竹	目	伏	蝮	福	
	○	○	育	○	○	○	○	蓿	鱐	龠	蹙	○	○	○	○	○	○	○	○	○	○	○	○	

圖 1-1　《韻鏡》

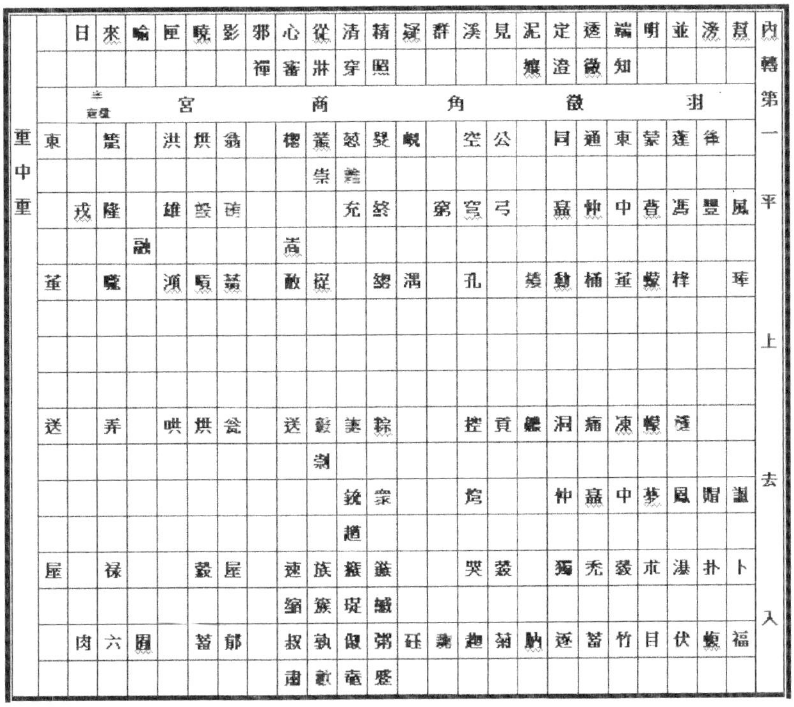

圖1-2 《七音略》

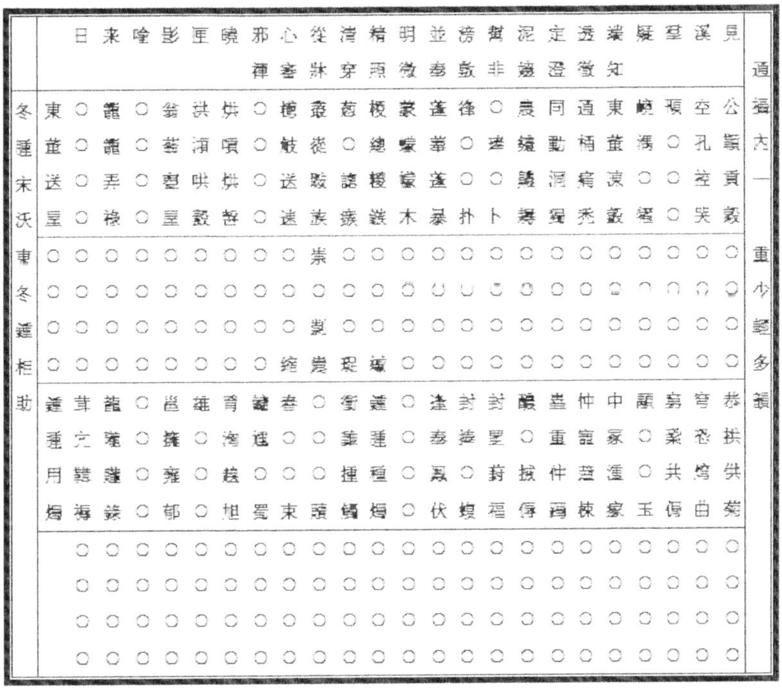

圖1-3 《四聲等子》

敷	非	明	並	滂	幫	娘	澄	徹	知	泥	定	透	端	疑	羣	溪	見	二
〇	〇	蒙	逢	〇	〇	〇	〇	〇	〇	農	同	通	東	嵬₃	〇	空	公	平
豐	〇	瞢₃	〇	〇	〇	濃	蟲	忡	中	〇	〇	〇	〇	顒	窮	穹	弓	聲
〇	〇	蠓₃	菶₃	〇	琫₃	〇	〇	〇	〇	繷	動	桶	董	〇	〇	孔	〇	上
捧	覂	𪖪₃	〇	〇	〇	〇	重	寵	冢	〇	〇	〇	〇	〇	〇	恐	拱	聲
〇	〇	幏₃	〇	〇	〇	〇	〇	〇	〇	齈	洞	痛	凍	〇	〇	控	貢	去
賵	諷	夢	〇	〇	〇	抽	仲	踵	中	〇	〇	〇	〇	〇	共	焪	供	聲
〇	〇	木	暴	扑	卜	〇	〇	〇	〇	〇	獨	禿	穀	擢₃	〇	哭	穀	入
蝮	福	目	僕	〇	襥	朒	逐	畜	竹	〇	〇	〇	〇	玉	驧	麯	菊	聲
〇	〇	〇	〇	〇	〇	〇	〇	〇	〇	〇	〇	〇	〇	〇	〇	〇	〇	

韻	日	來	喻	匣	曉	影	禪	審	牀	穿	照	斜	心	從	清	精	微	奉
冬東	〇	籠	〇	洪	烘	翁	〇	〇	〇	〇	〇	〇	㞩	叢	怱	葼	〇	〇
東	〇	〇	〇	〇	〇	〇	〇	〇	崇	〇	〇	〇	〇	〇	〇	〇	〇	〇
鍾東	戎	隆	〇	雄	胷	邕	𧘂	舂	重	充	終	〇	〇	〇	〇	〇	〇	馮
鍾	〇	〇	融	〇	〇	〇	〇	〇	〇	〇	〇	松	嵩	從	樅	蹤	〇	〇
董	〇	曨	〇	澒	皢₃	蓊₃	〇	〇	〇	〇	〇	〇	敕	〇	〇	總	〇	〇
腫	冗	隴	〇	〇	洶	擁	尰₃	〇	〇	〇	腫	〇	悚	〇	𪏴	從₃	〇	奉
腫	〇	〇	勇	〇	〇	〇	〇	〇	〇	〇	〇	〇	〇	〇	〇	〇	〇	〇
送	〇	弄	〇	鬨	烘	瓮₃	〇	〇	〇	〇	〇	送	毃₃	謥	㧘	糉	〇	〇
送	〇	〇	〇	〇	〇	〇	〇	〇	剽₃	〇	〇	〇	〇	〇	〇	〇	〇	〇
用送	鞧₃	曨₃	〇	〇	趪₃	雍	〇	〇	重	銃	衆	〇	〇	〇	從	〇	〇	鳳
用送	〇	〇	用	〇	〇	〇	〇	〇	〇	〇	〇	頌	〇	從	〇	縱	〇	〇
沃屋	〇	祿	〇	縠	㷉₃	屋	〇	〇	〇	〇	〇	〇	速	族	瘯	鏃	〇	〇
屋	〇	〇	〇	〇	〇	縮	〇	辵	縬	〇	〇	〇	〇	〇	〇	〇	〇	〇
燭屋	肉	六	〇	蓄	郁	熟	叔	〇	俶	粥	〇	〇	〇	〇	〇	〇	〇	伏
燭屋	〇	〇	育	〇	〇	〇	〇	〇	〇	〇	續	肅	歜₃	镞₃	〇	足	〇	〇

圖 1-4　《切韻指掌圖》

	日	來	喻	影	匣	曉	邪 禪	心 審	從 床	清 穿	精 照	明 微	並 奉	滂 敷	幫 非	泥 孃	定 澄	透 徹	端 知	疑	群	溪	見	通攝內一
冬 ○ 東 末 沃	○ ○ ○ ○	籠 曨 弄 祿	○ ○ ○ ○	翁 蓊 甕 屋	洪 澒 哄 縠	烘 嗊 烘 縠	○ ○ ○ ○	檧 㪚 送 速	叢 嵏 蔥 族	悤 ○ 謥 瘯	葼 總 糉 鏃	蒙 蠓 幪 木	蓬 菶 菶 暴	髼 ○ ○ 扑	琫 ○ ○ 卜	○ ○ ○ ○	同 動 洞 獨	通 侗 痛 禿	東 董 凍 穀	○ ○ ○ ○	○ ○ ○ ○	空 孔 控 哭	公 頪 貢 穀	
	○ ○ ○ ○	○ ○ ○ ○	○ ○ ○ ○	○ ○ ○ ○	○ ○ ○ ○	○ ○ ○ ○	崇 ○ ○ ○	○ 縮 ○ ○	○ 崇 ○ ○	○ ○ ○ ○	○ ○ ○ ○	○ ○ ○ ○	○ ○ ○ ○	○ ○ ○ ○	○ ○ ○ ○	○ ○ ○ ○	○ ○ ○ ○	○ ○ ○ ○	○ ○ ○ ○	○ ○ ○ ○	○ ○ ○ ○	○ ○ ○ ○	○ ○ ○ ○	偽門
先短指掌作弄至至者所甩之于不出本是之大	鍾 腫 用 燭	龍 隴 蘢 錄	○ ○ ○ ○	邕 擁 雍 郁	○ ○ ○ ○	胷 洶 趥 旭	鍾 腫 種 束	舂 ○ ○ 贖	衝 重 種 觸	鍾 腫 種 燭	鐘 種 糉 燭	蒙 重 夢 瞀	逢 奉 俸 幞	峯 捧 赗 ○	封 琫 諷 幅	醲 重 醲 恧	重 重 重 躅	蹱 寵 蹱 楝	中 冢 湩 瘃	顒 ○ ○ 玉	蛩 恐 共 局	銎 恐 恐 曲	恭 拱 供 輂	
	○ ○ ○ ○	○ ○ ○ ○	容 勇 用 欲	○ ○ ○ ○	○ ○ ○ ○	○ ○ ○ ○	松 悚 頌 續	○ ○ ○ 粟	從 ○ 從 歜	縱 縱 縱 促	縱 繷 縱 足	○ ○ ○ ○	○ ○ ○ ○	○ ○ ○ ○	○ ○ ○ ○	○ ○ ○ ○	○ ○ ○ ○	○ ○ ○ ○	○ ○ ○ ○	○ ○ ○ ○	○ ○ ○ ○	○ ○ ○ ○	○ ○ ○ ○	

圖 1-5　《經史正音切韻指南》

韻圖文本的輸入不是簡單的字符錄入，最主要的困難來自冷僻字的處理。爲解決這個問題，我們首先藉助專門的字體設計製作編輯軟件進行系統化處理，除字體的設計外，新字符的編碼嚴格遵循 Unicode 規範，這樣不僅實現了冷僻字的正常顯示，而且便於計算機進行編輯和處理，如"㠌"（E234）"詤"（E23F）"槀"（E241）"絗"（E239）等字。其次是字形的考證，古籍在傳抄與保存的過程中難免出現模糊不清或筆劃增減之處，我們的做法是查檢《廣韻》《集韻》《五音集韻》等韻書，並參見該韻圖的其他版本或其他韻圖，盡可能以充分證據確定韻字的字形，減少後期研究中的失誤。如《韻鏡·內轉第一開》東韻平聲一等心紐列"檧"字，從"扌"或"木"未明，嘉吉本、應永本、寶生寺本、六地藏寺本均列"檧"字（楊軍 2007：32），《七音略》列"檧"，《廣韻》作"檧"，《集韻》也有"檧"小韻，韻圖據此列"檧"字。

（2）韻圖數據表

爲了便於韻圖與韻書、韻圖之間的比較，一項十分重要的任務是同質化，也就是將各韻圖結構進行統一化處理，化異爲同。由於韻圖本質上是一種聲韻調配合圖表，因此我們結合具體研究需求，嘗試以一種簡潔的聲韻調配合數據表的方式將各圖所列信息進行歸一化處理，將各圖中不同的術語表達轉化爲統一字段，主要涉及韻字字形以及各韻字的聲、韻、調、等、圖名等基本信息。關於韻字歸等的處理，等韻圖的一、二、四等韻表中即爲一、二、四等；等韻圖全列三等的韻，表中叫三 A；等韻圖按聲母分列二、三、四等的韻，除支、脂、祭、真、仙、宵、侵、鹽八韻系外，表中叫三 B；支等八韻系幫、滂、並、明、見、溪、群、疑、曉、影十母字等韻圖列在四等的表中叫三 D，其餘的字表中叫三 C。韻字的開合口性質也是決定語音屬性的重要因素之一，但我們在韻圖的研究中發現，有些韻圖將韻字開合口性質體現得並不明確，如《韻鏡》中有四個韻圖標爲"開合"，學界對圖中韻字開合的認定存在爭議，《七音略》中對"重中重""重中輕""輕中重""輕中輕"與開合口的對應關係也存在爭議，我們所選用的墨海金壺本《切韻指掌圖》中的各圖並未標明開合口，因此我們在研究中暫時沒有加入"呼"這一字段。

創建好的韻字數據表如表 1-1：

表 1-1

韻字	紐	韻	聲	等	圖名
籠	來	東	平	一	內轉第一重中重
洪	匣	東	平	一	內轉第一重中重
烘	曉	東	平	一	內轉第一重中重
翁	影	東	平	一	內轉第一重中重
檧	心	東	平	一	內轉第一重中重
叢	從	東	平	一	內轉第一重中重

韻字	組	韻	聲	等	圖名
蔥	清	東	平	一	內轉第一重中重
嵏	精	東	平	一	內轉第一重中重
峨	疑	東	平	一	內轉第一重中重
空	溪	東	平	一	內轉第一重中重
公	見	東	平	一	內轉第一重中重
同	定	東	平	一	內轉第一重中重
通	透	東	平	一	內轉第一重中重
東	端	東	平	一	內轉第一重中重
蒙	明	東	平	一	內轉第一重中重
蓬	並	東	平	一	內轉第一重中重
篷	滂	東	平	一	內轉第一重中重
崇	牀	東	平	三 B	內轉第一重中重
襍	穿	東	平	三 B	內轉第一重中重
戎	日	東	平	三 B	內轉第一重中重
隆	來	東	平	三 B	內轉第一重中重
雄	匣	東	平	三 B	內轉第一重中重

……

韻圖從文本到數據表的轉換是通過編寫 VB 程序完成的，代碼如下：

```
Sub yunjing()
Dim h_start, yunzi_h, l As Integer
h_start = 4
For biao = 1 To 43
    For h = h_start To h_start + 15
        For l = 4 To 26
            If Left(Cells(h, l), 1) <> "〇" Then
yunzi_h = Worksheets("sheet2").Range("B65536").End(xlUp).Row + 1
```

```
Range(zimu(l)&h).Copy (Worksheets("sheet2").Range("A" & yunzi_h))
    Worksheets("sheet2").Range("C" & yunzi_h).Value = Cells(h, 3)
    Worksheets("sheet2").Range("D" & yunzi_h).Value = Cells(h, 2)
    Worksheets("sheet2").Range("E" & yunzi_h).Value = Cells(h, 1)
  Worksheets("sheet2").Range("F"& yunzi_h).Value = Cells(h_start-2,
27)
If l = 10 Or l = 11 Or l = 12 Or l = 13 Or l = 14 Or l = 19 Or l = 20 Or l = 21
Or l = 22 Then
    If Left(Cells(h, 1), 1) = "一" Or Left(Cells(h, 1), 1) = "四" Then
    Worksheets("sheet2").Range("B"& yunzi_h).Value = Cells(2, 1)
            Else
    Worksheets("sheet2").Range("B" & yunzi_h).Value = Cells(3, 1)
              End If
        ElseIf l = 23 Or l = 24 Or l = 25 Or l = 26 Then
If Left(Cells(h, 1), 1) = "一" Or Left(Cells(h, 1), 1) = "二" Or Left
(Cells(h, 1), 1) = "四" Then
    Worksheets("sheet2").Range("B" & yunzi_h).Value = Cells(2, 1)
              Else
Worksheets("sheet2").Range("B" & yunzi_h).Value = Cells(2, 1) & Cells
(3, 1)
              End If
            Else
    Worksheets("sheet2").Range("B" & yunzi_h).Value = Cells(2, 1)
          End If
        End If
      Next l
    Next h
    h_start = 4 + 19 * biao
Next biao
End Sub
Function zimu(l As Integer) As String
Select Case l
```

```
Case 3
    zimu = "C"
Case 4
    zimu = "D"
Case 5
    zimu = "E"
Case 6
    zimu = "F"
Case 7
    zimu = "G"
Case 8
    zimu = "H"
Case 9
    zimu = "I"
Case 10
    zimu = "J"
Case 11
    zimu = "K"
Case 12
    zimu = "L"
Case 13
    zimu = "M"
Case 14
    zimu = "N"
Case 15
    zimu = "O"
Case 16
    zimu = "P"
Case 17
    zimu = "Q"
Case 18
    zimu = "R"
```

```
Case 19
    zimu = "S"
Case 20
    zimu = "T"
Case 21
    zimu = "U"
Case 22
    zimu = "V"
Case 23
    zimu = "W"
Case 24
    zimu = "X"
Case 25
    zimu = "Y"
Case 26
    zimu = "Z"
Case 27
    zimu = "AA"
Case 28
    zimu = "AB"
Case 29
    zimu = "AC"
Case 30
    zimu = "AD"
Case 31
    zimu = "AE"
Case 32
    zimu = "AF"
Case 33
    zimu = "AG"
Case 34
    zimu = "AH"
```

```
Case 35
    zimu = "AI"
Case 36
    zimu = "AJ"
Case 37
    zimu = "AK"
Case 38
    zimu = "AL"
Case 39
    zimu = "AM"
Case 40
    zimu = "AN"
Case 41
    zimu = "AO"
Case 42
    zimu = "AP"
End Select
End Function
```

(3) 建立聯合查詢

利用 Excel 強大的數據處理能力，將整理好的韻圖數據表與《廣韻》數據庫進行聯合查詢和比較，得出五韻圖中每一字在《廣韻》中的收錄情況、音韻地位、字形等，對於《廣韻》未收的韻字，將其與《集韻》數據庫進行聯合查詢，得出其在《集韻》中的使用情況。韻圖之間的比較也是通過 Excel 自帶的編程功能實現的。

1.3.3 研究步驟

本書研究宋元五種韻圖的韻字，主要是通過韻圖與《廣韻》《集韻》的比較，以及五種韻圖之間的比較，對各韻字的使用情況進行分析，在《經史正音切韻指南》韻字的研究中，還將韻圖與《五音集韻》進行了比較。書中所呈現的各韻圖用字研究部分，是對韻圖與《廣韻》不相吻合的韻字進行逐一說明。具體步驟是：

第一步，研究材料數字化。包括《廣韻》《集韻》等韻書的數字化和《韻鏡》《七音略》

《四聲等子》《切韻指掌圖》《經史正音切韻指南》五種韻圖的數字化，韻書電子版前有所承，① 韻圖的電子版本則需要經過繁複的字符輸入和圖表編排來完成。

第二步，製作數據表。根據研究需要，提取《廣韻》所收全部韻字的字形、聲紐、韻目、聲調等信息，製作成以韻字爲主要字段的數據表；提取五種韻圖中所有韻字的字形、聲紐、韻、聲調、圖名等信息，製作成與韻書數據表格式相同的數據表。

第三步，韻圖用字與《廣韻》的比較。運用 Excle 自帶的數據處理功能，將《廣韻》數據表與五種韻圖的數據表分別進行聯合查詢，通過比較韻字、聲紐、韻目、聲調等信息，提取得出韻圖與韻書存在差異的韻字，形成《韻鏡》與《廣韻》相異字表、《七音略》與《廣韻》相異字表、《四聲等子》與《廣韻》相異字表、《切韻指掌圖》與《廣韻》相異字表、《經史正音切韻指南》與《廣韻》相異字表這五個表格，具體見本書附錄。

第四步，韻圖用字與《集韻》《五音集韻》的比較。將韻圖與《廣韻》存在差異的韻字與《集韻》進行比較，還將《經史正音切韻指南》與《廣韻》存在差異的韻字與《五音集韻》進行比較。

第五步，韻圖之間的比較。由於工作量大，書中並未對五韻圖之間的韻字情況進行兩兩比較，僅比較了《韻鏡》與《七音略》、《七音略》與《四聲等子》、《四聲等子》與《切韻指掌圖》、《切韻指掌圖》與《經史正音切韻指南》之間的韻字情況。篇幅所限，未列出相異字表，僅在第八章中進行綜合説明。

第六步，韻字的分析。以附錄中的相異字表爲綱，逐一分析韻圖與《廣韻》相異韻字的使用情況，包括它們的來源分析、音韻地位分析、字形分析等，形成本書的主體部分。

---

① 《廣韻》《集韻》電子文本及數據庫系尉遲治平教授國家社科基金重大項目《漢語信息處理和計算機輔助漢語史研究》(04&ZD027) 的研究成果，由團隊成員協作完成，非本書原創。

2　宋元韻圖五種概説

2.1　《韻鏡》概説

　　《韻鏡》是我國現存最古的等韻圖，也是研究中古音的重要資料。"韻鏡"其名，取"按字求音，如鏡映物"之意。① 關於它的撰作年代，學界曾提出過不同的觀點。日本學者大矢透《韻鏡考》主張成書於隋末唐初，羅常培《〈通志·七音略〉研究》認爲成書於唐代，葛毅卿《〈韻鏡〉音所代表的時間和區域》認爲成書於晚唐五代，趙蔭棠《等韻源流》、李新魁《韻鏡校證》則主張成書於宋代，陳廣忠《韻鏡通釋》主張成書於唐宋②，他認爲《韻鏡》的初本產生在晚唐五代之時，至宋代初期形成定本，得以流傳。1992 年，魯國堯先生在他的《盧宗邁切韻法述評》中提出新說，指出"韻鏡是'層累造成的'"，這一觀點在楊軍先生《韻鏡校箋》中得到了進一步闡釋，他認爲應該從時間及流傳過程所涉及的兩個層次來理解層累的性質。由此，關於這一長期爭論的重大問題，逐漸在學界達成共識。③ 至於《韻鏡》著者，現有結論尚不確鑿，有學者認爲出自僧人之手，張麟之"序作"云"釋子所撰也"，然"無所據"；鄭樵《通志·七音略》云："胡僧有此妙義"，然"不可得指名其人"。趙蔭棠據鄭樵之語認爲《韻鏡》得於胡僧，王兆鵬通過分析科舉制度與韻圖發展、消失與重刊的原因，得出"韻圖作者是精通音韻、熟悉科舉之儒士，而非出自沙門之僧人"的結論④。劉華江則根據《韻鏡》序作、早期《韻鏡》流於佛門、《韻鏡》術語與佛教關係等證據，認爲《韻鏡》最初產生於佛家。⑤

　　《韻鏡》的流傳情況十分特殊，在我國古代史志和相關文獻裏，都找不到這部書的著

---

① 參見永禄本《韻鏡》識語。

② 陳廣忠. 韻鏡通釋[M]. 上海辭書出版社，2003：5.

③ 楊軍. 韻鏡校箋[M]. 浙江大學出版社，2007：1.

④ 王兆鵬. 試論宋元科舉考試與韻圖[J]. 漢字文化，1999(3)：28-30.

⑤ 劉華江. 韻鏡考論[D]. 湖南師範大學博士論文，2010.

録。究其原因，或與《韻鏡》源於佛經翻譯活動有關。① 如今我們可以看到的《韻鏡》由張麟之於南宋紹興辛巳年(1161)刊表，大約在1203—1252年(宋理宗淳祐十二年)傳入日本，原藏於日本《唐本庫》，后由日本高僧明了房信范抄寫並加注假名，其後遂得以流傳。清光緒十八年(1892)，駐日公使黎纯齋出使日本，偶然發現此書"永禄本"，刻入《古逸叢書》，該書方始返回故國。在流行東瀛的六百四十多年中，《韻鏡》在日本產生了廣泛的影響，日本學者研究此書的很多，產生了大量的成果，如沙門文雄的《磨光韻鑒》、大島正健的《改訂韻鏡》和《韻鏡解疑》、大矢透的《韻鏡考》等，這些對《韻鏡》的研究形成專門的學科，稱爲"韻鏡學"。② 回歸祖國後，《韻鏡》又得到了漢語音韻學者們的高度重視，被視作研究漢語中古音乃至漢語語音史的重要材料。

　　據學者所考，《韻鏡》版本眾多，劉華江《韻鏡考論》就對二十九種《韻鏡》版本逐一進行了介紹，並以圖示釐清了各版本之間的關係。③ 其中，較爲重要的刊本有永禄本、寬永五年本、寬永十八年本、北大本和古活字本④。目前國內最常見的是《古逸叢書》之十八所收之永禄本，刊於永禄七年(1564)，即黎氏所得之本，1884年刊入《古逸叢書》之十八，此後商務印書館又據以影印，收於《叢書集成》，1955年古籍出版社又據《古逸叢書》影印出版。因"黎本較善"⑤，我國學者龍宇純《韻鏡校注》、李新魁《韻鏡校證》、陳廣忠《韻鏡通釋》、楊軍《韻鏡校箋》均以此爲底本。

　　《韻鏡》一書共分四十三圖，每圖據發音部位縱列脣、舌、牙、齒、喉、舌齒、齒舌七音，七音之下再據發音方法列清、濁、次清、清濁，共分二十三列，統納中古三十六字母，其中輕脣音與重脣音並列、舌頭音與舌上音並列、齒頭音與正齒音並列。橫向來看，各圖將所列韻部依平、上、去、入四聲列入四行，四聲之中再分一、二、三、四等，各等之別既與韻母本身之介音、主要元音有關，也與聲母有關。韻圖最左側一列注明韻部，四十三圖統納中古二百零六韻。縱向之聲與橫向之韻組合形成字音，每圖於縱橫交錯之處據韻書列各小韻代表字，有音無字之處即以"〇"表示。韻圖最右側一列爲標題欄，注明該圖之內外轉、圖序和開合口。關於《韻鏡》所據韻書，有學者認爲是據《禮部韻略》的前身《景德韻略》所作⑥，也有學者考證是據唐代某一韻書所作⑦，還有學者通過對《韻鏡》具體列

①　楊軍. 韻鏡校箋[M]. 浙江大學出版社，2007：18.
②　李新魁. 漢語等韻學[M]. 中華書局，1983：164-165.
③　劉華江. 韻鏡考論[D]. 湖南師範大學博士論文，2010.
④　楊軍. 韻鏡校箋[M]. 浙江大學出版社，2007：27-29.
⑤　龍宇純. 韻鏡校注[M]. 藝文印書館，1969：11.
⑥　李新魁. 漢語等韻學[M]. 中華書局，1983：167.
⑦　楊軍. 韻鏡校箋[M]. 浙江大學出版社，2007：11.

字與相關韻書收字異同的逐一對比,認爲《韻鏡》當是依據《唐韻》同時期或前後不遠的某種切韻系韻書而作。① 無論所據何種韻書,《韻鏡》作爲等韻學經典,對於我們掌握中古語音系統,認識和了解反切學理都具有十分重要的價值。

2.2 《七音略》概説

《七音略》也是我國現存較早的古代韻圖,全名《通志·七音略》,爲宋人鄭樵所著《通志》二十略之一,與《韻鏡》同爲考訂中古語音系統的重要材料。作者鄭樵,字漁仲,興化軍莆田人,自號溪西逸民,生於北宋徽宗崇寧三年(1104),卒於南宋高宗紹興三十二年(1162)。據《宋史·儒林傳》所載,鄭樵其人"好著書,不爲文章。自負不下劉向、揚雄。居夾漈山,謝絕人事。久之,乃游名山大川,搜奇訪古,遇藏書家,必借留讀盡乃去"。"初爲經旨,禮樂、文字、天文、地理、蟲魚、草木、方書之學,皆有論辯,紹興十九年上之,詔藏祕府。""學者稱夾漈先生"。鄭樵平生著述頗豐,其中《通志》是其所著中最爲重要的一種,《莆田縣志》所載鄭樵紹興二十七年奏對云:"臣處山林三十餘年,修書五十種,皆已成。其未成者,臣取歷代之籍,始自三皇,終於五季,通爲一書,名曰《通志》。參用馬遷之體,而異馬遷之法。謹摭其要覽十二篇,曰《修史大例》,先上之。"②在《通志》中,鄭樵最看重的是二十略,其自述曰:"臣今總天下之大學術,而條其綱目,名之曰'略'。凡二十略,百代之憲章,學者之能事,盡於此矣。"所謂二十略,即《禮略》《職官略》《選舉略》《刑法略》《食貨略》《氏族略》《六書略》《七音略》《天文略》《地理略》《都邑略》《諡略》《器服略》《樂略》《藝文略》《校讎略》《圖譜略》《金石略》《災祥略》《昆蟲草木略》。

《七音略》之七音,即宮、商、角、徵、羽、半徵、半商,鄭樵於《通志》總序述其造意曰:"天籟之本,自成經緯,縱有四聲以成經,橫有七音以成緯。皇頡制字,深達此機。江左四聲,反没其旨。凡爲韻書者,皆有經無緯。字書眼學,韻書耳學;眼學以母爲主,耳學以子爲主;母主形,子主聲,二家俱失所主。今欲明七音之本,擴六合之情,然後能宣仲尼之教,以及人間之俗,使裔夷之俘皆知禮義,故作《七音略》。"③鄭氏以七音爲"立韻之源",然據《七音略》自序:"江左之儒知縱有平、上、去、入爲四聲,而不知衡有宮、商、角、徵、羽、半徵、半商爲七音。縱成經,衡成緯,經緯不交,所以失立韻之源"。

① 劉華江.《韻鏡》列字所據韻書初探[J]. 古漢語研究,2009(3).

② 楊軍. 七音略校注[M]. 上海辭書出版社,2003:1.

③ 高明. 鄭樵與《通志·七音略》. 高明小學論叢[M]. 黎明文化事業股份有限公司,1978:352.

他認爲“七音之韻，起自西域，流入諸夏。梵僧欲以其教傳之天下，故爲此書。雖重百譯之遠，一字不通之處，而音義可傳。華僧從而定之，以三十六爲之母，重輕清濁，不失其倫。天地萬物之音，備於此矣”。鄭氏著《七音略》之目的：“今宣尼之書，自中國而東則朝鮮，西則涼夏，南則交阯，北則朔易，皆吾故封也。故封之外，其書不通。”“臣今取七音編而爲志，庶使學者盡傳其學，然後能周宣宣尼之書，以及人面之域。”①

《七音略》參照《七音韻鑑》編成，據鄭樵所説：“臣初得《七音韻鑑》，一唱而三歎，胡僧有此妙義，而儒者未之聞……今作諧聲圖，所以明古人制字通七音之妙，又述内外轉圖，所以明胡僧立韻得經緯之全。”據羅常培先生考證，《七音韻鑑》與《韻鏡》同出一源，其著者爲誰，鄭樵、張麟之輩謂“其來也遠，不可得指名其人”。②《七音略》刊於公元1162年（宋紹興三十二年）前後，常見的本子有公元1322年（元至治二年）三山郡庠所刊的本子，一般稱爲元“至治本”，此外，還有清乾隆武英殿本、浙江書局本、金壇于敏中重刻本、大中堂本、崇仁謝氏重刻本、仿明刊本、上海圖書集成石印本、上海中華書局聚珍本等③，其中以“至治本”爲善，羅常培先生曾爲此本影印本作序，楊軍先生《七音略校注》也是以此本爲底本，參以其他八種版本完成精校。

《七音略》與《韻鏡》相同，全書也分爲四十三圖。每圖縱列二十三行標明三十六字母名稱，使幫組與非組、端組與知組、精組與照組上下並行排列，字母下以宮、商、角、徵、羽、半徵、半商七音歸類。《七音略》轄二百零六韻，與《韻鏡》相同，但韻部排列次序與《韻鏡》有異，它在韻圖三十一轉以後列“覃咸鹽添談銜嚴凡”於“陽唐”之前，而《韻鏡》是把它們列在“侵”韻之後的。有人認爲，《七音略》以覃談列於陽唐之前，實沿陸法言《切韻》和孫愐《唐韻》的舊次。而《韻鏡》的轉次，則是根據李舟的《切韻》重加排定的。④《七音略》仍以四聲統四等，每圖首欄標明内外轉及圖次，末欄注“重中重”、“重中輕”、“輕中輕”、“輕中重”等字樣，與《韻鏡》各圖注明“開合口”不同。關於“重”“輕”的説法，羅常培先生認爲該定名本諸唐人，與“開合”名異而實同，凡《七音略》所謂“重中重”、“重中重（内重）”、“重中重（内輕）”、“重中輕（内重）”者，《韻鏡》皆標爲“開”；所謂“輕中輕”、“輕中輕（内輕）”、“輕中重”、“輕中重（内輕）”者，《韻鏡》皆標爲“合”。⑤李新魁先生贊同此觀點，認爲“重中重”、“重中輕”表開口，“輕重輕”、“輕中重”表合口。

---

①　參見《七音略·自序》。

②　羅常培.《通志·七音略》研究.∥羅常培語言學論文集[M].商務印書館，2004：140.

③　參見李新魁.漢語等韻學[M].中華書局，1983：169以及楊軍.七音略校注[M].上海辭書出版社，2003.

④　參見李新魁.漢語等韻學[M].中華書局，1983：170以及羅常培.《通志·七音略》研究.∥羅常培語言學論文集[M].商務印書館，2004：140.

⑤　羅常培.《通志·七音略》研究.∥羅常培語言學論文集[M].商務印書館，2004：145.

2.3 《四聲等子》概説

《四聲等子》是現存宋元時期又一代表性韻圖,據趙蔭棠先生兩宋等韻派别之分,該圖異於《韻鏡》《七音略》之南派系統,爲北派之正宗。① 此書未題撰者之名,其序有云:"近以《龍龕手鑑》重校,類編於大藏經函帙之末,復慮方音之不一,脣齒之不分,既類隔假借之不明,則歸母協聲何由取準,遂以此附《龍龕》之後。"雖然據此所知《四聲等子》曾附於《龍龕手鑑》之後刊行,然行均作《龍龕手鑑》是在遼統和十五年(997),《四聲等子》的撰作年代當在《廣韻》《集韻》行世之後,因此其作者不可能爲行均。據前董學者考證,《四聲等子》或作於佛門僧徒。② 至於其撰作時代,一般認爲該書出世於宋至道三年(997)至南宋之間。具體證據如下:

元朝熊澤民在至元丙子(1336)所作的《經史正音切韻指南》上説:"古有《四聲等子》,爲流傳之正宗。"由此可見,它應作于元朝之前。但是錢曾《敏求記》上卻説:"古《四聲等子》一卷,即劉士明《切韻指南》,曾一經翻刻,冠以元人熊澤民序而易其名。相傳《等子》造於觀音,故鄭夾漈云:'切韻之學,起自西域。'今僧徒尚有習之者;而學士大夫論及反切,便瞠目無語,相視以爲絶學矣。"此説不可信。故《四庫提要》駁之云:"《切韻指南》卷首有後至元丙子熊澤民序,稱古有《四聲等子》爲流傳之正宗,然而中間分析尚有未明,關西劉士明著書曰《經史正音切韻指南》。則劉鑑之《指南十六攝圖》,乃因此書而革其'宕'攝附'江','曾'攝附'梗'之誤。此書實非鑑作也。"③

《四聲等子》一書曾入選《四庫全書》,但到清朝後期,"世鮮刻本,小學家艱於一見"。伍崇曜將其選入《粵雅堂叢書》,於咸豐十一年(1861)刊刻印行。其後二十年左右,姚覲元從杭州文瀾閣抄出此書,收入《咫進齋叢書》,刊以行世。民國時期,王雲五等編《叢書集成初編》,亦收此書。④《四聲等子》現見的版本有文津閣本、文津閣本壬申(1932)抄本、粵雅堂叢書本、咫進齋叢書本和叢書集成本,唐作藩先生曾以咫進齋本爲底本,將五種本子進行了對比,得出"咫進本和叢書本比較存古,粵雅本與文津本比較依今"的觀點。一般認爲各本互有優劣,咫進齋本較好。⑤

---

① 趙蔭棠. 等韻源流[M]. 商務書館,2011:72-73.
② 李新魁. 漢語等韻學[M]. 中華書局,1983:179-180.
③ 趙蔭棠. 等韻源流[M]. 商務書館,2011:89-91.
④ 關於《四聲等子》版本的考證重點參照唐作藩《〈四聲等子〉研究》、李新魁《漢語等韻學》和王曦《咫進齋叢書〈四聲等子〉版本研究》的相關成果,王曦認爲現存的版本有文淵閣《四庫全書》本、文津閣《四庫全書》本、粵雅堂本、咫進齋本和叢書集成本五種。
⑤ 李新魁. 漢語等韻學[M]. 中華書局,1983:180.

《四聲等子》全書共二十圖，與前期韻圖《韻鏡》《七音略》相比，韻圖數量大大減少，主要表現在將前期韻圖中分列數圖的韻目進行合併，如《韻鏡》將東韻列入《內轉第一開》，冬、鍾韻列入《內轉第二開合》，而《四聲等子》則將東、鍾、冬三韻都列入《通攝內一》，並於圖末標明"東冬鍾相助"。此外，韻圖中還有"蕭併入宵類"、"江陽借形"、"魚虞相助"等處理方式，這些並韻的做法，體現了實際語音中韻的合流。《四聲等子》中首次出現"攝"這一名稱。所謂"攝"，是等韻學中受悉曇影響產生的一個概念，即"以少持多"之義，《四聲等子》用通、效、宕、江、遇、流、蟹、止、臻、山、果、假、曾、梗、咸、深十六攝將所收韻目進行歸類編排，或一攝兩圖，或兩攝一圖，每圖注明"內外"，圖末一列注明入聲、內外混等、並韻等情況。聲類方面，《四聲等子》將三十六字母分二十三列編排，這與《七音略》相同，所不同之處在於，《四聲等子》的編排以角、徵、宮、商、羽、半徵、半商爲序，宮音依曉、匣、影、喻之次，而《七音略》以羽、徵、角、商、宮、半徵、半商爲序，宮音依影、曉、匣、喻之次。《四聲等子》書前有"七音綱目"，分別從七音（即宮、商、角、徵、羽、半商、半徵）、發音部位、清濁等角度對三十六字母進行定位，不僅延續了《七音略》的做法，還繼承了《韻鏡》的成果。《四聲等子》在編排上亦有其創新之處，不同於早期韻圖的以四聲統四等，《四聲等子》採用以四等統四聲的方式，即每圖小韻先按一二三四等分爲四行，每等之內再依次分行列出平上去入四聲。

《四聲等子》於"七音綱目"後，載有"辨音和切字例""辨類隔切字例""辨廣通侷狹例""辨內外轉例""辨窠切門""辨振救門""辨正音憑切寄韻門法例""辨雙聲切字例""辨疊韻切字例"九個條目。其中有稱"例"者，有稱"門"者，有稱"門法例"者，雖名稱不一，然實質相同，即後世所稱"門法"。"門法"之稱，亦首見於《四聲等子》。各條目名稱之所以不統一，高明先生認爲是其草創時體例未純之故。① 門法之作用，爲解釋韻圖音之不和者，"等韻家見韻書反切，以韻圖驗之，多有不合，而三四等混淆之現象尤爲顯著，遂立門法，以彌縫之；而不知此皆制韻圖時之疏誤，非制反切時已有此等門法也"②。

2.4 《切韻指掌圖》概說

《切韻指掌圖》是宋元時期非常重要的一部韻圖，最早系統地反映了宋代語音的變化，歷來爲音韻學家所重視。本書前有司馬光自序曰："治平四年，予得旨繼纂其職，書成上之有詔頒焉。嘗因討究之暇，科別清濁爲二十圖，以三十六字母列其上，推四聲相生之

---

① 高明. 四聲等子研究. //高明小學論叢［M］. 黎明文化事業股份有限公司，1978：381-383.
② 高明. 四聲等子研究. //高明小學論叢［M］. 黎明文化事業股份有限公司，1978：399.

法，縱橫上下旁通曲暢，律度精密，最爲捷徑，名之曰切韻指掌圖。"宋人董南一序曰：
"圖蓋先正温國司馬文正公所述也。"所以一般認爲《切韻指掌圖》出自司馬光之手。後有學者對此提出質疑。明人桑紹良在《青郊雜著》中説："竊意司馬公北人也，多聞見而邃於學者也。何以舛訛如此？或他人所爲，托名此公，欲取信於後世。後世多聾瞽據而守之，訛以傳訛，未有能駁而更正之者，哀哉！"清人莫友芝也對司馬光作《切韻指掌圖》的説法提出懷疑，他在《韻學源流》中指出："自光書出，宋人用爲定韻之祖；觀孫奕《示兒編》辨'不'字寫作'逋骨切'，惟據光説可知。第光傳家集中，下至投壺新格之類，無不具載，不知何以不載此書。"又近人鄒特夫發現《切韻指掌圖》的自序文與孫覿爲楊中修所著《切韻類例》的序文雷同，通過分析認爲"爲《切韻圖》者，自楊尚書始耳"，從而指出《切韻指掌圖》"乃冒温公名以求售"。趙蔭棠《等韻源流》認爲"所謂《切韻指掌圖》者，確非司馬光所作；因爲自他死後，到嘉泰三年之前，其間之著録家言及等韻者，若孫覿，若鄭樵，若沈括，若張麟之，若晁公武，若朱熹，均未提及它"。董同龢先生則認爲《切韻指掌圖》作於南宋時一個江西和尚。① 至於此書的撰作年代，趙蔭棠先生在《〈切韻指掌圖〉撰述年代考》一文中進行了專題研討，他通過審查韻圖作者、韻圖版本、形成過程、流傳情況等認爲此書完成於淳熙三年(1176)之後，嘉泰三年(1203)之前②。

《切韻指掌圖》流傳的版本很多，有學者認爲可分宋本、元本、明本、庫本四個系統③，還有學者認爲可分宋本、庫本、明本、清刻本、民中刻本、日本刻本六個系統④。趙蔭棠先生重點提到了永樂大典本和影宋本，經李新魁先生考證有宋紹定三年本、永樂大典本(後收入四庫全書，四川嚴氏再加以刊印，即《音韻學叢書》本)、上海同文書局石印宋本、豐城熊氏舊補史堂本、張海鵬氏墨海金壺本、十萬卷樓叢書本、元邵光祖檢例本等。在現存的版本中，宋本最古，墨海金壺本依據四庫所收永樂大典本，由張海鵬重刻，黄廷鑑、張金吾校勘，圖中纂入反切。嚴氏本以墨海金壺本爲底本，去除反切，指掌圖部分以同文書局影印宋本爲主，以張海鵬刻本勘校，擇善而從，較爲精良。⑤

《切韻指掌圖》全書共二十圖，它在製作體例上與《韻鏡》《七音略》《四聲等子》均不相同，圖中没有"攝""轉"的名稱，也不註明"内外""輕重"。各圖劃分仍以韻之開合口爲依

---

① 這一説法據董同龢先生所説，源自同事張政烺先生，張先生疑心指掌圖是南宋時一個江西和尚做的。説"江西"自然是因爲董南一的關係。至於"和尚"，董先生提出三點事實支持，詳見《切韻指掌圖中幾個問題》，中央研究院歷史語言研究所集刊，1948。

② 赵荫棠. 等韵源流[M]. 商务印书馆，1957：106.

③ 宋本切韻指掌圖[M]. 中華書局，1985.

④ 李紅博士在其博士論文《〈切韻指掌圖〉研究》中分析了各家對《切韻指掌圖》版本的論述，在此基礎上對現存的版本進行了重新劃分，歸納爲六個系統。

⑤ 李紅. 切韻指掌圖研究[D]. 吉林大學博士論文，2006.

據，每圖三十八列，首列標明平、上、去、入四聲，末列標明韻目，以四聲統四等，延續了《韻鏡》的做法；二至三十七列標明聲類，與《七音略》排列方式相同，將三十六字母逐一分別編排於三十六列，按照發音部位系統排序，但圖中没有標出五音、發音部位等概念。從形式上看，《切韻指掌圖》與《四聲等子》存在許多差異，但從實際内容上看，兩者相當接近。《切韻指掌圖》雖然没有"攝"的名稱，但有"攝"的觀念，在以攝統韻的基本精神上，與《四聲等子》是一致的，而且各攝各圖的列韻大體上也是相同的。《切韻指掌圖》在表面上仍然採用《廣韻》的二百零六個韻部，但許多韻部已經合併，如冬、東三與鍾、魚與虞、尤與幽等。在歸等方面，它把原來許多三等韻字列入四等地位，在韻目的標註上，也把三等韻與四等韻並列，這些體現了實際語音的變化。① 該書二十圖前有九種音圖，將三十六字母分別歸角牙、徵舌頭、羽脣重、商齒頭、舌上、脣輕、正齒、宮喉、半徵舌齒半商系統。九種音圖後有兩個指掌分音圖，見圖 2-1：

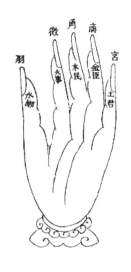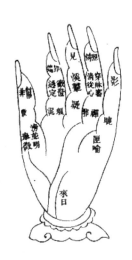

圖 2-1

這兩個指掌分音圖帶有濃厚的佛門色彩，這也是董同龢先生認定其作者爲和尚的依據之一。墨海金壺本《切韻指掌圖》後附明邵光祖所撰《切韻指掌圖檢例》，内容包括切韻捷法詩、檢例上、檢例下、切字檢例、辨五音例、辨字母清濁歌、辨字母次第例、辨分韻等第歌、三十六字母圖、類隔二十字圖、檢圖之例以及音和切、類隔切、辨內外轉例等門法條例，對《切韻指掌圖》的內容進行補充與説明，爲韻圖的查檢與閱讀提供了便利。

---

① 李新魁. 漢語等韻學[M]. 中華書局，2003：185.

2.5 《經史正音切韻指南》概説

  《經史正音切韻指南》簡稱《切韻指南》，作者爲元代劉鑑，字士明，關中人。據其自序，此書成於後至元二年(1336)①，且“與韓氏《五音集韻》互爲體用，諸韻字音皆由此而出也”，可知這一韻圖是以金人韓道昭的《五音集韻》爲依據編制而成的。該書撰作之旨，據其自序曰：“聲韻之學，其來尚矣。凡窮經博史，以聲求字，必得韻而後知，韻必得法而後明，法必得傳而後通，誠諸韻之總括、訂字之權衡也。雖五土之音，均同一致，孰不以韻爲則焉？但能歸韻母之橫豎，審清濁之重輕，即知切腳皆有名派，聲音妙用，本乎自然。若以浮淺小法，一槩求切，而不究其源者，予亦未敢輕議其非；但恐施於誦讀之間，則習爲蔑裂矣。”其後便舉例説明誦讀中之清濁不分、門法未解、讀如俗音等謬誤，致使“天下之書不能同其音”，故劉氏取一百二十四年前切韻系之《五音集韻》，分析其古今南北之音，爲之指南，蓋其目的在“正經史之音”，名之曰“經史正音切韻指南”。②

  《切韻指南》與《四聲等子》關係密切，熊澤民《切韻指南·序》曰：“古有《四聲等子》，爲流傳之正宗。然而中間分析尚有未明，不能曲盡其旨，又且溺於經堅、仁然之法，而失其真者多矣。安西劉君士明，通儒也，特造書府來訪於余，出示其所編前賢千載不傳之秘，欲鋟諸梓以廣其傳，名曰《經史正音切韻指南》。”可見《切韻指南》是在《四聲等子》的基礎上形成的。從體制上來看，《切韻指南》全書共二十四圖，比《四聲等子》多出四圖，二者雖都歸韻爲十六攝，但各攝的編排不同，《四聲等子》分別將江攝附於宕攝、梗攝附於曾攝(曾攝內八啓口呼、曾攝內八合口呼兩圖)、深攝附於咸攝，而《切韻指南》中，江攝、梗攝和深攝獨立成圖，其中梗攝又依開合口分梗攝外七開口呼、梗攝外七合口呼兩圖。《切韻指南》二十四韻圖基本格式如下：每圖縱行首行均註明“韻攝”與“內外”，其下註明“開口呼”“合口呼”“廣門”“通門”“侷門”“狹門”，抑或不註，如有“獨韻”或入聲字歸攝問題，也在此行註明。橫行前兩行依次列三十六字母，舌頭舌上音並列、輕重脣音並列、齒頭正齒音並列，共二十三行，排列次序與《四聲等子》相同。縱行第二十五行列韻目，二十六行列竝韻情況、重韻韻目或其他需要説明的情況。韻目的編排是以四等統四聲，即每圖先橫向列一、二、三、四等歸入所攝之韻，各等之內再依韻之平、上、去、入分爲四行。該圖與《四聲等子》在列字方面也比較接近，如對江攝字的處理都考慮了聲母的不同，

---

  ① 據高明《經史正音切韻指南之研究》考證，元代帝王年號有二“至元”，一爲世祖忽必烈，一爲惠宗妥懽帖睦爾，後者又或稱爲“後至元”，以別於世祖之“至元”。

  ② 高明. 經史正音切韻指南之研究. //高明小學論叢[M]. 黎明文化事業股份有限公司，1978：400-403.

《四聲等子》分別列在開口圖和合口圖裏，《切韻指南》則於圖中分類標示，其分類標準與《四聲等子》相同。①《切韻指南》在主體二十四韻圖中未出現"輕重"的説法，這與《四聲等子》有所不同，且兩韻圖在並韻與韻字的選擇方面也存在一些差異。

《切韻指南》之内容，除主體部分二十四韻圖外，圖前還有六個條例，分別是分五音、辨清濁、明等第、交互音、檢篇韻法、檢篇卷數捷法，具體説明了韻圖所列三十六字母之發音部位、發音方法、分等情況、反切情況等，以精煉的歌訣形式言明其要義，成爲研讀韻圖的重要輔助。圖後有附錄十一種，分別爲門法玉鑰匙、總括玉鑰匙玄關歌訣、檢韻十六攝、外轉歌訣、入聲九攝、叶聲韻、輕脣十韻、辨開合不倫、呼吸辯、鄉談辯括、經史動靜字音，其中門法玉鑰匙被認爲是等韻門法的集大成者，它首次將門法名稱進行統一，將此前所稱"例""門""門法例""門法"者統稱爲"門"，並且統括前人所述門法條例爲十三門，即音和門、類隔門、窠切門、輕重交互門、振救門、正音憑切門、精照互用門、寄韻憑切門、喻下憑切門、日寄憑切門、通廣門、侷狹門、内外門，用以解釋説明韻書反切與韻圖之合與不合的現象。

學者關於《切韻指南》之版本追述，頗有異同。高明先生認爲"今可見者，凡有八本，即成化本、弘治本、正德本、嘉靖本、芋園本、萬曆甲本、萬曆乙本和四庫本"，"此八本中，成化本、弘治本、正德本、芋園本四本，殆即劉鑑編撰之元本面目，自嘉靖本開改編之端，萬曆本又加改訂，四庫本更删其附錄，而面目全非矣。四庫本出自鈔寫，讎校粗疏，魯魚亥豕，觸目皆是，尤不足據。故吾人今日從事於《切韻指南》之研究，自當以成化、弘治、正德、芋園四本爲依據，而嘉靖、萬曆、四庫諸本僅供參考而已"②。婁育博士通過查梳文獻、綜合分析則認爲，不存在真正意義上的"成化本"，所謂"成化本"亦爲明弘治九年金臺釋子思宜重刊本，且弘治九年本即爲現存《切韻指南》最早的版本。③

2.6 韻圖語音性質的判定

關於韻圖語音系統的研究，薛鳳生曾提出"等韻的語音系統"的説法，指的是早期的韻圖《韻鏡》《七音略》的語音系統，他認爲等韻本身就代表一個獨立的音系④，黃笑山則將

① 李新魁. 漢語等韻學[M]. 中華書局，1983：186-189.
② 高明. 經史正音切韻指南之研究. //高明小學論叢[M]. 黎明文化事業股份有限公司，1978：400-405.
③ 婁育.《切韻指南》版本問題拾零[J]. 中國典籍與文化，2013(4)：76-83.
④ 薛鳳生. 從等韻到《中原音韻》. //漢語音韻史十講[M]. 華語教學出版社，1999：61.

《韻鏡》音系作爲中唐音系的代表①。將某一時期的幾種韻圖綜合起來，進行韻字的全面分析與比較，其研究目的不僅僅是爲了校比韻字的差異，更重要的是通過用字現象的整體分析探究韻圖的語音本質，從而判定韻圖的性質。

2.6.1 關於韻圖性質的討論

所謂韻圖的性質，指的是韻圖製作依據某種韻書或某種語音系統。李新魁《漢語等韻學》指出，有表現中古韻書音系的韻圖、研討上古語音的韻圖、表現明清時代讀書音的韻圖、表現明清口語標準音的韻圖、表現方音的韻圖以及具有綜合性質的韻圖，表現中古韻書音系的韻圖又可細分爲三類，分別是存古的《韻鏡》《七音略》，反映實際語音的《切韻指掌圖》《四聲等子》和《經史正音切韻指南》以及清代的"述古"韻圖。② 耿振生從韻圖編制目的的角度界定韻圖性質，定義爲以"正音"爲目的的韻圖、以表現人類語音爲目的的韻圖、表現方言音系的韻圖、表現上古或中古音系的韻圖以及爲證明某種數理觀念而編制的韻圖。③

一般來説，韻圖或根據某種韻書而作，或根據實際語音而作，前無所承的叫做創新型韻圖；韻圖以前代韻圖作爲藍本，根據新的韻書或實際語音系統進行校正，叫做修訂型韻圖。現有的研究成果認爲宋元韻圖是依《切韻》系韻書創作的。《切韻》反映的是隋-初唐的語音系統，尉遲先生《隋唐五代漢語詩文韻部史分期簡論》提到"第一個階段(隋至於初唐)的韻母系統就是《切韻》的韻母分類"④、李榮先生《隋韻譜》通過排比隋代韻文用韻的情況，爲《切韻》研究提供參考⑤、黃笑山先生在博士論文《〈切韻〉和中唐-五代音位系統》中將中古語音史分成兩個階段，齊梁陳隋至於初唐是一個階段，中唐五代是一個階段，《切韻》代表的是前一個階段的語音。⑥

韻圖製作於宋代，從隋 初唐到宋代，語音系統發生了不少變化，羅常培先生《唐五代西北方音研究》首次利用漢藏對音材料研究唐五代西北方音，得出以下主要結論：①聲母方面：重唇音已露出分化的痕跡；明泥兩母因聲隨的不同各分化爲兩類；舌上音混入正齒音，正齒音二三等不分；牀母大部分由禪變審，澄母變成照母的全濁；摩擦音的濁母禪、邪、匣變爲清母審、心、曉。②韻母方面：韻母系統大大簡化；u韻的情況比較複

---

① 黃笑山.《切韻》和中唐——五代音位系統[D]. 廈門大學，1991：138-141.

② 李新魁. 漢語等韻學[M]. 中華書局，1983：103.

③ 耿振生. 明清等韻學通論[M]. 語文出版社，1992：110-111.

④ 尉遲治平. 隋唐五代漢語詩文韻部史分期簡論[J]. 語言研究，2010(4)：16-21.

⑤ 李榮. 隋韻譜. //音韻存稿[M]. 商務印書館，1982：135-209.

⑥ 黃笑山.《切韻》和中唐——五代音位系統[D]. 廈門大學，1991：1-2.

雜，包括《切韻》的虞韻、魚韻之半、模侯尤之唇音以及脂支微之合口；梗攝字的大部分字失去鼻音韻尾變成了 e；n、m 尾的消變；入聲韻尾的消變。①

晚唐五代通語語音的研究，主要以南唐徐鍇《説文系傳》的朱翱反切爲材料，王力先生得出的主要結論是：①聲母方面：輕唇音分立；從邪合一，牀禪合一；②韻部方面：魚虞模合一，尤侯的大部分唇音字轉入魚模；東冬鍾合一；灰咍分爲咍來、灰堆兩部；元韻與先仙合併；支脂之微合一；產生了新的"資思"部；③聲調方面：濁上歸去。②

宋代語音的研究，主要以《皇極經世聲音倡和圖》爲對象，周祖謨《宋代汴洛語音考》、陸志韋《記邵雍皇極經世的天聲地音》關於宋代汴洛語音的特點主要表現在聲母方面：濁音清化；非敷奉合併；牀禪無別；知組與照組相近。王力研究宋代音係，主要是根據朱熹反切，結論是：①聲母系統大大簡化：全濁聲母消失，知組與照組合並，娘紐並泥，影紐並喻；②韻部簡化，純二等韻都轉入一等韻或三四等韻，江並於陽，肴並於蕭豪，佳皆並於咍，黠鎋並於曷末，洽狎並於合盍，刪山並於寒桓，咸銜並於覃談。③

綜上，隋—初唐到宋代語音的變化可以歸納如下：唇音分化爲重唇、輕唇；知組與照組相近；牀禪不分；韻部簡化，同攝韻部出現合併或轉移；濁上歸去。如果一種韻圖是根據實際語音製作的，肯定有這些特點作爲我們判定的標識：①音係方面：系統地反映以上重大的語音變化，具體表現爲所有的輕唇音以輕唇音相切，上聲無濁聲母等；②擇字方面：與韻書的用字有顯著不同，若介於二者之間，大部分與某一韻書相符，但小部分反映變化，或與另外某韻書相同，則屬修訂型。

對於根據實際語音系統或某韻書製作的創新型韻圖，可以用概率統計的方法判斷韻圖處於某個發展階段，對於據某種新韻書製作的韻圖，則可通過此種運算判斷該韻書與哪個語音系統更相近。所謂概率統計，是指研究自然界中隨機現象統計規律的數學方法。在運用概率統計方法解決音韻學問題方面，白一平先生較早地做出了嘗試，此後，朱曉農先生選取北宋時期中原地區詞人作品的韻腳進行統計，根據統計結果研究北宋中原韻轍。④ 麥耘先生《隋代押韻材料的數理分析》仿照朱先生做法，計算出各韻轍之間的離合指數，通過定量分析探討各韻之間的關係。⑤

對於有某種底本並參照後期某種韻書進行調整的修訂型韻圖，應逐字判斷其韻字的具體使用情況。一般來説，當韻圖與韻書用字重合的比例達到 80% 以上時才認爲是根據韻書

---

① 羅常培. 唐五代西北方音[M]. 商務印書館，2012.
② 王力. 漢語語音史[M]. 中國社會科學出版社，1985：228-259.
③ 王力. 漢語語音史[M]. 中國社會科學出版社，1985：264-304.
④ 朱曉農. 北宋中原韻轍考——一項數理統計研究[M]. 語文出版社，1989.
⑤ 麥耘. 隋代押韻材料的數理分析[J]. 語言研究，1999(2)：112-128.

製作的修訂型韻圖，對於 20% 左右有差異的韻字，需要通過現有的資料一一進行判定，與語音變化相關的可認定爲據時音而作，與新韻書相合的則認定爲據新韻書而改。修訂型韻圖不是隨機的，其中不存在概率的大小問題，是不能選用概率統計的方法進行研究的。

2.6.2　韻圖性質判定方法

韻字是韻圖的核心要素，也是韻圖的重要組成部分。對韻圖的研究可以從一個一個的韻字入手，判斷它們的性質，是依韻書而作，還是據時音而改，然後得到韻圖用字全貌的整體把握，通過韻字的綜合分析來判斷韻圖的性質，看它是創新型還是修訂型的，然後根據性質的不同採用不同方法對韻圖進行討論，從而得出韻圖的發展脈絡和語音的發展情況。具體到宋元五種韻圖用字的研究，主要從以下内容入手：

(1)音韻地位：韻字的音韻地位包括聲、韻、調和等，這些因素通過韻圖格子的縱横座標來體現，將其與韻書相應小韻的反切進行比較，得出它們之間的同異關係，這是界定韻圖與韻書關係最核心的内容。

(2)小韻代表字：早期韻圖的通則是采用韻書中每一個小韻的第一個字(首字)填入圖中，一般來講，小韻首字是一個小韻中最常見的字，如没用特殊用意撰者不會舍此選他字。因此，考察韻圖所選是否小韻首字對判別韻圖與韻書之間的關係有重要意義。①

(3)字形：對於韻圖和韻書中同時存在的韻字，字形的異同也反映了它們之間的關係，韻字的某一形體若只見於 A 韻書而不見於 B 韻書，則表明韻圖很有可能是據 A 列字的。

---

① 李新魁.《韻鏡》研究[J]. 語言研究，1981(1)：133.

3 《韻鏡》用字研究

3.1 《韻鏡》各韻圖用字研究

圖一、《内轉第一開》

1. 犿，《廣韻》東韻無"犿"字，《集韻》也無，有學者認爲此字據《玉篇》增入，《玉篇》"犿"字魚容切①，也有學者認爲此處列"犿"字當與 P4747 系韻書有關，因考刊(P4747)東韻有"犿"小韻，宜弓反②；

2. 雄，《廣韻》東韻"雄"字羽弓切，喻紐字，《集韻》東韻"雄"字胡弓切，匣紐字，韻圖同此；

3. 儱，《廣韻》董韻"嗊"小韻有"儱"字，呼孔切，曉紐字，《集韻》"儱"字也在"嗊"小韻，虎孔切，曉紐字，韻圖曉紐已列小韻首字"嗊"，此處又列"儱"字，小韻重出；

4. 瓏，《廣韻》董韻來紐有"曨"小韻，力董切，無"瓏"字，東韻有"聾"小韻，盧紅切，"聾""瓏"爲異體字，《集韻》董韻也無"瓏"字，來紐"籠"小韻下有"曨"字，魯孔切，韻圖此處"瓏"字恐爲"曨"字之訛；

5. 撞，《廣韻》送韻並紐無"撞"字，《集韻》送韻有"槿"小韻，菩貢切，並紐字，《七音略》此處也列"槿"字，"撞"字恐爲"槿"字之誤；

6. 鳳，《廣韻》送韻奉紐有"鳳"小韻，馮貢切，《集韻》送韻也有"鳳"字，馮貢切，"鳳""鳳"爲異體字③；

7. 幪，《廣韻》送韻有"幪"小韻，莫弄切，韻圖依音應列明紐一等。

---

① 李新魁. 韻鏡校正[M]. 中華書局，1982：129.
② 楊軍. 七音略校注[M]. 上海辭書出版社，2003：91.
③ 本書對於異體字的認定參照《國學大師·漢字寶典 3.6.0》.

圖二、《内轉第二開合》

8. 拲，《廣韻》腫韻群紐無"拲"字，"拲"爲見紐字，居悚切，《集韻》腫韻"拲"字古勇切，亦爲見紐字，韻圖見紐已列小韻首字"拱"，此又列"拲"，小韻重出；

9. 踵，《廣韻》用韻徹紐有"蹱"小韻，丑用切，《集韻》用韻"湩"小韻有"踵"字，朱用切，照紐字，"蠢"小韻有"蹱"字，丑用切，徹紐字，"踵""蹱"爲異體字；

10. 倲，《廣韻》燭韻穿紐無"倲"字，"倲"爲審紐字，書玉切，《集韻》"倲"字在燭韻"束"小韻，輸玉切，亦爲審紐字，韻圖審紐已列小韻首字"束"，此又列"倲"，小韻重出；

11. 媢，《廣韻》燭韻明紐無"媢"字，"媢"爲未韻喻紐字，于貴切，依音不應置此，《集韻》燭韻有"媢"小韻，某玉切，明紐字，韻圖"媢"字恐爲"娼"字之訛。

圖三、《外轉第三開合》

12. 摏，《廣韻》江韻知紐有"樁"小韻，都江切，"摏"爲鍾韻審紐字，書容切，依音韻圖此處不應列"摏"字，《集韻》江韻也有"樁"小韻，株江切，無"摏"字，韻圖"摏"字恐爲"樁"字之訛；

13. 胧，《廣韻》絳韻明紐無"胧"字，"胧"爲腫韻明紐字，莫湩切，《集韻》絳韻有"恾"小韻，尨巷切，無"胧"字，韻圖列"胧"字與《廣韻》《集韻》均不合；

14. 斲，《廣韻》覺韻知紐有"斵"小韻，竹角切，"斵""斲"爲異體字；

15. 設，《廣韻》覺韻溪紐無"設"字，有"殼"小韻，苦角切，《集韻》覺韻也有"殼"小韻，克角切，韻圖"設"字恐爲"殼"字之訛。

圖四、《内轉第四開合》

16. 皼，《廣韻》支韻無"皼"字，有"皮"字，去奇切，《集韻》支韻也無"皼"字，"皼""皮"爲異體字；

17. 奇，《廣韻》支韻群紐有"奇"小韻，渠羈切，"奇""奇"爲異體字；

18. 疵，《廣韻》"疵"爲支韻從紐字，疾移切，《集韻》支韻從紐也有"疵"小韻，才支切，《七音略》"疵"字依音列支韻四等，《韻鏡》此處列三等恐誤；

19. 柴，《廣韻》寘韻照紐有"裝"小韻，爭義切，無"柴"字，"柴"爲佳韻牀紐字，士佳切，《集韻》寘韻有"柴"字，疾智切，從紐字，照紐也有"裝"小韻，亦作爭義切，"柴"字有兩音，分別注鉏佳切和士邁切，《七音略》此處依音列"裝"字，該圖此處"柴"字恐爲"裝"字之訛；

20. 郒，《廣韻》寘韻穿紐有"卶"小韻，充豉切，《集韻》同此，未見"郒"字，韻圖

"邬"字恐爲"邲"字之訛；

21. 倚，《廣韻》寘韻影組有"倚"小韻，於義切，《集韻》寘韻有"倚"小韻，於義切，韻圖同此，"倚""倚"爲異體字。

圖五、《内轉第五合》

22. 錘，《廣韻》支韻"錘"字直垂切，屬"鬌"小韻，澄紐字，《集韻》"錘"字也入"鬌"小韻，重垂切，韻圖澄紐已列"鬌"字，此處又列"錘"，小韻重出；

23. 濻，《廣韻》紙韻"髓"小韻有"濻"字，息委切，心紐字，《集韻》"濻"字也入"髓"小韻，選委切，韻圖心紐已列"髓"字，此處又列"濻"，小韻重出。

圖六、《内轉第六開》

24. 耆，《廣韻》脂韻群紐有"鬐"小韻，渠脂切，無"耆"字，《集韻》脂韻"耆""耆"並列小韻首字，渠伊切，群紐字，韻圖同此；

25. 夷，《廣韻》"夷"在脂韻"姨"小韻，以脂切，喻紐字，《集韻》脂韻有"夷"小韻，延知切，韻圖喻紐四等已列"姨"字，此處又列"夷"，小韻重出；

26. 秜，《廣韻》旨韻娘紐有"柅"小韻，女履切，"秜"爲脂韻來紐字，力脂切，《集韻》旨韻娘紐也有"柅"小韻，無"秜"字，韻圖"秜"字恐爲"柅"字之訛；

27. 系，《廣韻》至韻匣紐無"系"字，《集韻》至韻匣紐有"系"小韻，兮肄切，韻圖同此。

圖七、《内轉第七合》

28. 嗺，《廣韻》脂韻精紐無"嗺"字，《集韻》脂韻有"嗺"小韻，遵綏切，精紐字，韻圖同此；

29. 㳿，《廣韻》旨韻照紐無"㳿"小韻，"㳿"在紙韻，之累切，《集韻》旨韻有"㳿"小韻，之誄切，照紐字，韻圖同此；

30. 瞔，《廣韻》旨韻有"瞔"小韻，火癸切，曉紐字，《集韻》旨韻未見"瞔"字，此處"瞔"字與《廣韻》《集韻》均不合。

圖八、《内轉第八開》

31. 菑，《廣韻》之韻有"菑"小韻，側持切，照紐字，《集韻》之韻也有"菑"小韻，莊持切，"菑""菑"爲異體字；

32. 剌，《廣韻》止韻有"剌"小韻，初紀切，穿紐字，《集韻》止韻也有"剌"小韻，測紀切，穿紐字，韻圖“刾”字恐爲“刺”字之訛；

33. 駛，《廣韻》志韻有“駛”小韻，疎吏切，審紐字，無“駛”字，《集韻》志韻有“駛”小韻，也注“疎吏切”，韻圖此處“駛”字恐爲“駛”字之訛；

34. 恣，《廣韻》志韻精紐無“恣”字，“恣”爲至韻精紐字，資四切，《集韻》同此，韻圖至韻已列“恣”字，此處又列“恣”，小韻重複。

圖九、《內轉第九開》

35. 狶，《廣韻》尾韻有“豨”小韻，虛豈切，曉紐字，《集韻》尾韻“豨”“狶”並列小韻首字，許豈切，注“‘豨’或作‘狶’”，韻圖同此；

36. 計，《廣韻》廢韻見紐無“計”字，《集韻》廢韻見紐有“訐”小韻，九刈切，韻圖“計”字恐爲“訐”字之訛。

圖十、《內轉第十合》

37. 巋，《廣韻》微韻無“巋”字，《集韻》微韻“巋”字區韋切，溪紐字，韻圖同此；

38. 鞼，《廣韻》未韻無“鞼”字，《集韻》未韻群紐有“鞼”字，在“臀”小韻，巨畏切，韻圖同此；

39. 鱥，《廣韻》廢韻無“鱥”字，《集韻》廢韻有“鱥”小韻，牛吠切，疑紐字，韻圖同此。

圖十一、《內轉第十一開》

40. 菹，《廣韻》魚韻照紐有“菹”小韻，側魚切，《集韻》“菹”“葅”並列小韻首字，臻魚切，“葅”“菹”爲異體字；

41. 褚，《廣韻》語韻未見“褚”字，徹紐有“褚”字，屬“楮”小韻，丑呂切，《集韻》語韻有“褚”無“褚”，韻圖此處“褚”字恐爲“褚”字之訛；

42. 鸒，《廣韻》語韻照紐有“鸒”小韻，章與切，“鸒”爲屋韻喻紐字，餘六切，依音不應置此，《集韻》語韻也作“鸒”字，掌與切，韻圖“鸒”恐爲“鸒”字之訛；

43. 叙，《廣韻》語韻邪紐有“敘”小韻，徐呂切，《集韻》也作“敘”字，“叙”“敘”爲異體字；

44. 覰，《廣韻》御韻清紐有“覷”小韻，七慮切，《集韻》也作“覰”字，“覷”“覰”爲異體字。

圖十二、《內轉第十二開合》

45. 蘓，《廣韻》模韻心紐有"蘇"小韻，素姑切，《集韻》也作"蘇"，孫租切，"蘇""蘓"爲異體字；

46. 廚，《廣韻》虞韻澄紐有"廚"小韻，直誅切，《集韻》也作"廚"，"廚""廚"爲異體字；

47. 寠，《廣韻》麌韻群紐有"寠"小韻，其矩切，《集韻》麌韻群紐也有"寠"小韻，郡羽切，"寠""寠"爲異體字；

48. 㯷，《廣韻》麌韻牀紐有"㯷"小韻，鶵禹切，無"㯷"字，《集韻》麌韻也無"㯷"字，有"㯷"小韻，撰禹切，韻圖"㯷"字恐爲"㯷"字之訛，牀紐已列"㯷"字，此處又列"㯷"，小韻重出；

49. 做，《廣韻》暮韻精紐有"作"小韻，臧祚切，無"做"字，《集韻》暮韻也有"作"小韻，宗祚切，注："俗作做"，韻圖選用俗體字；

50. 厝，《廣韻》暮韻清紐有"厝"小韻，倉故切，"厝"字有兩音，一爲昔韻精紐，資昔切，一爲昔韻從紐，秦昔切，《集韻》暮韻有"厝"無"厝"，《七音略》也作"厝"，韻圖此處"厝"字恐爲"厝"字之訛；

51. 䦬，《廣韻》遇韻徹紐有"䦬"小韻，丑注切，無"䦬"字，《集韻》遇韻也有"䦬"小韻，音同《廣韻》，無"䦬"字，《七音略》作"䦬"，"䦬""䦬"爲異體字。

圖十三、《外轉第十三開》

52. 俖，《廣韻》海韻幫紐無"俖"字，"俖"爲海韻滂紐字，普乃切，《集韻》海韻有"怌"小韻，布亥切，幫紐字，"俖"屬"啡"小韻，普亥切，也爲滂紐字，韻圖"俖"字恐爲"怌"字之誤；

53. 鍇，《廣韻》駭韻見紐無"鍇"字，"鍇"爲駭韻溪紐字，苦駭切，《集韻》駭韻有"鍇"小韻，古駭切，見紐字，韻圖同此；

54. 㹗，《廣韻》駭韻來紐無"㹗"字，《集韻》駭韻來紐有"㩡"小韻，洛駭切，韻圖"㹗"字恐爲"㩡"字之訛；

55. 灑，《廣韻》蟹韻有"灑"小韻，所蟹切，審紐字，《集韻》"灑"小韻列薺韻，時禮切，禪紐字，韻圖同此；

56. 怖，《廣韻》代韻滂紐無"怖"字，《集韻》代韻有"怖"小韻，匹代切，滂紐字，韻圖同此；

57. 隑，《廣韻》代韻群紐無"隑"字，《集韻》薺韻有"隑"小韻，巨代切，群紐字，韻圖同此；

58. 瘥，《廣韻》怪韻穿紐無"瘥"字，卦韻穿紐有"瘥"字，屬"差"小韻，楚懈切，《集韻》怪韻也無"瘥"小韻，卦韻穿紐"瘥""差"並列小韻首字，韻圖《外轉第十五開》卦韻穿紐已列"差"字，此又列"瘥"，小韻重出；

59. 憩，《廣韻》祭韻溪紐有"憩"小韻，去例切，"憩""憩"爲異體字；

60. 猲，《廣韻》祭韻曉紐無"猲"字，"猲"爲影紐字，於罽切，《集韻》祭韻"猲"字於例切，也爲影紐字，韻圖列入曉紐恐誤；

61. 媲，《廣韻》霽韻滂紐有"媲"小韻，匹詣切，"媲"古同"媲"，《集韻》也作"媲"，匹計切；

62. 蕙，《廣韻》夬韻無"蕙"字，有"蠆"小韻，丑犗切，徹紐字，《集韻》夬韻也無"蕙"字，有"蠆"小韻，丑邁切，韻圖"蕙"字恐爲"蠆"字之訛。

圖十四、《外轉第十四合》

63. 睳，《廣韻》齊韻曉紐無"睳"字，有"睳"小韻，呼攜切，"睳"屬"攜"小韻，戶圭切，匣紐字，《集韻》齊韻曉紐也有"睳"小韻，翾畦切，韻圖"睳"字恐爲"睳"字之誤；

64. 錞，《廣韻》賄韻定紐無"錞"字，有"錞"小韻，徒猥切，《集韻》賄韻"錞""錞"並列小韻首字，杜罪切，"錞""錞"爲異體字；

65. 櫃，《廣韻》隊韻群紐無"櫃"字，《集韻》隊韻有"櫃"小韻，巨内切，群紐字，韻圖同此；

66. 衛，《廣韻》祭韻有"衛"小韻，于歲切，喻紐字，《集韻》也作"衛"，"衛""衛"爲異體字。

圖十五、《外轉第十五開》

67. 佤，《廣韻》佳韻溪紐無"佤"字，《集韻》佳韻溪紐有"佤"字，空媧切，韻圖同此；

68. 鷹，《廣韻》蟹韻無"鷹"字，《集韻》蟹韻澄紐有"鷹"小韻，丈蟹切，韻圖同此；

69. 芌，《廣韻》蟹韻溪紐有"芌"小韻，苦蟹切，《集韻》蟹韻也有"芌"小韻，口蟹切，"芌""芌"爲異體字；

70. 旆，《廣韻》泰韻並紐有"旆"小韻，蒲蓋切，《集韻》也作"旆"，亦注蒲蓋切，"旆""旆"爲異體字；

71. 茝，《廣韻》卦韻穿紐有"差"小韻，楚懈切，《集韻》卦韻穿紐有"差"小韻，也注楚懈切，"茝""差"爲異體字；

72. 曳，《廣韻》祭韻喻紐有"曳"小韻，餘制切，《集韻》也作"曳"字，無"曳"字，韻圖此處"曳"字恐爲"曳"字之訛。

圖十六、《外轉第十六合》

73. 禱，《廣韻》泰韻清紐無"禱"字，有"禱"小韻，麤最切，《集韻》泰韻也有"禱"小韻，取外切，無"禱"字，韻圖"禱"字恐爲"禱"字之訛；

74. 懘，《廣韻》泰韻無"懘"字，《集韻》泰韻有"懘"小韻，于外切，喻紐字，韻圖同此。

圖十七、《外轉第十七開》

75. 獜，《廣韻》眞韻徹紐有"獜"小韻，丑人切，《集韻》眞韻也有"獜"小韻，癡鄰切，"獜""獜"爲異體字；

76. 頷，《廣韻》很韻群紐無"頷"字，《集韻》很韻有"頷"小韻，其墾切，韻圖"頷"字恐爲"頷"字之誤；

77. 穩，《廣韻》很韻未見"穩"字，《集韻》很韻有"穩"小韻，安很切，影紐字，韻圖同此；

78. 蠰，《廣韻》軫韻曉紐無"蠰"字，《集韻》也無，"蠰"小韻在隱韻曉紐，韻圖已將此字列于《外轉第十九開》隱韻曉紐，此處又列"蠰"字，小韻重複；

79. 胗，《廣韻》軫韻曉紐無"胗"字，"胗"有兩音，一爲章忍切，軫韻照紐字，一爲居忍切，軫韻見紐字，《集韻》軫韻"胗"字止忍切，照紐字，《廣韻》和《集韻》準韻都有"胗"小韻，興腎切，曉紐字，此處"胗"字恐爲"胗"字之誤；

80. 抻，《廣韻》震韻無"抻"字，"抻"爲娠韻見紐字，屬"靳"小韻，居娠切，《集韻》"抻"字也屬"靳"小韻，韻圖娠韻已列小韻首字"靳"，此處又列"抻"字，小韻重出；

81. 晉，《廣韻》震韻精紐有"晉"小韻，即刃切，"晉""晉"爲異體字；

82. 矻，《廣韻》没韻無"矻"字，《集韻》没韻"矻"字胡骨切，匣紐字，依音不應列見紐，《集韻》没韻見紐有"扢"字，古紇切，韻圖"矻"字恐爲"扢"字之訛；

83. 顝，《廣韻》没韻無"顝"字，《集韻》"顝"字在圂韻，吾困切，疑紐字，《集韻》没韻有"顝"小韻，敷紇切，疑紐字，韻圖此處"顝"字恐爲"顝"字之誤；

84. 颭，《廣韻》質韻無"颭"字，《集韻》質韻喻紐有"颭"小韻，越筆切，韻圖同此；

85. 月，《廣韻》質韻日紐無"月"字，有"日"小韻，人質切，"月"爲月韻疑紐字，魚厥切，《集韻》質韻也無"月"字，《七音略》此處列"日"字，《韻鏡》此處列"月"字恐誤；

86. 姪，《廣韻》質韻定紐無"姪"字，"姪"爲澄紐字，屬"秩"小韻，直一切，《集韻》質韻"姪"字也在"秩"小韻，韻圖澄紐三等已列"秩"，此又列"姪"，小韻重出；

87. 昵，《廣韻》質韻泥紐無"昵"字，"昵"爲娘紐字，尼質切，屬"暱"小韻，《集韻》"暱""昵"並列小韻首字，乃吉切，韻圖質韻娘紐已列"暱"字，此處又列"昵"字，小韻重出。

圖十八、《外轉第十八合》

88. 暾，《廣韻》魂韻透紐無"暾"字，有"暾"小韻，他昆切，《集韻》魂韻有"暾"字，屬"暾"小韻，他昆切，韻圖同此；

89. 磌，《廣韻》諄韻滂紐無"磌"字，《集韻》諄韻滂紐也無"磌"字，韻圖此處列"磌"字與《廣韻》《集韻》均不合；

90. 蠢，《廣韻》諄韻無"蠢"字，《集韻》諄韻有"蠢"小韻，式勻切，審紐字，韻圖同此；

91. 窘，《廣韻》諄韻無"窘"字，《集韻》諄韻群紐有"窘"小韻，巨勻切，韻圖同此；

92. 怨，《廣韻》混韻來紐有"怨"小韻，盧本切，《集韻》混韻也有"怨"小韻，魯本切，韻圖所列"怨"字恐爲"怨"字之訛；

93. 稇，《廣韻》準韻無"稇"字，《集韻》準韻溪紐有"稇"小韻，苦殞切，韻圖同此；

94. 楯，《廣韻》準韻邪紐無"楯"字，"楯"爲準韻牀紐字，食尹切，《集韻》準韻有"楯"小韻，辭允切，邪紐字，韻圖同此；

95. 霦，《廣韻》恩韻透紐無"霦"字，《集韻》恩韻也無"霦"字，恨韻有"霦"小韻，暾頓切，透紐字，此處"霦"字恐爲"霦"字之訛；

96. 順，《廣韻》稕韻有"順"小韻，食閏切，牀紐字，《集韻》稕韻也有"順"小韻，殊閏切，禪紐字，韻圖同此；

97. 閏，《廣韻》稕韻日紐有"閏"小韻，如順切，《集韻》稕韻有"閏"小韻，儒順切，日紐字，韻圖同《集韻》，且"閏""閏"爲異體字；

98. 呁，《廣韻》稕韻無"呁"字，《集韻》稕韻見紐有"呁"小韻，九峻切，韻圖同此；

99. 儁，《廣韻》稕韻無"儁"字，有"儁"小韻，子峻切，精紐字，《集韻》稕韻也無"儁"字，"俊""儁"並列小韻首字，祖峻切，《七音略》列"俊"字，《韻鏡》此處"儁"字恐爲"儁"字之誤；

100. 卒，《廣韻》没韻"卒"字倉没切，屬"猝"小韻，清紐字，《集韻》没韻精紐有"卒"小韻，臧没切，韻圖同此；

101. 屈，《廣韻》術韻群紐無"屈"字，"屈"字有兩音，一爲九勿切，物韻見紐字，一爲區勿切，物韻溪紐字，依音不應列此，《集韻》術韻也無"屈"字，韻圖此處列"屈"字與《廣韻》《集韻》均不合；

102. 欨,《廣韻》"欨"爲術韻徹紐字,丑律切,《集韻》"欨"字勑律切,也爲徹紐字,《廣韻》《集韻》"欨"字都屬"黜"小韻,韻圖徹韻已列"黜"字,此處又列"欨"字,小韻重出;

103. 趉,《廣韻》"趉"爲術韻見紐字,屬"橘"小韻,居聿切,《集韻》"趉"字也屬術韻"橘"小韻,訣律切,韻圖見紐已列"橘"字,此處又列"趉"字,小韻重出。

圖十九、《外轉第十九開》

104. 近,《廣韻》隱韻有"近"字,屬"赾"小韻,丘謹切,《集韻》隱韻有"近"小韻,巨謹切,群紐字,韻圖同此。

圖二十、《外轉第二十合》

105. 群,《廣韻》文韻群紐有"羣"小韻,渠云切,《集韻》也作"羣","群""羣"爲異體字;

106. 攟,《廣韻》吻韻無"攟"字,《集韻》吻韻也無"攟"字,隱韻有"攟"小韻,舉蘊切,見紐字,韻圖據《集韻》,將隱韻字併入吻韻;

107. 颵,《廣韻》物韻無"颵"字,有"颵"小韻,許勿切,曉紐字,"颵""颵"爲異體字,《集韻》迄韻"颵""颵"並列小韻首字,許勿切。

圖二十一、《外轉第二十一開》

108. 版,《廣韻》產韻幫紐無"版"字,潸韻幫紐有"版"小韻,布綰切,《集韻》潸韻幫紐也有"版"小韻,補綰切,韻圖潸韻幫紐已列"版"字,此處又列"版",小韻重複;

109. 昄,《廣韻》產韻滂紐無"昄"字,"昄"有三個音,分別爲博管切、布綰切、扶板切,依音不應置此,《集韻》產韻滂紐有"盻"小韻,匹限切,韻圖此處列"昄"字與《廣韻》《集韻》均不合;

110. 阪,《廣韻》產韻無"阪"字,潸韻並紐有"阪"小韻,扶板切,《集韻》潸韻並紐也有"阪"小韻,部版切,韻圖潸韻並紐已列"阪"字,此處又列"阪"字,小韻重複;

111. 簡,《廣韻》產韻見紐有"簡"小韻,古限切,未見"簡"字,《集韻》產韻有"簡"小韻,賈限切,韻圖同此,且"簡""簡"爲異體字;

112. 言,《廣韻》阮韻疑紐有"言"小韻,語偃切,《集韻》同此,"言"爲元韻疑紐字,語軒切,韻圖此處"言"字恐爲"言"字之訛;

113. 褊,《廣韻》獮韻幫紐有"褊"小韻,方緬切,《集韻》獮韻幫紐有"褊"小韻,俾緬切,韻圖同此;

114. 綫,《廣韻》獮韻邪紐有"綫"字,徐翦切,《集韻》獮韻邪紐有"綫"字,似淺切,韻圖同此,"綫""綫"为異體字;

115. 盼,《廣韻》襇韻滂紐有"盼"小韻,匹莧切,《集韻》襇韻"盼""盼"並列小韻首字,普莧切,注"'盼'或作'盼'",韻圖同此;

116. 紵,《廣韻》襇韻澄紐有"紵"小韻,丈莧切,無"紵"字,"紵"有兩音,一爲慈吕切,語韻從紐字,一爲子邪切,麻韻精紐字,依音不應置此,《集韻》襇韻也無"紵"字,韻圖"紵"字恐爲"紵"字之訛;

117. 裥,《廣韻》襇韻見紐有"裥"小韻,古莧切,未見"裥"字,《集韻》襇韻見紐也收"裥"字,居莧切,"裥""裥"爲異體字;

118. 靣,《廣韻》線韻明紐有"面"小韻,彌箭切,《集韻》線韻明紐也有"面"小韻,弥箭切,"靣""面"爲異體字;

119. 巘,《廣韻》線韻無"巘"字,"巘"有兩音,一爲語偃切,阮韻疑紐字,一爲魚蹇切,獮韻疑紐字,《集韻》線韻也無"巘"字,韻圖此處列"巘"字與《廣韻》《集韻》均不合;

120. 羨,《廣韻》線韻有"羨"小韻,似面切,邪紐字,《集韻》同此,"羨""羨"爲異體字;

121. 鍘,《廣韻》鎋韻照紐無"鍘"字,牀紐有"鍘"小韻,查轄切,《七音略》依音列牀紐,《韻鏡》此處列照紐恐誤;

122. 稿,《廣韻》鎋韻溪紐有"稿"小韻,枯鎋切,《集韻》舝韻溪紐也有"稿"小韻,邱瞎切,韻圖鎋韻溪紐列"楬"字,屬"稿"小韻,"楬""稿"同列,小韵重出;

123. 瞥,《廣韻》薛韻滂紐無"瞥"字,有"瞥"小韻,芳滅切,《集韻》薛韻也無"瞥"字,有"瞥"字,必列切,《七音略》此處即列"瞥"字,《韻鏡》此處"瞥"字恐爲"瞥"字之訛;

124. 蹩,《廣韻》薛韻無"蹩"字,屑韻並紐有"蹩"小韻,蒲結切,《集韻》與《廣韻》同,韻圖屑韻並紐已列"蹩"字,此處又列"蹩"字,小韻重複;

125. 竊,《廣韻》薛韻無"竊"字,"竊"爲屑韻清紐字,千結切,入"切"小韻,《集韻》"竊"字也入屑韻"切"小韻,韻圖屑韻已列"切"字,此又列"竊"字,小韻重出。

圖二十二、《外轉第二十二合》

126. 頑,《廣韻》山韻無"頑"字,《集韻》山韻疑紐有"頑"小韻,五鰥切,韻圖同此;

127. 恮,《廣韻》山韻無"恮"字,仙韻照紐有"恮"小韻,莊緣切,依音當列照紐,《七音略》即列照紐,《集韻》仙韻"恮"字逡緣切,屬"詮"小韻,韻圖已列小韻首字"詮";

128. 嬽,《廣韻》山韻無"嬽"字,《集韻》山韻影紐有"嬽"小韻,逶鰥切,韻圖同此;

129. 卷，《廣韻》阮韻無“卷”字，《集韻》阮韻見紐有“卷”字，九遠切，韻圖同此；

130. 媗，《廣韻》獮韻群紐無“媗”字，有“蜎”小韻，狂兖切，《集韻》獮韻也未見“媗”字，《七音略》此處依《廣韻》列“蜎”字，《韻鏡》此處列“媗”字與《廣韻》《集韻》均不合；

131. 頒，《廣韻》鎋韻知紐無“頒”字，有“鵽”小韻，丁刮切，“頒”爲薛韻照紐字，職悦切，依音不應置此，《集韻》鎋韻也有“鵽”小韻，張刮切，亦爲知紐字，《七音略》此處即列“鵽”字，《韻鏡》“頒”字恐爲“鵽”字之誤；

132. 爝，《廣韻》月韻無“爝”字，《集韻》月韻有“爝”小韻，丑伐切，徹紐字，韻圖同此；

133. 橛，《廣韻》月韻群紐有“橜”小韻，其月切，未見“橛”字，《集韻》同此，《七音略》此處列“橜”字，《韻鏡》“橛”字恐爲“橜”字之訛；

134. 絕，《廣韻》薛韻從紐無“絕”字，有“絶”小韻，情雪切，《集韻》薛韻也無“絕”字，有“絕”小韻，徂雪切，韻圖“絕”字恐爲“絶”字之訛。

圖二十三、《外轉第二十三開》

135. 潺，《廣韻》删韻無“潺”字，“潺”爲山韻字，屬“虥”小韻，《集韻》山韻牀紐有“潺”小韻，鉏山切，韻圖山韻已列小韻首字“虥”，此又列“潺”，小韻重出；

136. 妍，《廣韻》仙韻無“妍”字，“妍”寫作舊形“姸”，爲先韻疑紐字，五堅切，《集韻》也作“妍”，倪堅切，先韻疑紐字，韻圖先韻已列“研”字，《廣韻》《集韻》中“研(研)”字都屬“妍(姸)”小韻，此處小韻重出；

137. 罕，《廣韻》旱韻曉紐無“罕”字，《集韻》旱韻有“罕”小韻，許旱切，曉紐字，韻圖同此；

138. 辡，《廣韻》銑韻無“辡”字，獮韻並紐有“辡”小韻，符蹇切，《集韻》“辡”字也在獮韻，韻圖獮韻並紐已列“辨”字，屬“辡”小韻，“辡”、“辨”同列，小韻重出；

139. 汦，《廣韻》銑韻明紐有“撰”小韻，彌殄切，無“汦”字，《集韻》銑韻明紐有“丏”小韻，彌殄切，也未見“汦”字，從字形來看，“汦”與“撰”“丏”相去甚遠，《廣韻》獮韻明紐有“汅”字，彌兖切，韻圖“汦”字恐爲“汅”字之訛；

140. 肝，《廣韻》翰韻見紐無“肝”字，有“旰”小韻，古案切，“肝”爲寒韻見紐字，古寒切，依音不應置此，《集韻》翰韻也無“肝”字，韻圖“肝”字恐爲“旰”字之訛；

141. 羨，《廣韻》線韻有“羨”小韻，予線切，喻紐字，《集韻》綫韻喻紐也有“羡”字，延面切，“羨”“羡”爲異體字；

142. 綖，《廣韻》線韻無“綖”字，“綖”爲仙韻喻紐字，以然切，《集韻》綫韻“綫”“線”“綖”並列小韻首字，私箭切，心紐字，依音不應置此，韻圖此處列“綖”字與《廣韻》

《集韻》均不合；

143. 呾，《廣韻》黠韻知紐無"呾"字，"呾"爲曷韻端紐字，當割切，屬"怛"小韻，《集韻》黠韻有"呾"小韻，眜軋切，徹紐字，韻圖同此，恐應列徹紐；

144. 蓬，《廣韻》黠韻澄紐無"蓬"字，"蓬"爲曷韻定紐字，屬"達"小韻，唐割切，《集韻》黠韻也無"蓬"字，韻圖曷韻定紐已列"達"字，此處又列"蓬"字，小韻重出；

145. 孽，《廣韻》薛韻疑紐有"孽"小韻，魚列切，《集韻》薛韻有"孽"小韻，亦作魚列切，韻圖同此，"孽""孼"爲異體字；

146. 鷩，《廣韻》屑韻無"鷩"字，薛韻幫紐有"鷩"小韻，並列切，《集韻》薛韻幫紐也有"鷩"字，必列切，韻圖《外轉第二十一開》薛韻幫紐已列"鷩"字，此處又列"鷩"字，小韻重複；

147. 揳，《廣韻》屑韻溪紐無"揳"字，有"猰"小韻，苦結切，"揳"爲屑韻心紐字，先結切，《集韻》屑韻也有"猰"小韻，詰結切，溪紐字，韻圖"揳"字恐爲"猰"字之訛。

圖二十四、《外轉第二十四合》

148. 攢，《廣韻》桓韻從紐有"欑"小韻，在丸切，"攢"爲換韻從紐字，在玩切，《集韻》桓韻從紐也有"欑"小韻，徂丸切，未見"攢"字，韻圖換韻從紐已列"攢"字，此處"攢"字恐爲"欑"字之訛；

149. 狗，《廣韻》刪韻無"狗"字，"狗"爲先韻牀紐字，崇玄切，《集韻》同此，韻圖此處列"狗"字與《廣韻》《集韻》均不合；

150. 儇，《廣韻》先韻無"儇"字，"儇"屬仙韻"翾"小韻，許緣切，《集韻》先韻有"儇"字，胡涓切，屬"玄"小韻，韻圖先韻匣紐已列"玄"字，此又列"儇"，小韻重出；

151. 輐，《廣韻》緩韻疑紐無"輐"字，《集韻》緩韻有"輐"小韻，五管切，韻圖同此；

152. 酇，《廣韻》緩韻"酇"字作管切，精紐字，屬"纂"小韻，《集韻》"酇"字祖管切，亦爲精紐字，也屬"纂"小韻，韻圖精紐已列"纂"字，此處又列"酇"字，小韻重出；

153. 澣，《廣韻》緩韻曉紐無"澣"字，《集韻》緩韻有"澣"小韻，火管切，曉紐字，韻圖同此；

154. 夘，《廣韻》緩韻來紐有"卵"小韻，盧管切，《集韻》也寫作"夘"，魯管切，韻圖此處"夘"字恐爲"夘"字之訛①；

155. 屖，《廣韻》潸韻無"屖"字，"屖"屬產韻"剗"小韻，初限切，《集韻》"屖"字也屬產韻"剗"小韻，韻圖產韻已列小韻首字"剗"，此又列"屖"字，小韻重出；

---

① 楊軍. 七音略校注[M]. 上海辭書出版社，2003：204.

156. 膞，《廣韻》獮韻收入兩個"膞"字，一爲小韻首字，市兗切，禪紐字，另一屬"剸"小韻，旨兗切，照紐字，《集韻》獮韻有"膞"小韻，主兗切，照紐字，另有一音爲豎兗切，禪紐字，韻圖此處列"膞"字恐錯位；

157. 宛，《廣韻》獮韻無"宛"字，《集韻》獮韻影紐有"宛"小韻，烏勉切，韻圖同此；

158. 旋，《廣韻》銑韻無"旋"字，《集韻》銑韻有"旋"小韻，信犬切，心紐字，韻圖同此；

159. 蜎，《廣韻》銑韻影紐無"蜎"字，《集韻》銑韻有"蜎"小韻，於泫切，影紐字，韻圖同此；

160. 趡，《廣韻》諫韻無"趡"字，《集韻》諫韻有"趡"小韻，求患切，群紐字，韻圖同此；

161. 掾，《廣韻》線韻"掾"字以絹切，喻紐字，徹紐有"猭"小韻，丑戀切，《集韻》線韻徹紐有"猭"字，"掾"爲喻紐字，韻圖"掾"字恐爲"猭"字之訛；

162. 縣，《廣韻》線韻無"縣"字，霰韻匣紐有"縣"小韻，黃練切，《集韻》"縣"小韻也入霰韻匣紐，韻圖恐應將"縣"字列四等霰韻；

163. 潑，《廣韻》末韻滂紐無"潑"字，有"䥽"字，普活切，《集韻》末韻"䥽"小韻並列"潑""䥽"二字，亦注普活切，"潑""䥽"爲異體字；

164. 剒，《廣韻》末韻無"剒"字，《集韻》末韻有"剒"小韻，先活切，心紐字，韻圖同此；

165. 𠏢，《廣韻》黠韻曉紐無"𠏢"字，有"傄"小韻，呼八切，《集韻》同此，韻圖"𠏢"字恐爲"傄"字之訛。

圖二十五、《外轉第二十五開》①

166. 櫜，《廣韻》豪韻滂紐無"櫜"字，有"橐"小韻，普袍切，"櫜"屬"高"小韻，古勞切，《集韻》豪韻"櫜"字也屬"高"小韻，居勞切，滂紐有"橐"小韻，普刀切，韻圖"櫜"字恐爲"橐"字之訛；

167. 高，《廣韻》豪韻見紐有"高"小韻，古勞切，《集韻》也寫作"髙"，居勞切，"高""髙"爲異體字；

168. 麃，《廣韻》宵韻滂紐無"麃"字，"麃"屬"鑣"小韻，甫嬌切，幫紐字，《集韻》宵韻"麃"字也屬"鑣"小韻，蕭韻滂紐有"麃"小韻，普遼切，韻圖或據此，恐應列四等蕭韻；

---

① 本圖平聲列"爻"、"霄"二韻，此二韻於《廣韻》中分別作"肴"韻、"宵"韻，《集韻》平聲有"爻"韻，韻圖與《集韻》相同，"霄"韻《集韻》也作"宵"韻。

169. 堯,《廣韻》宵韻無"堯"字,蕭韻疑紐有"堯"小韻,五聊切,《集韻》蕭韻疑紐也有"堯"小韻,倪幺切,韻圖蕭韻疑紐已列"嶢"字,"嶢"屬"堯"小韻,韻圖將兩字均列出,小韻重出;

170. 嚣,《廣韻》宵韻曉紐有"嘵"小韻,許嬌切,《集韻》宵韻有"嚣"小韻,虛嬌切,韻圖同此,"嚣""嘵"爲異體字;

171. 僚,《廣韻》宵韻無"僚"字,蕭韻來紐有"僚"字,屬"聊"小韻,落蕭切,《集韻》與《廣韻》同,韻圖四等蕭韻已列小韻首字"聊",此又列"僚"字,小韻重出;

172. 曉,《廣韻》蕭韻曉紐無"曉"字,有"膮"小韻,許幺切,"曉"爲篠韻曉紐字,《集韻》蕭韻曉紐也未見"曉"字,有"膮"小韻,馨幺切,韻圖"曉"字恐爲"膮"字之訛;

173. 犦,《廣韻》晧韻滂紐無"犦"字,《集韻》晧韻滂紐有"犦"字,滂保切,韻圖同此;

174. 鬧,《廣韻》小韻無"鬧"字,小韻群紐有"驕"小韻,巨夭切,《集韻》同此,《七音略》此處即列"驕"字,《韻鏡》此處"鬧"字恐爲"驕"字之訛;

175. 蓧,《廣韻》篠韻心紐無"蓧"字,有"篠"小韻,先鳥切,"蓧"字有兩音,一爲吐雕切,蕭韻透紐字,一爲徒歷切,錫韻定紐字,《集韻》篠韻也無"蓧"字,有"篠"小韻,先了切,韻圖此處"蓧"字恐爲"篠"字之訛;

176. 臑,《廣韻》号韻泥紐無"臑"字,《集韻》号韻有"臑"小韻,乃到切,韻圖同此;

177. 耗,《廣韻》号韻曉紐有"秏"小韻,呼到切,注"俗作耗",《集韻》号韻也有"耗"小韻,虛到切,"秏""耗"爲異體字;

178. 季,《廣韻》效韻曉紐有"孝"小韻,呼教切,無"季"字,《集韻》效韻曉紐也有"孝"小韻,許教切,"季"屬"教"小韻,居效切,見紐字,依音不應置此,韻圖此處"季"字恐爲"孝"字之訛;

179. 驕,《廣韻》笑韻見紐無"驕"字,《集韻》笑韻見紐有"驕"小韻,嬌廟切,韻圖同此;

180. 叫,《廣韻》嘯韻見紐有"叫"小韻,古弔切,《集韻》嘯韻也有"叫"小韻,吉弔切,"叫""叫"爲異體字。

圖二十六、《外轉第二十六合》

181. 勦,《廣韻》小韻精紐有"劋"小韻,子小切,《集韻》小韻精紐有"剿"小韻,也注子小切,"勦""劋""剿"爲異體字;

182. 湬,《廣韻》小韻有"湬"字,屬"劋"小韻,子小切,《集韻》小韻有"湬"小韻,樵小切,從紐字,韻圖同此;

183-184. 鮴、趬，《廣韻》笑韻疑紐無"趬"字，有"鮴"小韻，牛召切，笑韻溪紐有"趬"小韻，丘召切，無"鮴"字，《集韻》同此，韻圖"趬""鮴"二字恐位置顛倒。

圖二十七、《内轉第二十七合》

185. 尢，《廣韻》哿韻精紐有"左"小韻，臧可切，無"尢"字，《集韻》哿韻精紐也有"左"小韻，子我切，《七音略》此處列"左"字，《韻鏡》"尢"字爲"左"之俗字。

圖二十八、《内轉第二十八合》

186. 陊，《廣韻》戈韻端紐有"陊"小韻，丁戈切，《集韻》戈韻端紐有"陊"小韻，都戈切，韻圖同此；

187. 陀，《廣韻》戈韻無"陀"字，"陀"爲歌韻定紐字，徒河切，屬"駝"小韻，《集韻》戈韻定紐有"陀"字，唐何切，韻圖同此；

188. 罷，《廣韻》戈韻溪紐有"䠠"小韻，去靴切，無"罷"字，《集韻》戈韻未見"罷"字，溪紐有"䠠"小韻，丘靴切，"罷""䠠"爲異體字；

189. 麼，《廣韻》果韻明紐有"麼"小韻，亡果切，《集韻》果韻也有"麼"小韻，母果切，明紐字，"麼""麼"爲異體字。

圖二十九、《内轉第二十九開》

190. 儸，《廣韻》麻韻來紐無"儸"字，《集韻》麻韻有"儸"小韻，利遮切，來紐字，韻圖同此；

191. 爹，《廣韻》麻韻有"爹"小韻，陟邪切，知紐字，《集韻》同此，韻圖依音當列三等，此處將"爹"字列入四等；

192. 蘴，《廣韻》馬韻來紐有"蘴"小韻，盧下切，"蘴"爲藥韻喻紐字，以灼切，《集韻》馬韻也有"蘴"小韻，呂下切，韻圖注："蘴，盧下反"，同《廣韻》，韻圖此處"蘴"字恐爲"蘴"字之訛；

193. 抯，《廣韻》馬韻從紐無"抯"字，馬韻"抯"字有兩音，一爲徐野切，邪紐字，一爲兹野切，精紐字，《集韻》馬韻"抯"字慈野切，從紐字，韻圖同此；

194. 偌，《廣韻》禡韻無"偌"字，《集韻》禡韻有"偌"小韻，人夜切，日紐字，韻圖同此。

圖三十、《外轉第三十合》

195. 㯠，《廣韻》馬韻徹紐無"㯠"字，有"㯠"小韻，丑寡切，《集韻》同此，韻圖"㯠"

字恐爲"稞"字之訛；

196. 㮇，《廣韻》馬韻有"㮇"小韻，沙瓦切，審紐字，《集韻》馬韻也有"㮇"小韻，數瓦切，也爲審紐字，韻圖列入牀紐與《廣韻》《集韻》均不合；

197. 㧬，《廣韻》馬韻影紐無"㧬"字，《集韻》馬韻有"㧬"小韻，烏瓦切，韻圖同此。

圖三十一、《内轉第三十一開》

198. 羌，《廣韻》陽韻溪紐有"羌"小韻，去羊切，《集韻》陽韻溪紐也有"羌"小韻，墟羊切，"羌""羌"二字爲異體字；

199. 商，《廣韻》陽韻審紐有"商"小韻，式羊切，無"商"字，《集韻》陽韻也有"商"小韻，屍羊切，審紐字，"商"爲昔韻審紐字，施只切，依音不應置此，《七音略》此處列"商"，《韻鏡》此處"商"字恐爲"商"字之訛；

200. 䭿，《廣韻》蕩韻疑紐有"䭿"小韻，五朗切，《集韻》蕩韻"䭿""䭿"並列小韻首字，語朗切，《七音略》此處列"䭿"字，《韻鏡》此處"䭿"字恐爲"䭿"字之訛；

201. 蹌，《廣韻》宕韻無"蹌"字，《集韻》宕韻有"蹌"小韻，七浪切，清紐字，韻圖同此；

202. 喪，《廣韻》宕韻心紐有"喪"小韻，蘇浪切，《集韻》宕韻也有"喪"小韻，四浪切，亦爲心紐字，"喪""喪"二字爲異體字；

203. 刱，《廣韻》漾韻穿紐有"刱"小韻，初亮切，《集韻》漾韻也有"刱"字，楚亮切，韻圖"刱"字恐爲"刱"字之訛；

204. 唴，《廣韻》漾韻溪紐有"唴"小韻，丘亮切，《集韻》也作"唴"字，丘亮切，《七音略》此處即列"唴"字，《韻鏡》此處"唴"字恐爲"唴"字之訛；

205. 強，《廣韻》漾韻無"強"字，有"勍"小韻，其亮切，《集韻》同此，韻圖此處列"強"字與《廣韻》《集韻》均不合；

206. 轉，《廣韻》藥韻無"轉"字，《集韻》藥韻非紐有"轉"小韻，方縛切，韻圖同此；

207. 芍，《廣韻》藥韻知紐有"芍"小韻，張略切，未見"芍"字，《集韻》藥韻知紐有"芍"無"芍"，《七音略》此處即列"芍"字，《韻鏡》此處"芍"字恐爲"芍"字之訛。

圖三十二、《内轉第三十二合》

208. 誆，《廣韻》漾韻有"誆"小韻，居況切，見紐字，《集韻》漾韻也有"誆"小韻，古況切，也爲見紐字，韻圖此處將"誆"字列入群紐，與《廣韻》《集韻》均不合；

209. 臒，《廣韻》鐸韻影紐有"臒"小韻，烏郭切，未見"臒"字，《集韻》鐸韻也有"臒"小韻，屋郭切，影紐字，"臒""臒"二字爲異體字。

圖三十三、《外轉第三十三開》

210. 儜，《廣韻》庚韻無“儜”字，耕韻娘紐有“儜”小韻，女耕切，《集韻》與《廣韻》音同，韻圖耕韻娘紐已列“儜”字，此又列“儜”，小韻重複；

211. 郷，《廣韻》庚韻溪紐有“卿”小韻，去京切，《集韻》庚韻也有“卿”小韻，丘京切，韻圖“郷”字恐爲“卿”字之訛；

212. 迎，《廣韻》庚韻疑紐有“迎”小韻，語京切，《集韻》庚韻疑紐也有“迎”小韻，魚京切，依音應列三等，韻圖列四等恐誤；

213. 擰，《廣韻》梗韻娘紐有“檸”小韻，拏梗切，無“擰”字，《集韻》同此，韻圖“擰”字恐爲“檸”字之訛；

214. 井，《廣韻》靜韻精紐有“丼”小韻，子郢切，《集韻》靜韻“丼”“井”並列小韻首字，也注子郢切，“丼”“井”二字爲異體字；

215. 烹，《廣韻》敬韻無“烹”字，《集韻》映韻有“亨”小韻，普孟切，滂紐字，“烹”“亨”二字爲異體字，韻圖同此；

216. 栟，《廣韻》勁韻幫紐無“栟”字，有“摒”小韻，卑政切，“栟”爲清韻幫紐字，府盈切，《集韻》勁韻幫紐“摒”“拼”並列小韻首字，卑正切，韻圖“栟”字恐爲“拼”字之訛；

217. 拆，《廣韻》陌韻徹紐有“㨯”小韻，丑格切，《集韻》陌韻“㨯”“拆”並列小韻首字，恥格切，徹紐字，韻圖同此；

218. 磘，《廣韻》陌韻日紐無“磘”字，《集韻》陌韻有“磘”小韻，離宅切，來紐字，韻圖同此；

219. 戟，《廣韻》陌韻見紐有“戟”小韻，幾劇切，《集韻》陌韻寫作“戟”，訖逆切，見紐字，韻圖同此；

220. 隙，《廣韻》陌韻溪紐有“隙”小韻，綺戟切，《集韻》也作“隙”，乞逆切，“隙”“隙”二字爲異體字；

221. 劇，《廣韻》陌韻群紐有“劇”小韻，奇逆切，《集韻》陌韻群紐也有“劇”小韻，竭戟切，“劇”“劇”二字爲異體字；

222. 剔，《廣韻》昔韻無“剔”字，《集韻》昔韻透紐有“剔”小韻，土益切，韻圖同此。

圖三十四、《外轉第三十四合》

223. 營，《廣韻》庚韻喻紐有“榮”小韻，永兵切，清韻喻紐有“營”小韻，余傾切，《集韻》音韻地位同此，韻圖“營”“榮”兩字恐錯位；

224. 卄，《廣韻》梗韻匣紐無“卄”字，有“卝”小韻，呼晉切，“卄”爲腫韻見紐字，居悚切，《集韻》梗韻匣紐有"扗"小韻，胡猛切，韻圖同此；

225. 憬，《廣韻》梗韻有"憬"小韻，俱永切，見紐字，《集韻》梗韻"憬"字有兩音，一爲俱永切，見紐字，一爲孔永切，溪紐字，韻圖將"憬"字列入溪紐同此；

226. 夐，《廣韻》勁韻有"夐"小韻，休正切，曉紐字，《集韻》勁韻也有"夐"小韻，虛政切，亦爲曉紐字，《七音略》"夐"字即列曉紐，《韻鏡》此處"夐"字恐應列曉紐；

227. 䴏，《廣韻》昔韻未見"䴏"字，《集韻》昔韻也無"䴏"字，見紐有"鶪"小韻，工役切，《廣韻》"鶪"字爲錫韻見紐字，古闃切，"䴏""鶪"二字爲異體字；

228. 躩，《廣韻》昔韻無"躩"字，《集韻》昔韻溪紐有"躩"小韻，棄役切，韻圖同此；

229. 䴉，《廣韻》昔韻有"䴉"小韻，之役切，照紐三等字，《集韻》昔韻未見"䴉"字，韻圖恐應將"䴉"字列入三等。

圖三十五、《外轉第三十五開》

230. 撐，《廣韻》耕韻徹紐無"撐"字，《集韻》耕韻徹紐也無"撐"字，韻圖此處列"撐"字與《廣韻》《集韻》均不合；

231. 寧，《廣韻》青韻泥紐有"寧"小韻，奴丁切，《集韻》同此，"寧""寕"爲異體字；

232. 輕，《廣韻》青韻無"輕"字，清韻溪紐有"輕"小韻，去盈切，《集韻》音韻地位同此，韻圖清韻溪紐已列"輕"字，此又列"輕"，小韻重複；

233. 菁，《廣韻》青韻精紐無"菁"字，《集韻》青韻有"菁"小韻，子丁切，精紐字，韻圖同此；

234. 侹，《廣韻》迥韻透紐有"侹"字，他鼎切，無"侹"字，《集韻》迥韻也有"侹"字，他頂切，透紐字，韻圖"侹"字恐爲"侹"字之訛；

235. 跰，《廣韻》徑韻無"跰"字，《集韻》徑韻幫紐有"跰"小韻，壁暝切，韻圖同此；

236. 策，《廣韻》麥韻穿紐有"策"小韻，楚革切，《集韻》"策"字測革切，亦爲穿紐字，"策""筴"二字爲異體字；

237. 檘，《廣韻》昔韻無"檘"字，《集韻》昔韻並紐有"檘"小韻，平碧切，韻圖同此；

238. 䉥，《廣韻》昔韻無"䉥"字，《集韻》昔韻來紐有"䉥"小韻，令益切，韻圖同此；

239. 璧，《廣韻》錫韻無"璧"字，錫韻幫紐有"壁"小韻，北激切，《集韻》錫韻也有"壁"小韻，韻圖"璧"字恐爲"壁"字之誤；

240. 撽，《廣韻》錫韻匣紐有"檄"小韻，胡狄切，無"撽"字，《集韻》錫韻匣紐也有"檄"小韻，刑狄切，《韻鏡》此處"撽"字恐爲"檄"字之訛。

圖三十六、《外轉第三十六合》

241. 迥，《廣韻》迥韻匣紐有"迥"小韻，戶頂切，《集韻》迥韻也有"迥"小韻，戶茗切，"迥""逈"爲異體字；

242. 浤，《廣韻》静韻無"浤"字，"浤"爲映韻影紐字，烏横切，《集韻》静韻也無"浤"字，韻圖敬韻影紐二等已列"浤"字，此又列"浤"，小韻重複；

243. 調，《廣韻》徑韻溪紐無"調"字，《集韻》徑韻也無"調"字，韻圖此處列"調"字與《廣韻》《集韻》均不合；

244. 硵，《廣韻》麥韻溪紐無"硵"字，《集韻》麥韻"劃"小韻有"硵"字，口獲切，溪紐字，韻圖同此；

245. 趧，《廣韻》麥韻群紐有"趞"小韻，求獲切，《集韻》同此，麥韻、錫韻未見"趧"字，韻圖此處"趧"字恐爲"趞"字之訛；

246. 礰，《廣韻》麥韻、錫韻都無"礰"字，《集韻》錫韻"秡"小韻有"礰"字，狼狄切，來紐字，韻圖或同此，誤入二等；

247. 闃，《廣韻》錫韻溪紐有"闃"小韻，苦鶪切，《集韻》錫韻也有"闃"小韻，苦臭切，溪紐字，"闃""闃"爲異體字。

圖三十七、《内轉第三十七開》

248. 挑，《廣韻》侯韻端紐有"兜"小韻，當侯切，《集韻》同此，"兜""挑"爲異體字；

249. 鄹，《廣韻》侯韻從紐有"剧"小韻，徂鉤切，"鄹"屬尤韻"鄒"小韻，側鳩切，《集韻》侯韻亦未見"鄹"字，從紐有"剧"小韻，徂侯切，韻圖"鄹"字恐爲"剧"字之訛；

250. 搜，《廣韻》尤韻審紐有"搜"字，所鳩切，《集韻》尤韻有"搜"字，疎鳩切，審紐字，韻圖同此，"搜""搜"爲異體字；

251. 飍，《廣韻》"飍"爲尤韻滂紐字，匹尤切，《集韻》尤韻也有"飍"小韻，披尤切，韻圖恐應將"飍"字列入三等尤韻；

252. 淲，《廣韻》幽韻並紐有"淲"小韻，皮彪切，《集韻》幽韻"淲""淲"並列小韻首字，皮虯切，並紐字，"淲""淲"二字爲異體字；

253. 湊，《廣韻》有韻審紐無"湊"字，有"溲"小韻，疎有切，《集韻》有韻也有"溲"字，所九切，未見"湊"字，韻圖此處列"湊"字與《廣韻》《集韻》均不合；

254. 壽，《廣韻》有韻"壽"字屬"受"小韻，殖酉切，禪紐字，《集韻》同此，"壽"字是酉切，韻圖禪紐已列小韻首字"受"，此處又列"壽"字，小韻重出；

255. 咒，《廣韻》宥韻照紐有"呪"小韻，職救切，《集韻》同此，"呪""咒"爲異體字。

圖三十八、《内轉第三十八合》

256. 忱，《廣韻》侵韻有"忱"字，氏任切，禪紐字，屬"諶"小韻，《集韻》"忱"字音韻地位同此，韻圖禪紐已列小韻首字"諶"，此處又列"忱"字，小韻重出；

257. 磹，《廣韻》侵韻無"磹"字，《集韻》侵韻透紐有"磹"小韻，天心切，韻圖同此；

258. 潚，《廣韻》侵韻喻紐四等有"淫"小韻，餘針切，《集韻》侵韻"淫"字夷針切，也爲喻紐字，"潚""淫"爲異體字；

259. 頤，《廣韻》寑韻牀紐有"顊"小韻，士痒切，《集韻》同此，韻圖"頤"字恐爲"顊"字之訛；

260. 稟，《廣韻》寑韻幫紐有"稟"小韻，筆錦切，《集韻》同此，"稟""稟"爲異體字；

261. 廩，《廣韻》寑韻來紐有"廩"小韻，力稔切，《集韻》寑韻也有"廩"小韻，力錦切，"廩""廩"二字爲異體字；

262. 讖，《廣韻》沁韻穿紐有"讖"小韻，楚譖切，未見"讖"字，《集韻》同此，"讖""讖"爲異體字；

263. 斟，《廣韻》緝韻穿紐無"斟"字，有"斟"小韻，昌汁切，《集韻》緝韻也有"斟"小韻，叱入切，穿紐字，"斟"爲侵韻照紐字，依音不應置此，韻圖"斟"字恐爲"斟"字之誤；

264. 褶，《廣韻》緝韻無"褶"字，禪紐"十"小韻有"褶"字，是執切，與"褶"字形似，"褶"字恐爲"褶"字之訛，然韻圖禪紐已列小韻首字"十"，此處又列"褶"字，小韻重出。

圖三十九、《外轉第三十九開》

265. 兼，《廣韻》鹽韻無"兼"字，添韻見紐有"兼"小韻，古甜切，《集韻》音韻地位同，韻圖"兼"字依音當列四等添韻；

266. 襜，《廣韻》無"襜"字，鹽韻穿紐有"襜"小韻，處占切，《集韻》鹽韻穿紐也有"襜"小韻，蚩占切，韻圖"襜"字恐爲"襜"字之訛；

267. 婪，《廣韻》鹽韻有"婪"字，屬"覘"小韻，丑廉切，徹紐字，《集韻》鹽韻有"婪"小韻，火占切，曉紐字，韻圖同此；

268. 添，《廣韻》添韻透紐有"添"小韻，他兼切，《集韻》同此，韻圖"添"字恐爲"添"字之訛；

269. 鉗，《廣韻》添韻無"鉗"字，鹽韻群紐有"鉗"字，巨淹切，《集韻》同此，韻圖"鉗"字應列三等鹽韻；

270. 頷，《廣韻》感韻疑紐無"頷"字，有"顉"小韻，五感切，《集韻》感韻疑紐"顉""頷"並列小韻首字，注"五感切，'顉'或作'頷'"；

271. 壈，《廣韻》感韻來紐有"壈"小韻，盧感切，《集韻》同此，"壈""壈"爲異體字；

272. 顑，《廣韻》豏韻疑紐無"顑"字，《集韻》豏韻有"顑"小韻，五減切，韻圖同此；

273. 陜，《廣韻》琰韻審紐有"陜"小韻，失冉切，"陜"字爲洽韻匣紐字，侯夾切，

《韻鏡》《七音略》都選用"陜"字，據音韻地位來看，應選用"陜"字，二字差異甚微，此處混淆；

274. 鑡，《廣韻》琰韻無"鑡"字，忝韻匣紐有"鑡"小韻，胡忝切，《集韻》音韻地位同《廣韻》，韻圖恐應將"鑡"字列四等忝韻；

275. 歛，《廣韻》琰韻來紐有"斂"小韻，良冉切，《集韻》琰韻"斂"小韻力冉切，"斂""歛"爲異體字；

276. 點，《廣韻》忝韻端紐有"點"小韻，多忝切，《集韻》忝韻有"點"小韻，多忝切，韻圖同此，且"點""點"爲異體字；

277. 忝，《廣韻》忝韻透紐有"忝"小韻，他玷切，《集韻》忝韻"忝"字他點切，無"忝"字，韻圖"忝"字恐爲"忝"字之訛；

278. 苒，《廣韻》忝韻無"苒"字，"苒"爲琰韻日紐字，屬"冉"小韻，而琰切，《集韻》音韻地位同《廣韻》，韻圖琰韻已列小韻首字"冉"，此處又列"苒"，小韻重出；

279. 紺，《廣韻》勘韻見紐無"紺"字，有"紺"小韻，古暗切，《集韻》同此，韻圖"紺"字恐爲"紺"字之訛；

280. 暫，《廣韻》勘韻無"暫"字，《集韻》勘韻有"暫"小韻，俎紺切，韻圖同此；

281. 闞，《廣韻》陷韻無"闞"字，鑑韻曉紐有"闞"字，許諫切，屬"傲"小韻，《集韻》同此，韻圖鑑韻曉紐已列小韻首字"傲"，此又列"闞"，小韻重出；

282. 陷，《廣韻》陷韻匣紐有"陷"小韻，戶韽切，《集韻》陷韻也有"陷"小韻，乎韽切，"陷""陷"爲異體字；

283. 氎，《廣韻》洽韻無"氎"字，怗韻"牒"小韻有"氎"字，徒協切，定紐字，《集韻》怗韻"氎"字達協切，也屬"牒"小韻，韻圖定紐已列小韻首字"牒"，此處又列"氎"字，小韻重出；

284. 貶，《廣韻》洽韻無"貶"字，照紐有"眨"小韻，側洽切，《集韻》同《廣韻》，韻圖"貶"字恐爲"眨"字之訛；

285. 痍，《廣韻》葉韻溪紐無"痍"字，有"痆"小韻，去涉切，《集韻》同《廣韻》，韻圖"痍"字恐爲"痆"字之訛；

286. 倢，《廣韻》葉韻曉紐無"倢"字，《集韻》葉韻曉紐有"倢"小韻，虛涉切，韻圖同此；

287. 恊，《廣韻》怗韻匣紐有"協"小韻，胡頰切，《集韻》帖韻也有"協"字，檄頰切，"恊""協"爲異體字；

288. 妾，《廣韻》怗韻無"妾"字，葉韻清紐有"妾"小韻，七接切，《集韻》音韻地位同《廣韻》，韻圖葉韻已列"妾"小韻，此處又列"妾"字，小韻重複。

圖四十、《外轉第四十合》

289. 黕，《廣韻》談韻無"黕"字，《集韻》談韻影紐有"黕"小韻，鄔甘切，韻圖同此；

290. 鈙，《廣韻》嚴韻溪紐無"鈙"字，《集韻》嚴韻溪紐有"欦"小韻，丘嚴切，韻圖同此，《七音略》此處即列"欦"字，《韻鏡》此處"鈙"字恐爲"欦"字之訛；

291. 黔，《廣韻》嚴韻無"黔"字，《集韻》嚴韻群紐有"黔"小韻，其嚴切，韻圖同此；

292. 箈，《廣韻》嚴韻無"箈"字，談韻"談"小韻有"箈"字，徒甘切，定紐字，《集韻》談韻有"箈"小韻，市甘切，禪紐字，韻圖同此；

293. 笺，《廣韻》鹽韻無"笺"字，精紐"尖"小韻有"笺"字，子廉切，《集韻》鹽韻也有"笺"小韻，將廉切，韻圖"笺"字恐爲"笺"字之訛；

294. 瞻，《廣韻》敢韻端紐有"瞻"小韻，都敢切，"瞻"爲鹽韻照紐字，職廉切，《集韻》敢韻也有"瞻"小韻，覩敢切，"瞻"字在鹽韻，韻圖此處"瞻"字恐爲"瞻"字之訛；

295. 擔，《廣韻》闞韻"擔"字都濫切，端紐字，定紐有"憺"小韻，徒濫切，《集韻》同此，韻圖此處"擔"字恐爲"憺"字之誤；

296. 儳，《廣韻》鑑韻穿紐有"儳"小韻，楚鑑切，《集韻》鑑韻也有"儳"小韻，叉鑑切，穿紐字，"儳""儳"爲異體字；

297. 脅，《廣韻》釅韻曉紐有"脅"小韻，許欠切，《集韻》"脅，虛欠切"，《廣韻》和《集韻》都未見"脅"字，韻圖"脅"字恐爲"脅"字之訛；

298. 獫，《廣韻》釅韻無"獫"字，《集韻》驗韻來紐有"獫"小韻，力劍切，韻圖同此；

299. 踏，《廣韻》盍韻定紐有"蹋"小韻，徒盍切，《集韻》盍韻定紐也有"蹋"小韻，敵盍切，"蹋""踏"爲異體字；

300. 渫，《廣韻》狎韻澄紐有"渫"小韻，丈甲切，《集韻》狎韻"渫""渫"二字並列"霅"小韻，直甲切，澄紐字，韻圖同此；

301. 靹，《廣韻》業韻無"靹"字，怗韻心紐有"靹"小韻，先頰切，《集韻》"靹"字也入帖韻，悉協切，韻圖《外轉第三十九開》帖韻心紐已列同小韻"燮"字，此又列"靹"，小韻重出；

302. 挾，《廣韻》葉韻無"挾"字，怗韻匣紐有"挾"字，胡頰切，屬"協"小韻，《集韻》音韻地位同，韻圖《外轉第三十九開》帖韻已列小韻首字"協"，此又列"挾"字，小韻重出。

圖四十一、《外轉第四十一合》

303. 訉，《廣韻》凡韻無"訉"字，《集韻》凡韻"芝"小韻有"訉"字，甫凡切，幫紐字，韻圖此處列"訉"字同《集韻》，然滂紐又列小韻首字"芝"，小韻重出；

304. 瓊，《廣韻》凡韻微紐無“瓊”字，《集韻》凡韻微紐有“琝”小韻，亡凡切，韻圖此處“瓊”字恐爲“琝”字之誤；

305. 拑，《廣韻》範韻見紐無“拑”字，“拑”爲鹽韻群紐字，巨淹切，依音不應置此，《集韻》範韻群紐有“拑”小韻，極範切，韻圖或同此，應列群紐；

306. 顩，《廣韻》範韻疑紐無“顩”字，《集韻》亦無，韻圖此處列“顩”字與《廣韻》《集韻》均不合；

307. 莈，《廣韻》梵韻無“莈”字，《集韻》梵韻有“莈”小韻，亡梵切，微紐字，韻圖同此；

308. 貓，《廣韻》乏韻“貓”字丑法切，徹紐字，《集韻》“貓”字敕法切，亦爲徹紐字，《七音略》“貓”字即列入徹紐，《韻鏡》此處列知紐恐誤。

圖四十二、《內轉第四十二開》

309. 鼟，《廣韻》登韻透紐無“鼟”字，有“鼟”小韻，他登切，《集韻》登韻也無“鼟”字，透紐只有“鼟”小韻，他登切，《七音略》此處即列“鼟”，《韻鏡》此處“鼟”字恐爲“鼟”字之訛；

310. 朋，《廣韻》等韻無“朋”字，《集韻》等韻有“朋”小韻，步等切，並紐字，韻圖同此；

311. 噌，《廣韻》等韻無“噌”字，《集韻》等韻有“噌”小韻，子等切，精紐字，韻圖同此；

312. 倰，《廣韻》等韻無“倰”字，《集韻》等韻有“倰”小韻，朗等切，來紐字，韻圖同此；

313. 殑，《廣韻》拯韻“殑”字其拯切，群紐字，《集韻》同此，《七音略》即將“殑”字列入群紐，《韻鏡》此處將“殑”字列入溪紐恐誤；

314. 倗，《廣韻》嶝韻“倗”字父鄧切，滂紐字，《集韻》嶝韻“倗”字步鄧切，並紐字，韻圖同此；

315. 剩，《廣韻》證韻“剩”字實證切，牀紐字，屬“乘”小韻，《集韻》證韻無“剩”字，韻圖牀紐已列小韻首字“乘”，此又列“剩”，小韻重出；

316. 甑，《廣韻》證韻無“甑”字，《集韻》證韻有“甑”小韻，七孕切，清紐字，韻圖同此。

圖四十三、《內轉第四十三合》

317. 泓，《廣韻》登韻無“泓”字，《集韻》登韻有“泓”小韻，乙肱切，影紐字，韻圖同此。

3.2 《韻鏡》用字總結

《韻鏡》共收韻字 3893 個，其中 3576 字與《廣韻》相合，占比 91.86%，相合韻字中有 3119 字爲小韻首字，占比 87.24%。通過全面系統比較《韻鏡》與《廣韻》的用字情況，可以將二者韻字不合之處歸納如下：

1. 小韻不同：由於《韻鏡》中有些韻字所代表的小韻未收于《廣韻》，因此韻圖在排列這些小韻時所選用的代表字就不可能存在於《廣韻》中，導致《韻鏡》與《廣韻》產生用字差異。

如韻圖《內轉第四十二開》證韻清紐四等列"鶄"字，《廣韻》證韻清紐無字，故無"鶄"小韻，證韻各小韻下也未見"鶄"字，查《集韻》，可見證韻清紐有"鶄"小韻。此處韻圖與《廣韻》不合，是由於所收小韻不同所致。

2. 小韻重出：《韻鏡》中列入不同格子的韻字，有些在韻書中屬於同一個小韻，韻圖中則體現爲同一小韻有兩個代表字，這種情況稱爲小韻重出。

如韻圖《外轉第十八合》術韻群紐四等列"趉"字，《廣韻》術韻收"趉"字，屬"橘"小韻，居聿切，見紐字，《集韻》"趉"字也屬術韻"橘"小韻，訣律切，該圖見紐格子已列小韻首字"橘"，此處又列同小韻"趉"字，韻圖中收入了同一小韻的兩個代表字，小韻重出。

3. 小韻重複：《韻鏡》中有些小韻的代表字同時出現在不同的格子中，即一個韻字重複出現，稱之爲小韻重複。

如韻圖《外轉第二十一開》產韻幫紐二等列"版"字，《廣韻》產韻無"版"字，潸韻幫紐有"版"小韻，布綰切，《集韻》產韻幫紐也無"版"字，潸韻幫紐有"版"小韻，補綰切，韻圖潸韻幫紐已列小韻首字"版"，此處又列"版"字，小韻重複。

4. 音韻地位不同：《韻鏡》與《廣韻》雖然在某些小韻的選擇上相合，在小韻代表字的選用上也相合，但對於這些韻字的坐標設定有所差異，也就是說《韻鏡》在同一韻字的聲、韻、調、等的編排方面與《廣韻》有所不同，我們將其認定爲音韻地位不同。

如韻圖《外轉第十三開》祭韻曉紐列"緆"字，《廣韻》祭韻曉紐無"緆"字，"緆"字於罽切，依音當列影紐，《集韻》祭韻"緆"字於例切，也爲影紐字，韻圖列入曉紐與韻書不合，韻字的音韻地位不同。

5. 選用異體字：《韻鏡》在小韻代表字的選擇上存在選用異體字的情況。

如韻圖《內轉第四開合》支韻群紐三等列"奇"字，《廣韻》支韻群紐收入"奇"字，與韻圖字形不同，查《國學大師漢字寶典》可知，"奇""奇"二字爲異體字。

6. 韻字形訛:《韻鏡》中有些韻字在字形上存在一些問題, 通過查檢韻書和其他韻圖, 發現或許這些韻字系抄寫過程中出現了訛誤, 也可能是由於字形相近誤寫作他字。

如韻圖《内轉第四十二開》登韻透紐一等列"鼟"字,《廣韻》登韻透紐未見"鼟"字, 有"鼟"小韻, 他登切,《集韻》登韻透紐也有"鼟"小韻, 未見"鼟"字, 通過查看《七音略》, 發現此處列"鼟"字而不是"鼟"字, 可以推測《韻鏡》此處"鼟"字恐爲"鼟"字之訛。

4 《七音略》用字研究

4.1 《七音略》各韻圖用字研究

圖一、《内轉第一》

1. 偙，《廣韻》東韻無“偙”字，《集韻》東韻有“偙”小韻，樸蒙切，滂紐字，韻圖同此；

2. 樬，《廣韻》“樬”爲東韻清紐字，倉紅切，東韻心紐有“樬”小韻，蘇公切，《集韻》“樬”字麤叢切，亦爲清紐字，韻圖此處“樬”字恐爲“樬”字之誤；

3. 雜，《廣韻》東韻無“雜”字，《集韻》東韻有“雜”小韻，蟲工切，穿紐字，此處“雜”字恐爲“雜”字之訛，韻圖三等已列穿紐“充”字，此處又列“雜”字，小韻重出；

4. 蟲，《廣韻》東韻無“蟲”字，澄紐有“蟲”小韻，直弓切，《集韻》東韻有“蟲”無“蟲”，“蟲”爲送韻徹紐字，丑衆切，《韻鏡》《四聲等子》此處都列“蟲”字，韻圖“蟲”字恐爲“蟲”字之誤；

5. 硡，《廣韻》東韻影紐無“硡”字，《集韻》東韻影紐有“硡”小韻，於宮切，韻圖同此；

6. 毇，《廣韻》東韻曉紐無“毇”字，《集韻》東韻曉紐有“毇”小韻，火宮切，韻圖同此；

7. 雄，《廣韻》東韻“雄”字羽弓切，喻紐字，《集韻》東韻“雄”字胡弓切，匣紐字，韻圖同此；

8. 檶，《廣韻》董韻無“檶”字，有“菶”小韻，蒲蠓切，“檶”爲鍾韻敷紐字，敷容切，《集韻》同此，依音“檶”字不應置此，《韻鏡》《四聲等子》此處都列“菶”字，《七音略》“檶”字恐爲“菶”字之誤；

9. 溤，《廣韻》董韻疑紐無“溤”字，《集韻》董韻有“溤”小韻，吾翁切，疑紐字，韻圖同此；

10. 嵸，《廣韻》董韻從紐無"嵸"字，《集韻》董韻有"嵸"小韻，才總切，從紐字，韻圖同此；

11. 槰，《廣韻》送韻並紐無"槰"字，《集韻》送韻有"槰"小韻，菩貢切，並紐字，韻圖同此；

12. 幏，《廣韻》送韻明紐有"幏"小韻，莫弄切，《集韻》送韻"幏""幏"並列小韻首字，蒙弄切，"幏""幏"二字爲異體字；

13. 蠢，《廣韻》送韻無"蠢"字，《集韻》送韻有"蠢"小韻，丑眾切，徹紐字，韻圖同此；

14. 穀，《廣韻》屋韻"穀"爲匣紐字，胡穀切，《集韻》同此，韻圖恐誤將"穀"字列入曉紐；

15. 簇，《廣韻》屋韻牀紐無"簇"字，"簇"字千木切，清紐字，屬"瘯"小韻，《集韻》"簇"字亦注千木切，韻圖清紐已列小韻首字"瘯"，此處又列"簇"字，小韻重出；

16. 趜，《廣韻》屋韻溪紐無"趜"字，"趜"爲見紐字，居六切，屬"菊"小韻，《集韻》屋韻溪紐有"趜"字，丘六切，韻圖同此；

17. 孰，《廣韻》屋韻"孰"字殊六切，禪紐字，《集韻》"孰"字神六切，韻圖將禪紐字列入牀紐。

圖二、《内轉第二》

18. 峰，《廣韻》鍾韻敷紐有"峯"小韻，敷容切，"峰""峯"爲異體字；

19. 銎，《廣韻》鍾韻溪紐有"銎"小韻，曲恭切，《集韻》鍾韻也有"銎"小韻，丘恭切，韻圖此處"銎"字恐爲"銎"字之訛；

20. 蛩，《廣韻》鍾韻群紐有"蛩"小韻，渠容切，《集韻》鍾韻也有"蛩"小韻，渠容切，韻圖此處"蛩"字恐爲"蛩"字之訛；

21. 統，《廣韻》腫韻無"統"字，"統"爲宋韻透紐字，他綜切，《集韻》同此，韻圖此處列"統"字與《廣韻》《集韻》均不合；

22. 穠，《廣韻》腫韻無"穠"字，《集韻》腫韻泥紐有"穠"小韻，乃湩切，韻圖同此；

23. 桬，《廣韻》腫韻群紐無"桬"字，有"桬"小韻，渠隴切，《集韻》"桬"字巨勇切，腫韻群紐字，"桬"字渠容切，鍾韻群紐字，《四聲等子》《切韻指掌圖》此處都作"桬"，《七音略》此處"桬"字恐爲"桬"字之訛；

24. 尰，《廣韻》腫韻禪紐有"尰"小韻，時宂切，《集韻》腫韻禪紐有"尰"字，豎勇切，韻圖同此；

25. 樅，《廣韻》腫韻精紐無"樅"字，有"慫"小韻，子塚切，"樅"爲鍾韻清紐字，七恭切，依音不應置此，《集韻》腫韻精紐也有"樅"小韻，足勇切，《韻鏡》《切韻指掌圖》都列"樅"字，《七音略》此處"樅"字恐爲"樅"字之訛；

26. 緟，《廣韻》宋韻端紐無"緟"字，《集韻》宋韻也無"緟"字，端紐有"湩"小韻，冬宋切，韻圖此處列"緟"字與《廣韻》《集韻》均不合；

27. 癑，《廣韻》宋韻無"癑"字，《集韻》宋韻泥紐有"癑"小韻，奴宋切，韻圖同此；

28. 隆，《廣韻》宋韻無"隆"字，"隆"爲東韻來紐字，力中切，依音不應置此，《集韻》宋韻也無"隆"字，來紐有"礱"小韻，魯宋切，韻圖此處列"隆"字與《廣韻》《集韻》均不合；

29. 艨，《廣韻》用韻無"艨"字，《集韻》用韻有"艨"小韻，忙用切，韻圖同此；

30. 湩，《廣韻》用韻"湩"字竹用切，此爲類隔，韻圖依切列入三等；

31. 械，《廣韻》用韻無"械"字，娘紐有"抌"小韻，秋用切，《集韻》用韻有"抌"無"械"，韻圖"械"字恐爲"抌"字之訛；

32. 種，《廣韻》用韻無"種"字，《集韻》用韻"揰"小韻有"種"字，昌用切，穿紐字，韻圖同此；

33. 菖，《廣韻》沃韻滂紐無"菖"字，"菖"爲屋韻非紐字，方六切，依音不應置此，《集韻》沃韻滂紐有"尊"小韻，匹沃切，《韻鏡》此處即列"尊"，《七音略》此處列"菖"字與《廣韻》《集韻》均不合；

34. 儥，《廣韻》沃韻無"儥"字，《集韻》沃韻定紐有"儥"小韻，地篤切，韻圖同此，沃韻定紐已列"毒"字，此處將"儥"字列入相鄰格子；

35. 宗，《廣韻》沃韻無"宗"字，《集韻》沃韻從紐有"宗"小韻，才竺切，韻圖同此；

36. 媷，《廣韻》燭韻無"媷"字，《集韻》燭韻穿紐"媷"與"娗""婡"並列小韻首字，叉足切，韻圖同此；

37. 鷟，《廣韻》燭韻牀紐無字，《集韻》燭韻有"鷟"小韻，仕足切，牀紐字，韻圖同此；

38. 數，《廣韻》燭韻無"數"字，《集韻》燭韻審紐有"數"小韻，所録切，韻圖同此；

39. 娟，《廣韻》燭韻無"娟"字，《集韻》燭韻明紐有"娟"小韻，莫玉切，韻圖同此；

40. 溽，《廣韻》燭韻娘紐無字，"溽"爲日紐字，而蜀切，屬"辱"小韻，《集韻》燭韻娘紐有"傉"小韻，女足切，韻圖恐依《集韻》，"溽"字爲"傉"字之訛。

圖三、《外轉第三》：韻圖上聲韻目"絳"字恐脫落，當補。

41. 胮，《廣韻》江韻滂紐有"胮"小韻，匹江切，《集韻》"胮"字披江切，無"胮"字，按"胮"爲"胮"字之俗體；

42. 絜，《廣韻》講韻幫紐有"絜"小韻，巴講切，《集韻》講韻幫紐有"絜"小韻，補講切，"絜""絜"爲異體字；

43. 㻄，《廣韻》講韻滂紐無字，"㻄"字屬"講"小韻，古項切，《集韻》同此，講韻見紐已列"講"字，此又列"㻄"字，小韻重出；

44. 恾，《廣韻》講韻明紐有"伈"小韻，武項切，無"恾"字，《集韻》講韻也無"恾"字，有"伈"小韻，母項切，韻圖"恾"字恐爲"伈"字之誤；

45. 㺜，《廣韻》絳韻娘紐無"㺜"字，《集韻》絳韻有"㺜"小韻，尼降切，娘紐字，韻圖同此；

46. 戅，《廣韻》絳韻曉紐無"戅"字，知紐有"戅"小韻，陟降切，《集韻》絳韻曉紐有"贛"小韻，呼降切，韻圖"戅"字恐爲"贛"字之訛。

圖四、《內轉第四》

47. 麋，《廣韻》支韻明紐無"麋"字，有"縻"小韻，靡爲切，《集韻》音韻地位同，韻圖"麋"字恐爲"縻"字之誤；

48. 羈，《廣韻》支韻見紐有"羈"小韻，居宜切，《集韻》同此，"羈""羇"爲異體字；

49. 敧，《廣韻》支韻溪紐無"敧"字，有"崎"小韻，去奇切，《集韻》溪紐有"崎"無"敧"，"崎"字丘奇切，韻圖"敧"字恐爲"崎"字之訛；

50. 祇，《廣韻》支韻群紐有"祇"小韻，巨支切，"祇"爲脂韻照紐字，旨夷切，依音不應置此，《集韻》支韻有"祇"無"祇"，"祇"字翹移切，韻圖"祇"字恐爲"祇"字之訛；

51. 訑，《廣韻》支韻曉紐無"訑"字，有"詑"小韻，香支切，《集韻》支韻曉紐有"訑"小韻，亦注香支切，韻圖"訑"字恐爲"詑"字之訛；

52. 掎，《廣韻》紙韻見紐有"掎"小韻，居綺切，"掎"爲紙韻影紐字，於綺切，《集韻》"掎"字舉綺切，"掎"字隱綺切，韻圖"掎"字恐爲"掎"字之訛；

53. 倚，《廣韻》紙韻影紐有"倚"小韻，於綺切，《集韻》紙韻有"倚"小韻，隱綺切，亦爲影紐字，韻圖同《集韻》，"倚""倚"二字爲異體字；

54. 比，《廣韻》紙韻無"比"字，"比"爲旨韻幫紐字，屬"匕"小韻，《集韻》紙韻幫紐也無"比"字，韻圖旨韻幫紐已列小韻首字"匕"，此又列"比"，小韻重出；

55. 魅，《廣韻》寘韻明紐無"魅"字，"魅"爲至韻明紐字，明祕切，屬"郿"小韻，《集韻》同此，韻圖至韻明紐已列小韻首字"郿"，此又列"魅"，小韻重出。

56. 郊，《廣韻》寘韻穿紐有"刴"小韻，充豉切，《集韻》同此，未見"郊"字，韻圖"郊"恐爲"刴"字之訛；

57. 倚，《廣韻》寘韻影紐有"倚"小韻，於義切，《集韻》寘韻影紐有"倚"小韻，於義切，韻圖同《集韻》，且"倚""倚"二字爲異體字。

圖五、《内轉第五》

58. 衰，《廣韻》支韻審紐無"衰"字，支韻"衰"爲穿紐字，楚危切，《集韻》支韻穿紐也有"衰"小韻，韻圖誤將"衰"字列入審紐；

59. 萎，《廣韻》紙韻無"萎"字，《集韻》紙韻有"萎"小韻，女委切，娘紐字，韻圖列"萎"字據此，依音應列入娘紐三等；

60. 瘙，《廣韻》紙韻知紐無"瘙"字，有"掜"小韻，陟侈切，《集韻》紙韻也無"瘙"字，韻圖此處列"瘙"字與《廣韻》《集韻》均不合；

61. 孈，《廣韻》紙韻邪紐有"隨"小韻，隨婢切，《集韻》紙韻"隨""孈"並列小韻首字，直婢切，"隨""孈"二字爲異體字；

62. 庀，《廣韻》寘韻無"庀"字，《集韻》寘韻溪紐有"庀"小韻，丘僞切，韻圖同此；

63. 毇，《廣韻》寘韻無"毇"字，有"毀"小韻，況僞切，曉紐字，《集韻》同此，"毇""毀"二字爲異體字，韻圖"毇"字恐爲"毀"字之訛；

64. 諉，《廣韻》寘韻有"諉"小韻，女恚切，娘紐字，《集韻》同此，依音當列入娘紐三等，韻圖列見紐恐誤；

65. 睨，《廣韻》寘韻有"睨"小韻，規恚切，見紐字，《集韻》同此，"睨"字依音當列見紐。

圖六、《内轉第六》

66. 示，《廣韻》脂韻無"示"字，疑紐有"狋"小韻，牛肌切，"示"爲至韻牀紐字，神至切，依音不應置此，《集韻》脂韻有"狋"無"示"，韻圖"示"字恐爲"狋"字之誤；

67. 只，《廣韻》脂韻審紐有"尸"小韻，式之切，未見"只"字，《集韻》脂韻也有"屍"小韻，升脂切，亦無"只"字，韻圖"只"字恐爲"尸"字之訛；

68. 秭，《廣韻》旨韻"秭"字將幾切，精紐字，屬"姊"小韻，《集韻》"秭"字蔣兕切，亦爲精紐字，屬"姊"小韻，韻圖旨韻精紐四等已列"姊(韻圖作'姉')"字，此處又列"秭"字，小韻重出；

69. 錇，《廣韻》旨韻滂紐無"錇"字，有"嚭"小韻，匹鄙切，《集韻》同此，"嚭"字普鄙切，韻圖列"錇"字與《廣韻》《集韻》均不合；

70. 蕍，《廣韻》旨韻知紐無"蕍"字，有"黹"小韻，豬幾切，《集韻》旨韻知紐也有"黹"小韻，展幾切，無"蕍"字，韻圖列"蕍"字與《廣韻》《集韻》均不合；

71. 欵，《廣韻》旨韻影紐無"欵"字，有"欼"小韻，於幾切，《集韻》同此，"欵"字隱幾切，韻圖"歖"字恐爲"欯"字之訛；

72. 唏，《廣韻》旨韻無"唏"字，《集韻》旨韻曉紐有"唏"小韻，許幾切，韻圖同此；

73. 覆，《廣韻》旨韻來紐無"覆"字，有"履"小韻，力幾切，《集韻》旨韻來紐有"履"無"覆"，韻圖"覆"字恐爲"履"字之誤；

74. 姊，《廣韻》旨韻精紐有"姊"小韻，將幾切，《集韻》旨韻精紐也有"姉"小韻，蔣兕切，"姊""姉"二字爲異體字；

75. 痹，《廣韻》至韻幫紐有"痹"小韻，必至切，《集韻》同此，"痹""痹"二字爲異體字；

76. 蟿，《廣韻》至韻有"蟿"字，詰利切，溪紐字，屬"棄"小韻，《集韻》"棄"小韻也有"蟿"字，韻圖溪紐已列小韻代表字"弃"，此處又列"蟿"，小韻重出。

圖七、《内轉第七》

77. 嗺，《廣韻》脂韻精紐無"嗺"字，《集韻》脂韻有"嗺"小韻，遵綏切，精紐字，韻圖同此；

78. 嗺，《廣韻》脂韻從紐無"嗺"字，《集韻》脂韻從紐有"嗺"小韻，聚惟切，韻圖同此，"嗺"字恐爲"嗺"字之訛；

79. 綏，《廣韻》脂韻心紐無"綏"字，有"綏"小韻，息遺切，"綏"爲脂韻日紐字，儒佳切，依音不應置此，《集韻》脂韻"綏"字儒佳切，"綏"字宜佳切，韻圖"綏"字恐爲"綏"字之訛；

80. 蘂，《廣韻》旨韻日紐無"蘂"字，有"蕊"小韻，如壘切，《集韻》旨韻也無"蘂"字，"蕊""蘂"爲異體字；

81. 癸，《廣韻》至韻無"癸"字，"癸"爲旨韻見紐字，居誄切，《集韻》"癸"字也在旨韻，頸誄切，見紐字，韻圖恐應將"癸"字列入上聲旨韻；

82. 揆，《廣韻》至韻群紐無"揆"字，"揆"爲旨韻群紐字，求癸切，《集韻》"揆"字也在旨韻，巨癸切，群紐字，韻圖恐應將"揆"字列入上聲旨韻；

83. 欻，《廣韻》至韻無"欻"字，有"敠"小韻，楚愧切，穿紐字，《集韻》至韻也有"敠"小韻，楚類切，未見"欻"字，韻圖"欻"字恐爲"敠"字之訛；

84. 墜，《廣韻》至韻有"墜"小韻，直類切，澄紐字，《集韻》同此，韻圖恐應將"墜"字列入至韻澄紐三等；

85. 轛，《廣韻》"轛"爲至韻知紐字，追萃切，《集韻》同此，韻圖恐應列入去聲至韻；

86. 季，《廣韻》"季"爲至韻見紐字，居悸切，《集韻》同此，韻圖恐應列入去聲至韻；

87. 悸，《廣韻》"悸"爲至韻群紐字，其季切，《集韻》同此，韻圖恐應列入去聲至韻。

圖八、《內轉第八》

88. 茌，《廣韻》之韻牀紐有"茌"小韻，士之切，《集韻》之韻"茌""茌"並列小韻首字，仕之切，"茌"、"茌"爲異體字；

89. 剶，《廣韻》止韻穿紐有"剶"小韻，初紀切，《集韻》止韻穿紐也有"剶"小韻，測紀切，韻圖"剶"字恐爲"剶"字之訛；

90. 俟，《廣韻》止韻牀紐有"俟"小韻，牀史切，《集韻》同此，韻圖止韻牀紐已列同小韻"士"字，此處又列"俟"字，小韻重出；

91. 耻，《廣韻》止韻徹紐有"恥"小韻，敕里切，"耻""恥"爲異體字；

92. 你，《廣韻》止韻娘紐有"伱"小韻，乃裏切，《集韻》止韻娘紐有"你"小韻，亦注乃裏切，韻圖據此，"伱""你"爲異體字；

93. 㮋，《廣韻》止韻心紐無"㮋"字，有"枲"小韻，胥里切，《集韻》止韻心紐也有"枲"小韻，想止切，韻圖"㮋"字恐爲"枲"字之訛；

94. 厠，《廣韻》志韻穿紐有"廁"小韻，初吏切，《集韻》同此，"廁""厠"二字爲異體字；

95. 駛，《廣韻》志韻審紐有"駛"小韻，疎吏切，《集韻》志韻有"駛"小韻，也注疎吏切，韻圖"駛"字恐爲"駛"字之訛；

96. 子，《廣韻》志韻無"子"字，《集韻》志韻有"子"小韻，將吏切，精紐字，韻圖同此。

圖九、《內轉第九》

97. 稀，《廣韻》未韻無"稀"字，有"欷"小韻，許既切，《集韻》同此，韻圖此處列"稀"字與《廣韻》《集韻》均不合。

圖十、《內轉第十》

98. 烰，《廣韻》尾韻曉紐有"燬"小韻，許偉切，《集韻》尾韻也有"烰"字，栩鬼切，韻圖"烰"字恐爲"燬"字之訛；

99. 扉，《廣韻》未韻無"扉"字，奉紐有"屝"字，扶沸切，《集韻》"屝"字父沸切，"扉"爲微韻非紐字，甫微切，依音不應置此，韻圖"扉"字恐爲"屝"字之訛。

圖十一、《內轉第十一》

100. 菹，《廣韻》魚韻照紐有"菹"小韻，側魚切，《集韻》"菹"字臻魚切，魚韻照紐字，"菹""萡"爲異體字；

101. 楈，《廣韻》語韻影紐有"捬"小韻，於許切，"楈"爲御韻影紐字，依倨切，《集韻》語韻有"捬"無"楈"，"捬"字歐許切，韻圖"楈"字恐爲"捬"字之訛；

102. 眿，《廣韻》語韻清紐有"坡"小韻，七與切，無"眿"字，《集韻》語韻也有"坡"小韻，此與切，韻圖"眿"字恐爲"坡"字之訛；

103. 叙，《廣韻》語韻邪紐有"敍"小韻，徐呂切，《集韻》也作"敘"字，象呂切，"叙""敘"爲異體字；

104. 覰，《廣韻》御韻清紐有"覷"小韻，七慮切，《集韻》寫作"覻"，七慮切，"覰""覻"爲異體字；

105. 扆，《廣韻》御韻無"扆"字，有"序"小韻，徐預切，邪紐字，《韻鏡》此處列"序"字，《七音略》御韻邪紐"扆"字恐爲"序"字之訛。

圖十二、《内轉第十二》

106. 厨，《廣韻》虞韻澄紐有"廚"小韻，直誅切，《集韻》也作"厨"，重誅切，"厨""廚"爲異體字；

107. 簏，《廣韻》姥韻清紐有"蓝"小韻，采古切，無"簏"字，《集韻》姥韻也無"簏"字，《韻鏡》此處列"蓝"字，《七音略》"簏"字恐爲"蓝"字之訛；

108. 户，《廣韻》姥韻匣紐有"戶"小韻，侯古切，"戶""户"爲異體字；

109. 塢，《廣韻》姥韻有"塢"字，安古切，影紐字，《集韻》姥韻"塢"字於五切，也爲影紐字，韻圖誤將"塢"字列入喻紐；

110. 詡，《廣韻》麌韻有"詡"小韻，況羽切，曉紐字，《集韻》"詡"字火羽切，亦爲曉紐字，韻圖誤將"詡"字列影紐；

111. 趜，《廣韻》遇韻無"趜"字，"趜"爲虞韻清紐字，七逾切，《集韻》遇韻"娶"小韻有"趜"字，逡遇切，清紐字，韻圖清紐已列小韻首字"娶"，此處又列"趜"字，小韻重出；

112. 蕀，《廣韻》遇韻"蕀"字芻注切，穿紐字，《集韻》遇韻有"蕀"小韻，昌句切，穿紐字，韻圖同此；

113. 楝，《廣韻》遇韻審紐有"抹"小韻，色句切，"楝"小韻在燭韻，丑玉切，依音不應置此，《集韻》遇韻有"抹"無"楝"，"抹"字雙遇切，韻圖此處"楝"字恐爲"抹"字之訛；

114. 鬪，《廣韻》遇韻徹紐有"閏"小韻，丑注切，《集韻》同此，韻圖"鬪"字恐爲"閏"字之訛；

115. 墅，《廣韻》遇韻從紐有"埾"小韻，才句切，未見"墅"字，《集韻》遇韻"埾""墅"並列小韻首字，從遇切，韻圖或同此，"墅"字恐爲"埾"字之訛。

圖十三、《內轉第十三》：去聲韻目列"恠"字，爲"怪"之異體字。

116. 峕，《廣韻》咍韻日紐無"峕"字，《集韻》咍韻日紐有"芮"小韻，汝來切，韻圖"峕"字恐爲"芮"字之訛；

117. 頦，《廣韻》皆韻幫紐無"頦"字，《集韻》皆韻幫紐有"頦"小韻，蘖皆切，韻圖同此；

118. 崜，《廣韻》皆韻滂紐無"崜"字，《集韻》皆韻有"崜"小韻，匹埋切，滂紐字，韻圖同此；

119. 移，《廣韻》齊韻邪紐無"移"字，禪紐有"杤"小韻，成觿切，《集韻》同此，韻圖"移"字恐爲"杤"字之訛；

120. 愢，《廣韻》海韻無"愢"字，《集韻》海韻心紐有"愢"小韻，息改切，韻圖同此；

121. 駭，《廣韻》"駭"爲駭韻匣紐字，侯楷切，《集韻》"駭"字下楷切，亦爲匣紐字，韻圖誤將"駭"字列入曉紐；

122. 襰，《廣韻》駭韻來紐無"襰"字，《集韻》駭韻來紐有"攋"小韻，洛駭切，其下有"襰"字，韻圖"襰"字恐爲"襰"字之訛；

123. 垸，《廣韻》薺韻有"垸"小韻，研啟切，疑紐字，《集韻》"垸"字吾禮切，亦爲疑紐字，韻圖誤將"垸"字列入照紐；

124. 傒，《廣韻》薺韻有"傒"小韻，胡禮切，匣紐字，《集韻》"傒"字戶禮切，亦爲匣紐字，韻圖誤將"傒"字列入曉紐；

125. 瘥，《廣韻》怪韻穿紐無"瘥"字，卦韻穿紐有"瘥"字，屬"差"小韻，楚懈切，《集韻》怪韻也無"瘥"小韻，卦韻穿紐"瘥""差"並列小韻首字，韻圖卦韻已列"差"字，此處又列"瘥"字，小韻重出；

126. 傪，《廣韻》怪韻牀紐無字，《集韻》怪韻牀紐有"傪"小韻，才瘵切，韻圖同此，"傪"字恐爲"傪"字之訛；

127. 劓，《廣韻》祭韻疑紐無"劓"字，有"劓"小韻，牛例切，《集韻》祭韻"劓""劓"並列小韻首字，亦注牛例切，韻圖同此，"劓""劓"爲異體字；

128. 慧，《廣韻》祭韻曉紐無"慧"字，"慧"爲霽韻匣紐字，胡桂切，《集韻》同此，韻圖霽韻匣紐已列"薏"字，此又列"慧"字，小韻重出；

129. 媲，《廣韻》霽韻滂紐有"媲"小韻，匹詣切，《集韻》"媲"字匹計切，"媲""媲"爲異體字；

130. 碎，《廣韻》夬韻無"碎"字，"碎"爲隊韻心紐字，蘇內切，依音不應置此，夬韻清紐有"啐"小韻，倉夬切，《集韻》同此，韻圖"碎"字恐爲"啐"字之訛；

131. 戲,《廣韻》夬韻匣紐有"齂"小韻,何犗切,《集韻》夬韻也有"齂"小韻,何邁切,《韻鏡》此處即列"齂"字,《七音略》此處列"戲"字與《廣韻》《集韻》均不合。

圖十四、《外轉第十四》

132. 㦀,《廣韻》灰韻泥紐無"㦀"字,有"㦂"小韻,乃回切,《集韻》灰韻也有"㦂"字,奴回切,韻圖"㦀"字恐爲"㦂"字之訛;

133. 乖,《廣韻》皆韻見紐有"乖"小韻,古懷切,無"乖"字,《集韻》皆韻也有"乖"字,公懷切,《韻鏡》此處即列"乖"字,"乖"、"乖"爲異體字;

134. 鐓,《廣韻》賄韻定紐有"錞"小韻,徒猥切,《集韻》賄韻"錞""鐓"並列小韻首字,杜罪切,定紐字,韻圖同此,"鐓""錞"爲異體字;

135. 顗,《廣韻》賄韻有"顗"字,口猥切,溪紐字,屬"磈"小韻,《集韻》賄韻"顗"字也屬"磈"小韻,苦猥切,韻圖溪紐已列小韻首字"磈",此處又列"顗"字,小韻重出;

136. 啐,《廣韻》隊韻從紐無"啐"字,《集韻》隊韻有"啐"小韻,摧内切,從紐字,韻圖同此;

137. 隈,《廣韻》隊韻影紐無"隈"字,有"隗"小韻,烏繢切,《集韻》隊韻有"隈"小韻,烏潰切,"隈"爲"隗"字之俗體;

138. 竁,《廣韻》怪韻無"竁"字,"竁"爲祭韻清紐字,此芮切,屬"毳"小韻,《集韻》音韻地位同,韻圖已列小韻首字"毳",此又列"竁"字,小韻重出;

139. 瞶,《廣韻》祭韻疑紐無"瞶"字,"瞶"有兩音,一爲以醉切,至韻喻紐字,一爲居胃切,未韻見紐字,《集韻》祭韻亦無"瞶"字,《廣韻》怪韻疑紐有"聵"小韻,五怪切,《集韻》同此,《韻鏡》《四聲等子》怪韻疑紐都列"聵"字,《七音略》此處"瞶"字恐爲"聵"字之訛;

140. 衞,《廣韻》祭韻有"衞"小韻,于歲切,喻紐字,《集韻》也作"衛","衛""衞"爲異體字;

141. 揆,《廣韻》霽韻無"揆"字,"揆"爲旨韻群紐字,求癸切,《集韻》"揆"字也在旨韻,巨癸切,群紐字,依音"揆"字不應置此,《集韻》霽韻溪紐有"褉"小韻,睽桂切,韻圖"揆"字恐爲"褉"字之訛。

圖十五、《外轉第十五》

142. 杈,《廣韻》佳韻徹紐無"杈"字,有"扠"小韻,丑佳切,《集韻》佳韻也有"扠"小韻,攄佳切,《韻鏡》此處即列"扠"字,《七音略》此處"杈"字恐爲"扠"字之訛;

143. 鷹,《廣韻》蟹韻無"鷹"字,《集韻》蟹韻澄紐有"鷹"小韻,丈蟹切,韻圖同此;

144. 妳，《廣韻》蟹韻娘紐有"妳"字，奴蟹切，《集韻》蟹韻娘紐也有"妳"字，女蟹切，韻圖"妳"字恐爲"妳"字之訛；

145. 旆，《廣韻》泰韻並紐有"旆"小韻，蒲蓋切，《集韻》同此，"旆""斾"二字爲異體字；

146. 昧，《廣韻》泰韻無"昧"字，《集韻》泰韻明紐有"昧"字，莫貝切，韻圖同此；

147. 太，《廣韻》泰韻定紐有"大"小韻，徒蓋切，"太"爲泰韻透紐字，他蓋切，《集韻》同此，韻圖"太"字恐爲"大"字之誤；

148. 磕，《廣韻》泰韻溪紐有"磕"小韻，苦蓋切，《集韻》泰韻"磕""礚"並列小韻首字，丘蓋切，韻圖同此，"磕""礚"爲異體字；

149. 賴，《廣韻》泰韻來紐有"賴"小韻，落蓋切，《集韻》同此，"賴""頼"爲異體字；

150. 媞，《廣韻》卦韻無"媞"字，《集韻》卦韻端紐有"媞"小韻，得懈切，韻圖同此；

151. 曳，《廣韻》祭韻喻紐有"曳"小韻，餘製切，《集韻》祭韻也有"曳"小韻，以制切，"曳""曳"二字爲異體字。

圖十六、《外轉第十六》

152. 派，《廣韻》卦韻幫紐無"派"字，有"庍"小韻，方卦切，"派"爲卦韻滂紐字，匹卦切，《集韻》"派"字普卦切，也爲滂紐字，屬"辰"小韻，幫紐有"辰"小韻，卜卦切，韻圖"派"字恐爲"辰"字之誤；

153. 脑，《廣韻》卦韻知紐無"脑"字，《集韻》卦韻知紐有"脑"小韻，陟卦切，韻圖同此；

154. 啐，《廣韻》卦韻無"啐"字，夬韻有"啐"小韻，倉夬切，清紐字，《集韻》卦韻也無"啐"字，韻圖此處列"啐"字與《廣韻》《集韻》均不合；

155. 謞，《廣韻》卦韻有"謞"小韻，呼卦切，匣紐字，《集韻》同此，韻圖卦韻匣紐已列"畫"字，此處將"謞"字列入影紐；

156. 畫，《廣韻》卦韻匣紐有"畫"小韻，胡卦切，《集韻》同此，"畫""畵"二字爲異體字；

157. 歲，《廣韻》祭韻心紐有"歲"小韻，相銳切，《集韻》祭韻心紐也有"歲"小韻，須銳切，"歲"同"歲"。

圖十七、《外轉第十七》

158. 痕，《廣韻》"痕"字戶恩切，痕韻匣紐字，《集韻》"痕"字胡恩切，亦爲匣紐字，《韻鏡》《切韻指掌圖》"痕"字都列匣紐一等，《七音略》將"痕"字列入曉紐一等恐誤；

159. 趁，《廣韻》眞韻群紐無"趁"字，有"趣"小韻，渠人切，《集韻》同此，韻圖此處列"趁"字與《廣韻》《集韻》均不合；

160. 苓，《廣韻》眞韻無"苓"字，"苓"爲青韻來紐字，郎丁切，依音不應置此，《集韻》眞韻也無"苓"字，韻圖此處列"苓"字與《廣韻》《集韻》均不合；

161. 齓，《廣韻》隱韻穿紐有"齔"小韻，初謹切，《集韻》隱韻"齔"字初堇切，"齔"亦作"齓"，《集韻》準韻穿紐有"齓"小韻，楚引切，韻圖列"齓"字同此；

162. 駗，《廣韻》軫韻"駗"字章忍切，照紐字，屬"軫"小韻，韻圖照紐已列小韻首字"軫"，《集韻》"軫"小韻也有"駗"字，止忍切，另《集韻》準韻知紐有"駗"小韻，知忍切，韻圖或據此，當列準韻；

163. 臏，《廣韻》軫韻幫紐無"臏"字，《集韻》準韻有"臏"小韻，逋忍切，幫紐字，韻圖或據此，當列準韻；

164. 硃，《廣韻》軫韻無"硃"字，《集韻》準韻有"硃"小韻，匹忍切，滂紐字，韻圖或據此，字形有异；

165. 引，《廣韻》軫韻有"引"小韻，餘忍切，喻紐字，《集韻》準韻也有"引"小韻，以忍切，也爲喻紐字，韻圖誤將"引"字列入影紐；

166. 硍，《廣韻》恨韻溪紐無"硍"字，《集韻》恨韻有"硍"小韻，苦恨切，溪紐字，韻圖同此；

167. 阠，《廣韻》焮韻無"阠"字，"阠"爲震韻審紐字，試刃切，屬"呻"小韻，《集韻》同《廣韻》，韻圖震韻審紐已列小韻首字"呻"，此又列"阠"字，小韻重出；

168. 隱，《廣韻》震韻無"隱"字，"隱"爲焮韻影紐字，於靳切，依音當列二等焮韻，《集韻》稕韻影紐有"隱"小韻，於刃切，依音當列稕韻；

169. 硃，《廣韻》震韻滂紐有"朮"小韻，匹刃切，《集韻》稕韻有"朮"小韻，亦注匹刃切，"硃"爲準韻滂紐字，韻圖已列，此處又列"硃"字，小韻重複；

170. 遺，《廣韻》震韻並紐無"遺"字，《集韻》亦無"遺"字，韻圖此處列"遺"字與《廣韻》《集韻》均不合；

171. 愍，《廣韻》震韻無"愍"字，《集韻》稕韻有"愍"小韻，忙覲切，明紐字，韻圖同此；

172. 刌，《廣韻》櫛韻穿紐無"刌"字，《集韻》櫛韻穿紐有"刌"小韻，測乙切，韻圖同此；

173. 秩，《廣韻》質韻徹紐有"扶"小韻，丑栗切，無"秩"字，《集韻》質韻徹紐也有"扶"小韻，勅栗切，韻圖"秩"字恐爲"扶"字之訛；

174. 眤，《廣韻》質韻娘紐有"昵"小韻，尼質切，《集韻》同此，"眤""昵"爲異體字；

175. 颶，《廣韻》質韻無"颶"字，《集韻》質韻喻紐有"颶"小韻，越筆切，韻圖同此；

176. 昵，《廣韻》質韻泥紐無"昵"字，《集韻》質韻泥紐有"昵"小韻，乃吉切，韻圖或同此，"昵"字恐爲"昵"字之訛。

圖十八、《外轉第十八》

177. 昬，《廣韻》魂韻曉紐有"昏"小韻，呼昆切，《集韻》魂韻"昏""昬"並列小韻首字，亦注呼昆切，韻圖同此，"昏""昬"二字爲異體字；

178. 竣，《廣韻》諄韻照紐無"竣"字，《集韻》諄韻照紐有"竣"小韻，莊倫切，韻圖同此；

179. 憛，《廣韻》諄韻無"憛"字，《集韻》也無"憛"字，眞韻有"幨"小韻，測倫切，穿紐字，韻圖同此，"憛"字恐爲"幨"字之訛；

180. 脣，《廣韻》諄韻牀紐有"脣"小韻，食倫切，《集韻》諄韻"脣"小韻有"脣"字，船倫切，韻圖同此，"脣""脣"爲異體字；

181. 婼，《廣韻》諄韻審紐無"婼"字，《集韻》諄韻有"婼"小韻，式勻切，審紐字，韻圖同此；

182. 脣，《廣韻》諄韻從紐無"脣"字，有"鷷"小韻，昨旬切，《集韻》諄韻從紐亦無"脣"字，有"鷷"小韻，從倫切，《韻鏡》此處即列"鷷"字，《七音略》諄韻牀紐已列"脣"字，此處又列"脣"字，小韻重複；

183. 惀，《廣韻》混韻來紐無"惀"字，有"惀"小韻，盧本切，《集韻》混韻也無"惀"字，來紐有"惀"小韻，魯本切，韻圖"惀"字恐爲"惀"字之訛；

184. 蝽，《廣韻》準韻澄紐無"蝽"字，《集韻》準韻有"蝽"小韻，柱允切，澄紐字，韻圖同此；

185. 窘，《廣韻》準韻有"窘"小韻，渠殞切，群紐字，《集韻》準韻也有"窘"小韻，巨隕切，亦爲群紐字，《韻鏡》《四聲等子》"窘"字都列群紐，《七音略》將"窘"字列入見紐恐誤；

186. 稛，《廣韻》準韻無"稛"字，《集韻》準韻溪紐有"稛"小韻，苦殞切，韻圖同此；

187. 準，《廣韻》準韻有"準"小韻，之尹切，照紐字，《集韻》也作"準"，主尹切，"準""準"爲異體字；

188. 蹲，《廣韻》準韻清紐無"蹲"字，《集韻》準韻清紐有"蹲"小韻，趣允切，韻圖同此；

189. 惛，《廣韻》恩韻曉紐有"惛"小韻，呼悶切，《集韻》恩韻未見"惛（惛）"字，韻圖據《廣韻》，"惛""惛"二字爲異體字；

190. 順，《廣韻》稕韻有"順"小韻，食閏切，牀紐字，《集韻》稕韻也有"順"小韻，殊閏切，禪紐字，韻圖同此；

191. 閏，《廣韻》稕韻日紐有"閏"小韻，如順切，《集韻》稕韻日紐有"閏"小韻，儒順切，韻圖同此，"閏""閏"爲異體字；

192. 徇，《廣韻》稕韻影紐無"徇"字，"徇"爲稕韻邪紐字，辭閏切，《集韻》稕韻影紐亦無"徇"字，《韻鏡》《四聲等子》《切韻指掌圖》稕韻影紐都不列字，《七音略》稕韻邪紐已列"徇"字，此處又列"徇"字，小韻重複；

193. 齫，《廣韻》術韻穿紐無"齫"字，《集韻》櫛韻穿紐有"齫"字，測乙切，屬"刻"小韻，圖《外轉第十七》已列小韻首字"刻"，此處又列"齫"字，小韻重出；

194. 怵，《廣韻》術韻知紐無"怵"字，有"怵"小韻，竹律切，《集韻》同此，《韻鏡》《四聲等子》《切韻指掌圖》此處都列"怵"字，《七音略》"怵"字恐爲"怵"字之訛；

195. 述，《廣韻》術韻牀紐有"術"小韻，食聿切，"述"字屬"術"小韻，《集韻》同此，韻圖已列小韻首字"術"，此又列"述"，小韻重出；

196. 膭，《廣韻》術韻"膭"字居聿切，屬"橘"小韻，見紐字，術韻日紐無"膭"字，《集韻》"膭"字也屬"橘"小韻，訣律切，亦爲見紐字，韻圖已列小韻首字"橘"，此又列"膭"字，小韻重出；

197. 崛，《廣韻》術韻端紐無"崛"字，物韻有"崛"小韻，魚勿切，疑紐字，《集韻》術韻"崛"字之出切，照紐字，依音不應置此，《韻鏡》《四聲等子》《切韻指掌圖》術韻端紐都不列字，《七音略》此處列"崛"字與《廣韻》《集韻》均不合；

198. 苬，《廣韻》術韻無"苬"字，《集韻》術韻"苬"字屬"怵"小韻，竹律切，依音應列術韻知紐，韻圖知紐已列小韻首字"怵"，此處又列"苬"，小韻重出。

圖十九、《外轉第十九》

199. 近，《廣韻》隱韻"近"字屬"赾"小韻，丘謹切，溪紐字，《集韻》隱韻有"近"小韻，巨謹切，群紐字，韻圖同此。

圖二十、《外轉第二十》

200. 攟，《廣韻》吻韻無"攟"字，《集韻》隱韻有"攟"小韻，羣蘊切，見紐字，韻圖同此。

圖二十一、《外轉二十一》

201. 間，《廣韻》山韻見紐有"閒"小韻，古閑切，《集韻》也作"閒"，居閑切，"閒"

"間"爲異體字；

202. 版，《廣韻》產韻幫紐無"版"字，潸韻幫紐有"版"小韻，布綰切，《集韻》潸韻幫紐也有"版"小韻，補綰切，韻圖潸韻幫紐已列"版"字，此處又列"版"字，小韻重複；

203. 眅，《廣韻》產韻滂紐無"眅"字，《集韻》產韻滂紐有"盼"小韻，匹限切，韻圖此處列"眅"字與《廣韻》《集韻》均不合；

204. 簡，《廣韻》產韻見紐有"簡"小韻，古限切，未見"簡"字，《集韻》產韻有"簡"小韻，賈限切，韻圖同此，"簡""簡"爲異體字；

205. 冕，《廣韻》阮韻無"冕"字，《集韻》阮韻明紐有"冕"小韻，忙晚切，韻圖同此；

206. 賬，《廣韻》阮韻無"賬"字，《集韻》阮韻有"賬"小韻，丑攇切，徹紐字，韻圖同此；

207. 犍，《廣韻》阮韻見紐有"揵"字，居偃切，無"犍"字，《集韻》阮韻有"犍"字，紀偃切，見紐字，韻圖同此；

208. 言，《廣韻》阮韻溪紐有"言"小韻，去偃切，《集韻》同此，"言"爲元韻字，依音不應置此，此處"言"字恐爲"言"字之訛；

209. 言，《廣韻》阮韻疑紐有"言"小韻，語偃切，《集韻》同此，"言"爲元韻疑紐字，語軒切，此處"言"字恐爲"言"字之訛；

210. 褊，《廣韻》獮韻幫紐有"褊"小韻，方緬切，《集韻》獮韻有"褊"小韻，俾緬切，也爲幫紐字，"褊""褊"二字形體微異，韻圖同《集韻》；

211. 扁，《廣韻》獮韻滂紐無"扁"字，"扁"屬"楩"小韻，符善切，並紐字，《集韻》獮韻"扁"字也屬"楩"小韻，婢善切，韻圖已列小韻首字"楩"，此又列"扁"字，小韻重出；

212. 㳡，《廣韻》獮韻邪紐有"㳡"小韻，徐翦切，《集韻》獮韻寫作"㳡"，似淺切，韻圖同此；

213. 袒，《廣韻》襉韻澄紐有"袒"小韻，丈莧切，未見"袒"字，《集韻》襉韻澄紐也有"袒"小韻，直莧切，韻圖"袒"字恐爲"袒"字之訛；

214. 襉，《廣韻》襉韻見紐有"襉"小韻，古莧切，《集韻》襉韻亦作"襇"，居莧切，"襉""襇"爲異體字；

215. 㦷，《廣韻》襉、願、線韻均無"㦷"字，《集韻》線韻有"㦷"小韻，山箭切，審紐字，韻圖同此；

216. 虇，《廣韻》願韻溪紐無"虇"字，"虇"爲願韻疑紐字，屬"願"小韻，語堰切，《集韻》"虇"字也屬"願"小韻，牛堰切，韻圖疑紐已列小韻首字"願"，此處又列"虇"，小韻重出；

217. 健，《廣韻》願韻群紐有"健"小韻，渠建切，《集韻》也作"健"，"健""健"爲異體字；

218. 羨，《廣韻》線韻有"羨"小韻，似面切，邪紐字，《集韻》同此，"羨""羨"爲異體字；

219. 鑭，《廣韻》鎋韻無"鑭"字，《集韻》鎋韻有"鑭"小韻，槎鎋切，牀紐字，韻圖同此；

220. 輵，《廣韻》鎋韻影紐無"輵"字，有"鷁"小韻，乙鎋切，《集韻》同此，鎋韻未見"輵"字，韻圖此處列"輵"字與《廣韻》《集韻》均不合；

221. 嫳，《廣韻》薛韻並紐無"嫳"字，《集韻》薛韻"嫳"字便滅切，並紐字，韻圖同此；

222. 蠽，《廣韻》薛韻精紐有"蠽"小韻，姊列切，《集韻》薛韻也有"蠿"小韻，子列切，"蠽""蠿"二字爲異體字；

223. 詧，《廣韻》薛韻無"詧"字，《集韻》薛韻清紐有"詧"小韻，遷薛切，韻圖同此。

圖二十二、《外轉二十二》

224. 頑，《廣韻》山韻無"頑"字，《集韻》山韻疑紐有"頑"小韻，五鰥切，韻圖同此；

225. 嬽，《廣韻》山韻無"嬽"字，《集韻》山韻影紐有"嬽"小韻，透鰥切，韻圖同此；

226. 構，《廣韻》元韻微紐無"構"字，有"構"小韻，武元切，《集韻》元韻也有"構"小韻，模元切，未見"構"字，《韻鏡》列"構"，《七音略》此處"構"字恐爲"構"字之訛；

227. 變，《廣韻》阮韻見紐無"變"字，《集韻》阮韻見紐也無"變"字，有"臡"小韻，九遠切，其下列"卷"字，《韻鏡》《四聲等子》都據此列"卷"，《七音略》此處列"變"字與《廣韻》《集韻》均不合；

228. 琄，《廣韻》獮韻無"琄"字，"琄"爲銑韻匣紐字，胡畎切，《集韻》銑韻見紐有"琄"字，古泫切，韻圖同此；

229. 蕯，《廣韻》獮韻無"蕯"字，《集韻》獮韻"蕯"字屬"撰"小韻，鶵免切，牀紐字，韻圖同此；

230. 趡，《廣韻》阮韻"趡"字香兗切，屬"蝹"小韻，曉紐字，《集韻》阮韻"蝹"小韻也有"趡"字，馨兗切，韻圖曉紐已列小韻首字"蝹"，此處又列"趡"字，小韻重出；

231. 券，《廣韻》願韻溪紐有"券"小韻，去願切，未見"券"字，《集韻》願韻有"券"小韻，區願切，溪紐字，韻圖同此；

232. 泉，《廣韻》線韻從紐無"泉"字，《集韻》線韻有"泉"小韻，疾眷切，從紐字，韻圖同此；

233. 絶，《廣韻》薛韻從紐有“絕”小韻，情雪切，“絕”“絶”爲異體字。

圖二十三、《外轉二十三》

234. 脠，《廣韻》仙韻徹紐有“脡”小韻，丑延切，《集韻》仙韻徹紐也作“脡”字，抽延切，《韻鏡》此處即列“脡”，《七音略》“脠”字恐爲“脡”字之訛；

235. 妍，《廣韻》先韻疑紐有“妍”小韻，倪堅切，《集韻》同此，亦寫作“姸”，“妍”“姸”爲異體字；

236. 豻，《廣韻》旱韻疑紐無“豻”字，《集韻》翰韻有“豻”字，侯旰切，匣紐字，依音不應置此，韻圖此處列“豻”字與《廣韻》《集韻》均不合；

237. 瓚，《廣韻》旱韻從紐有“瓚”小韻，藏旱切，“瓚”“瓚”二字爲異體字；

238. 侒，《廣韻》旱韻、緩韻均無“侒”字，《集韻》緩韻有“侒”小韻，何侃切，按“侒”字應爲阿侃切①，韻圖同此；

239. 罕，《廣韻》旱韻曉紐無“罕”字，《集韻》旱韻有“罕”小韻，許旱切，曉紐字，韻圖同此；

240. 爛，《廣韻》旱韻來紐無“爛”字，“爛”爲翰韻來紐字，郎旰切，韻圖翰韻來紐已列“爛”字，此處又列“爛”字重複，《集韻》旱韻來紐亦無“爛”字，《廣韻》旱韻來紐有“爛”字，落旱切，與“爛”字形似，“爛”字恐爲“爛”字之訛；

241. 赧，《廣韻》潸韻娘紐有“赧”小韻，奴板切，《集韻》潸韻“赧”“赧”並列小韻首字，乃版切，韻圖同此；

242. 僩，《廣韻》潸韻匣紐有“僩”小韻，下赧切，“僩”“僴”二字爲異體字；

243. 繾，《廣韻》獮韻溪紐無“繾”字，《集韻》獮韻溪紐有“繾”小韻，起辇切，韻圖同此；

244. 放，《廣韻》獮韻“放”爲影紐字，於蹇切，《集韻》同此，韻圖將“放”字列入匣紐恐誤；

245. 蹨，《廣韻》獮韻日紐無“蹨”字，有“蹨”小韻，人善切，《集韻》獮韻也有“蹨”小韻，忍善切，無“蹨”字，韻圖此處列“蹨”字與《廣韻》《集韻》均不合；

246. 丏，《廣韻》銑韻無“丏”字，明紐有“丐”字，彌殄切，《集韻》銑韻明紐有“丏”小韻，亦注彌殄切，“丏”“丐”爲異體字；

247. 現，《廣韻》銑韻匣紐無“現”字，《集韻》銑韻有“現”小韻，胡典切，匣紐字，韻圖同此；

① 楊軍. 七音略校註[M]. 上海辭書出版社，2003：188.

248. 賛，《廣韻》翰韻精紐有"賛"小韻，則旰切，《集韻》換韻"賛""賛"並列小韻首字，則旰切，注"'賛'隸作'賛'"；

249. 繖，《廣韻》翰韻心紐無"繖"字，有"繖"小韻，蘇旰切，《集韻》換韻也有"繖"小韻，先旰切，韻圖"繖"字恐爲"繖"字之訛；

250. 婜，《廣韻》諫韻"婜"字屬"骭"小韻，下晏切，匣紐字，《集韻》同此，韻圖匣紐已列小韻首字"骭"，此處又列"婜"字，小韻重出；

251. 傿，《廣韻》線韻無"傿"字，《集韻》線韻有"傿"小韻，虔彥切，群紐字，韻圖同此；

252. 磹，《廣韻》線韻穿紐無"磹"字，有"硟"小韻，昌戰切，《集韻》線韻也有"硟"小韻，尺戰切，《韻鏡》《切韻指掌圖》都列"硟"，《七音略》此處"磹"字恐爲"硟"字之誤；

253. 麪，《廣韻》霰韻明紐有"麪"小韻，莫甸切，《集韻》霰韻明紐也有"麪"小韻，眠見切，"麪""麪"爲異體字；

254. 嚌，《廣韻》曷韻精紐無"嚌"字，《集韻》曷韻"鬢"小韻有"嚌"字，子末切，精紐字，韻圖同此；

255. 巀，《廣韻》曷韻從紐有"巀"小韻，才割切，《集韻》曷韻從紐也有"巀"小韻，才達切，"巀""巀"爲異體字；

256. 呾，《廣韻》黠韻知紐無字，"呾"爲曷韻端紐字，當割切，屬"怛"小韻，《集韻》黠韻知紐有"呾"小韻，膜軋切，韻圖同此；

257. 嚓，《廣韻》黠韻澄紐無"嚓"字，《集韻》黠韻有"嚓"小韻，宅軋切，澄紐字，韻圖同此；

258. 孽，《廣韻》薛韻疑紐有"孼"小韻，魚列切，《集韻》薛韻有"孽"小韻，亦作魚列切，韻圖同此，且"孼""孽"爲異體字；

259. 蓺，《廣韻》薛韻日紐無"蓺"字，有"熱"小韻，如列切，《韻鏡》《四聲等子》《切韻指掌圖》此處都列"熱"字，《七音略》"蓺"字恐爲"熱"字之誤；

260. 攕，《廣韻》屑韻從紐無"攕"字，《集韻》屑韻"截""攕"並列小韻首字，昨結切，從紐字，韻圖同此；

261. 旮，《廣韻》屑韻曉紐有"旮"小韻，虎結切，無"旮"字，《集韻》屑韻曉紐有"旮"小韻，顯結切，韻圖同此。

圖二十四、《外轉二十四》

262. 湪，《廣韻》桓韻泥紐有"渜"小韻，乃官切，《集韻》桓韻"湪""渜"並列小韻首字，奴官切，"湪""渜"爲異體字；

263. 寛，《廣韻》桓韻溪紐有“寬”小韻，苦官切，《集韻》也寫作“寬”，枯官切，“寬”“寛”爲異體字；

264. 鑽，《廣韻》桓韻精紐有“鑽”小韻，借官切，《集韻》寫作“鑽”，祖官切，韻圖同此，“鑽”“鑽”爲異體字；

265. 豿，《廣韻》桓韻清紐無字，《集韻》桓韻清紐有“爨”小韻，七丸切，其下“鋑”“穳”二字相鄰，“豿”字恐爲撰者之誤，將上一字聲旁與下一字形旁相拼而成，韻圖字形訛作“豿”；

266. 攢，《廣韻》桓韻從紐有“欑”小韻，在丸切，無“攢”字，《集韻》桓韻從紐也有“欑”小韻，徂丸切，韻圖“攢”字恐爲“欑”字之訛；

267. 扮，《廣韻》刪韻並紐無“扮”字，“扮”爲幫紐字，屬“班”小韻，布還切，《集韻》刪韻“扮”字亦爲幫紐字，韻圖已列小韻首字“班”，此又列“扮”，小韻重出；

268. 袀，《廣韻》刪韻牀紐無“袀”字，先韻牀紐有“狗”字，崇玄切，《集韻》同此，韻圖“袀”字恐爲“狗”字之訛；

269. 擐，《廣韻》刪韻審紐有“欑”小韻，數還切，《集韻》同此，韻圖“擐”字恐爲“欑”字之誤；

270. 𢜩，《廣韻》仙韻明紐無“𢜩”字，《集韻》仙韻有“𢜩”小韻，免員切，明紐字，韻圖同此；

271. 饌，《廣韻》仙韻徹紐無“饌”字，《集韻》仙韻有“饌”小韻，椿全切，徹紐字，韻圖同此；

272. 叛，《廣韻》緩韻幫紐無“叛”字，有“粄”小韻，博管切，“叛”爲換韻並紐字，薄半切，依音不應置此，《集韻》緩韻幫紐有“粄”無“叛”，《韻鏡》此處即列“粄”，《七音略》“叛”字恐爲“粄”字之訛；

273. 輐，《廣韻》緩韻疑紐無“輐”字，《集韻》緩韻疑紐有“輐”小韻，五管切，韻圖“輐”字恐爲“輐”字之訛；

274. 𪓐，《廣韻》緩韻清紐無“𪓐”字，《集韻》緩韻清紐有“𪓐”小韻，千短切，韻圖同此；

275. 鄹，《廣韻》緩韻“鄹”字辭纂切，邪紐字，《集韻》緩韻也有“鄹”小韻，緒纂切，亦爲邪紐字，韻圖誤將“鄹”字列入從紐；

276. 夘，《廣韻》緩韻來紐有“夘”小韻，盧管切，《集韻》也寫作“夘”，魯管切，韻圖“夘”字恐爲“夘”字之訛；

277. 蟤，《廣韻》獮韻照紐無“蟤”字，《集韻》獮韻照紐有“蟤”小韻，茁撰切，韻圖

同此；

278. 羼，《廣韻》獮韻無"羼"字，《集韻》獮韻審紐有"羼"字，式撰切，韻圖同此；

279. 瑑，《廣韻》獮韻徹紐無"瑑"字，《集韻》獮韻有"腞"小韻，敕轉切，徹紐字，韻圖"瑑"字恐爲"腞"字之訛；

280. 腰，《廣韻》獮韻娘紐無"腰"字，"腰"爲日紐字，而兗切，《集韻》獮韻"腰"字也爲日紐字，《韻鏡》《切韻指掌圖》此處均不列字，《七音略》娘紐列"腰"字與《廣韻》《集韻》均不合；

281. 宛，《廣韻》獮韻無"宛"字，《集韻》獮韻影紐有"宛"小韻，烏勉切，韻圖同此；

282. 腝，《廣韻》獮韻日紐有"腰"字，而兗切，《集韻》獮韻也有"腰"字，乳兗切，日紐字，"腰""腝"爲異體字；

283. 旋，《廣韻》銑韻心紐無"旋"字，《集韻》銑韻有"旋"小韻，信犬切，心紐字，韻圖同此；

284. 蜎，《廣韻》銑韻影紐無"蜎"字，《集韻》銑韻影紐有"蜎"小韻，於泫切，韻圖同此；

285. 叚，《廣韻》換韻定紐無"叚"字，有"段"小韻，徒玩切，《集韻》同此，韻圖列"叚"字與《廣韻》《集韻》均不合；

286. 鑕，《廣韻》換韻溪紐無"鑕"字，有"鏉"小韻，口喚切，《集韻》換韻也寫作"鏉"，苦喚切，《韻鏡》《切韻指掌圖》此處都列"鏉"，《七音略》"鑕"字恐爲"鏉"字之訛；

287. 竄，《廣韻》換韻清紐有"竄"小韻，七亂切，《集韻》換韻清紐寫作"爨"，取亂切，韻圖同此，"竄""爨"爲異體字；

288. 攢，《廣韻》換韻從紐有"攢"小韻，在玩切，《集韻》換韻從紐寫作"攢"，韻圖同此，"攢""攢"爲異體字；

289. 袢，《廣韻》諫韻無"袢"字，《集韻》亦無，《韻鏡》《四聲等子》此處都不列字，《七音略》列"袢"字與《廣韻》《集韻》均不合；

290. 襻，《廣韻》諫韻滂紐有"襻"小韻，普患切，《集韻》同此，韻圖"襻"恐爲"襻"字之訛；

291. 趏，《廣韻》諫韻無"趏"字，《集韻》諫韻有"趏"小韻，求患切，群紐字，韻圖同此；

292. 恮，《廣韻》諫韻無"恮"字，《集韻》線韻照紐有"恮"小韻，莊眷切，韻圖同此；

293. 饌，《廣韻》諫韻無"饌"字，"饌"爲線韻字，士戀切，穿紐二等字，韻圖依反切上字列二等；

294. 豫，《廣韻》線韻徹紐無"豫"字，有"猭"小韻，丑戀切，《集韻》線韻徹紐也有

"獿"小韻，寵戀切，"孿"爲影紐字，俞絹切，依音不應置此，韻圖列"孿"字與《廣韻》《集韻》均不合；

295. 挳，《廣韻》線韻牀紐無"挳"字，禪紐有"挳"小韻，時釧切，《集韻》線韻牀紐"挳"字船釧切，韻圖同此；

296. 綣，《廣韻》線韻審紐無"綣"字，"綣"爲澄紐字，直戀切，《集韻》線韻"綣"字規掾切，依音不應置此，審紐有"縛"小韻，升絹切，韻圖"綣"字恐爲"縛"字之誤；

297. 綻，《廣韻》霰韻無"綻"字，《集韻》霰韻有"綻"小韻，治見切，韻圖同此；

298. 騙，《廣韻》霰韻溪紐無"騙"字，《集韻》霰韻有"騙"小韻，犬縣切，溪紐字，韻圖同此；

299. 抐，《廣韻》末韻疑紐無"抐"字，有"枂"小韻，五活切，《集韻》末韻疑紐有"抐"小韻，亦注五活切，韻圖同此；

300. 刷，《廣韻》末韻無"刷"字，鎋韻審紐有"刷"小韻，數刮切，《集韻》"刷"小韻也在鎋韻，數滑切，審紐字，韻圖《外轉二十二》鎋韻已列"刷"字，此又列"刷"字，小韻重複；

301. 醉，《廣韻》黠韻無"醉"字，《集韻》薛韻有"醉"字，士列切，牀紐字，韻圖同此；

302. 昊，《廣韻》薛韻曉紐無"昊"字，有"昗"小韻，許劣切，《集韻》薛韻也有"昗"小韻，翾劣切，曉紐字，《韻鏡》此處即列"昗"，《七音略》"昊"字恐爲"昗"字之訛。

圖二十五、《外轉二十五》：韻圖列"霄"韻，《廣韻》《集韻》都作"宵"

303. 嚢，《廣韻》豪韻滂母有"橐"小韻，普袍切，無"嚢"字，《集韻》同此，韻圖"嚢"字恐爲"橐"字之誤；

304. 熝，《廣韻》豪韻影紐有"熝"小韻，於刀切，無"熝"字，《集韻》豪韻影紐有"熝"小韻，於刀切，韻圖同此；

305. 凋，《廣韻》肴韻知紐無"凋"字，"嘲"小韻有"啁"字，陟交切，《集韻》肴韻知紐有"啁"小韻，亦注陟交切，《韻鏡》此處列"啁"，《四聲等子》《切韻指掌圖》《經史正音切韻指南》此處都列"嘲"，《七音略》列"凋"字與《廣韻》《集韻》均不合；

306. 桃，《廣韻》肴韻澄紐無"桃"字，有"桃"小韻，直交切，《集韻》也作"桃"，除交切，《韻鏡》《四聲等子》《切韻指掌圖》都列"桃"字，《七音略》此處"桃"字恐爲"桃"字之誤；

307. 饒，《廣韻》肴韻娘紐有"鐃"小韻，女交切，"饒"爲宵韻日紐字，韻圖已列日紐，《集韻》肴韻娘紐有"鐃"無"饒"，此處"饒"字恐爲"鐃"字之誤；

308. 嫽，《廣韻》宵韻滂紐有"犥"小韻，撫招切，無"嫽"字，《集韻》宵韻"嫽"字彌遙切，明紐字，"犥"字紕招切，滂紐字，韻圖此處列"嫽"字與《廣韻》《集韻》均不合；

309. 嚻，《廣韻》宵韻曉紐有"鷐"小韻，許嬌切，《集韻》宵韻曉紐有"嚻"小韻，虛嬌切，韻圖同此，"鷐""嚻"爲異體字；

310. 遼，《廣韻》宵韻無"遼"字，"遼"爲蕭韻來紐字，屬"聊"小韻，落蕭切，《集韻》與《廣韻》音韻地位同，韻圖四等蕭韻已列小韻首字"聊"，此又列"遼"，小韻重出；

311. 嬈，《廣韻》蕭韻無"嬈"字，《集韻》蕭韻有"嬈"小韻，裹聊切，泥紐字，韻圖同此；

312. 么，《廣韻》蕭韻影紐有"幺"小韻，於堯切，《集韻》也作"幺"，伊堯切，"么""幺"爲異體字；

313. 臕，《廣韻》晧韻滂紐無"臕"字，"臕"爲宵韻幫紐字，甫嬌切，依音不應置此，《集韻》晧韻滂紐有"皫"小韻，滂保切，韻圖"臕"字恐爲"皫"字之誤；

314. 皓，《廣韻》晧韻匣紐有"晧"小韻，胡老切，《集韻》也作"晧"，下老切，"晧""皓"爲異體字；

315. 抓，《廣韻》巧韻徹紐無"抓"字，"抓"屬"爪"小韻，側絞切，照紐字，《集韻》同此，韻圖照紐已列小韻首字"爪"，此處又列"抓"字，小韻重出；

316. 遙，《廣韻》小韻溪紐無"遙"字，《集韻》小韻溪紐有"槗"小韻，袪矯切，亦無"遙"字，韻圖此處列"遙"字與《廣韻》《集韻》均不合；

317. 鱎，《廣韻》小韻疑紐無"鱎"字，《集韻》小韻疑紐有"鱎"字，魚小切，韻圖同此；

318. 磽，《廣韻》筱韻疑紐無"磽"字，《集韻》筱韻有"磽"小韻，倪了切，疑紐字，韻圖同此；

319. 犥，《廣韻》号韻滂紐無"犥"字，《集韻》号韻滂紐有"犥"小韻，匹到切，韻圖同此；

320. 韜，《廣韻》号韻透紐無"韜"字，《集韻》号韻透紐有"韜"小韻，叨號切，韻圖同此；

321. 道，《廣韻》号韻定紐無"道"字，有"導"小韻，徒到切，《集韻》"導""道"並列小韻首字，大到切，定紐字，韻圖同此；

322. 臑，《廣韻》号韻泥紐有"腝"小韻，那到切，《集韻》号韻有"臑"小韻，乃到切，泥紐字，韻圖同此，且"臑""腝"爲異體字；

323. 耗，《廣韻》号韻曉紐有"秏"小韻，呼到切，《集韻》也寫作"秏"，虛到切，"秏""耗"爲異體字；

324. 撓，《廣韻》效韻娘紐無"撓"字，有"橈"小韻，奴教切，《集韻》效韻娘紐也有"橈"小韻，女教切，無"撓"字，韻圖"撓"字恐爲"橈"字之訛；

325. 教，《廣韻》效韻見紐有"教"小韻，古孝切，《集韻》也作"敎"，居效切，"敎""教"爲異體字；

326. 膘，《廣韻》笑韻並紐無"膘"字，"膘"爲小韻字，有三音，分別爲苻少切、敷沼切、子小切，依音不應置此，《集韻》笑韻並紐亦無"膘"字，韻圖此處列"膘"字與《廣韻》《集韻》均不合；

327. 驕，《廣韻》笑韻見紐無"驕"字，《集韻》笑韻有"驕"小韻，嬌廟切，見紐字，韻圖同此；

328. 覤，《廣韻》笑韻穿紐無"覤"字，《集韻》笑韻穿紐有"覤"小韻，昌召切，韻圖同此；

329. 愽，《廣韻》鐸韻幫紐有"博"小韻，補各切，《集韻》也作"博"，伯各切，"愽""博"爲異體字；

330. 沰，《廣韻》鐸韻端紐無"沰"字，《集韻》鐸韻有"沰"小韻，當各切，端紐字，韻圖同此；

331. 戳，《廣韻》藥韻無"戳"字，《集韻》藥韻"斮""戳"並列小韻首字，側略切，照紐字，韻圖照紐已列"斮"字，此處又列"戳"字，小韻重出；

332. 轉，《廣韻》藥韻非紐無"轉"字，"轉"爲鐸韻並紐字，依音不應置此，《集韻》藥韻非紐有"轉"小韻，方縛切，韻圖"轉"字恐爲"轉"字之誤。

圖二十六、《外轉二十六》

333. 蛮，《廣韻》宵韻明紐有"蜱"小韻，彌遙切，《集韻》寫作"蛮"，亦注彌遙切，韻圖同此，"蛮""蜱"爲異體字；

334. 翹，《廣韻》宵韻疑紐無"翹"字，"翹"爲宵韻群紐字，渠遙切，《集韻》宵韻"翹"字祁堯切，亦爲群紐字，《韻鏡》《四聲等子》《切韻指掌圖》"翹"字都列群紐，《七音略》將"翹"字列疑紐恐誤；

335. 標，《廣韻》小韻幫紐無"標"字，有"褾"小韻，方小切，《集韻》小韻幫紐有"褾"無"標"，韻圖"標"字恐爲"褾"字之訛；

336. 獠，《廣韻》小韻疑紐無"獠"字，"獠"爲小韻並紐字，平表切，《集韻》小韻有"獠"小韻，巨小切，群紐字，韻圖同此，誤將"獠"字列疑紐；

337. 勦，《廣韻》小韻精紐有"勦"字，子小切，《集韻》小韻"剿"小韻有"勦"字，子小切，"勦""勦"爲異體字。

圖二十七、《内轉二十七》

338. 磋，《廣韻》歌韻"磋"字七何切，清紐字，屬"蹉"小韻，《集韻》"磋"字在戈韻，也屬"蹉"小韻，倉何切，韻圖清紐已列小韻首字"蹉"，此處又列"磋"字，小韻重出；

339. 柁，《廣韻》哿韻透紐無"柁"字，有"袉"小韻，吐可切，《集韻》哿韻透紐也有"袉"小韻，他可切，"柁"爲哿韻定紐字，《廣韻》徒可切，《集韻》待可切，依音不應置此，韻圖列"柁"字與《廣韻》《集韻》均不合；

340. 何，《廣韻》哿韻"何"字胡可切，匣紐字，溪紐有"可"小韻，枯我切，《集韻》哿韻"何"字下可切，也爲匣紐字，溪紐也有"可"小韻，口我切，《韻鏡》《四聲等子》《切韻指掌圖》此處都列"可"，《七音略》溪紐"何"字恐为"可"字之誤；

341. 髿，《廣韻》哿韻從紐無"髿"字，"髿"字千可切，清紐字，屬"瑳"小韻，《集韻》"髿"字此我切，也屬"瑳"小韻，清紐字，韻圖清紐已列小韻首字"瑳"，此處又列"髿"字，小韻重出；

342. 袉，《廣韻》箇韻透紐無"袉"字，有"拖"小韻，吐邏切，《集韻》箇韻也無"袉"字，《韻鏡》《切韻指掌圖》此處都列"拖"，《七音略》"袉"字恐爲"拖"字之訛。

圖二十八、《内轉二十八》

343. 除，《廣韻》戈韻端紐有"除"小韻，丁戈切，《集韻》戈韻端紐有"除"小韻，都戈切，韻圖同此；

344. 捼，《廣韻》戈韻泥紐無"捼"字，有"捼"小韻，奴禾切，《集韻》戈韻"捼""捼"並列小韻首字，也注奴禾切，韻圖同此，"捼""捼"爲異體字；

345. 吙，《廣韻》戈韻曉紐無"吙"字，《集韻》戈韻"吙"字呼胝切，曉紐字，韻圖同此；

346. 麽，《廣韻》果韻明紐有"麽"小韻，亡果切，《集韻》也作"麽"，母果切，"麽""麽"二字爲異體字；

347. 娿，《廣韻》果韻泥紐有"娿"小韻，奴果切，《集韻》果韻泥紐有"娿"小韻，努果切，韻圖同此；

348. 掋，《廣韻》果韻疑紐無"掋"字，有"娿"小韻，五果切，《集韻》果韻疑紐有"娿"小韻，五果切，其下有"掋"字，韻圖列"掋"字與《廣韻》《集韻》均不合；

349. 鏁，《廣韻》果韻無"鏁"字，心紐有"鎖"小韻，蘇果切，《集韻》果韻心紐"鎖""鏁"並列"貟"小韻，損果切，注"'鎖'或作'鏁'"，"鎖""鏁"二字爲異體字；

350. 腂，《廣韻》果韻影紐無"腂"字，有"媠"小韻，烏果切，《集韻》"腂"字戶瓦切，馬韻匣紐字，依音不應置此，果韻影紐有“婐”小韻，烏果切，《韻鏡》《四聲等子》《切韻指掌圖》此處都列“婐”，《七音略》列“腂”字與《廣韻》《集韻》均不合；

351. 愞，《廣韻》過韻泥紐有“愞”小韻，乃臥切，《集韻》過韻泥紐“愞”“懦”並列小韻首字，奴臥切，韻圖同此，“愞”“懦”爲異體字；

352. 臊，《廣韻》過韻心紐有“脧”小韻，先臥切，無“臊”字，《集韻》同此，《韻鏡》《四聲等子》都作“脧”，《七音略》此處列“臊”字與《廣韻》《集韻》均不合。

圖二十九、《外轉二十九》

353. 儸，《廣韻》麻韻來紐無“儸”字，《集韻》麻韻有“儸”小韻，利遮切，來紐字，韻圖同此；

354. 磋，《廣韻》麻韻無“磋”字，《集韻》麻韻有“磋”小韻，七邪切，清紐字，韻圖同此；

355. 查，《廣韻》麻韻從紐無“查”字，有“査”小韻，才邪切，《集韻》同此，《韻鏡》《四聲等子》《切韻指掌圖》均作“査”，《七音略》此處“查”字恐爲“査”字之訛；

356. 跦，《廣韻》馬韻澄紐無“跦”字，《集韻》馬韻澄紐有“跠”小韻，宅下切，韻圖“跦”字恐爲“跠”字之訛；

357. 笯，《廣韻》馬韻無“笯”字，《集韻》馬韻有“笯”小韻，初雅切，穿紐字，韻圖同此；

358. 藞，《廣韻》馬韻來紐有“藞”小韻，盧下切，“藥”爲藥韻喻紐字，以灼切，依音不應置此，《集韻》馬韻也有“藞”小韻，呂下切，韻圖此處“藥”字恐爲“藞”字之訛；

359. 担，《廣韻》馬韻從紐無“担”字，《集韻》馬韻從紐有“担”字，慈野切，“担”字諸讀音中未見馬韻從紐讀音，韻圖此處列“担”字恐誤，《韻鏡》據《集韻》列“担”字，《七音略》此處“担”字恐爲“担”字之誤；

360. 把，《廣韻》禡韻無“把”字，並紐“肥”小韻有“杷”字，白駕切，《集韻》並紐有“杷”小韻，步化切，《四聲等子》《切韻指掌圖》都列“杷”，《七音略》此處“把”字恐爲“杷”字之訛；

361. 扠，《廣韻》禡韻穿紐無“扠”字，《集韻》禡韻“杈”字楚嫁切，穿紐字，《韻鏡》此處不列字，《七音略》此處恐據《集韻》，“扠”爲“杈”字之訛。

圖三十、《外轉三十》

362. 睉，《廣韻》麻韻照紐無“睉”字，《集韻》亦無，《韻鏡》《四聲等子》《切韻指掌圖》此處都列“髽”字，《廣韻》“髽”字莊華切，麻韻照紐字，《集韻》同此，《七音略》此處列"睉"字與《廣韻》《集韻》均不合；

363. 稱，《廣韻》馬韻徹紐無"稱"字，有"䅻"小韻，丑寡切，《集韻》同此，《四聲等子》即列"䅻"字，《韻鏡》《切韻指掌圖》《經史正音切韻指南》都訛作"䅻"，《七音略》此處列"稱"字與《廣韻》《集韻》均不合；

364. 揥，《廣韻》馬韻無"揥"字，《集韻》馬韻有"揥"小韻，烏瓦切，影紐字，韻圖同此。

圖三十一、《外轉三十一》

365. 攕，《廣韻》咸韻審紐有"攕"小韻，所咸切，"攕""攕"爲異體字；

366. 揞，《廣韻》咸韻影紐無"揞"字，有"揞"小韻，乙咸切，《集韻》咸韻影紐也有"揞"小韻，於咸切，《韻鏡》《四聲等子》此處即列"揞"，《七音略》"揞"字恐爲"揞"字之訛；

367. 燖，《廣韻》鹽韻溪紐無"燖"字，有"憸"小韻，丘廉切，《集韻》同此，韻圖"燖"字恐爲"憸"字之誤；

368. 嫌，《廣韻》鹽韻無"嫌"字，"嫌"爲添韻匣紐字，戶兼切，《集韻》添韻匣紐有"嫌"小韻，賢兼切，依音應列四等添韻；

369. 喊，《廣韻》感韻無"喊"字，豏韻曉紐有"喊"小韻，呼豏切，《集韻》感韻曉紐有"喊"字，虎感切，韻圖同此；

370. 壈，《廣韻》感韻來紐有"壈"小韻，盧感切，《集韻》同此，"壈""壈"爲異體字；

371. 顲，《廣韻》豏韻疑紐無"顲"字，《集韻》豏韻疑紐有"顲"小韻，五減切，韻圖同此；

372. 醶，《廣韻》豏韻穿紐有"醶"字，初減切，《集韻》同此，"醶""醶"爲異體字；

373. 巉，《廣韻》豏韻牀紐無"巉"字，有"瀺"小韻，士減切，《集韻》豏韻牀紐有"巉"字，士減切，屬"瀺"小韻，韻圖同此；

374. 㖏，《廣韻》琰韻無"㖏"字，忝韻明紐有"㖏"小韻，明忝切，《集韻》音韻地位同，韻圖恐應將"㖏"字列四等忝韻；

375. 謟，《廣韻》琰韻徹紐有"謟"小韻，丑琰切，"謟"爲豪韻透紐字，土刀切，依音不應置此，《集韻》同此，韻圖"謟"字恐爲"謟"字之誤；

376. 陝，《廣韻》琰韻審紐有"陝"小韻，失冉切，"陝"爲洽韻匣紐字，侯夾切，依音不應置此，韻圖"陝"字恐爲"陝"字之訛；

377. 斂，《廣韻》琰韻來紐有"斂"小韻，良冉切，《集韻》琰韻來紐也有"斂"小韻，力冉切，"斂""斂"爲異體字；

378. 點，《廣韻》忝韻端紐有"點"小韻，多忝切，《集韻》寫作"點"，多忝切，韻圖同此，且"點""點"爲異體字；

379. 顩，《廣韻》忝韻無"顩"字，琰韻疑紐有"顩"小韻，魚檢切，《集韻》忝韻亦無"顩"字，韻圖應將"顩"字列三等琰韻；

380. 賺，《廣韻》陷韻無"賺"字，《集韻》陷韻有"賺"小韻，直陷切，澄紐字，韻圖同此；

381. 陷，《廣韻》陷韻匣紐有"陷"小韻，戶韽切，《集韻》陷韻匣紐有"陷"小韻，乎韽切，"陷""陷"爲異體字；

382. 榼，《廣韻》合韻無"榼"字，盍韻溪紐有"榼"小韻，苦盍切，《集韻》盍韻也有"榼"小韻，克盍切，韻圖盍韻溪紐已列"榼"字，此又列"榼"，小韻重複；

383. 睦，《廣韻》合韻無"睦"字，洽韻疑紐有"睦"小韻，五夾切，《集韻》同，韻圖將"睦"字列合韻與《廣韻》《集韻》均不合；

384. 匝，《廣韻》合韻精紐有"迊"字，子荅切，《集韻》合韻精紐有"迊"小韻，作荅切，"匝""迊"爲異體字；

385. 盠，《廣韻》洽韻徹紐無"盠"字，有"盠"小韻，丑図切，《集韻》"盠"字餘廉切，鹽韻喻紐字，韻圖此處列"盠"字與《廣韻》《集韻》均不合；

386. 笝，《廣韻》洽韻娘紐無"笝"字，《集韻》洽韻有"笝"字，昵洽切，娘紐字，韻圖同此；

387. 痆，《廣韻》洽韻疑紐無"痆"字，"痆"爲葉韻溪紐字，去涉切，《集韻》同此，韻圖將"痆"字列洽韻與《廣韻》《集韻》均不合；

388. 貶，《廣韻》洽韻照紐無"貶"字，有"貶"小韻，側洽切，《集韻》同此，韻圖"貶"恐爲"貶"字之訛；

389. 欶，《廣韻》洽韻審紐有"欶"字，山洽切，《集韻》洽韻審紐有"歃"小韻，色洽切，"欶""歃"爲異體字；

390. 燮，《廣韻》怗韻心紐有"燮"小韻，蘇協切，《集韻》帖韻有"燮"小韻，悉協切，"燮""燮"爲異體字；

391. 恊，《廣韻》怗韻匣紐有"協"小韻，胡頰切，《集韻》帖韻也有"協"字，檄頰切，"恊""協"爲異體字。

圖三十二、《外轉三十二》

392. 蚦，《廣韻》談韻透紐無"蚦"字，有"舑"小韻，他酣切，《集韻》談韻也有"舑"小韻，他甘切，《韻鏡》《切韻指掌圖》此處都列"舑"，《七音略》"蚦"字恐爲"舑"字之誤；

393. 鑯，《廣韻》鹽韻精紐無"鑯"字，有"尖"小韻，子廉切，"鑯"爲談韻從紐字，昨甘切，屬"慙"小韻，《集韻》鹽韻精紐也無"鑯"字，《韻鏡》據《集韻》列"笅"字，《切韻指掌圖》列"尖"，《七音略》此處列"鑯"字與《廣韻》《集韻》均不合；

394. 憯，《廣韻》敢韻"憯"字子敢切，精紐字，從紐有"槧"小韻，才敢切，《集韻》同此，韻圖恐應將"憯"字列入精紐，從紐當列"槧"字；

395. 嶃，《廣韻》檻韻牀紐無"嶃"字，《集韻》檻韻牀紐有"嶃"小韻，仕檻切，韻圖同此；

396. 黤，《廣韻》檻韻影紐無"黤"字，有"黤"小韻，於檻切，《集韻》同此，《韻鏡》此處即列"黤"，《七音略》"黤"字恐爲"黤"字之誤；

397. 槧，《廣韻》琰韻清紐無"槧"字，"槧"爲琰韻從紐字，慈染切，屬"漸"小韻，《集韻》同此，韻圖從紐已列小韻首字"漸"，此處又列"槧"字，小韻重出；

398. 憸，《廣韻》琰韻心紐無"憸"字，"憸"爲琰韻清紐字，七漸切，《集韻》同此，韻圖將"憸"字列心紐恐誤；

399. 黤，《廣韻》琰韻無"黤"字，《集韻》琰韻影紐有"黤"字，於琰切，韻圖同此；

400. 懺，《廣韻》鑑韻穿紐有"懺"小韻，楚鑒切，《集韻》也作"懴"，又鑑切，"懺""懴"爲異體字；

401. 曅，《廣韻》盍韻疑紐有"曅"字，五盍切，"曅"字同"曄"，筠輒切，葉韻喻紐字，《集韻》"曄"字域輒切，韻圖此處列"曅"字不當，"曅"字恐爲"曅"字之訛；

402. 顑，《廣韻》盍韻曉紐有"歙"小韻，呼盍切，"顑"爲盍韻見紐字，古盍切，《集韻》盍韻"顑"字谷盍切，曉紐有"歙"小韻，黑盍切，韻圖見紐已列"顑"字，此處又列"顑"字，小韻重複；

403. 囃，《廣韻》狎韻穿紐無"囃"字，"囃"爲盍韻清紐字，倉雜切，《集韻》"囃"字七盍切，韻圖盍韻已列此字，狎韻又列"囃"字，小韻重複；

404. 渫，《廣韻》狎韻牀紐無"渫"字，洽韻牀紐有"渫"字，士洽切，依音不應置此，《集韻》狎韻"渫"字直甲切，澄紐字，屬"霅"小韻，韻圖狎韻澄紐已列小韻首字"霅"，此又列"渫"字，小韻重出；

405. 讋，《廣韻》業韻照紐無"讋"字，"讋"爲盍韻照紐字，章盍切，《集韻》同此，韻圖依反切上字列三等。

圖三十三、《外轉三十三》

406. 腏，《廣韻》范韻非紐有"腏"小韻，府犯切，《集韻》"腏"字補範切，未見"腏"字，韻圖列"腏"字與《廣韻》《集韻》均不合；

407. 儑，《廣韻》范韻徹紐無“儑”字，有“儑”小韻，丑犯切，《集韻》寫作“儑”，亦注丑犯切，韻圖同此，“儑”“儑”爲異體字；

408. 扏，《廣韻》范韻見紐無字，“扏”爲溪紐字，屬“凵”小韻，丘犯切，韻圖已列小韻首字“凵”，此又列“扏”字，小韻重出；

409. 丩，《廣韻》范韻溪紐有“凵”小韻，丘犯切，《集韻》範韻也有“凵”小韻，口犯切，溪紐字，韻圖此處“丩”字恐爲“凵”字之誤；

410. 菱，《廣韻》梵韻微紐無“菱”字，《集韻》梵韻有“菱”小韻，亡梵切，微紐字，韻圖同此。

圖三十四、《內轉三十四》

411. 蚢，《廣韻》唐韻曉紐無“蚢”字，有“炕”小韻，呼郎切，“蚢”字胡郎切，匣紐字，《集韻》唐韻曉紐有“炕”無“蚢”，韻圖此處列“蚢”字與《廣韻》《集韻》均不合；

412. 孃，《廣韻》養韻娘紐無“孃”字，《集韻》“孃”字汝兩切，日紐字，屬“壤”小韻，韻圖同此，日紐已列“壤”字，此又列“孃”，小韻重出；

413. 硣，《廣韻》養韻溪紐無“硣”字，《集韻》養韻有“硣”小韻，丘仰切，溪紐字，韻圖同此；

414. 強，《廣韻》養韻群紐無“強”字，《集韻》養韻有“強”小韻，巨兩切，群紐字，韻圖同此；

415. 眽，《廣韻》宕韻滂紐無“眽”字，《集韻》宕韻滂紐有“胅”小韻，滂謗切，韻圖“眽”字恐爲“胅”字之訛；

416. 槍，《廣韻》宕韻清紐無“槍”字，“槍”爲陽韻清紐字，七羊切，依音不應置此，《集韻》宕韻清紐有“穄”小韻，七浪切，《韻鏡》此處亦列“穄”，《七音略》“槍”字恐爲“穄”字之誤；

417. 刱，《廣韻》漾韻穿紐有“刱”小韻，初亮切，《集韻》也作“刱”，楚亮切，韻圖“刱”字恐爲“刱”字之訛；

418. 潲，《廣韻》漾韻无“潲”字，《集韻》漾韻審紐有“潲”字，色壯切，韻圖同此；

419. 悵，《廣韻》漾韻知紐無“悵”字，“悵”爲漾韻徹紐字，丑亮切，《集韻》同此，韻圖恐將“悵”“帳”二字位置顛倒；

420. 帳，《廣韻》漾韻徹紐無“帳”字，“帳”爲漾韻知紐字，知亮切，《集韻》同此，韻圖恐誤將“帳”字列徹紐；

421. 彊，《廣韻》漾韻見紐有“彊”小韻，居亮切，《集韻》也作“彊”，“彊”“彊”爲異體字；

422-424. 愽、沾、戠，三字具體分析見圖《外轉二十五》；

425. 轉，《廣韻》藥韻無"轉"字，《集韻》藥韻有"轉"小韻，方縛切，非紐字，韻圖同此；

426. 着，《廣韻》藥韻澄紐無"着"字，有"著"小韻，直略切，《集韻》同此，圖《外轉二十五》藥韻澄紐已列"著"字，《韻鏡》也列"著"，"着""著"二字爲異體字；

427. 杓，《廣韻》藥韻牀紐無"杓"字，《集韻》藥韻牀紐有"杓"小韻，實若切，韻圖同此。

圖三十五、《内轉三十五》

428. 㶿，《廣韻》唐韻曉紐有"㶿"字，呼光切，《集韻》同此，"㶿""㶿"爲異體字；

429. 恇，《廣韻》陽韻見紐無"恇"字，"恇"爲陽韻溪紐字，屬"匡"小韻，去王切，《集韻》"恇"字也入"匡"小韻，曲王切，韻圖溪紐已列小韻首字"匡"，此處又列"恇"字，小韻重出；

430. 妠，《廣韻》陽韻曉紐無"妠"字，《集韻》亦無，《韻鏡》《四聲等子》諸韻圖此處都不列字，《七音略》列"妠"字與《廣韻》《集韻》均不合；

431. 臩，《廣韻》養韻見紐無"臩"字，有"臩"小韻，俱往切，《集韻》同此，韻圖"臩"字恐爲"臩"字之誤；

432. 悻，《廣韻》養韻溪紐無"悻"字，《集韻》養韻溪紐有"悻"小韻，丘往切，韻圖同此；

433. 眶，《廣韻》漾韻溪紐無"眶"字，《集韻》漾韻有"眶"小韻，區旺切，溪紐字，韻圖同此，"眶"恐爲"眶"字之訛；

434. 㘐，《廣韻》漾韻精紐無"㘐"字，"㘐"爲鐸韻精紐字，祖郭切，《集韻》同此，韻圖恐誤將"㘐"字列入漾韻。

圖三十六、《外轉三十六》

435. 榜，《廣韻》庚韻滂紐有"磅"小韻，撫庚切，"榜"爲庚韻並紐字，薄庚切，屬"彭"小韻，依音不應置此，《集韻》同此，韻圖此處列"榜"字與《廣韻》《集韻》均不合；

436. 鬤，《廣韻》庚韻娘紐無"鬤"字，有"鬤"小韻，乃庚切，《集韻》庚韻娘紐"鬤""鬤"並列小韻首字，尼庚切，韻圖同此；

437. 卿，《廣韻》庚韻溪紐有"卿"小韻，無"卿"字，《集韻》也作"卿"，丘京切，"卿""卿"爲異體字；

438. 娉，《廣韻》清韻滂紐無"娉"字，《集韻》清韻滂紐有"聘"小韻，匹名切，韻圖列

"娉"字與《廣韻》《集韻》均不合；

439. 冷，《廣韻》清韻無"冷"字，"冷"爲青韻來紐字，屬"靈"小韻，郎丁切，《集韻》同此，韻圖青韻來紐已列小韻首字"靈"，此又列"冷"，小韻重出；

440. 鮔，《廣韻》梗韻無"鮔"字，《集韻》梗韻並紐有"鮔"小韻，白猛切，韻圖同此；

441. 打，《廣韻》梗韻知紐有"盯"小韻，張梗切，"打"字德冷切，端紐字，依音不應置此，《集韻》梗韻知紐亦無"打"字，韻圖此處列"打"字與《廣韻》《集韻》均不合；

442. 盯，《廣韻》梗韻徹紐無"盯"字，《集韻》亦無此字，按"盯"字恐爲"盯"字之訛，"盯"字《廣韻》張梗切，知紐字，《韻鏡》即列梗韻知紐，《七音略》知紐誤列"打"字，"盯"字列入相鄰徹紐；

443. 沆，《廣韻》梗韻溪紐無"沆"字，"沆"爲蕩韻匣紐字，胡朗切，依音不應置此，《集韻》梗韻溪紐有"伉"小韻，苦杏切，韻圖此處列"沆"字與《廣韻》《集韻》均不合；

444. 冷，《廣韻》梗韻來紐有"冷"小韻，魯打切，"泠"爲青韻來紐字，郎丁切，依音不應置此，《集韻》同此，韻圖"泠"字恐爲"冷"字之訛；

445. 令，《廣韻》梗韻來紐無"令"字，《集韻》梗韻來紐有"令"小韻，盧景切，韻圖同此；

446. 徎，《廣韻》靜韻透紐無"徎"字，"徎"爲澄紐字，丈井切，《集韻》靜韻徹紐有"徎"字，丑郢切，韻圖同此；

447. 痙，《廣韻》靜韻疑紐無"痙"字，"痙"爲靜韻群紐字，巨郢切，《集韻》"痙"字巨井切，韻圖誤將"痙"字列入疑紐；

448. 井，《廣韻》靜韻精紐有"丼"小韻，子郢切，《集韻》靜韻"丼""井"並列小韻首字，也注子郢切，"丼""井"爲異體字；

449. 鎊，《廣韻》敬韻澄紐無"鎊"字，有"鋥"小韻，除更切，"鎊"爲唐韻滂紐字，普郎切，依音不應置此，《集韻》敬韻有"鋥"無"鎊"，《韻鏡》此處即列"鋥"字，《七音略》此處列"鎊"字與《廣韻》《集韻》均不合；

450. 土，《廣韻》敬韻審紐有"生"字，所敬切，"土"字他魯切，姥韻透紐字，依音不應置此，《集韻》"生"字所慶切，映韻審紐字，《切韻指掌圖》此處即列"生"字，根據圖中所示"土"，《七音略》該字恐有缺失，"土"字或爲"生"字殘缺；

451. 淨，《廣韻》勁韻從紐有"淨"小韻，疾政切，《集韻》同此，"淨""淨"爲異體字；

452. 纓，《廣韻》勁韻影紐無"纓"字，《集韻》勁韻影紐有"纓"小韻，於政切，韻圖同此；

453. 柏，《廣韻》陌韻滂紐有"拍"小韻，普伯切，"柏"字博陌切，依音不應置此，《集韻》陌韻也有"拍"小韻，匹陌切，"柏"爲陌韻幫紐字，韻圖"柏"字恐爲"拍"字之訛；

454. 坼，《廣韻》陌韻徹紐有"㘿"小韻，丑格切，《集韻》陌韻"㘿""坼"並列小韻首字，恥格切，徹紐字，韻圖同此，"㘿""坼"二字爲異體字；

455. 礐，《廣韻》陌韻日紐無"礐"字，《集韻》陌韻有"礐"小韻，離宅切，來紐字，《韻鏡》"礐"字即列來紐，《七音略》將"礐"字列日紐恐誤；

456. 戟，《廣韻》陌韻見紐有"戟"小韻，幾劇切，《集韻》陌韻寫作"戟"，訖逆切，見紐字，韻圖同此。

圖三十七、《内轉三十七》

457. 硻，《廣韻》庚韻溪紐無"硻"字，《集韻》庚韻有"硻"小韻，口觥切，溪紐字，韻圖同此；

458. 湟，《廣韻》庚韻曉紐無"湟"字，有"諻"小韻，虎横切，《集韻》同此，"諻"字呼横切，"湟"爲唐韻匣紐字，胡光切，依音不應置此，《韻鏡》《四聲等子》此處都列"諻"，《七音略》列"湟"字與《廣韻》《集韻》均不合；

459. 眴，《廣韻》清韻曉紐有"眴"小韻，火營切，未見"眴"字，《集韻》清韻有"眴"無"眴"，"眴"字翾營切，曉紐字，《韻鏡》《四聲等子》《切韻指掌圖》此處都列"眴"，《七音略》"眴"字恐爲"眴"字之訛；

460. 廾，《廣韻》梗韻匣紐無"廾"字，有"卝"小韻，呼瞥切，"廾"爲鍾韻見紐字，九容切，依音不應置此，《集韻》梗韻也有"卝"小韻，胡猛切，韻圖"廾"字爲恐"卝"字之訛；

461. 嚿，《廣韻》陌韻喻紐無"嚿"字，《集韻》陌韻有"嚿"小韻，雩白切，喻紐字，韻圖同此；

462. 鵙，《廣韻》昔韻未見"鵙"字，錫韻見紐有"鶪"字，古闃切，《集韻》昔韻也無"鵙"字，見紐有"鶪"小韻，工役切，"鵙""鶪"二字爲異體字；

463. 蹊，《廣韻》昔韻無"蹊"字，《集韻》昔韻溪紐有"蹊"小韻，棄役切，韻圖同此。

圖三十八、《外轉三十八》

本圖韻目列等恐因編排有誤，"耕""清""青"韻應分别置於二、三、四等，該圖置一、二、三等，"耿""静""迥""諍""勁""徑""麥""昔""錫"同此，下文韻字分析時已將其據正更改。

464. 獰，《廣韻》耕韻娘紐無"獰"字，有"儜"小韻，女耕切，《集韻》耕韻有"獰"字，尼耕切，娘紐字，韻圖同此；

465. 磷，《廣韻》耕韻無"磷"字，《集韻》耕韻來紐有"磷"小韻，力耕切，韻圖同此；

466. 寘，《廣韻》青韻明紐有"冥"小韻，莫經切，《集韻》青韻明紐也有"冥"小韻，忙經切，"冥""寞"爲異體字；

467.菁，《廣韻》青韻精紐無"菁"字，《集韻》青韻有"菁"小韻，子丁切，精紐字，韻圖同此；

468.晴，《廣韻》青韻影紐無"晴"字，《集韻》青韻有"晴"字，於丁切，影紐字，韻圖同此；

469.迸，《廣韻》耿韻幫紐無"迸"字，《集韻》耿韻有"迸"小韻，必幸切，幫紐字，韻圖同此；

470.併，《廣韻》耿韻無"併"字，《集韻》耿韻並紐有"併"字，蒲幸切，韻圖同此；

471.嶸，《廣韻》耿韻影紐無"嶸"字，"嶸"爲迥韻影紐字，煙涬切，《集韻》同此，韻圖誤將"嶸"字列入二等耿韻；

472.鸄，《廣韻》耿韻曉紐無"鸄"字，《集韻》同此，《韻鏡》《切韻指掌圖》此處均不列字，《七音略》此處列"鸄"字與《廣韻》《集韻》均不合；

473.戥，《廣韻》靜韻知紐無"戥"字，《集韻》靜韻有"戥"小韻，知領切，知紐字，韻圖同此；

474.裎，《廣韻》靜韻澄紐無"裎"字，《集韻》靜韻有"裎"字，丈井切，澄紐字，韻圖"裎"字恐爲"裎"字之訛；

475.到，《廣韻》迥韻溪紐無"到"字，"到"爲迥韻見紐字，古挺切，《集韻》"到"字古頂切，亦爲見紐字，韻圖誤將"到"字列入溪紐；

476.謦，《廣韻》迥韻群紐無"謦"字，"謦"爲迥韻溪紐字，去挺切，《集韻》"謦"字棄挺切，韻圖誤將"謦"字列入群紐；

477.笭，《廣韻》迥韻來紐有"笭"小韻，力鼎切，"苓"爲青韻來紐字，郎丁切，《集韻》迥韻也無"苓"字，韻圖列"苓"字與《廣韻》《集韻》均不合；

478.耕，《廣韻》静韻滂紐無"耕"字，《集韻》静韻滂紐有"輧"小韻，匹進切，韻圖列"耕"字與《廣韻》《集韻》均不合；

479.瞠，《廣韻》静韻無"瞠"字，映韻明紐有"瞠"字，莫更切，屬"孟"小韻，《集韻》同，韻圖《外轉三十六》已列小韻首字"孟"，此又列"瞠"，小韻重出；

480.碴，《廣韻》静韻澄紐無"碴"字，"碴"字除更切，映韻澄紐字，《集韻》同此，韻圖此處列"碴"字與《廣韻》《集韻》均不合；

481.嫈，《廣韻》静韻匣紐無"嫈"字，"嫈"字鷖迸切，影紐字，《集韻》"嫈"字於迸切，韻圖將"嫈"字列入匣紐恐誤；

482.醽，《廣韻》勁韻娘紐無"醽"字，《集韻》勁韻有"醽"小韻，女正切，娘紐字，韻圖同此；

483. 跰，《廣韻》徑韻無"跰"字，《集韻》徑韻幫紐有"跰"小韻，壁瞑切，韻圖同此；

484. 潎，《廣韻》徑韻滂紐無"潎"字，《集韻》"潎"字妨正切，勁韻滂紐字，韻圖將"潎"字列在徑韻恐誤，應列三等勁韻；

485. 屏，《廣韻》徑韻並紐無字，《集韻》徑韻並紐有"屏"小韻，步定切，韻圖同此；

486. 叮，《廣韻》徑韻端紐有"矴"小韻，丁定切，"叮"字當經切，青韻端紐字，依音不應置此，《集韻》徑韻有"矴"無"叮"，《韻鏡》《四聲等子》都列"矴"字，《七音略》"叮"字恐爲"矴"字之訛；

487. 蘖，《廣韻》麥韻幫紐無"蘖"字，有"欂"小韻，博厄切，《集韻》麥韻幫紐"欂""蘖"並列"薜"小韻，博厄切，韻圖同此；

488. 擗，《廣韻》麥韻並紐無"擗"字，有"繴"小韻，蒲革切，《集韻》同，韻圖列"擗"字與《廣韻》《集韻》均不合；

489. 蹢，《廣韻》麥韻無"蹢"字，《集韻》麥韻澄紐有"蹢"小韻，治革切，韻圖誤將"蹢"字列入徹紐；

490. 瘹，《廣韻》麥韻無"瘹"字，《集韻》麥韻徹紐有"瘹"小韻，丑厄切，韻圖誤將"瘹"字列入澄紐，結合上字分析，"蹢""瘹"二字位置顛倒；

491. 鈗，《廣韻》昔韻滂紐無"鈗"字，《集韻》昔韻有"鈗"小韻，鋪彳切，滂紐字，韻圖此處列"鈗"字與《廣韻》《集韻》均不合；

492. 檘，《廣韻》昔韻無"檘"字，《集韻》昔韻並紐有"檘"小韻，平碧切，韻圖同此；

493. 刕，《廣韻》昔韻無"刕"字，《集韻》昔韻來紐有"刕"小韻，令益切，韻圖同此；

494. 壁，《廣韻》錫韻無"壁"字，錫韻幫紐有"壁"小韻，北激切，《集韻》錫韻也有"壁"小韻，韻圖列"壁"字與《廣韻》《集韻》均不合；

495. 覛，《廣韻》錫韻明紐有"覓"小韻，莫狄切，《集韻》錫韻也有"覓"小韻，冥狄切，明紐字，"覓""覛"爲異體字；

496. 擲，《廣韻》錫韻定紐無"擲"字，"擲"爲昔韻澄紐字，直炙切，韻圖將"擲"字列四等錫韻。

圖三十九、《外轉三十九》

497. 扃，《廣韻》青韻見紐有"扃"小韻，古螢切，《集韻》青韻也有"扃"小韻，涓螢切，"扃""扄"爲異體字；

498. 蟈，《廣韻》麥韻"蟈"字古獲切，見紐字，爲小韻首字，韻圖見紐已列同小韻"馘"字，此處又列"蟈"字，小韻重出；

499. 梟，《廣韻》錫韻見紐有"臭"字，古闃切，"梟"爲屑韻疑紐字，五結切，《集韻》

錫韻見紐有"昊"無"臬", 韻圖此處列"臬"字與《廣韻》《集韻》均不合;

500. 闃, 《廣韻》錫韻溪紐有"闃"小韻, 苦鵙切, 《集韻》錫韻也有"闃"小韻, 苦昊切, 溪紐字, "闃""闃"爲異體字。

圖四十、《内轉四十》

501. 侊, 《廣韻》侯韻端紐有"兜"小韻, 當侯切, 《集韻》同此, "兜""侊"爲異體字;

502. 鈎, 《廣韻》侯韻見紐有"鉤"小韻, 古侯切, 《集韻》侯韻也有"鈎"小韻, 居侯切, "鉤""鈎"爲異體字;

503. 婁, 《廣韻》侯韻來紐有"婁"字, 落侯切, 《集韻》侯韻"婁""娄"並列小韻首字, 郎侯切, 韻圖同此, 且"婁""娄"爲異體字;

504. 蕕, 《廣韻》幽韻從紐無"蕕"字, 有"蕕"字, 自秋切, 《集韻》"蕕"爲尤韻喻紐字, 夷周切, 依音不應置此, 韻圖此處列"蕕"字與《廣韻》《集韻》均不合;

505. 姓, 《廣韻》厚韻透紐有"姓"字, 天口切, "姓"爲勁韻心紐字, 息正切, 依音不應置此, 《集韻》厚韻透紐有"姓"小韻, 他口切, 韻圖此處列"姓"字與《廣韻》《集韻》均不合;

506. 鯸, 《廣韻》厚韻從紐無"鯸"字, 《集韻》厚韻從紐有"鯸"小韻, 才垢切, 《韻鏡》此處也列"鯸", 《七音略》"鯸"字恐爲"鯸"字之訛;

507. 瘶, 《廣韻》候韻心紐有"瘶"小韻, 蘇奏切, 《集韻》候韻心紐也有"瘶"字, 先奏切, 未見"瘶"字, 韻圖"瘶"字恐爲"瘶"字之訛;

508. 漏, 《廣韻》候韻日紐無"漏"字, "漏"爲候韻來紐字, 盧候切, 《集韻》"漏"字郎豆切, 亦爲來紐字, 韻圖誤將"漏"字列日紐;

509. 僝, 《廣韻》宥韻照紐無"僝"字, 《集韻》宥韻"僝"字側救切, 照紐二等字, 韻圖同此;

510. 苺, 《廣韻》宥韻微紐有"苺"小韻, 亡救切, "苺"爲候韻明紐字, 莫候切, 依音不應置此, 《韻鏡》即列"苺", "苺""苺"爲異體字;

511. 幼, 《廣韻》幼韻影紐有"幼"小韻, 伊謬切, 《集韻》也作"幼", "幼""幼"爲異體字。

圖四十一、《内轉四十一》

512. 訨, 《廣韻》侵韻娘紐無"訨"字, 有"訨"小韻, 女心切, 《集韻》侵韻"訨"字如林切, 日紐字, 依音不應置此, 韻圖或據《廣韻》, "訨""訨"二字爲異體字;

513. 潯, 《廣韻》侵韻從紐有"潯"字, 昨淫切, 《集韻》侵韻從紐也有"潯"字, 才淫切，"灒""灒"爲異體字；

514. 顅，《廣韻》寢韻牀紐有"顅"小韻，士瘁切，《集韻》同此，"顅""顅"爲異體字；

515. 稟，《廣韻》寢韻幫紐有"稟"小韻，筆錦切，《集韻》同此，"稟""稟"爲異體字；

516. 枏，《廣韻》寢韻娘紐有"拰"小韻，尼凜切，《集韻》寢韻也有"拰"小韻，尼凜切，娘紐字，韻圖"枏"字恐爲"拰"字之訛；

517. 嶔，《廣韻》寢韻曉紐有"廞"小韻，許錦切，《集韻》寢韻也有"廞"小韻，羲錦切，"嶔"爲侵韻溪紐字，《廣韻》去金切，韻圖此處列"嶔"字與《廣韻》、《集韻》均不合；

518. 凜，《廣韻》寢韻來紐有"凜"字，力稔切，《集韻》寢韻也有"凜"字，力錦切，"凜""凜"爲異體字；

519. 稟，《廣韻》沁韻幫紐無"稟"字，《集韻》沁韻有"稟"小韻，逋鴆切，幫紐字，韻圖同此，"稟""稟"爲異體字；

520. 躬，《廣韻》緝韻明紐無"躬"字，並紐有"躳"小韻，皮及切，未見"躬"字，《集韻》緝韻亦未見"躬"字，韻圖此處列"躬"字與《廣韻》《集韻》均不合；

521. 斟，《廣韻》緝韻穿紐無"斟"字，有"扱"小韻，昌汁切，《集韻》"斟"字叱入切，"斟"爲侵韻照紐字，依音不應置此，韻圖"斟"字恐爲"扱"字之誤；

522. 靸，《廣韻》緝韻心紐無"靸"字，《集韻》緝韻心紐有"靸"小韻，息入切，韻圖同此。

圖四十二、《内轉四十二》

523. 柜，《廣韻》登韻見紐有"揯"小韻，古恒切，《集韻》登韻也有"揯"小韻，居曾切，見紐字，未見"柜"字，韻圖"柜"字恐爲"揯"字之訛；

524. 彰，《廣韻》登韻清紐無字，《集韻》登韻有"彰"小韻，七曾切，清紐字，韻圖同此；

525. 恒，《廣韻》登韻"恒"字胡登切，匣紐字，《集韻》同此，韻圖誤將"恒"字列入曉紐；

526. 儚，《廣韻》蒸韻明紐無"儚"字，《集韻》蒸韻有"儚"小韻，亡冰切，明紐字，韻圖同此；

527. 騬，《廣韻》蒸韻精紐無"騬"字，"騬"爲蒸韻從紐字，疾陵切，《集韻》蒸韻"騬"字慈陵切，亦爲從紐字，精紐有"䚦"小韻，即凌切，韻圖此處列"騬"字與《廣韻》《集韻》均不合；

528. 毣，《廣韻》蒸韻清紐無"毣"字，《集韻》亦無"毣"字，韻圖此處列"毣"字與《廣韻》《集韻》均不合；

529. 繰,《廣韻》蒸韻心紐無"繰"字,《集韻》蒸韻心紐有"繰"小韻,息淩切,韻圖同此;

530. 佣,《廣韻》嶝韻並紐無"佣"字,"佣"字父鄧切,滂紐字,依音不應置此,《集韻》嶝韻"佣"字步鄧切,並紐字,韻圖同此;

531. 倰,《廣韻》嶝韻來紐無"倰"字,《集韻》嶝韻來紐有"倰"小韻,郎鄧切,韻圖同此;

532. 日,《廣韻》職韻日紐無"日"字,《集韻》職韻有"日"小韻,入質切,日紐字,韻圖同此。

圖四十三、《內轉四十三》

533. 鞃,《廣韻》登韻溪紐無"鞃"字,《集韻》登韻溪紐有"鞃"小韻,苦弘切,韻圖同此。

4.2 《七音略》用字總結

《七音略》共收韻字 3987 個,其中 3454 字與《廣韻》相合,占比 86.63%,相合韻字中有 3116 字爲小韻首字,占比 90.21%。通過逐一分析《七音略》與《廣韻》存在差異的 533 個韻字的基本情況,發現這些差異與《韻鏡》情況相似,也可以歸納爲小韻不同、小韻重出、音韻地位不同、字形不同這四個類別:

1. 小韻不同:《七音略》中也收入了一些《廣韻》中不曾收入的小韻,韻圖在排列這些小韻時所選用的代表字無法從《廣韻》中找到依據,從而導致韻圖與《廣韻》產生用字差異。

如韻圖《內轉第一》東韻滂紐一等列"篷"字,《廣韻》東韻滂紐無字,東韻亦未見"篷"字,韻圖東韻滂紐列"篷"字與《廣韻》不合,若依《廣韻》,此處應爲空格,這是由《七音略》與《廣韻》在小韻選擇上的差異所造成的。經查,《集韻》東韻滂紐有"篷"小韻,樸蒙切,韻圖列"篷"字與《集韻》相同。

2. 小韻重出:《七音略》中也有同一小韻在韻圖中出現兩個代表字的情況,由於韻圖編排所限,其中只有一字處於正位,另一字則只能列入其他位置。

如韻圖《外轉二十五》巧韻徹紐列"抓"字,經查《廣韻》,"抓"字屬於"爪"小韻,側絞切,照紐字,同圖照組已列小韻首字"爪",徹紐又列"抓"字,屬於同一個小韻在韻圖中出現了兩個代表字,因此在比較時,"抓"字在韻圖中的音韻地位與《廣韻》反切所示不一致。

3. 音韻地位不同:即《七音略》與《廣韻》所選小韻相同,小韻代表字也相同,但對於這些韻字的坐標設定有所差異，也就是説韻圖在同一韻字的聲、韻、調等的編排方面與《廣韻》有所不同。如：

(1)聲紐不同：如《内轉第一》屋韻牀紐三等列"孰"字，《廣韻》屋韻殊六切，爲禪紐字，韻圖將禪紐字列入牀紐。

(2)韻部不同：如《内轉第七》至韻群紐一等列"揆"字，《廣韻》中收入"揆"字，求癸切，爲旨韻群紐字，《集韻》"揆"字也在旨韻群紐，巨癸切，韻圖將"揆"字列至韻；又如同圖至韻見紐列"癸"字，《廣韻》至韻無"癸"字，"癸"爲旨韻見紐字，居誄切，《集韻》"癸"字也在旨韻見紐，頸誄切，韻圖將"癸"字列至韻。

(3)歸等不同：如《内轉第二》用韻三等列"湩"字，《廣韻》用韻"湩"字竹用切，反切下字"用"爲四等字，切出的"湩"字若依韻應列四等格子中，此處韻圖據反切上字列入三等。

4. 字形不同：《七音略》中有些韻字與《廣韻》的差異僅在於字形。對於字形非常相近的情況，比如筆畫增減、偏旁近似等可以認定爲轉寫過程中因不愼造成的訛形，有些是異體字，有些則是錯字。

(1)韻字形訛：如東韻心紐"楤"字恐爲"檧"字之訛；用韻娘紐"捄"字恐訛作"械"，登韻見紐"揯"字恐訛作"桓"，效韻娘紐"橈"字恐訛作"撓"，用韻穿紐"揰"字恐訛作"種"，遇韻審紐"捒"字寫作"楝"，簡韻透紐"拖"字寫作"柂"。

(2)使用異體字：如鍾韻敷紐選用"峯"字的異體字"峰"；支韻見紐選用"羈"字的異體字"覉"；旨韻精紐選用"姊"字的異體字"姉"；旨韻日紐選用"蕊"字的異體字"蘂"；止韻徹紐選用"恥"字的異體字"耻"。

(3)用字之誤：如韻圖《外轉二十四》所列"踆"字恐爲"踅"字之訛，而"踅"字恐據《集韻》，桓韻清紐"攢"小韻下"踆""䟆"二字相鄰，韻圖列"踆"字，誤將前字聲符與後字形符相拼。

5 《四聲等子》用字研究

5.1 《四聲等子》各韻圖用字研究

圖一、《通攝內一重少輕多韻》①

1. 順，《廣韻》東、鍾、冬韻群紐均無"順"字，《集韻》也無，韻圖此處列"順"字與《廣韻》《集韻》均不合；

2. 嵸，《廣韻》東韻疑紐有"嵸"小韻，五東切，《集韻》東韻也有"嵸"小韻，五公切，"嵸""嵸"爲異體字；

3. 篷，《廣韻》東韻無"篷"字，《集韻》東韻有"篷"小韻，樸蒙切，韻圖同此；

4. 頼，《廣韻》董韻見紐無"頼"字，《集韻》亦無，韻圖此處列"頼"字與《廣韻》《集韻》均不合；

5. 渢，《廣韻》董韻疑紐無"渢"字，《集韻》董韻有"渢"小韻，吾蓊切，韻圖同此；

6. 總，《廣韻》董韻精紐有"總"小韻，作孔切，《集韻》董韻精紐"緫""總"並列小韻首字，祖動切，韻圖同此，"緫""總"爲異體字；

7. 嵷，《廣韻》董韻從紐無"嵷"字，《集韻》董韻有"嵷"小韻，才總切，韻圖同此；

8. 駷，《廣韻》董韻心母有"敕"小韻，先孔切，《集韻》也作"敕"，損動切，《韻鏡》《七音略》該處均列"敕"字，本圖此處"駷"字恐爲"敕"字之誤；

9. 蓬，《廣韻》"蓬"字爲東韻並紐字，薄紅切，《集韻》東韻和送韻分別都有"蓬"小韻，東韻並紐有"蓬"小韻，蒲蒙切，送韻"蓬""橦"並列小韻首字，菩貢切，韻圖兩個"蓬"字據此而列；

10. 幪，《廣韻》送韻明紐有"幪"小韻，莫弄切，《集韻》送韻"幪""幪"並列小韻首字，蒙弄切，韻圖同此，"幪""幪"爲異體字；

---

11. 禄,《廣韻》屋韻來紐有"禄"小韻,盧谷切,《集韻》同此,"禄""禄"爲異體字;

12. 鷟,《廣韻》屋韻、燭韻牀紐二等均無"鷟"字,《集韻》燭韻牀紐二等有"鷟"小韻,仕足切,韻圖同此;

13. 封,《廣韻》鍾韻有"封"小韻,府容切,非紐字,鍾韻敷紐無"封"字,《集韻》同此,韻圖非紐已列"封"字,此處又列"封"字,小韻重複;

14. 胷,《廣韻》鍾韻曉紐有"胷"小韻,許容切,《集韻》鍾韻"胷""胷"並列小韻首字,虛容切,韻圖同此,且"胷""胷"爲異體字;

15. 雄,《廣韻》東韻"雄"字羽弓切,喻紐字,《集韻》東韻"雄"字胡弓切,匣紐字,韻圖同此;

16. 揰,《廣韻》用韻穿紐無"揰"字,《集韻》用韻有"揰"小韻,昌用切,韻圖同此;

17. 傉,《廣韻》燭韻娘紐無"傉"字,《集韻》燭韻有"傉"小韻,女足切,韻圖同此;

18. 録,《廣韻》燭韻來紐有"録"小韻,力玉切,《集韻》也作"録",龍玉切,"録""録"爲異體字。

圖二、《效攝外五全重無輕韻》①

19. 高,《廣韻》豪韻見紐有"高"小韻,古勞切,《集韻》也作"高",居勞切,"高""高"爲異體字;

20. 囊,《廣韻》豪韻滂母有"囊"小韻,普袍切,"囊"爲豪韻見紐字,依音不應置此,《集韻》與《廣韻》同,韻圖"囊"字恐爲"囊"字之誤;

21. 爊,《廣韻》豪韻影紐有"㿿"小韻,於刀切,無"爊"字,《集韻》豪韻有"爊"小韻,於刀切,韻圖同此;

22. 皅,《廣韻》晧韻無"皅"字,《集韻》晧韻滂紐有"皅"小韻,滂保切,韻圖同此;

23. 皓,《廣韻》晧韻匣紐有"晧"小韻,胡老切,無"皓"字,《集韻》與《廣韻》同,"晧""皓"爲異體字;

24. 趌,《廣韻》号韻群紐無"趌"字,《集韻》号韻群紐有"趌"小韻,巨到切,韻圖同此;

25. 套,《廣韻》号韻透紐無"套"字,《集韻》号韻透紐有"套"字,屬"韜"小韻,叨號切,"套""套"爲異體字;

26. 懪,《廣韻》号韻滂紐無"懪"字,《集韻》号韻滂紐有"犦"小韻,叵到切,韻圖"懪"字恐爲"犦"字之訛;

---

① 圖末注"蕭併入宵韻",蕭、篠、嘯韻字韻圖分別併入宵、小、笑韻中。

27. 耗，《廣韻》号韻曉紐有"耗"小韻，呼到切，《集韻》也作"耗"，虛到切，"耗""耗"爲異體字；

28. 奧，《廣韻》号韻影紐有"奧"小韻，烏到切，《集韻》亦作"奥"，於到切，"奧""奥"爲異體字；

29. 沰，《廣韻》鐸韻端紐無"沰"字，《集韻》鐸韻端紐有"沰"小韻，當各切，韻圖同此；

30. 敵，《廣韻》看韻溪紐有"敲"小韻，無"敵"字，《集韻》同此，《韻鏡》《七音略》此處都列"敲"，"敵""敲"爲異體字；

31. 猫，《廣韻》看韻無"猫"字，《集韻》看韻明紐有"猫"字，謨交切，韻圖同此；

32. 瞧，《廣韻》看韻照紐有"瞧"小韻，無"瞧"字，《集韻》同此，《韻鏡》《七音略》此处都列"瞧"字，韻圖此處"瞧"字恐爲"瞧"字之訛；

33. 猇，《廣韻》看韻喻紐無"猇"字，《集韻》爻韻喻紐有"猇"小韻，於包切，韻圖同此；

34. 咬，《廣韻》巧韻疑紐有"齩"字，五巧切，無"咬"字，《集韻》巧韻疑紐"齩""咬"並列小韻首字，五巧切，韻圖同此，"齩""咬"爲異體字；

35. 嗃，《廣韻》巧韻曉紐無"嗃"字，《集韻》巧韻曉紐有"嗃"小韻，孝狡切，韻圖同此；

36. 教，《廣韻》效韻見紐有"教"小韻，古孝切，《集韻》也作"教"，"教""教"爲異體字；

37. 敲，《廣韻》效韻溪紐有"敲"小韻，無"敲"字，《集韻》效韻有"敲"小韻，口教切，韻圖同此；

38. 砲，《廣韻》效韻滂紐無"砲"字，《集韻》效韻滂紐有"砲"字，披教切，韻圖同此；

39. 殼，《廣韻》覺韻溪紐有"殼"小韻，苦角切，《集韻》覺韻溪紐也作"殼"，克角切，"殼""殼"爲異體字；

40. 剝，《廣韻》覺韻幫紐有"剥"小韻，北角切，《集韻》同此，"剝""剥"爲異體字；

41. 斱，《廣韻》覺韻牀紐無"斱"字，"斱"爲照紐字，側角切，《集韻》藥韻穿紐有"斱"小韻，士略切，韻圖同此；

42. 漉，《廣韻》宵韻並紐無"漉"字，《集韻》宵韻並紐有"瀌"小韻，蒲嬌切，韻圖"漉"字恐爲"瀌"字之訛；

43. 嚻，《廣韻》宵韻曉紐有"蹻"小韻，許嬌切，《集韻》寫作"嚻"，虛嬌切，韻圖同此，"嚻""蹻"爲異體字；

44. 槁，《廣韻》小韻無"槁"字，《集韻》小韻溪紐有"槁"小韻，祛矯切，韻圖同此；

45. 驕，《廣韻》小韻無"驕"字，《集韻》小韻"驕"字舉夭切，見紐字，屬"矯"小韻，韻圖據《集韻》，見紐已列小韻首字"矯"，此處又列"驕"字，小韻重出；

46. 驕，《廣韻》笑韻見紐無"驕"字，《集韻》笑韻見紐有"驕"小韻，嬌廟切，韻圖同此；

47. 覞，《廣韻》笑韻穿紐無"覞"字，《集韻》笑韻穿紐有"覞"小韻，昌召切，韻圖同此；

48. 魕，《廣韻》笑韻曉紐無"魕"字，《集韻》笑韻曉紐有"魕"小韻，虛廟切，韻圖同此；

49. 尞，《廣韻》笑韻來紐無"尞"字，《集韻》笑韻來紐有"尞"小韻，力照切，韻圖同此；

50. 噱，《廣韻》藥韻群紐有"噱"小韻，其虐切，無"噱"字，《集韻》藥韻群紐也無"噱"字，有"噱"小韻，極虐切，韻圖此處列"噱"字與《廣韻》《集韻》均不合；

51. 碉，《廣韻》宵韻端紐無"碉"字，蕭韻端紐有"雕"字，都聊切，《集韻》蕭韻也有"雕"字，丁聊切，"碉""雕"爲異體字；

52. 嬈，《廣韻》宵、蕭韻泥紐均無"嬈"字，《集韻》蕭韻泥紐有"嬈"小韻，裊聊切，韻圖同此；

53. 鍬，《廣韻》宵韻清紐有"鍫"小韻，七遙切，《集韻》也作"鍫"，千遙切，"鍫""鍬"爲異體字；

54. 遙，《廣韻》宵韻喻紐有"遙"小韻，餘昭切，《集韻》也作"遙"，餘招切，"遙""遙"爲異體字；

55. 獢，《廣韻》小韻群紐無"獢"字，"獢"爲小韻並紐字，《集韻》小韻群紐有"獢"小韻，巨小切，韻圖同此；

56. 磽，《廣韻》篠韻疑紐無"磽"字，"磽"爲篠韻溪紐字，《集韻》篠韻疑紐有"磽"小韻，倪了切，韻圖同此；

57. 勦，《廣韻》小韻精紐有"勦"小韻，子小切，"勦""勦"爲異體字，《集韻》小韻"勦"小韻有"勦"字，亦注子小切，韻圖同此；

58. 漅，《廣韻》小韻、篠韻從紐均無"漅"字，"漅"爲小韻精紐字，《集韻》小韻從紐有"漅"小韻，樵小切，韻圖同此；

59. 篠，《廣韻》篠韻心紐無"篠"字，有"篠"小韻，先鳥切，《集韻》篠韻心紐也有"篠"字，先了切，《韻鏡》《七音略》此處都列"篠"，韻圖此處列"篠"字與《廣韻》《集韻》均不合；

60. 標，《廣韻》笑韻幫紐無"標"字，《集韻》笑韻幫紐有"標"小韻，卑妙切，韻圖

同此；

61. 齅，《廣韻》嘯韻曉紐無"齅"字，有"歊"小韻，火弔切，《集韻》嘯韻也有"歊"小韻，馨叫切，曉紐字，韻圖此處列"齅"字與《廣韻》《集韻》均不合；

62. 顠，《廣韻》嘯韻匣紐無"顠"字，《集韻》嘯韻匣紐有"顅"小韻，戶弔切，韻圖同此，"顠"字恐爲"顅"字之訛。

圖三、《宕攝內五陽唐重多輕少韻》

63. 莽，《廣韻》蕩韻明紐有"莽"小韻，模朗切，《集韻》也作"莽"，母朗切，"莽""莽"爲異體字；

64. 忼，《廣韻》蕩韻影紐無"忼"字，"忼"爲蕩韻溪紐字，屬"慷"小韻，苦朗切，《集韻》同此，"忼"字口朗切，韻圖蕩韻溪母已列小韻首字"慷"，此處又列"忼"字，小韻重出；

65. 讜，《廣韻》宕韻端紐有"讜"小韻，丁浪切，《集韻》"讜""讜"並列小韻首字，亦注丁浪切，韻圖同此，"讜""讜"为異體字；

66. 漭，《廣韻》宕韻明紐有"漭"小韻，莫浪切，《集韻》宕韻有"漭"小韵，莫浪切，明纽字，韻圖同此；

67. 䵼，《廣韻》宕韻清紐無"䵼"字，《集韻》宕韻有"䵼"字，屬"蹌"小韻，七浪切，韻圖同此；

68. 峣，《廣韻》江韻疑紐無"峣"字，有"峣"小韻，五江切，《集韻》江韻也有"峣"小韻，吾江切，"峣""峣"爲異體字；

69. 帮，《廣韻》江韻幫紐有"邦"小韻，博江切，無"帮"字，《集韻》也作"邦"，悲江切，《韻鏡》《七音略》此處都列"邦"，韻圖此處列"帮"字與《廣韻》《集韻》均不合；

70. 龐，《廣韻》江韻並紐有"龐"小韻，薄江切，《集韻》也作"龐"，皮江切，"龐""龐"爲異體字；

71. 控，《廣韻》講韻溪紐無"控"字，《集韻》講韻溪紐有"控"小韻，克講切，韻圖同此；

72. 㨃，《廣韻》講韻幫紐無"㨃"字，有"㩧"小韻，巴講切，《集韻》講韻亦無"㨃"字，幫紐"㩧""綁"並列小韻首字，補講切，韻圖此處"㨃"字恐爲"㩧"字之誤；

73. 搒，《廣韻》講韻滂紐無"搒"字，《集韻》講韻滂紐有"搒"小韻，普講切，韻圖同此；

74. 蚌，《廣韻》絳韻並紐無"蚌"字，"蚌"爲講韻並紐字，屬"棒"小韻，步項切，《集韻》絳韻亦無"蚌"字，韻圖講韻並紐已列小韻首字"棒"，此處又列"蚌"字，小韻重出；

75. 悮，《廣韻》絳韻明紐無"悮"字，《集韻》絳韻明紐有"悮"小韻，尨巷切，韻圖同此；

76. 媚，《廣韻》絳韻審紐無"媚"字，"媚"爲陽韻審紐字，色莊切，《集韻》"媚"字入漾韻，色壯切，審紐字，韻圖此處將"媚"字併入絳韻；

77. 恭，《廣韻》絳韻曉紐無"恭"字，《集韻》絳韻曉紐有"恭"小韻，赫巷切，韻圖同此；

78~80. 殼、剝、斲，三字分析見上圖《效攝外五全重無輕韻》；

81. 强，《廣韻》陽韻群紐有"強"小韻，巨良切，《集韻》也作"强"，渠良切，"強""强"爲異體字；

82. 印，《廣韻》陽韻無"印"字，《集韻》陽韻疑紐有"印"小韻，魚殃切，韻圖同此；

83. 萇，《廣韻》陽韻徹紐無"萇"字，"萇"爲陽韻澄紐字，在"長"小韻，直良切，《集韻》同此，"萇"字仲良切，韻圖已列小韻首字"長"，此又列"萇"字，小韻重出；

84. 硁，《廣韻》養韻溪紐無"硁"字，《集韻》養韻溪紐有"硁"小韻，丘仰切①，韻圖同此；

85. 殭，《廣韻》漾韻見紐有"彊"小韻，居亮切，無"殭"字，"殭"爲陽韻見紐字，居良切，《集韻》同此，韻圖此處"殭"字恐爲"彊"字之誤；

86. 强，《廣韻》漾韻群紐無"强"字，《集韻》養韻群紐有"强"小韻，巨兩切，韻圖養韻群紐已據《廣韻》列"勥"字，此處列"强"字音韻地位恐誤；

87. 轉，《廣韻》藥韻無"轉"字，《集韻》藥韻非紐有"轉"小韻，方縛切，韻圖同此；

88. 饟，《廣韻》養韻泥紐無"饟"字，《集韻》養韻亦無此字，韻圖此處列"饟"字與《廣韻》《集韻》均不合；

89. 蔣，《廣韻》養韻從紐無"蔣"字，"蔣"爲養韻精紐字，即兩切，《集韻》養韻"蔣"字子兩切，精紐字，養韻從紐有"蔣"小韻，在兩切，韻圖同此，"蔣"恐爲"蔣"字之訛；

90. 樣，《廣韻》漾韻喻紐無"樣"字，《集韻》漾韻有"樣"字，屬"漾"小韻，弋亮切，喻紐字，韻圖同此。

圖四、《宕攝內五》

91. 钁，《廣韻》鐸韻匣紐有"钁"字，胡郭切，"钁"爲藥韻見紐字，韻圖已依音列入

---

① 參見楊軍《七音略校注》第 274 頁："述古堂影宋抄本'硁'字右半坏缺，切下字'仰'误作'作'，今依宋刻本、楝亭本正。"

見紐，《集韻》鐸韻匣紐有"鑊"無"钁"，韻圖此處"钁"字恐爲"鑊"字之誤；

92. 臛，《廣韻》鐸韻影紐有"臒"小韻，烏郭切，《集韻》鐸韻影紐也作"臒"，屋郭切，"臒""臛"爲異體字；

93. 樁，《廣韻》江韻知紐有"樁"小韻，都江切，"樁"爲諄韻徹紐字，丑倫切，《集韻》江韻知紐有"樁"小韻，株江切，韻圖同此；

94. 齈，《廣韻》講韻娘紐無"齈"字，《集韻》講韻娘紐有"齈"小韻，匿講切，韻圖同此；

95. 傻，《廣韻》講韻穿紐無"傻"字，《集韻》講韻有"㦅"小韻，初講切，韻圖同此，"傻"字恐爲"㦅"字之訛；

96. 瀧，《廣韻》講韻審紐無"瀧"字，《集韻》講韻審紐有"瀧"小韻，雙講切，韻圖同此；

97. 髞，《廣韻》絳韻娘紐無"髞"字，《集韻》絳韻娘紐有"髞"小韻，尼降切，韻圖同此；

98. 狅，《廣韻》陽韻見紐無"狅"字，《集韻》亦無，韻圖此處列"狅"字與《廣韻》《集韻》均不合；

99. 恇，《廣韻》養韻溪紐無字，《集韻》養韻溪紐有"恇"小韻，丘往切，韻圖同此；

100. 眶，《廣韻》漾韻溪紐無"眶"字，《集韻》漾韻溪紐有"眶"小韻，區旺切，韻圖同此。

圖五、《遇攝內三重少輕多韻》①

101. 粗，《廣韻》模韻清紐有"麤"小韻，倉胡切，無"粗"字，《集韻》模韻"麤"小韻有"粗"字，聰徂切，韻圖同此，且"麤""粗"爲異體字；

102. 俉，《廣韻》模韻喻紐無"俉"字，《集韻》模韻喻紐有"俉"小韻，尤孤切，韻圖同此；

103. 污，《廣韻》暮韻影紐有"汙"小韻，烏路切，《集韻》暮韻影紐也作"汙"，烏故切，"汙""污"爲異體字；

104. 疏，《廣韻》御韻審紐無"疏"字，《集韻》御韻審紐有"疏"小韻，所據切，韻圖同此；

105. 憷，《廣韻》御韻穿紐無"憷"字，《集韻》御韻穿紐有"憷"小韻，創據切，韻圖同此；

---

① 《廣韻》《集韻》韻目都作"麌"，本圖作"噳"。

106. 嫉，《廣韻》屋韻牀紐無"嫉"字，《集韻》屋韻有"嫉"小韻，位六切，喻紐字，韻圖將"嫉"字列牀紐恐誤；

107. 驉，《廣韻》虞韻娘紐無"驉"字，《集韻》虞韻娘紐有"驉"小韻，乃俱切，韻圖同此；

108~109. 柱、拄，《廣韻》麌韻澄紐無"拄"字，有"柱"小韻，直主切，麌韻知紐無"柱"字，有"拄"小韻，知庾切，《集韻》與《廣韻》同，《韻鏡》《七音略》都與韻書相合，《等子》此處恐將兩字位置顛倒；

110. 錄，具體分析見圖《通攝内一重少輕多韻》；

111. 褥，《廣韻》燭韻娘紐無"褥"字，《集韻》燭韻娘紐有"傉"小韻，女足切，韻圖此處"褥"字恐爲"傉"字之誤；

112. 緒，《廣韻》"緒"爲語韻邪紐字，徐吕切，屬"敘"小韻，《集韻》同此，韻圖已列小韻首字"敘"，此又列"緒"字，小韻重出。

圖六、《流攝内六全重無輕韻》

113. 捊，《廣韻》侯韻滂紐無"捊"字，《集韻》侯韻滂紐有"捊"小韻，普溝切，韻圖同此；

114. 婁，《廣韻》侯韻來紐"樓"小韻有"婁"字，《集韻》侯韻"婁""婁"並列小韻首字，郎侯切，注："'婁'籀作'婁'"，韻圖同此；

115. 鯫，《廣韻》厚韻從紐無"鯫"字，"鯫"爲牀紐字，仕垢切，《集韻》厚韻牀紐也有"鯫"小韻，仕垢切，韻圖此處列"鯫"字與《廣韻》《集韻》均不合；

116. 蔲，《廣韻》候韻曉紐有"蔲"小韻，呼漏切，《集韻》也作"蔲"，許候切，"蔲""蔲"爲異體字；

117. 候，《廣韻》候韻匣紐有"候"小韻，胡遘切，《集韻》也作"候"，下遘切，"候""候"爲異體字；

118. 祿，具體分析見圖《通攝内一重少輕多韻》；

119. 蔟，《廣韻》屋韻精紐無"蔟"字，有"鏃"小韻，作木切，《集韻》屋韻有"鏃"無"蔟"，韻圖此處"蔟"字恐爲"鏃"字之誤；

120. 酢，《廣韻》"酢"爲鐸韻從紐字，在各切，《集韻》"酢"字疾各切，亦爲從紐字，韻圖《宕攝内五陽唐重多輕少韻》已列同小韻"昨"字，此又列"酢"字，小韻重出；

121. 惆，《廣韻》尤韻娘紐無"惆"字，《集韻》尤韻娘紐有"惆"小韻，尼猷切，韻圖同此；

122. 麟，《廣韻》有韻疑紐無"麟"字，《集韻》有韻疑紐有"麟"小韻，牛久切，韻圖

同此；

123. 舟，《廣韻》有韻知紐無"舟"字，"舟"爲尤韻照紐字，職流切，屬"周"小韻，《集韻》同此，韻圖照紐已列小韻首字"周"，此又列"舟"，小韻重出；

124. 秠，《廣韻》有韻敷紐無"秠"字，有"秠"小韻，芳婦切，《集韻》有韻敷紐有"秠"無"秠"，"秠""秠"二字爲異體字；

125. 娟，《廣韻》宥韻微紐無"娟"字，《集韻》亦無，韻圖此處列"娟"字與《廣韻》《集韻》均不合；

126. 憂，《廣韻》宥韻影紐無"憂"字，《集韻》宥韻影紐有"憂"小韻，於救切，韻圖同此；

127. 區，《廣韻》尤韻、幽韻均無"區"字，《集韻》幽韻溪紐有"區"小韻，羌幽切，韻圖同此；

128. 彪，《廣韻》尤韻、幽韻端紐均無"彪"字，《集韻》也無此字，韻圖此處列"彪"字與《廣韻》《集韻》均不合；

129. 㲈，《廣韻》有韻溪紐無"㲈"字，《集韻》黝韻溪紐有"㲈"小韻，苦糺切，韻圖同此；

130. 軌，《廣韻》宥韻見紐無"軌"字，《集韻》幼韻見紐有"軌"小韻，己幼切，韻圖同此；

131. 蚪，《廣韻》宥韻群紐無"蚪"字，《集韻》也無，"蚪"爲幽韻群紐字，《廣韻》渠幽切，依音不應置此；

132. 趨，《廣韻》宥韻清紐無"趨"字，《集韻》也無，"趨"爲虞韻清紐字，《廣韻》七逾切，依音不應置此；

133. 蟰，《廣韻》宥韻曉紐無"蟰"字，《集韻》幼韻曉紐有"蟰"小韻，火幼切，韻圖同此；

134. 摵，《廣韻》屋韻從紐無"摵"字，《集韻》屋韻從紐有"摵"小韻，就六切，韻圖同此。

圖七、《蟹攝外二輕重俱等開口呼》

135. 膪，《廣韻》咍韻並紐無"膪"字，有"培"小韻，扶來切，《集韻》咍韻也有"培"小韻，蒲來切，韻圖"膪"字恐爲"培"字之誤；

136. 頤，《廣韻》咍韻無"頤"字，《集韻》咍韻喻紐有"頤"小韻，曳來切，韻圖同此；

137. 騃，《廣韻》海韻無"騃"字，《集韻》海韻疑紐有"騃"小韻，五亥切，韻圖同此；

138. 愩，《廣韻》海韻幫紐無"愩"字，《集韻》海韻幫紐有"愩"小韻，布亥切，韻圖

同此；

139. 罳，《廣韻》海韻無"罳"字，《集韻》海韻心紐有"罳"小韻，息改切，韻圖同此；

140. 葢，《廣韻》泰韻見紐有"蓋"小韻，古太切，《集韻》亦作"葢"，居太切，"蓋""葢"爲異體字；

141. 斾，《廣韻》泰韻並紐有"斾"小韻，蒲蓋切，《集韻》同此，"斾""斾"爲異體字；

142. 眛，《廣韻》代、泰韻均無"眛"字，《集韻》泰韻明紐有"眛"字，莫貝切，韻圖同此；

143. 薛，《廣韻》曷韻疑紐有"嶭"小韻，無"薛"字，"薛"爲薛韻心紐字，《集韻》同此，《韻鏡》《七音略》都列"嶭"，韻圖此處"薛"字恐爲"嶭"字之訛；

144. 擦，《廣韻》曷韻清紐有"擦"小韻，七曷切，無"擦"字，《集韻》曷韻亦無"擦"字，《韻鏡》《七音略》此處都列"擦"，韻圖"擦"字恐爲"擦"字之誤；

145. 踔，《廣韻》皆韻、佳韻幫紐均無"踔"字，《集韻》佳韻幫紐有"踔"小韻，檗佳切，韻圖同此；

146. 釛，《廣韻》駭韻知紐無"釛"字，《集韻》駭韻有"釛"小韻，知駭切，韻圖此處列"釛"字與《廣韻》《集韻》均不合；

147. 妳，《廣韻》蟹韻娘紐有"妳"字，奴蟹切，《集韻》也作"妳"，女蟹切，"妳""妳"爲異體字；

148. 伔，《廣韻》駭韻滂紐無"伔"字，《集韻》蟹韻滂紐有"伔"小韻，怦買切，韻圖同此；

149. 扺，《廣韻》駭韻無"扺"字，《集韻》蟹韻照紐有"扺"小韻，仄蟹切，韻圖同此；

150. 豩，《廣韻》駭韻穿紐無"豩"字，《集韻》蟹韻穿紐有"豩"小韻，楚解切，韻圖同此；

151. 懶，《廣韻》駭韻無"懶"字，《集韻》駭韻來紐有"擶"小韻，洛駭切，韻圖"懶"字恐爲"擶"字之訛；

152. 齝，《廣韻》怪韻群紐無"齝"字，《集韻》怪韻群紐有"齝"小韻，渠介切，韻圖同此；

153. 媞，《廣韻》怪韻知紐無"媞"字，《集韻》卦韻知紐有"媞"小韻，得懈切，韻圖同此；

154. 嬹，《廣韻》怪韻娘紐無"嬹"字，《集韻》怪韻娘紐有"嬹"小韻，尼戒切，韻圖同此；

155. 稗，《廣韻》卦韻並紐有"稗"小韻，傍卦切，《集韻》也作"稗"，旁卦切，"稗""稗"爲異體字；

156. 噆，《廣韻》鎋韻知組有"哳"小韻，《集韻》同此，《韻鏡》《七音略》此處都列"哳"字，未見"噆"字，"哳"有異體字"啠"，"噆"恐爲"啠"字之訛；

157. 噠，《廣韻》黠韻澄紐無"噠"字，《集韻》黠韻澄紐有"噠"小韻，宅軋切，韻圖同此；

158. 鍘，《廣韻》黠韻照紐無"鍘"字，鎋韻照紐有"鍘"小韻，查轄切，《集韻》也未見"鍘"字，《韻鏡》《七音略》鎋韻都列"鍘"字，韻圖此處"鍘"字恐爲"鍘"字之誤；

159. 胰，《廣韻》齊韻日紐無"胰"字，《集韻》齊韻日紐有"胰"小韻，人栘切，韻圖同此；

160. 劓，《廣韻》祭韻無"劓"字，《集韻》祭韻疑紐有"劓"小韻，牛例切，韻圖同此；

161. 世，《廣韻》祭韻審紐有"丗"小韻，舒制切，《集韻》也作"丗"，始制切，"丗""世"爲異體字；

162. 例，《廣韻》祭韻來紐無"例"字，《集韻》祭韻來紐有"例"字，屬"例"小韻，力制切，韻圖同此；

163. 蘖，《廣韻》薛韻疑紐有"蘖"字，魚列切，《集韻》薛韻疑紐"蘖""櫱"並列"孽"小韻，亦注魚列切，韻圖同此，且"蘖""櫱"爲異體字；

164. 熱，《廣韻》薛韻日紐有"熱"小韻，如列切，《集韻》薛韻日紐有"爇"小韻，而列切，未見"熱"字，該圖"熱"字恐爲"熱"字之訛；

165. 覨，《廣韻》齊韻疑紐無"覨"字，《集韻》齊韻疑紐有"覨"小韻，五圭切，韻圖同此；

166. 砒，《廣韻》齊韻滂紐有"磇"小韻，匹迷切，《集韻》齊韻"砒""磇"並列"揑"小韻，篇迷切，韻圖同此，且"砒""磇"爲異體字；

167. 揑，《廣韻》齊韻並紐無"揑"字，《集韻》齊韻有"揑"小韻，篇迷切，滂紐字，"揑"恐爲"揑"字之訛，韻圖齊韻滂紐已列"砒"字，此又列"揑"字，小韻重出；

168. 梨，《廣韻》齊韻無"梨"字，《集韻》齊韻來紐有"梨"字，憐題切，韻圖同此；

169. 鵳，《廣韻》薺韻見紐無"鵳"字，《集韻》薺韻見紐有"鵳"小韻，古禮切，韻圖同此；

170. 啟，《廣韻》薺韻溪紐有"啓"小韻，康禮切，《集韻》也作"啓"，遣禮切，"啓""啟"爲異體字；

171. 弟，《廣韻》薺韻定紐有"第"小韻，特計切，《集韻》也作"第"，大計切，"第""弟"爲異體字；

172. 媲，《廣韻》霽韻滂紐有"媲"小韻，匹詣切，《集韻》也作"媲"，匹計切，"媲"古同"媲"；

115

173. 湼，《廣韻》屑韻泥紐有"涅"小韻，奴結切，《集韻》也作"涅"，乃結切，"涅""湼"爲異體字；

174. 熚，《廣韻》薛、屑韻幫紐無"熚"字，《集韻》屑韻"鷩"小韻有"熚"字，必結切，幫紐字，韻圖同此；

175. 截，《廣韻》屑韻從紐有"戳"小韻，昨結切，《集韻》同此，"戳""截"爲異體字；

176. 拽，《廣韻》薛韻喻紐有"抴"小韻，羊列切，《集韻》薛韻"抴""拽"並列小韻首字，亦注羊列切，韻圖同此，且"抴""拽"爲異體字；

177. 埒，《廣韻》薛韻來紐有"埒"字，力輟切，《集韻》也作"埒"，龍綴切，"埒""埒"爲異體字。

圖八、《蟹攝外二輕重俱等韻合口呼》

178. 胚，《廣韻》灰韻滂紐有"胚"小韻，芳杯切，無"胚"字，《集韻》也作"胚"，鋪枚切，《韻鏡》《七音略》都作"胚"，韻圖此處"胚"字恐爲"胚"字之誤；

179. 催，《廣韻》灰韻心紐無"催"字，"催"爲灰韻清紐字，倉回切，屬"崔"小韻，《集韻》灰韻從紐有"催"字，徂回切，韻圖同此；

180. 頜，《廣韻》賄韻見紐無"頜"字，《集韻》賄韻見紐有"頜"小韻，沽罪切，韻圖同此；

181. 悖，《廣韻》賄韻幫紐無"悖"字，《集韻》賄韻幫紐有"悖"小韻，必每切，韻圖同此；

182. 琣，《廣韻》賄韻滂紐無"琣"字，《集韻》賄韻滂紐有"琣"小韻，普罪切，韻圖同此；

183. 漼，《廣韻》賄韻心紐無"漼"字，《集韻》賄韻心紐有"漼"小韻，息罪切，韻圖同此；

184. 啐，《廣韻》隊韻從紐無"啐"字，《集韻》隊韻從紐有"啐"小韻，摧內切，韻圖同此；

185. 㓼，《廣韻》末韻心紐無"㓼"字，《集韻》末韻心紐有"㓼"小韻，先活切，韻圖同此；

186. 詭，《廣韻》皆韻、佳韻疑紐均無"詭"字，《集韻》佳韻疑紐有"詭"小韻，五咼切，"詭"字恐爲"詭"字之訛，此處佳韻字併入皆韻；

187. 頍，《廣韻》皆韻幫紐無"頍"字，《集韻》皆韻幫紐有"頍"小韻，蘗皆切，韻圖同此；

188. 嶏，《廣韻》皆韻滂紐無"嶏"字，《集韻》皆韻滂紐有"嶏"小韻，匹埋切，韻圖

同此；

189. 摣，《廣韻》皆韻照紐無"摣"字，《集韻》佳韻照紐有"摣"小韻，莊蛙切，韻圖同此；

190. 磭，《廣韻》皆韻穿紐無"磭"字，《集韻》皆韻穿紐有"磭"小韻，楚懷切，韻圖同此；

191. 襄，《廣韻》皆韻審紐無"襄"字，《集韻》皆韻審紐有"襄"小韻，所乖切，韻圖同此；

192. 拐，《廣韻》駭韻、蟹韻見紐均無"拐"字，蟹韻見紐有"枴"字，屬"忄"小韻，乖買切，《集韻》同此，此處"拐"字恐爲"枴"字之訛；

193. 儓，《廣韻》駭韻、蟹韻知紐均無"儓"字，《集韻》蟹韻知紐有"儓"小韻，都買切，韻圖同此；

194. 拃，《廣韻》蟹韻澄紐有"拃"小韻，丈夥切，《集韻》也作"拃"，柱買切，"拃""拃"爲異體字；

195. 㨃，《廣韻》駭韻、蟹韻穿紐均無"㨃"字，《集韻》蟹韻穿紐有"㨃"小韻，初買切，韻圖同此；

196. 崴，《廣韻》駭韻、蟹韻影紐均無"崴"字，《集韻》蟹韻影紐有"崴"小韻，烏買切，韻圖同此，此處蟹韻字併入駭韻；

197. 髲，《廣韻》卦韻、怪韻娘紐均無"髲"字，《集韻》卦韻娘紐有"髲"小韻，奴卦切，韻圖同此；

198. 睉，《廣韻》怪韻、夬韻牀紐均無"睉"字，《集韻》夬韻牀紐有"灑"小韻，仕夬切，韻圖同此，此處夬韻字併入怪韻；

199. 灑，《廣韻》怪韻、夬韻審紐均無"灑"字，《集韻》夬韻審紐有"灑"小韻，衰夬切，韻圖同此，此處夬韻字併入怪韻；

200. 惙，《廣韻》廢韻、祭韻徹紐均無"惙"字，《集韻》祭韻徹紐有"惙"小韻，丑芮切，韻圖同此；

201. 爇，《廣韻》薛韻日紐有"蓺"小韻，如劣切，《集韻》同此，"蓺""爇"爲異體字，韻圖此處薛韻字併入屑韻；

202. 裞，《廣韻》祭韻溪紐無"裞"字，《集韻》霽韻溪紐有"裞"小韻，睽桂切，韻圖同此；

203. 歲，《廣韻》祭韻心紐有"歲"小韻，相銳切，《集韻》祭韻心紐"歲""嵗"並列小韻首字，須銳切，"歲""嵗"爲異體字；

204. 篲，《廣韻》祭韻邪紐有"篲"小韻，無"篲"字，《集韻》祭韻邪紐"篲""篲"並列小韻首字，旋芮切，韻圖同此；

205. 銳，《廣韻》祭韻喻紐有“銳”小韻，以芮切，《集韻》祭韻也作“鋭”字，俞芮切，“鋭”“銳”爲異體字；

206. 鷩，《廣韻》屑韻幫紐無“鷩”字，《集韻》薛韻幫紐“鼈”“鷩”並列小韻首字，必列切，韻圖同此；

207. 撇，《廣韻》屑韻並紐無“撇”字，《集韻》薛韻並紐有“撇”小韻，便滅切，韻圖同此；

208. 悅，《廣韻》薛韻喻紐有“悅”小韻，弋雪切，《集韻》亦作“恱”，欲雪切，“悅”“恱”爲異體字，此處薛韻字併入屑韻。

圖九、《止攝内二重少輕多韻開口呼》

209. 祐，《廣韻》“祐”爲宥韻喻紐字，於救切，《集韻》同此，《韻鏡》《七音略》止攝均未見平聲“祐”字，此處列“祐”字恐誤；

210. 菑，《廣韻》之韻照紐有“菑”小韻，側持切，《集韻》也作“蓄”，莊持切，“菑”“蓄”爲異體字；

211. 茬，《廣韻》未見“茬”字，《集韻》之韻牀紐“茬”“茌”並列小韻首字，仕之切，韻圖同此；

212. 厠，《廣韻》志韻穿紐有“廁”小韻，初吏切，《集韻》同此，“廁”“厠”爲異體字；

213. 奇，《廣韻》支韻群紐有“奇”小韻，渠羈切，《集韻》同此，“竒”“奇”爲異體字；

214. 稿，《廣韻》支韻徹紐有“摛”小韻，丑知切，“稿”爲支韻來紐字，吕支切，《集韻》支韻徹紐也有“摛”小韻，抽知切，《韻鏡》《七音略》此處均列“摛”字，《等子》此處列“稿”字與《廣韻》《集韻》均不合；

215. 椅，《廣韻》紙韻見紐有“掎”小韻，居綺切，“椅”爲紙韻影紐字，於綺切，《集韻》紙韻見紐也有“掎”小韻，舉綺切，韻圖“椅”字恐爲“掎”字之訛；

216. 畸，《廣韻》至韻溪紐無“畸”字，寘韻溪紐“鬖”小韻有“掎”字，卿義切，《集韻》寘韻有“掎”小韻，卿義切，至、寘兩韻均未見“畸”字，韻圖同《集韻》，“畸”字恐爲“掎”字之訛；

217. 屎，《廣韻》至韻徹紐有“屎”小韻，丑利切，《集韻》至韻也有“屎”小韻，丑二切，《廣韻》“屎”字有兩讀，一爲喜夷切，脂韻曉紐字，一爲式視切，旨韻審紐字，依音不應置此，《七音略》至韻徹紐也列“屎”字，此處“屎”字恐爲“屎”字之訛；

218. 郪，《廣韻》寘韻穿紐有“刅”小韻，充豉切，《集韻》同此，未見“郪”字，韻圖“郪”字恐爲“刅”字之訛；

219. 戲，《廣韻》寘韻曉紐有"戲"小韻，香義切，《集韻》同此，"戲""戲"爲異體字；

220. 隙，《廣韻》陌韻溪紐有"隙"小韻，綺戟切，《集韻》陌韻也作"隙"，乞逆切，"隙""隙"爲異體字；

221. 鈺，《廣韻》質韻、昔韻滂紐均無"鈺"字，《集韻》昔韻滂紐有"鈺"小韻，鋪彳切，韻圖同此；

222. 虩，《廣韻》質韻、昔韻曉紐均無"虩"字，《集韻》昔韻曉紐有"虩"小韻，火彳切，韻圖同此；

223. 觬，《廣韻》支韻、脂韻均無"觬"字，《集韻》支韻疑紐有"觬"小韻，語支切，韻圖同此；

224. 踶，《廣韻》支韻、脂韻均無"踶"字，《集韻》脂韻定紐有"踶"小韻，徒祁切，韻圖同此；

225. 卑，《廣韻》支韻幫紐有"卑"小韻，府移切，《集韻》也作"甲"，賓彌切，"卑""甲"爲異體字；

226. 鮆，《廣韻》旨韻、紙韻均無"鮆"字，《集韻》紙韻從紐有"鮆"小韻，自爾切，韻圖同此；

227. 倪，《廣韻》齊韻有"倪"小韻，五稽切，止攝去聲無"倪"字，《集韻》未韻疑紐有"倪"小韻，五未切，韻圖同此；

228. 愍，《廣韻》質韻、昔韻都無"愍"字，《集韻》昔韻溪紐有"愍"小韻，苦席切，韻圖同此；

229. 悌，《廣韻》質韻、昔韻都無"悌"字，《集韻》昔韻定紐有"悌"小韻，待亦切，韻圖同此；

230. 鑈，《廣韻》昔韻無"鑈"字，《集韻》昔韻泥紐有"鑈"小韻，奴刺切，韻圖同此。

圖十、《止攝內二重少輕多韻合口呼》

231. 蘱，《廣韻》脂韻無"蘱"字，《集韻》支韻照紐有"蘱"小韻，莊隨切，韻圖同此；

232. 壘，《廣韻》"壘"爲旨韻來紐字，力軌切，《集韻》脂韻來紐有"壘"小韻，倫追切，韻圖同此；

233. 炊，《廣韻》《集韻》都無"炊"字，《集韻》尾韻溪紐有"恢"小韻，苦虺切，"炊""恢"爲異體字；

234. 儡，《廣韻》尾韻疑紐無"儡"字，《集韻》尾韻疑紐有"儡"小韻，魚鬼切，韻圖同此；

235. 摧，《廣韻》尾韻無"摧"字，《集韻》旨韻有"摧"小韻，丑水切，韻圖同此，旨韻字併入尾韻；

236. 㿈，《廣韻》尾韻澄紐無"㿈"字，《集韻》紙韻澄紐有"㿈"小韻，直婢切，韻圖同此，紙韻字併入尾韻；

237. 荽，《廣韻》尾韻未見"荽"字，"荽"有兩讀，一爲於偽切，寘韻影紐字，一爲於爲切，支韻影紐字，《集韻》紙韻有"荽"小韻，女委切，韻圖此處將紙韻字併入尾韻；

238. 隹，《廣韻》"隹"爲脂韻照紐字，職追切，《集韻》尾韻有"隹"小韻，諸鬼切，韻圖同此；

239. 甖，《廣韻》未韻疑紐無"甖"字，《集韻》未韻疑紐有"巍"小韻，虞貴切，韻圖同此，"甖""巍"爲異體字；

240. 豽，《廣韻》術韻娘紐無"豽"字，《集韻》質韻娘紐有"豽"小韻，女律切，韻圖同此；

241. 頧，《廣韻》物韻無"頧"字，《集韻》術韻照紐有"頧"小韻，之出切，韻圖同此；

242. 紬，《廣韻》"紬"爲術韻知紐字，竹律切，《集韻》質韻審紐有"紬"小韻，式聿切，韻圖同此，質韻字併入物韻；

243. 颮，《廣韻》物韻曉紐無"颮"字，有"颰"小韻，《集韻》迄韻曉紐"颰""颮"並列小韻首字，注："許勿切，疾風也，或省"，韻圖同此，"颮""颰"爲異體字；

244. 飫，《廣韻》物韻影紐無"飫"字，"飫"爲御韻影紐字，依倨切，《集韻》"飫"字依據切，《韻鏡》《七音略》《切韻指南》"飫"字都列入御韻影組，《等子》此處列"飫"字恐誤；

245. 卑，見圖《止攝內二開口呼》分析；

246. 毗，《廣韻》脂韻並紐有"毗"字，房脂切，《集韻》也作"毗"，頻脂切，"毗""毘"爲異體字；

247. 嗺，《廣韻》脂韻無"嗺"字，《集韻》脂韻精紐有"嗺"小韻，遵綏切，韻圖同此；

248. 嵬，《廣韻》旨韻無"嵬"字，《集韻》旨韻疑紐有"嵬"小韻，藝薳切，韻圖同此；

249. 庳，《廣韻》至韻幫紐無"庳"字，《集韻》至韻並紐有"庳"字，屬"鼻"小韻，毗至切，韻圖並紐已列小韻首字"鼻"，此處又列"庳"，小韻重出；

250. 役，《廣韻》質韻無"役"字，《集韻》質韻端紐有"役"小韻，都律切，韻圖同此；

251. 驈，《廣韻》質韻匣紐無"驈"字，《集韻》質韻匣紐有"驈"小韻，戶橘切，韻圖同此。

圖十一、《臻攝外三輕重俱等韻開口呼》

252. 靱，《廣韻》《集韻》痕韻均未見"靱"字，韻圖此處列"靱"字與《廣韻》《集韻》均不合；

253. 頎，《廣韻》很韻群紐無"頎"字，《集韻》很韻群紐有"頎"小韻，其懇切，韻圖同此；

254. 限，《廣韻》很韻無"限"字，《集韻》很韻亦無"限"字，韻圖此處列"限"字與《廣韻》《集韻》均不合；

255. 洒，《廣韻》很韻無"洒"字，《集韻》很韻心紐有"洒"小韻，蘇很切，韻圖同此；

256. 硍，《廣韻》恨韻無"硍"字，《集韻》恨韻溪紐有"硍"小韻，苦恨切，韻圖同此；

257. 痕，《廣韻》恨韻無"痕"字，《集韻》恨韻透紐有"痕"小韻，佗恨切，韻圖同此；

258. 攤，《廣韻》恨韻無"攤"字，《集韻》恨韻心紐有"攤"小韻，所恨切，韻圖同此；

259. 麧，《廣韻》沒韻溪紐無"麧"字，《集韻》沒韻有"麧"小韻，敱紇切，疑紐字，韻圖同此，誤列溪紐；

260. 溠，《廣韻》臻韻穿紐無"溠"字，"溠"爲臻韻照紐字，側詵切，《集韻》臻韻穿紐有"溠"小韻，楚莘切，韻圖同此；

261. 榛，《廣韻》臻韻牀紐無"榛"字，《集韻》臻韻牀紐有"榛"小韻，鋤臻切，韻圖同此；

262. 酳，《廣韻》欣韻無"酳"字，《集韻》欣韻牀紐有"酳"小韻，士靳切，韻圖同此；

263. 剗，《廣韻》櫛韻無"剗"字，《集韻》櫛韻穿紐有"剗"小韻，測乙切，韻圖同此；

264. 勤，《廣韻》軫韻群紐無"勤"字，"勤"爲欣韻群紐字，巨斤切，依音不應置此，《集韻》軫韻也無"勤"字，韻圖此處列"勤"字與《廣韻》《集韻》均不合；

265. 駗，《廣韻》軫韻知紐無"駗"字，《集韻》準韻知紐有"駗"小韻，知忍切，韻圖同此；

266. 掀，《廣韻》震韻溪紐無"掀"字，《集韻》焮韻溪紐有"掀"小韻，丘近切，韻圖同此，焮韻字併入震韻；

267. 呻，《廣韻》震韻審紐有"呻"小韻，試刃切，《集韻》同此，《韻鏡》《七音略》震韻審紐三等都列"呻"字，《等子》此處"呻"字恐爲"呻"字之訛；

268. 暱，《廣韻》質韻娘紐有"暱"小韻，尼質切，無"暱"字，《集韻》質韻有"暱"無"暱"，韻圖此處"暱"字恐爲"暱"字之訛；

269. 拂，《廣韻》質韻滂紐無"拂"字，《集韻》質韻滂紐有"拂"小韻，普密切，韻圖同此；

270. 緊，《廣韻》眞韻無"緊"字，《集韻》諄韻溪紐有"緊"小韻，乞鄰切，韻圖同此，諄韻字併入眞韻；

271. 賓，《廣韻》眞韻幫紐有"賓"小韻，必鄰切，《集韻》眞韻"賓""賓"並列小韻首字，卑民切，"賓""賓"爲異體字；

272. 繽，《廣韻》《集韻》眞韻滂紐都無"繽"字，有"繽"小韻，匹賓切，"繽""繽"爲異體字；

273. 賢，《廣韻》眞韻無"賢"字，"賢"爲先韻匣紐字，胡田切，《集韻》眞韻亦無"賢"字，韻圖《山攝外四開口呼》先韻匣紐已列"賢"字，此處又列"賢"字，小韻重複；

274. 臏，《廣韻》軫韻幫紐無"臏"字，軫韻並紐有"臏"字，屬"牝"小韻，毗忍切，"臏""臏"爲異體字，韻圖已列小韻首字"牝"，此又列"臏"，小韻重出；

275. 碤，《廣韻》軫韻滂紐無"碤"字，《集韻》準韻滂紐有"碤"小韻，匹忍切，韻圖同此；

276. 凶，《廣韻》軫韻心紐無"凶"字，"凶"爲震韻心紐字，息晉切，《集韻》準韻心紐有"凶"小韻，思忍切，韻圖同此；

277. 嬪，《廣韻》震韻無"嬪"字，眞韻並紐有"嬪"字，符眞切，《集韻》震韻也無"嬪"字，"嬪"字入眞韻，卑民切，"嬪""嬪"爲異體字；

278. 臏，《廣韻》震韻並紐無"臏"字，軫韻並紐有"臏"字，毗忍切，屬"牝"小韻，《集韻》"臏"字入準韻，也屬"牝"小韻，婢忍切，韻圖已列小韻首字"牝"，此處又列"臏"，小韻重出；

279. 胤，《廣韻》震韻喻紐有"胤"小韻，羊晉切，《集韻》稕韻喻紐有"胤"字，羊進切，"胤""胤"爲異體字；

280. 鈲，《廣韻》質韻無"鈲"字，《集韻》質韻疑紐有"鈲"小韻，魚一切，韻圖同此；

281. 鈇，《廣韻》屑韻透紐有"鐵"小韻，他結切，《集韻》同此，"鈇""鐵"爲異體字；

282. 耋，《廣韻》質韻無"耋"字，《集韻》質韻定紐有"耋"小韻，地一切，韻圖同此；

283. 昵，《廣韻》"昵"爲質韻娘紐字，尼質切，《集韻》質韻泥紐有"昵"小韻，乃吉切，韻圖同此。

圖十二、《臻攝外三輕重俱等韻合口呼》

284. 廬，《廣韻》魂韻泥紐有"廬"小韻，奴昆切，未見"廬"字，《集韻》同此，韻圖此處列"廬"字與《廣韻》《集韻》均不合；

285. 惣，《廣韻》混韻來紐有"惣"小韻，盧本切，《集韻》混韻來紐也有"惣"小韻，魯本切，韻圖此處列"惣"字與《廣韻》《集韻》均不合；

286. 黗，《廣韻》恩韻透紐無"黗"字，《集韻》恨韻透紐有"黗"小韻，暾頓切，韻圖將恨韻字併入恩韻；

287. 鱒，《廣韻》恩韻從紐有"鱒"小韻，徂悶切，"鱒"爲魂韻精紐字，祖昆切，依音不應置此，《集韻》恨韻從紐有"鱒"小韻，徂悶切，《韻鏡》《七音略》《切韻指南》此處都列

"鐏"字,《等子》此處"鐏"字恐爲"鐏"字之誤;

288. 黷,《廣韻》恩韻曉紐有"惛"小韻,無"黷"字,《集韻》混韻"惛"小韻有"黷"字,虎本切,韻圖混韻曉紐已列小韻首字"惛",此又列"黷"字,小韻重出;

289. 旲,《廣韻》没韻透紐無"旲"字,有"汲"小韻,土骨切,《集韻》也無"旲"字,韻圖此處"旲"字恐爲"汲"字之誤;

290. 悴,《廣韻》没韻清紐有"猝"小韻,無"悴"字,"悴"爲至韻從紐字,秦醉切,《集韻》没韻清紐也有"猝"字,蒼没切,《韻鏡》《七音略》《切韻指南》此處都列"猝"字,《等子》列"悴"字與《廣韻》《集韻》均不合;

291. 竣,《廣韻》"竣"爲諄韻清紐字,七倫切,《集韻》諄韻照紐有"竣"小韻,莊倫切,韻圖同此;

292. 幡,《廣韻》諄韻穿紐無"幡"字,《集韻》眞韻穿紐有"幡"小韻,測倫切,《五音集韻》穿紐"幡"字入諄韻,韻圖同此;

293. 卷,《廣韻》文韻、諄韻溪紐均無"卷"字,《集韻》文韻溪紐有"卷"小韻,丘云切,韻圖同此;

294. 輑,《廣韻》"輑"爲諄韻溪紐字,去倫切,《集韻》文韻疑紐有"輑"小韻,虞云切,韻圖同此;

295. 脣,《廣韻》諄韻牀紐有"脣"小韻,食倫切,《集韻》也作"脣",船倫切,"脣""脣"爲異體字;

296. 揗,《廣韻》文韻、諄韻日紐均無"揗"字,諄韻日紐有"犉"小韻,如勻切,《集韻》也無"揗"字,有"犉"小韻,濡純切,《韻鏡》《七音略》《切韻指南》都列"犉"字,《等子》此處"揗"字恐爲"犉"字之訛;

297. 擱,《廣韻》無"擱"字,《集韻》隱韻見紐有"擱"小韻,舉蘊切,韻圖同此;

298. 蝽,《廣韻》吻韻、準韻澄紐均無"蝽"字,《集韻》準韻澄紐有"蝽"小韻,杜允切,韻圖同此;

299. 楯,《廣韻》準韻禪紐無"楯"字,《集韻》準韻禪紐有"楯"小韻,辭允切,韻圖同此;

300. 枟,《廣韻》吻韻、準韻喻紐均無"枟"字,吻韻喻紐有"抎"小韻,云粉切,《集韻》吻韻、準韻也無"枟"字,《韻鏡》《七音略》此處即列"抎"字,韻圖"枟"字恐爲"抎"字之訛;

301. 趣,《廣韻》問韻、稕韻溪紐均無"趣"字,《集韻》焮韻溪紐有"趣"小韻,丘運切,韻圖同此;

302. 鈍,《廣韻》問韻、稕韻澄紐均無"鈍"字,《集韻》稕韻澄紐有"鈍"小韻,屯閏切，韻圖同此；

303. 淪，《廣韻》問韻、稕韻來紐均無"淪"字，《集韻》稕韻來紐有"淪"小韻，倫浚切，韻圖同此；

304. 閏，《廣韻》稕韻日紐有"閏"小韻，如順切，《集韻》作"閏"，儒順切，韻圖同此，"閏""閏"爲異體字；

305、307~309. 豽、頵、絀、颲，四字具體分析見圖《止攝內二重少輕多韻合口呼》；

306. 柫，《廣韻》物韻敷紐無"柫"字，有"拂"小韻，敷勿切，《集韻》同此，《韻鏡》《七音略》此處都列"拂"字，《等子》"柫"字恐爲"拂"字之訛；

310. 蹲，《廣韻》準韻、吻韻清紐都無"蹲"字，《集韻》準韻清紐有"蹲"小韻，趣允切，韻圖同此；

311. 瘚，《廣韻》準韻無"瘚"字，《集韻》準韻從紐有"瘚"小韻，纔尹切，韻圖同此；

312. 殉，《廣韻》準韻、吻韻邪紐都無"殉"字，"殉"爲稕韻邪紐字，辭閏切，《集韻》"殉"小韻也在稕韻，徐閏切，韻圖此處列"殉"字與《廣韻》《集韻》均不合；

313. 㧙，《廣韻》稕韻無"㧙"字，《集韻》稕韻見紐有"㧙"小韻，九峻切，韻圖同此；

314. 郇，《廣韻》問、稕韻邪紐均無"郇"字，"郇"爲諄韻心紐字，屬"荀"小韻，相倫切，《集韻》"郇"字須倫切，也在諄韻"荀"小韻，韻圖心紐已列小韻首字"荀"，此處又列"郇"字，小韻重出；

315. 騜，具體分析見圖《止攝內二重少輕多韻合口呼》。

圖十三、《山攝外四輕重俱等韻開口呼》

316. 籛，《廣韻》寒韻無"籛"字，《集韻》寒韻精紐有"籛"小韻，子幹切，韻圖同此；

317. 鬢，《廣韻》旱韻精紐有"鬢"小韻，作旱切，《集韻》也作"鬢"，子罕切，"鬢""鬢"爲異體字；

318. 瓉，《廣韻》旱韻從紐有"瓉"小韻，藏旱切，《集韻》也作"瓉"，在坦切，"瓉""瓉"爲異體字；

319. 俹，《廣韻》旱韻影紐無"俹"字，《集韻》緩韻影紐有"俹"小韻，阿侃切，韻圖此處列"俹"字與《廣韻》《集韻》均不合；

320. 贊，《廣韻》翰韻精紐有"贊"小韻，則旰切，《集韻》翰韻"贊""贊"並列小韻首字，亦注則旰切，韻圖同此，"贊""贊"爲異體字；

321. 儹，《廣韻》翰韻從紐有"儹"小韻，徂贊切，《集韻》換韻從紐有"儹"小韻，才贊切，"儹""儹"爲異體字；

322. 嶭，《廣韻》曷韻疑紐有"嶭"小韻，五割切，"嶭"爲卦韻幫紐字，方賣切，依音不應置此，《集韻》曷韻疑紐也有“嶭”小韻，牙葛切，韻圖“㠔”字恐爲“嶭”字之訛；

323. 擦，具體分析見圖《蟹攝外二輕重俱等開口呼》；

324. 嚽，《廣韻》曷韻從紐有“嚽”字，才割切，《集韻》曷韻從紐有“囋”字，才達切，韻圖同此，“嚽”“囋”爲異體字；

325. 虥，《廣韻》山韻、删韻牀紐均無“虥”字，山韻牀紐有“虦”小韻，士山切，《集韻》山韻、删韻也無“虥”字，山韻有“虦”小韻，昨閑切，“虦”“虥”爲異體字，《韻鏡》《七音略》山韻牀紐都列“虦”字，《等子》此處列“虥”字與《廣韻》《集韻》均不合；

326. 間，《廣韻》山韻見紐有“閒”小韻，古閑切，《集韻》也作“閒”，居閑切，“間”“閒”爲異體字；

327. 獮，《廣韻》山韻澄紐有“獮”小韻，直閑切，《集韻》也作“獮”，丈山切，“獮”“獮”爲異體字；

328. 瓣，《廣韻》山韻、删韻並紐均無“瓣”字，《集韻》山韻並紐有“瓣”小韻，薄閑切，韻圖同此；

329. 斕，《廣韻》山韻來紐無“斕”字，有“斕”小韻，“斕”字落旱切，爲旱韻來紐字，《集韻》山韻有“斕”無“斕”，“斕”也在旱韻，《韻鏡》《七音略》山韻來紐都列“斕”字，《等子》此處“斕”字恐爲“斕”字之訛；

330. 蕳，《廣韻》產韻見紐有“簡”小韻，古限切，《集韻》產韻見紐也有“簡”小韻，賈限切，“簡”“簡”爲異體字，《等子》此處“蕳”字恐爲“簡”字之訛；

331. 㬗，《廣韻》“㬗”爲諫韻徹紐字，丑晏切，韻圖襉韻徹紐已列“㬗”字，《集韻》潸韻徹紐有“㬗”小韻，丑赧切，韻圖同此；

332. 赧，《廣韻》產韻無“赧”字，潸韻娘紐有“赧”小韻，奴板切，《集韻》潸韻“赧”“赧”並列小韻首字，乃版切，韻圖同此，“赧”“赧”爲異體字；

333. 盼，《廣韻》產韻滂紐無“盼”字，《集韻》產韻滂紐有“盼”小韻，匹限切，韻圖同此；

334. 版，《廣韻》產韻並紐無“版”字，《集韻》產韻並紐有“版”小韻，蒲限切，韻圖同此；

335. 晚，《廣韻》產韻無“晚”字，《集韻》產韻微紐有“晚”小韻，武簡切，韻圖同此；

336. 軋，《廣韻》產韻影紐無“軋”字，《集韻》產韻影紐有“軋”小韻，膺眼切，韻圖同此；

337. 澗，《廣韻》諫韻見紐有“澗”小韻，古晏切，《集韻》也作“澗”，居莧切，“澗”“澗”爲異體字；

338. 𣈶，《廣韻》襉韻無“𣈶”字，《集韻》諫韻娘紐有“𣈶”小韻，乃諫切，韻圖同此；

339. 盻，《廣韻》襉韻滂紐有"盼"小韻，匹莧切，無"盻"字，《集韻》襉韻也無"盻"字，滂紐有"盼"小韻，普莧切，韻圖"盻"字恐爲"盼"字之誤；

340. 嘽，具體分析見圖《蟹攝外二輕重俱等開口呼》；

341. 矕，《廣韻》先韻、仙韻均無"矕"字，《集韻》仙韻明紐有"矕"小韻，免員切，韻圖同此；

342. 綣，《廣韻》獮韻溪紐無"綣"字，《集韻》獮韻溪紐有"綣"小韻，起輦切，韻圖同此；

343. 膳，《廣韻》獮韻照紐有"膳"小韻，旨善切，無"膳"字，"膳"爲線韻禪紐字，時戰切，依音不應置此，《集韻》獮韻照紐也有"膳"小韻，《韻鏡》《七音略》都列"膳"字，《等子》此處"膳"字恐爲"膳"字之訛；

344. 憓，《廣韻》獮韻無"憓"字，《集韻》阮韻曉紐有"憓"字，許偃切，韻圖同此，阮韻字併入獮韻；

345. 騫，《廣韻》"騫"字去乾切，仙韻溪紐字，《集韻》願韻溪紐有"騫"小韻，袪建切，韻圖同此；

346. 軔，《廣韻》線韻無"軔"字，《集韻》線韻日紐有"軔"小韻，如戰切，韻圖同此；

347. 邊，《廣韻》先韻幫紐有"邊"小韻，布玄切，《集韻》也作"邊"，卑眠切，"邊""邊"爲異體字；

348. 覑，《廣韻》無"覑"字，《集韻》銑韻滂紐有"覑"小韻，匹典切，韻圖據此；

349. 塡，《廣韻》霰韻透紐有"塡"小韻，他甸切，"塡"爲霰韻定紐字，堂練切，屬"電"小韻，韻圖定紐已列小韻首字"電"，此又列"塡"，小韻重出，《集韻》與《廣韻》同，《韻鏡》《七音略》此處都列"塡"，《等子》"塡"字恐爲"塡"字之訛；

350. 睍，《廣韻》霰韻泥紐有"睍"小韻，奴甸切，"睍"字胡典切，銑韻匣紐字，依音不應置此，《集韻》霰韻也有"睍"小韻，乃見切，"睍"字形甸切，匣紐字，《韻鏡》《七音略》此處都列"睍"，《等子》"睍"字恐爲"睍"字之訛；

351. 辯，《廣韻》霰韻無"辯"字，《集韻》霰韻並紐有"辯"小韻，批眄切，韻圖同此，"辯"字恐爲"辯"字之誤；

352. 鈇，具體分析見圖《臻攝外三輕重俱等韻開口呼》；

353. 鼈，《廣韻》屑韻滂紐有"擎"小韻，普蔑切，《集韻》同此，韻圖此處列"鼈"字與《廣韻》《集韻》均不合；

354. 擎，《廣韻》屑韻並紐有"鼈"小韻，蒲結切，《集韻》同此，結合前文"鼈"字分析，韻圖"擎""鼈"兩字恐位置顛倒；

355. 截，具體分析見圖《蟹攝外二輕重俱等開口呼》；

356. 栧，《廣韻》薛韻喻韻有"抴"小韻，羊列切，《集韻》薛韻"抴""拽"並列小韻首字，亦注羊列切，"抴""拽"爲異體字，韻圖此處"栧"字恐爲"拽"字之訛。

圖十四、《山攝外四輕重俱等韻合口呼》

357. 寬，《廣韻》桓韻溪紐有"寬"小韻，苦官切，《集韻》也作"寛"，枯官切，"寬""寛"爲異體字；

358. 鑽，《廣韻》桓韻精紐有"鑽"小韻，借官切，《集韻》桓韻精紐有"鑽"小韻，祖官切，韻圖同此，"鑽""鑽"爲異體字；

359. 爨，《廣韻》桓韻清紐無"爨"字，《集韻》桓韻清紐有"爨"小韻，七丸切，韻圖同此；

360. 輐，《廣韻》緩韻疑紐無"輐"字，《集韻》緩韻疑紐有"輐"小韻，五管切，韻圖同此；

361. 玤，《廣韻》緩韻滂紐無"玤"字，有"伴"小韻，普伴切，《集韻》同此，《韻鏡》《七音略》都作"伴"，《等子》此處"玤"字恐爲"伴"字之訛；

362. 憓，《廣韻》緩韻清紐無"憓"字，《集韻》緩韻清紐有"憓"小韻，千短切，韻圖同此；

363. 澆，《廣韻》緩韻曉紐無"澆"字，《集韻》緩韻曉紐有"澆"小韻，火管切，韻圖同此；

364. 欵，《廣韻》換韻溪紐有"鏉"小韻，口喚切，《集韻》也作"鏉"，苦喚切，韻圖"欵"字恐爲"鏉"字之訛；

365. 鑽，《廣韻》換韻精紐有"鑽"字，子筭切，《集韻》換韻有"鑽"小韻，祖筭切，韻圖同此，"鑽""鑽"爲異體字；

366. 潑，《廣韻》末韻滂紐有"潑"小韻，普活切，《集韻》末韻"潑""潑"並列"鏺"小韻，亦注普活切，韻圖同此，"潑""潑"爲異體字；

367. 刟，《廣韻》末韻心紐無"刟"字，《集韻》末韻心紐有"刟"小韻，先活切，韻圖同此；

368. 份，《廣韻》山韻、刪韻並紐都無"份"字，《集韻》刪韻並紐有"份"小韻，步還切，韻圖同此；

369. 豩，《廣韻》山韻、刪韻曉紐都無"豩"字，《集韻》刪韻曉紐有"豩"小韻，呼關切，韻圖同此；

370. 罻，《廣韻》獮韻"罻"字思兗切，心紐字，屬"選"小韻，《集韻》獮韻審紐有"罻"小韻，式撰切，韻圖同此；

371. 販，《廣韻》產韻滂紐無"販"字，"販"爲願韻非紐字，方願切，依音不應置此，潸韻滂紐有"眅"小韻，普板切，《集韻》潸韻滂紐也有"眅"小韻，普版切，《韻鏡》《七音略》此處都列"眅"，《等子》此處"販"字恐爲"眅"字之譌；

372. 粄，《廣韻》產韻並紐無"粄"字，"粄"爲緩韻幫紐字，博管切，韻圖緩韻幫紐已列"粄"字，《廣韻》潸韻並紐有"阪"小韻，扶板切，《集韻》潸韻並紐也有"阪"小韻，部版切，《韻鏡》《七音略》都列"阪"，該圖此處列"粄"字與《廣韻》《集韻》均不合；

373. 趱，《廣韻》諫韻群紐無"趱"字，《集韻》諫韻群紐有"趱"小韻，求患切，韻圖同此；

374. 恮，《廣韻》裥韻照紐無"恮"字，《集韻》線韻照紐有"恮"小韻，莊眷切，韻圖同此；

375. 僾，《廣韻》鎋韻無"僾"字，黠韻明紐有"儑"小韻，莫八切，《集韻》同此，結合韻圖《蟹攝外二合口呼》判斷，此處"僾"字恐爲"儑"字之誤；

376. 番，《廣韻》元韻非紐無"番"字，有"蕃"小韻，甫煩切，《集韻》元韻非紐也有"蕃"小韻，方煩切，"番"屬"煩"小韻，韻圖已列首字"煩"，此又列"番"，小韻重出，《韻鏡》《七音略》此處都列"蕃"，《等子》"番"字恐爲"蕃"字之誤；

377. 袁，《廣韻》元韻喻紐有"袁"小韻，雨元切，《集韻》也作"袁"，于元切，"袁""袁"爲異體字；

378. 囀，《廣韻》阮韻知紐無"囀"字，獮韻知紐有"轉"小韻，陟兗切，線韻知紐有"囀"小韻，知戀切，《集韻》同此，韻圖此處列"囀"字與《廣韻》《集韻》均不合；

379. 脧，《廣韻》阮韻徹紐無"脧"字，《集韻》獮韻徹紐有"脧"小韻，敕轉切，韻圖同此；

380. 㝸，《廣韻》阮韻娘紐無"㝸"字，《集韻》獮韻娘紐有"㝸"小韻，女軟切，韻圖同此；

381. 疲，《廣韻》阮韻敷紐無"疲"字，《集韻》阮韻敷紐有"疲"小韻，芳反切，韻圖同此；

382. 㣩，《廣韻》願韻無"㣩"字，線韻徹紐有"㺀"小韻，丑戀切，《集韻》線韻也有"㺀"小韻，寵戀切，韻圖此處"㣩"字恐爲"㺀"字之誤；

383. 縳，《廣韻》願韻審紐無"縳"字，《集韻》線韻審紐有"縳"小韻，升絹切，韻圖同此；

384. 蓺，具體分析見圖《蟹攝外二輕重俱等韻合口呼》；

385. 涓，《廣韻》先韻見紐有"涓"小韻，古玄切，《集韻》也作"涓"，圭玄切，"涓""涓"爲異體字；

386. 鑴，《廣韻》仙韻精紐有"鑴"小韻，子泉切，《集韻》也作"鑴"，遵全切，"鑴""鑴"爲異體字；

387. 餶，《廣韻》獮韻無"餶"字，獮韻群紐有"蜎"小韻，狂兗切，"餶"爲霰韻影紐字，《集韻》"餶"字縈絹切，入霰韻，獮韻群紐也有"蜎"小韻，葵兗切，韻圖線韻影紐已列"餶"字，此處"餶"字恐爲"蜎"字之誤；

388. 蔫，《廣韻》獮韻滂紐無"蔫"字，《集韻》獮韻滂紐有"蔫"小韻，匹善切，韻圖同此；

389. 臇，《廣韻》獮韻精紐有"臇"小韻，子兗切，《集韻》同此，"臇""臇"爲異體字；

390. 蔓，《廣韻》獮韻邪紐無"蔓"字，《集韻》獮韻邪紐有"蔓"小韻，詳兗切，韻圖同此；

391. 蜎，《廣韻》獮韻影紐無"蜎"字，《集韻》銑韻影紐有"蜎"小韻，於泫切，韻圖據此；

392. 缺，《廣韻》線韻無"缺"字，《集韻》線韻溪紐有"缺"小韻，窺絹切，韻圖同此；

393. 恮，《廣韻》線韻精紐無"恮"字，《集韻》線韻精紐有"恮"小韻，子眷切，韻圖同此；

394. 泉，《廣韻》線韻從紐無"泉"字，《集韻》線韻從紐有"泉"小韻，疾眷切，韻圖同此；

395. 挚，具體分析見圖《山攝外四輕重俱等韻開口呼》；

396~397. 敝、悅，具體分析見圖《蟹攝外二輕重俱等韻合口呼》；

398. 玦，《廣韻》屑韻影紐有"抉"小韻，於決切，"玦"爲屑韻見紐字，古穴切，依音不應置此，《集韻》同此，韻圖此處"玦"字恐爲"抉"字之誤。

圖十五、《果攝內四重多輕少韻開口呼》

399. 醝，《廣韻》歌韻精紐無"醝"字，麻韻精紐有"嗟"小韻，子邪切，《集韻》同此，"醝""嗟"爲異體字；

400. 夥，《廣韻》和《集韻》都未見"夥"字，《廣韻》哿韻端紐有"嚲"小韻，丁可切，《集韻》同此，《七音略》此處也列"嚲"字，該圖"夥"字恐爲"嚲"字之誤；

401. 攞，《廣韻》哿韻來紐有"攞"小韻，來可切，無"攞"字，《集韻》同此，《七音略》《切韻指南》此處即列"攞"字，《等子》"攞"字恐爲"攞"字之訛；

402. 拕，《廣韻》箇韻透紐有"拖"小韻，吐邏切，《集韻》過韻"拖""拕"並列小韻首字，他佐切，韻圖同此，"拖""拕"爲異體字；

403. 沰，具體分析見圖《效攝外五全重無輕韻》；

404. 妳，《廣韻》馬韻徹紐有"奼"小韻，丑下切，《集韻》馬韻"奼""妳"並列小韻首字，丑下切，韻圖同此，"奼""妳"爲異體字；

405. 觰，《廣韻》馬韻知紐有"觰"小韻，都賈切，無"觰"字，《集韻》同此，韻圖此處"觰"字恐爲"觰"字之誤；

406. 哆，《廣韻》馬韻澄紐無"哆"字，《集韻》馬韻澄紐有"跢"小韻，宅下切，《切韻指南》此處也列"跢"字，該圖"哆"字恐爲"跢"字之誤；

407. 土，《廣韻》馬韻滂紐無"土"字，《集韻》馬韻滂紐有"土"小韻，片賈切，韻圖同此；

408. 罷，《廣韻》馬韻無"罷"字，《集韻》馬韻幫紐有"罷"字，補下切，屬"把"小韻，韻圖幫紐已列小韻首字"把"，此又列"罷"，小韻重出；

409. 笗，《廣韻》馬韻穿紐無"笗"字，《集韻》馬韻穿紐有"笗"小韻，初雅切，韻圖同此；

410. 蘿，《廣韻》馬韻來紐有"蘿"小韻，盧下切，《集韻》同，"蘿"字《廣韻》爲藥韻喻紐字，依音不應置此，韻圖此處"蘿"字恐爲"蘿"字之訛；

411. 咤，《廣韻》禡韻澄紐無"咤"字，有"蛇"小韻，除駕切，"咤"爲禡韻知紐字，屬"吒"小韻，《集韻》同此，韻圖已列小韻首字"吒"，此又列"咤"，小韻重出；

412. 瘥，《廣韻》禡韻無"瘥"字，《集韻》禡韻穿紐有"瘥"小韻，楚嫁切，韻圖同此；

413. 厦，《廣韻》禡韻審紐無"厦"字，《集韻》禡韻審紐有"厦"字，屬"嗄"小韻，所嫁切，韻圖同此；

414. 哳，《廣韻》鎋韻知紐有"哳"小韻，陟鎋切，《集韻》同此，"哳""哳"爲異體字；

415. 嚓，具體分析見圖《蟹攝外二開口呼》；

416. 轙，《廣韻》鎋韻明紐有"礣"字，屬"僷"小韻，莫八切，"轙"爲月韻微紐字，望發切，《集韻》點韻有"礣"無"轙"，參照《山攝外四開口呼》《蟹攝外二開口呼》諸圖，韻圖此處"轙"字恐爲"礣"字之誤；

417. 儸，《廣韻》麻韻無"儸"字，《集韻》麻韻來紐有"儸"小韻，利遮切，韻圖同此；

418. 跢，《廣韻》馬韻來紐無"跢"字，《集韻》馬韻來紐有"跢"小韻，力者切，韻圖同此；

419. 蹉，《廣韻》禡韻照紐無"蹉"字，"蹉"爲歌韻清紐字，七何切，《集韻》"蹉"字倉何切，戈韻清紐字，韻圖此處列"蹉"字與《廣韻》《集韻》均不合；

420. 趄，《廣韻》禡韻穿紐有"趄"小韻，充夜切，無"趄"字，《集韻》同此，"趄"字《廣韻》丘謹切，隱韻溪紐字，依音不應置此，韻圖此處"趄"字恐爲"趄"字之訛；

421. 舍，《廣韻》禡韻審紐有"舍"小韻，始夜切，《集韻》禡韻寫作"舍"，式夜切，審紐字，韻圖同此，"舍""舍"爲異體字；

422. 偌，《廣韻》禡韻日紐無"偌"字，《集韻》禡韻日紐有"偌"小韻，人夜切，韻圖同此；

423. 哶，《廣韻》麻韻心紐無"哶"字，《集韻》麻韻心紐有"哶"小韻，彌嗟切，韻圖同此；

424. 磋，《廣韻》麻韻清紐無"磋"字，《集韻》麻韻清紐有"磋"小韻，七邪切，韻圖同此；

425. 查，《廣韻》麻韻有"查"小韻，才邪切，麻韻從紐字，《集韻》同此，韻圖誤將"查"字列入心紐；

426. 苛，《廣韻》麻韻曉紐無"苛"字，《集韻》麻韻曉紐有"苛"小韻，黑嗟切，韻圖同此；

427. 哆，《廣韻》馬韻端紐無"哆"字，《集韻》馬韻端紐有"哆"小韻，丁寫切，韻圖同此；

428. 姐，《廣韻》"姐"爲馬韻精紐字，茲野切，《集韻》馬韻從紐有"姐"小韻，慈野切，韻圖精紐已列"姐"字，此又列"姐"字，小韻重複；

429. 褯，《廣韻》"褯"爲禡韻從紐字，慈夜切，《集韻》同此，韻圖誤將"褯"字列入心紐。

圖十六、《果攝內四重多輕少韻合口呼麻外六》

430. 陊，《廣韻》戈韻端紐有"陊"小韻，丁戈切，《集韻》戈韻有"陊"字，都戈切，韻圖同此，"陊""陊"爲異體字；

431. 䯚，《廣韻》戈韻喻紐無"䯚"字，《集韻》戈韻喻紐有"䯚"小韻，于戈切，韻圖同此；

432. 姬，《廣韻》果韻疑紐有"姬"小韻，五果切，《集韻》同此，"姬""姬"爲異體字；

433. 姬，《廣韻》果韻泥紐有"姬"小韻，奴果切，《集韻》同此，"姬""姬"爲異體字；

434. 鏁，《廣韻》果韻心紐無"鏁"字，《集韻》果韻心紐有"鏁"字，損果切，韻圖同此；

435. 隋，《廣韻》過韻定紐無"隋"字，有"惰"小韻，徒臥切，"隋"爲果韻透紐字，他果切，依音不應置此，《集韻》同此，韻圖此處列"隋"字與《廣韻》《集韻》均不合；

436. 粳，《廣韻》過韻泥紐無"粳"字，有"愞"小韻，乃臥切，《集韻》也作"愞"，奴臥切，《韻鏡》《七音略》《切韻指南》此處都列"愞"字，《等子》此處列"粳"字與《廣韻》《集韻》均不合；

437. 摳，《廣韻》麻韻知紐無"摳"字，有"檛"小韻，陟瓜切，《集韻》麻韻"檛"小韻有
"摳"字，張瓜切，韻圖同此；

438. 丆，《廣韻》馬韻知紐無"丆"字，《集韻》亦無，韻圖此處列"丆"字與《廣韻》《集
韻》均不合；

439. 搲，《廣韻》馬韻影紐無"搲"字，《集韻》馬韻影紐有"搲"小韻，烏瓦切，韻圖
同此；

440. 抓，《廣韻》禡韻見紐無"抓"字，有"呱"小韻，古罵切，"抓"字側教切，效韻照
紐字，依音不應置此，《集韻》禡韻有"呱"無"抓"，《韻鏡》《七音略》都列"呱"字，《等
子》此處"抓"字恐爲"呱"字之訛；

441. 話，《廣韻》禡韻無"話"字，《集韻》禡韻匣紐有"話"字，胡化切，韻圖同此；

442. 鮺，《廣韻》馬韻有"鮺"小韻，鹺瓦切，鹺爲精紐字，瓦爲馬韻二等字，切出的
鮺字依反切上字列入四等。

圖十七、《曾攝內八重多輕少韻啓口呼梗攝外八》

443. 絚，《廣韻》登韻見紐有"絚"字，古恒切，《集韻》也作"緪"，居曾切，"絚"
"緪"爲異體字；

444. 俞，《廣韻》登韻溪紐無"俞"字，《集韻》登韻溪紐有"俞"小韻，肯登切，韻圖
同此；

445. 鼟，《廣韻》登韻透紐有"鼟"小韻，他登切，無"鼟"字，《集韻》同此，韻圖"鼟"
字恐爲"鼟"字之誤；

446. 繃，《廣韻》登韻滂紐無"繃"字，有"漰"小韻，普朋切，《集韻》登韻"漰"字披朋
切，"繃"爲耕韻幫紐字，依音不應置此，韻圖此處列"繃"字，與《廣韻》《集韻》都不合；

447. 䁁，《廣韻》登韻清紐無"䁁"字，《集韻》登韻清紐有"䁁"小韻，七曾切，韻圖
同此；

448. 鞥，《廣韻》登韻影紐無"鞥"字，《集韻》登韻影紐有"鞥"小韻，一憎切，韻圖
同此；

449. 寇，《廣韻》等韻見紐無"寇"字，《集韻》等韻見紐有"寇"小韻，孤等切，韻圖
同此；

450. 蹬，《廣韻》等韻定紐無"蹬"字，《集韻》等韻定紐有"蹬"小韻，徒等切，韻圖
同此；

451. 倗，《廣韻》等韻並紐無"倗"字，《集韻》等韻並紐有"倗"小韻，步等切，韻圖

同此；

452. 瞢，《廣韻》等韻明紐無"瞢"字，《集韻》等韻明紐有"瞢"小韻，忙肯切，韻圖同此；

453. 矰，《廣韻》等韻精紐無"矰"字，《集韻》等韻精紐有"矰"小韻，子等切，韻圖同此；

454. 倰，《廣韻》等韻來紐無"倰"字，《集韻》等韻來紐有"倰"小韻，朗等切，韻圖同此；

455. 亙，《廣韻》嶝韻見紐有"亙"小韻，古鄧切，《集韻》也作"亙"，居鄧切，"亙""亙"爲異體字；

456. 堩，《廣韻》嶝韻溪紐無"堩"字，《集韻》嶝韻溪紐有"堩"小韻，口鄧切，韻圖同此；

457. 磴，《廣韻》嶝韻透紐只有"澄"字，臺鄧切，"磴"爲嶝韻端紐字，都鄧切，《集韻》同此，韻圖此處"磴"字恐爲"澄"字之誤；

458. 鼐，《廣韻》嶝韻泥紐無"鼐"字，《集韻》嶝韻泥紐有"鼐"小韻，寧鄧切，韻圖同此；

459. 倗，《廣韻》嶝韻並紐無"倗"字，《集韻》嶝韻並紐有"倗"小韻，步鄧切，韻圖同此；

460. 綜，《廣韻》嶝韻精紐無"綜"字，《集韻》嶝韻精紐有"綜"字，子鄧切，韻圖同此；

461. 倰，《廣韻》嶝韻來紐無"倰"字，《集韻》嶝韻來紐有"倰"小韻，郎鄧切，韻圖同此；

462. 萠，《廣韻》德韻並紐無"萠"字，有"菔"小韻，蒲北切，《集韻》德韻並紐也有"菔"小韻，鼻墨切，韻圖"萠"字恐爲"菔"字之誤；

463. 萠，《廣韻》耕韻明紐有"萠"字，莫耕切，《集韻》耕韻也有"萠"字，謨耕切，"萠""萌"爲異體字；

464. 磷，《廣韻》庚韻無"磷"字，《集韻》耕韻來紐有"磷"小韻，力耕切，韻圖同此；

465. 伉，《廣韻》梗韻溪紐無"伉"字，《集韻》梗韻溪紐有"伉"小韻，苦杏切，韻圖同此；

466. 瑒，《廣韻》梗韻澄紐有"瑒"小韻，徒杏切，《集韻》也作"瑒"，丈梗切，韻圖"瑒"字恐爲"瑒"字之訛；

467. 迸，《廣韻》梗韻幫紐無"迸"字，《集韻》耿韻幫紐有"迸"小韻，必幸切，韻圖同此；

468. 眐，《廣韻》梗韻照紐無"眐"字，《集韻》梗韻照紐有"睜"小韻，側杏切，韻圖此處列"眐"字與《廣韻》《集韻》均不合；

469. 濪，《廣韻》梗韻穿紐無"濪"字，《集韻》梗韻穿紐有"濪"小韻，差梗切，韻圖同此；

470. 諱，《廣韻》梗韻曉紐無"諱"字，《集韻》梗韻曉紐有"諱"小韻，虎梗切，韻圖同此；

471. 礕，《廣韻》梗韻影紐無"礕"字，《集韻》梗韻影紐有"礕"小韻，於杏切，韻圖同此；

472. 軯，《廣韻》敬韻無"軯"字，《集韻》靜韻滂紐有"軯"小韻，叵迸切，韻圖同此；

473. 墑，《廣韻》陌韻無"墑"字，陌韻徹紐有"墵"小韻，丑格切，《集韻》陌韻徹紐也有"墵"小韻，恥格切，韻圖"墑"字恐爲"墵"字之誤；

474. 僻，《廣韻》陌韻並紐無"僻"字，《集韻》麥韻並紐有"僻"字，博厄切，韻圖同此；

475. 硱，《廣韻》蒸韻無"硱"字，《集韻》蒸韻溪紐有"硱"小韻，欺矜切，韻圖同此；

476. 儚，《廣韻》蒸韻無"儚"字，《集韻》蒸韻明紐有"儚"小韻，亡冰切，韻圖同此；

477. 熊，《廣韻》蒸韻無"熊"字，《集韻》蒸韻喻紐有"熊"小韻，矣殑切，韻圖同此；

478. 戥，《廣韻》拯韻無"戥"字，《集韻》靜韻知紐有"戥"小韻，知領切，韻圖同此；

479. 憑，《廣韻》拯韻無"憑"字，《集韻》拯韻並紐有"憑"小韻，皮殑切，韻圖同此；

480. 愸，《廣韻》拯韻無"愸"字，《集韻》拯韻穿紐有"愸"小韻，尺拯切，韻圖同此；

481. 倰，具體分析見本圖上文；

482. 稔，《廣韻》拯韻無"稔"字，"稔"爲寢韻日紐字，如甚切，依音不應置此，《集韻》拯韻無"稔"字，韻圖此處列"稔"字與《廣韻》《集韻》均不合；

483. 政，《廣韻》證韻知紐無"政"字，"政"爲勁韻照紐字，之盛切，《集韻》同此，韻圖將"政"字列入知紐；

484. 𡚁，《廣韻》證韻無"𡚁"字，《集韻》證韻娘紐有"𡚁"小韻，尼證切，韻圖同此；

485. 砯，《廣韻》證韻滂紐無"砯"字，《集韻》證韻滂紐有"砯"小韻，蒲應切，韻圖同此，"砯"字恐爲"砯"字之訛；

486. 乘，《廣韻》證韻牀紐有"乘"小韻，實證切，《集韻》也作"乘"，石證切，"乘""乘"爲異體字；

487. 日，《廣韻》職韻無"日"字，《集韻》職韻日紐有"日"小韻，而力切，韻圖同此；

488. 娙，《廣韻》青韻無"娙"字，《集韻》青韻疑紐有"娙"小韻，五刑切，韻圖同此；

489. 寧，《廣韻》青韻泥紐有"寧"小韻，奴丁切，《集韻》也作"寧"，囊丁切，"寧"

"寧"爲異體字；

490. 并，《廣韻》清韻幫紐有"幷"小韻，府盈切，《集韻》清韻幫紐有"并"小韻，卑盈切，韻圖同此，"幷""并"爲異體字；

491. 脛，《廣韻》迥韻疑紐無"脛"字，有"脛"小韻，五到切，《集韻》迥韻也有"脛"小韻，研頷切，"脛"字《廣韻》在"婞"小韻，胡頂切，迥韻匣紐字，依音不應置此，韻圖此處"脛"字恐爲"脛"字之訛；

492. 廷，《廣韻》迥韻透紐無"廷"字，有"珽"小韻，他鼎切，《集韻》迥韻透紐也有"珽"字，他頂切，《切韻指掌圖》和《切韻指南》此處都列"珽"，《等子》列"廷"字與《廣韻》《集韻》均不合；

493. 井，《廣韻》靜韻精紐有"丼"小韻，子郢切，《集韻》"丼""井"並列小韻首字，也注子郢切，韻圖同此，"丼""井"爲異體字；

494. 鶁，《廣韻》迥韻無"鶁"字，《集韻》迥韻曉紐有"鶁"小韻，呼頂切，韻圖同此；

495. 騬，《廣韻》迥韻無"騬"字，《集韻》靜韻日紐有"騬"小韻，如穎切，韻圖同此，靜韻字併入迥韻；

496. 跰，《廣韻》徑韻無"跰"字，《集韻》徑韻幫紐有"跰"小韻，壁瞑切，韻圖同此；

497. 屏，《廣韻》徑韻無"屏"字，《集韻》徑韻並紐有"屏"小韻，步定切，韻圖同此；

498. 撽，《廣韻》錫韻匣紐有"檄"小韻，胡狄切，無"撽"字，《集韻》錫韻匣紐也有"檄"小韻，刑狄切，韻圖此處"撽"字恐爲"檄"字之訛[1]；

499. 厤，《廣韻》錫韻來紐有"厤"字，郎擊切，未見"厤"，《集韻》同此，"厤""厤"爲異體字。

圖十八、《曾攝内八重多輕少韻合口呼梗攝外二》

500. 泓，《廣韻》登韻無"泓"字，《集韻》登韻影紐有"泓"小韻，乙肱切，韻圖同此；

501. 硻，《廣韻》庚韻無"硻"字，《集韻》庚韻溪紐有"硻"小韻，口甍切，韻圖同此；

502. 宏，《廣韻》耕韻無"宏"字，《集韻》耕韻喻紐"宏""宏"並列小韻首字，于萌切，韻圖同此；

503. 趲，《廣韻》"趲"爲麥韻群紐字，求獲切，《集韻》同此，韻圖此處列"趲"字與《廣韻》《集韻》均不合；

504. 搒，《廣韻》映韻及相鄰去聲韻均無"搒"字，《集韻》映韻幫紐有"搒"小韻，北孟切，韻圖同此；

---

① 楊軍. 七音略校注[M]. 上海辭書出版社，2003：308.

505. 亨，《廣韻》映韻及相鄰去聲韻均無"亨"字，《集韻》映韻滂紐有"亨"小韻，普孟切，韻圖據此；

506. 劃，《廣韻》麥韻、陌韻均無"劃"字，《集韻》麥韻溪紐有"劃"小韻，口獲切，韻圖同此；

507. 擆，《廣韻》麥韻無"擆"字，麥韻照紐有"摑"小韻，簪摑切，《集韻》同此，韻圖此處"擆"字恐爲"摑"字之訛；

508. 嚄，《廣韻》陌韻匣紐有"嚄"字，屬"嚄"小韻，胡伯切，《集韻》陌韻喻紐有"嚄"小韻，雩白切，韻圖同此；

509. 罃，《廣韻》庚韻無"罃"字，《集韻》庚韻影紐有"罃"小韻，么榮切，韻圖同此；

510~511. 憬，《廣韻》梗韻有"憬"小韻，俱永切，見紐字，《集韻》梗韻有兩個"憬"小韻，分別注俱永切和孔永切，韻圖列兩個"憬"字同此，但依音應分別列入見紐和溪紐，韻圖列溪、群兩組恐錯位；

512~514. 病，《廣韻》"病"爲映韻幫紐字，陂病切，《集韻》映韻有三個"病"小韻，分別注況病切、丘詠切、鋪病切，韻圖據此應分別列入曉紐、溪紐和滂紐，將"病"字列群紐與《廣韻》《集韻》均不合；

515. 攫，《廣韻》陌韻、昔韻均無"攫"字，《集韻》昔韻見紐有"攫"小韻，俱碧切，韻圖同此；

516. 躩，《廣韻》陌韻、昔韻均無"躩"字，《集韻》昔韻溪紐有"躩"小韻，虧碧切，韻圖此處將"躩"字列入群紐恐誤；

517. 鈚，《廣韻》陌韻、昔韻均無"鈚"字，《集韻》昔韻有"鈚"小韻，鋪彳切，韻圖同此；

518. 并，具體分析見圖《曾攝内八重多輕少韻啟口呼梗攝外八》；

519. 屣，《廣韻》清韻、青韻均無"屣"字，《集韻》青韻精紐有"屣"小韻，子垌切，韻圖同此；

520. 穎，《廣韻》"穎"爲迥韻見紐字，古迥切，《集韻》迥韻心紐有"穎"小韻，弨穎切，韻圖"穎"字恐爲"穎"字之訛；

521. 詗，《廣韻》靜韻、迥韻均無"詗"字，"詗"字有"徒揔切""徒弄切"兩讀，分別在董韻和送韻，迥韻曉紐有"詗"小韻，火迥切，《集韻》同此，韻圖此處"詗"字恐爲"詗"字之訛；

522. 泂，《廣韻》勁韻見紐無"泂"字，"泂"爲清韻匣紐字，戶頂切，《集韻》"泂"爲清韻見紐字，古營切，韻圖此處列"泂"字與《廣韻》《集韻》均不合；

523. 高，《廣韻》勁韻溪紐無"高"字，《集韻》徑韻溪紐有"高"小韻，傾敻切，韻圖同此，徑韻字併入勁韻；

524. 淡，《廣韻》勁韻匣紐無"淡"字，《集韻》徑韻匣紐有"淡"小韻，胡鎣切，韻圖同此，徑韻字併入勁韻；

525. 闃，《廣韻》錫韻溪紐有"闃"小韻，苦鶪切，《集韻》也作"闃"，苦昊切，"闃""闃"爲異體字；

526. 役，《廣韻》昔韻曉紐無"役"字，"役"爲昔韻喻紐字，營只切，《集韻》同此，韻圖將"役"字列曉紐恐誤。

圖十九、《咸攝外八重輕俱等韻》

527. 躭，《廣韻》覃韻端紐有"耽"小韻，丁含切，無"躭"字，《集韻》覃韻"耽"小韻注："'耽'俗作'躭'"，"耽""躭"爲異體字；

528. 詀，《廣韻》覃韻無"詀"字，《集韻》談韻喻紐有"詀"小韻，與甘切，韻圖同此；

529. 姏，《廣韻》感韻無"姏"字，《集韻》感韻明紐有"姏"小韻，莫坎切，韻圖同此；

530. 顲，《廣韻》感韻有"顲"字，苦感切，溪紐字，《集韻》感韻曉紐有"顲"小韻，虎感切，韻圖同此；

531. 靲，《廣韻》勘韻群紐無"靲"字，《集韻》勘韻群紐有"靲"小韻，其闇切，韻圖同此；

532. 檐，《廣韻》闞韻無"檐"字，"檐"爲鹽韻喻紐字，余廉切，《集韻》闞韻端紐有"檐"小韻，都濫切，韻圖同此；

533. 探，《廣韻》勘韻透紐無"探"字，《集韻》勘韻透紐有"探"字，他紺切，韻圖同此；

534. 姏，《廣韻》勘韻明紐無"姏"字，《集韻》勘韻明紐有"姏"小韻，莫紺切，韻圖同此；

535. 顲，《廣韻》勘韻曉紐有"顲"小韻，呼紺切，《集韻》勘韻"顲""顲"並列小韻首字，呼紺切，韻圖同此；

536. 攬，《廣韻》"攬"字盧敢切，敢韻來紐字，屬"覽"小韻，《集韻》敢韻"覽"小韻也有"攬"字，魯敢切，韻圖已列小韻首字"覽"，此又列"攬"，小韻重出；

537. 屈，《廣韻》合韻溪紐有"屈"字，口荅切，未見"屈"字，《集韻》也無"屈"字，韻圖"屈"字恐爲"屈"字之訛；

538. 磼，《廣韻》合韻疑紐有"磼"小韻，五合切，《集韻》寫作"磼"，鄂合切，韻圖同此，"磼""磼"爲異體字；

539. 頜，《廣韻》合韻曉紐無"頜"字，有"欱"小韻，呼合切，"頜"屬"閤"小韻，古遝切，見紐字，《集韻》合韻曉紐無“頜”字，有“欱”小韻，韻圖見紐已列小韻首字“閤”，此處又列“頜”字，小韻重出；

540. 㰹，《廣韻》咸韻澄紐無“㰹”字，《集韻》咸韻澄紐有“㰹”小韻，湛鹹切，韻圖同此；

541. 䴻，《廣韻》和《集韻》咸韻都無“䴻”字，《廣韻》銜韻並紐有“㿸”小韻，白銜切，韻圖“䴻”字恐爲“㿸”字之誤；

542. 菱，《廣韻》咸韻無“菱”字，《集韻》咸韻明紐有“菱”小韻，亡咸切，韻圖同此；

543. 㚲，《廣韻》咸韻無“㚲”字，《集韻》咸韻喻紐有“㚲”小韻，弋咸切，韻圖同此；

544. 𩞿，《廣韻》咸韻無“𩞿”字，《集韻》銜韻來紐有“𩞿”小韻，力銜切，韻圖同此；

545. 顅，《廣韻》豏韻疑紐無“顅”字，《集韻》豏韻疑紐有“顅”小韻，五減切，韻圖同此；

546. 䩇，《廣韻》豏韻無“䩇”字，《集韻》豏韻知紐有“䩇”小韻，竹減切，韻圖同此；

547. 臘，《廣韻》豏韻穿紐有“臘”小韻，初減切，未見“臓”字，《集韻》同此，“臘”“臓”爲異體字；

548. 䫡，《廣韻》陷韻群紐無“䫡”字，《集韻》驗韻群紐有“䫡”小韻，巨欠切，韻圖同此；

549. 簎，《廣韻》陷韻無“簎”字，陷韻影紐有“䅧”小韻，於陷切，《集韻》同此，韻圖此處列“簎”字與《廣韻》《集韻》均不合；

550. 眰，《廣韻》洽韻疑紐有“䁝”小韻，五夾切，無“眰”字，《集韻》“眰”字有兩讀，一爲徒結切，屑韻定紐字，一爲職日切，質韻照紐字，依音不應置此，洽韻也有“䁝”小韻，仡甲切，韻圖此處列“眰”字與《廣韻》《集韻》均不合；

551. 㲫，《廣韻》洽韻澄紐無“㲫”字，《集韻》洽韻澄紐有“𣮧”小韻，徒洽切，亦未見“㲫”字，韻圖“㲫”字恐爲“𣮧”字之訛；

552. 箑，《廣韻》洽韻牀紐無“箑”字，有“箑”小韻，士洽切，《集韻》“箑”“箑”並列“𦯧”小韻，實洽切，韻圖同此，“箑”“箑”爲異體字；

553. 䬆，《廣韻》洽韻來紐無“䬆”字，《集韻》洽韻來紐有“䬆”小韻，力洽切，韻圖同此；

554. 黔，《廣韻》鹽韻、凡韻見紐均無“黔”字，《集韻》嚴韻見紐有“黔”小韻，居嚴切，韻圖同此，嚴韻字併入凡韻；

555. 琖，《廣韻》凡韻無“琖”字，《集韻》凡韻微紐有“琖”小韻，亡凡切，韻圖同此；

556. 襜，《廣韻》鹽韻無“襜”字，鹽韻照紐有“襜”小韻，處占切，《集韻》鹽韻也有

"襜"小韻，蚩占切，韻圖"襜"字恐爲"襜"字之訛；

557. 陝，《廣韻》琰韻審紐有"陝"小韻，失冉切，《集韻》寫作"陝"，韻圖同此，《韻鏡》《七音略》《等子》都列"陝"字，"陝""陝"爲異體字；

558. 劍，《廣韻》梵韻見紐有"劒"小韻，居欠切，《集韻》驗韻"劒""劍"並列小韻首字，居欠切，韻圖同此，"劒""劍"爲異體字；

559. 黏，《廣韻》梵韻、驗韻均無"黏"字，《集韻》驗韻娘紐有"黏"小韻，女驗切，韻圖同此；

560. 汎，《廣韻》梵韻非紐無"汎"字，梵韻敷紐有"汎"小韻，孚梵切，《集韻》梵韻非紐也無"汎"字，韻圖誤將"汎"字列非紐，"窆""汎"二字位置顛倒；

561. 窆，《廣韻》無"窆"字，豔韻非紐有"窆"小韻，方驗切，《集韻》驗韻也有"窆"小韻，陂驗切，未見"窆"字，韻圖"窆"字恐爲"窆"字之訛，列入敷紐恐誤；

562. 菱，《廣韻》梵韻無"菱"字，《集韻》梵韻微紐有"菱"小韻，亡梵切，韻圖同此；

563. 襜，《廣韻》梵韻無"襜"字，豔韻穿紐有"襜"字，昌豔切，《集韻》豔韻穿紐有"襜"小韻，昌豔切，韻圖此處"襜"字恐爲"襜"字之訛；

564. 掩，《廣韻》"掩"爲琰韻影紐字，屬"奄"小韻，衣儉切，《集韻》同此，韻圖范韻影紐已列小韻首字"奄"，此又列"掩"字，小韻重出；

565. 刧，《廣韻》業韻見紐有"劫"小韻，居怯切，《集韻》業韻有"刧"字，訖業切，屬"劫"小韻，韻圖同此，"劫""刧"爲異體字；

566. 業，《廣韻》業韻有"業"小韻，魚怯切，疑紐字，業韻影紐無"業"字，《集韻》同此，韻圖業韻疑紐已列"業"字，此又列"業"，小韻重複；

567. 砭，《廣韻》乏韻無"砭"字，有"砝"小韻，乎法切，《韻鏡》《七音略》都列"砝"字，《等子》此處"砭"字恐爲"砝"字之訛；

568. 曄，《廣韻》乏韻喻紐無"曄"字，《集韻》葉韻喻紐有"曄"小韻，域輒切，韻圖同此，"曄"字恐爲"曄"字之訛；

569. 僭，《廣韻》琰韻、忝韻均無"僭"字，"僭"爲桥韻精紐字，子念切，《集韻》忝韻有"僭"小韻，子忝切，韻圖同此；

570. 蹔，《廣韻》琰韻從紐無"蹔"字，有"漸"小韻，慈染切，《集韻》琰韻從紐也有"漸"小韻，疾染切，《韻鏡》《七音略》《切韻指掌圖》此處都列"漸"字，《等子》此處"蹔"字恐爲"漸"字之誤；

571. 纖，《廣韻》琰韻心紐無"纖"字，《集韻》琰韻心紐有"纖"小韻，纖琰切，韻圖同此；

572. 綅，《廣韻》琰韻邪紐無"綅"字，《集韻》亦無，韻圖此處列"綅"字與《廣韻》《集韻》均不合；

573. 䃸，《廣韻》㮇韻有“䃸”小韻，先念切，心紐字，《集韻》豔韻也有“䃸”小韻，先念切，“䃸”“䃸”爲異體字；

574. 妚，《廣韻》葉韻、乏韻滂紐均無“妚”字，《集韻》葉韻滂紐有“妚”小韻，匹耶切，韻圖同此；

575. 燮，《廣韻》怗韻有“燮”小韻，蘇協切，心紐字，《集韻》帖韻心紐也有“燮”小韻，悉協切，韻圖心紐已列“燮”字，此處從紐又列“燮”字，小韻重複。

圖二十、《深攝内七全重無輕韻》

576. 站，《廣韻》“站”爲陷韻知紐字，陟陷切，《集韻》“站”字有兩讀，一爲知咸切，另一爲陟陷切，韻圖此處列“站”字與《廣韻》《集韻》均不合；

577. 怎，《廣韻》和《集韻》都無“怎”字，韻圖此處列“怎”與《廣韻》《集韻》均不合；

578. 吽，《廣韻》寑韻無“吽”字，厚韻曉紐有“吽”字，呼后切，依音不應置此，《集韻》寑韻亦無“吽”字，韻圖此處列“吽”字與《廣韻》《集韻》均不合；

579. 穃，《廣韻》沁韻無“穃”字，《集韻》沁韻牀紐有“穃”小韻，岑譛切，韻圖同此；

580. 袵，《廣韻》“袵”爲寑韻日紐字，屬“荏”小韻，如甚切，寑韻娘紐有“拰”小韻，尼凛切，《集韻》寑韻娘紐也有“拰”小韻，“袵”爲沁韻字，知鴆切，依音不應置此，韻圖此處“袵”字恐爲“拰”字之誤；

581. 禀，《廣韻》寑韻幫紐有“稟”小韻，筆錦切，《集韻》同此，“禀”“稟”爲異體字；

582. 廪，《廣韻》寑韻來紐有“廩”小韻，力稔切，《集韻》也作“廩”，力錦切，“廪”“廩”爲異體字；

583. 㨆，《廣韻》沁韻無“㨆”字，《集韻》沁韻溪紐有“㨆”小韻，丘禁切，韻圖同此；

584. 妗，《廣韻》沁韻無“妗”字，《集韻》沁韻群紐有“妗”字，巨禁切，韻圖同此；

585. 禀，《廣韻》沁韻無“禀”字，《集韻》沁韻幫紐有“稟”小韻，逋鴆切，“稟”“禀”爲異體字，韻圖同此；

586. 濷，《廣韻》沁韻無“濷”字，《集韻》沁韻穿紐有“濷”小韻，鴟禁切，韻圖同此；

587. 葚，《廣韻》沁韻無“葚”字，《集韻》沁韻“葚”字時鴆切，禪紐字，屬“甚”小韻，韻圖禪紐已列小韻首字“甚”，此處又列“葚”字，小韻重出；

588. 譀，《廣韻》沁韻無“譀”字，《集韻》沁韻曉紐有“譀”小韻，火禁切，韻圖同此；

589. 訡，《廣韻》沁韻無“訡”字，《集韻》沁韻喻紐有“訡”小韻，于禁切，韻圖同此；

590. 𪉅，《廣韻》寑韻無“𪉅”字，《集韻》寑韻從紐有“𪉅”小韻，集荏切，韻圖同此；

591. 蕈，《廣韻》寑韻從紐有“蕈”小韻，慈荏切，《集韻》同此，依音不應列邪紐，韻

圖寝韻從紐已據《集韻》列同音"礏"字,此又列"蕈"字,小韻重出;

592. 勷,《廣韻》沁韻無"勷"字,《集韻》沁韻心紐有"勷"小韻,思沁切,韻圖同此;

593. 鐔,《廣韻》沁韻無"鐔"字,《集韻》沁韻邪紐有"鐔"小韻,尋浸切,韻圖同此;

594. 鼫,《廣韻》沁韻無"鼫"字,《集韻》沁韻喻紐有"鼫"小韻,潘沁切,韻圖同此。

5.2 《四聲等子》用字總結

《四聲等子》共收韻字 3787 個,其中 3193 字與《廣韻》相合,占比 84.31%,相合韻字中有 2724 字爲小韻首字。《四聲等子》與《廣韻》不合的 594 字中,有 50% 以上的韻字與《集韻》吻合,其餘韻字之不合主要表現爲小韻不同、音韻地位不同、字形不同等,究其原因,推測或據其他韻書而作,或由於韻圖編排時不慎錯位,或字形抄寫時出現訛誤等。

通過全面分析《四聲等子》的用字情況,還可以得出以下結論:

(1)關於《四聲等子》的撰作年代,前輩學者曾做過一些討論,主要以趙蔭棠、唐作藩兩位先生爲代表。趙先生在《等韻源流》中提出《四聲等子》之出世在統和十五年(《龍龕手鑑》產生)到南宋之間,並列舉兩個理由證明之:第一,《龍龕手鑑》序中提到的"五音圖式"與《四聲等子》大同小異;第二,《等子》序所說的"切韻之作,始乎陸氏,關鍵之設,肇自智公"與《龍龕手鑑》中智光序文"又撰五音圖式附於後"遙相照應。① 唐先生《〈四聲等子〉研究》則從音系的角度出發,深入研究韻圖的語音系統,從韻的合併、攝的變化、小韻的選取諸方面推斷《四聲等子》的成書也可能在元代。兩種觀點之間存在很大的不同,序言、筆記等的證據與語音面貌的證據對於説明韻圖的時代問題都有着非常重要的作用,二者應互爲佐證,然而當它們對結論的得出產生相反作用力的時候,筆者以爲諸如序言之類的直接闡述更有説服力。語音的發展變化處在一個漫長的過程當中,我們無法拒絕新時代語音中古音的殘留,也無法抑制語音發展的早期萌芽,我們更傾向於《四聲等子》至晚產生於南宋末年的説法。

鑒於以上對《四聲等子》產生年代的認定,通過韻圖用字的觀察分析,可以推斷《四聲等子》與《韻鏡》《七音略》都是早期存古的韻圖,它據《廣韻》而作,並經由後人以《集韻》相校,另外還有一些字,如"顒""穎""饟""報""又""怎",《廣韻》《集韻》均未見,《五音集韻》的相應位置則列出這些韻字,可知韻圖還反映了時音的面貌。

(2)《四聲等子》首次系統闡述了"辨音和切字例""辨類隔切字例""辨廣通侷狹例""辨內外轉例""辨窠切門""辨振救門""辨正音憑切寄韻門法例""辨雙聲切字例""辨疊韻切字

---

① 參見趙蔭棠. 等韻源流[M]. 商務印書館,2011:73-77.

例"九項等韻門法條例，對於所收的韻字，涉及等韻門法的歸等，韻圖一般可以門法規則來解釋，如韻圖《果攝內四重多輕少韻開口呼》麻韻端紐四等列"爹"字，《廣韻》注陟邪切，以知紐字切端紐字，屬類隔切。

(3)《四聲等子》用字的規範性不及其他四韻圖，存在相當多的形訛字，如"氼""曂""矴""艊""茇""羄""擡""㙷""籓""夠""傢""鐬""玶""眄""麟""旻"等，其他四韻圖和韻書中均未見，我們推斷這些字或許存在於我們觀察範圍之外的文獻中，或許是撰者撰寫之誤，又或許是後人在傳抄過程中出現了錯誤。

6 《切韻指掌圖》用字研究

6.1 《切韻指掌圖》各韻圖用字研究

圖一

1. 高，《廣韻》豪韻見紐有"高"小韻，古勞切，《集韻》也作"高"，居勞切，"高""高"为異體字；

2. 淘，《廣韻》豪韻無"淘"字，《集韻》豪韻定紐有"淘"字，屬"匋"小韻，徒刀切，韻圖同此；

3. 嚻，《廣韻》宵韻曉紐有"膮"小韻，許嬌切，《集韻》寫作"嚻"，虛嬌切，"膮""嚻"爲異體字；

4. 熛，《廣韻》宵韻滂紐有"奧"小韻，撫招切，《集韻》"漂"小韻並列"奧""熛"二字，紕招切，"奧""熛"爲異體字；

5. 蜱，《廣韻》宵韻明紐有"蜱"小韻，彌遥切，《集韻》寫作"蜱"，彌遥切，韻圖同此，"蜱""蜱"爲異體字；

6. 鍬，《廣韻》宵韻清紐有"鍫"小韻，七遥切，《集韻》也作"鍫"，千遥切，"鍫""鍬"爲異體字；

7. 么，《廣韻》蕭韻影紐有"幺"小韻，於堯切，《集韻》也作"幺"，伊堯切，"么""幺"爲異體字；

8. 遥，《廣韻》宵韻喻紐有"遥"小韻，餘昭切，《集韻》也作"遥"，餘招切，"遥""遙"爲異體字；

9. 飈，《廣韻》宵韻幫紐有"飆"小韻，甫遥切，《集韻》宵韻幫紐"猋"小韻有"飆"字，卑遥切，"飈""飆"爲異體字；

10. 皓，《廣韻》晧韻匣紐有"晧"小韻，胡老切，《集韻》也作"晧"，下老切，"晧""皓"爲異體字；

11. 咬，《廣韻》巧韻疑紐有“齩”小韻，五巧切，《集韻》巧韻“齩”“咬”並列小韻首字，亦注五巧切，韻圖同此，“齩”“咬”爲異體字；

12. 鱎，《廣韻》小韻溪紐無“鱎”字，《集韻》小韻溪紐“槗”小韻有“鱎”字，袪矯切，韻圖同此；

13. 肇，《廣韻》小韻澄紐有“肇”小韻，治小切，《集韻》小韻澄紐“趙”小韻“肇”“肇”二字並列，直紹切，“肇”“肇”爲異體字，韻圖澄紐已列“肇”字，牀紐又列“肇”字，小韻重出；

14. 磽，《廣韻》小韻、篠韻疑紐均無“磽”字，《集韻》筱韻疑紐有“磽”小韻，倪了切，韻圖同此；

15. 告，《廣韻》号韻見紐有“告”字，古到切，《集韻》号韻見紐有“告”字，居号切，韻圖同此，“告”“告”爲異體字；

16. 韜，《廣韻》号韻透紐無“韜”字，《集韻》号韻透紐有“韜”小韻，叨号切，韻圖同此；

17. 奥，《廣韻》号韻影紐有“奥”小韻，烏到切，《集韻》也作“奥”，“奥”“奥”爲異體字；

18. 耗，《廣韻》号韻曉紐有“耗”小韻，呼到切，《集韻》也作“耗”，虛到切，“耗”“耗”爲異體字；

19. 教，《廣韻》效韻見紐有“教”小韻，古孝切，《集韻》也作“教”，居效切，“教”“教”爲異體字；

20. 砲，《廣韻》效韻滂紐無“砲”字，《集韻》效韻滂紐“奅”小韻有“砲”字，披教切，韻圖同此；

21. 敹，《廣韻》笑韻來紐有“敹”小韻，力照切，《集韻》笑韻來紐有“尞”小韻，也注力照切，韻圖同此，“敹”“尞”爲異體字；

22. 篠，《廣韻》笑韻、嘯韻定紐均無“篠”字，《集韻》嘯韻定紐“調”小韻有“篠”字，徒吊切，韻圖同此；

23. 殼，《廣韻》覺韻溪紐有“殼”小韻，苦角切，《集韻》也作“殼”，克角切，“殼”“殼”爲異體字；

24. 剝，《廣韻》覺韻幫紐有“剝”小韻，北角切，《集韻》同此，“剝”“剝”爲異體字。

圖二

25. 重，《廣韻》鍾韻、東韻牀紐均無“重”字，“重”爲鍾韻澄紐字，直容切，《集韻》“重”字傳容切，亦爲鍾韻澄紐字，韻圖此處將澄紐“重”字列入牀紐；

26. 薈，《廣韻》鍾韻曉紐有"薈"小韻，許容切，《集韻》鍾韻"薈""薈"並列小韻首字，虛容切，韻圖同此，"薈""薈"爲異體字；

27. 雄，《廣韻》東韻"雄"字羽弓切，喻紐字，《集韻》東韻"雄"字胡弓切，匣紐字，韻圖同此；

28. 宂，《廣韻》腫韻日紐有"宂"小韻，而隴切，《集韻》也作"宂"，乳勇切，"宂""宂"爲異體字；

29. 幪，《廣韻》送韻明紐有"幪"小韻，莫弄切，《集韻》送韻明紐並列"幪""幪"爲小韻首字，蒙弄切，"幪""幪"爲異體字；

30. 重，《廣韻》用韻澄紐有"重"小韻，柱用切，《集韻》用韻也有"重"小韻，儲用切，韻圖此處將澄紐"重"字列入牀紐；

31. 趙，《廣韻》送韻喻紐無"趙"字，精紐有"趙"小韻，子仲切，《集韻》送韻也有"趙"小韻，于仲切，喻紐字，韻圖同此；

32. 祿，《廣韻》屋韻來紐有"祿"小韻，盧谷切，《集韻》同此，"祿""祿"爲異體字；

33. 麯，《廣韻》燭韻溪紐有"曲"小韻，丘玉切，《集韻》也作"曲"，區玉切，"麯""曲"爲異體字。

圖三

34. 貙，《廣韻》魚韻、虞韻穿紐均無"貙"字，"貙"爲虞韻徹紐字，敕俱切，《集韻》"貙"字有兩讀，分別入魚韻和虞韻，注"敕居切"、"椿俱切"，都爲徹紐字，韻圖徹紐已列魚韻徹紐"攄"字，此處將"貙"字列入穿紐；

35. 厨，《廣韻》虞韻、魚韻牀紐均無"厨"字，虞韻澄紐有"廚"小韻，直誅切，《集韻》虞韻也有"廚"小韻，重株切，澄紐字，"厨""廚"爲異體字，韻圖將"厨"字列入牀紐；

36. 虛，《廣韻》魚韻曉紐有"虛"小韻，朽居切，《集韻》也作"虛"，休居切，"虛""虛"爲異體字；

37. 漵，《廣韻》麌韻牀紐有"漵"小韻，鶵禹切，《集韻》麌韻牀紐也有"漵"小韻，撰禹切，韻圖牀紐已列語韻"齟"字，此處將牀紐"漵"字列入禪紐；

38. 煮，《廣韻》語韻照紐有"煑"字，屬"鬻"小韻，章與切，《集韻》也作"煑"，掌與切，"煑""煮"爲異體字；

39. 庾，《廣韻》麌韻喻紐有"庾"小韻，以主切，《集韻》麌韻喻紐也有"庾"小韻，勇主切，"庾""庾"爲異體字，韻圖喻紐已列麌韻"雨"字，此處將"庾"字列入影紐；

40. 兔，《廣韻》暮韻透紐有"兔"字，湯故切，《集韻》也作"兔"，土故切，"兔""兔"爲異體字；

145

41. 做，《廣韻》暮韻精紐無"做"字，有"作"小韻，臧祚切，《集韻》暮韻精紐也有"作"小韻，注："俗作做"，"做""作"爲異體字；

42. 疏，《廣韻》御韻審紐有"疏"小韻，所去切，《集韻》御韻有"疏"小韻，所據切，韻圖同此，"疏""疏"爲異體字；

43. 筯，《廣韻》御韻、遇韻牀紐均無"筯"字，"筯"爲御韻澄紐字，遲倨切，《集韻》御韻有"筯"小韻，遲據切，也爲澄紐字，韻圖澄紐已列遇韻"住"字，此將"筯"字列入牀紐；

44. 嘘，《廣韻》御韻曉紐有"嘘"小韻，許禦切，《集韻》同此，"嘘""嘘"爲異體字；

45. 覻，《廣韻》御韻清紐有"覻"小韻，七慮切，《集韻》御韻清紐有"覻"小韻，亦注七慮切，韻圖同此，"覻""覻"爲異體字；

46. 朴，《廣韻》屋韻、沃韻均無"朴"字，屋韻滂紐有"扑"小韻，普木切，《集韻》同此，韻圖此處"朴"字恐爲"扑"字之訛；

47. 祿，具體分析見圖二；

48. 粬，具體分析見圖二。

圖四

49. 鉤，《廣韻》侯韻有"鉤"小韻，古侯切，見紐字，《集韻》也作"鉤"，居侯切，"钩""鉤"爲異體字；

50. 惆，《廣韻》尤韻、幽韻娘紐均無"惆"字，"惆"爲尤韻徹紐字，丑鳩切，《集韻》尤韻娘紐有"惆"小韻，尼猷切，韻圖同此；

51. 滮，《廣韻》幽韻並紐有"淲"小韻，皮彪切，《集韻》幽韻"淲""滮"並列小韻首字，皮虯切，"滮""淲"爲異體字；

52. 鮱，《廣韻》厚韻從紐無"鮱"字，"鮱"爲牀紐字，仕垢切，《集韻》厚韻牀紐也有"鮱"小韻，仕垢切，韻圖此處列"鮱"字與《廣韻》《集韻》均不合；

53. 溲，《廣韻》有韻審紐無"溲"字，有"浚"小韻，踈有切，《集韻》有韻"浚""溲"並列小韻首字，所九切，韻圖同此；

54. 滫，《廣韻》有韻心紐有"滫"小韻，息有切，《集韻》同此，"滫""滫"爲異體字；

55. 候，《廣韻》候韻匣紐有"候"小韻，胡遘切，《集韻》也作"候"，下遘切，"候""候"爲異體字；

56. 葍，《廣韻》宥韻微紐有"葍"小韻，亡救切，"葍""葍"爲異體字；

57. 呪，《廣韻》宥韻照紐有"呪"小韻，職救切，《集韻》同此，"呪""呪"爲異體字；

58. 趌，《廣韻》宥韻溪紐有"趌"小韻，丘謬切，韻圖所注"邱謬切，蹌行貌"與《廣韻》相合，《集韻》幼韻溪紐也有"跤"小韻，輕幼切，無"跤"字，韻圖此處"跤"字恐爲"跤"字之訛；

59. 幼，《廣韻》幼韻影紐有"幼"小韻，伊謬切，《集韻》同此，"幼""幼"爲異體字；

60. 側，《廣韻》德韻精紐無"側"字，有"則"小韻，子德切，"側"爲職韻照紐字，阻力切，《集韻》德韻精紐也有"則"小韻，即得切，韻圖此處列"側"字與《廣韻》《集韻》均不合；

61. 飫，《廣韻》德韻影紐有"餘"小韻，愛黑切，注"噎聲"，與韻圖注釋相合，《集韻》德韻影紐也有"餘"小韻，乙得切，韻圖此處"飫"字恐爲"餘"字之誤；

62. 刾，《廣韻》質韻穿紐有"刾"小韻，初栗切，與韻圖注釋相合，韻圖據反切上字列照紐二等，"刾"字恐爲"刾"字之訛，《集韻》櫛韻穿紐有"刾"小韻，測乙切，韻圖音韻地位同此，但與韻圖所注音切不相合；

63. 實，《廣韻》質韻牀紐有"實"小韻，神質切，《集韻》質韻也有"實"小韻，食質切，亦爲牀紐字，韻圖將"實"字列入禪紐；

64. 唧，《廣韻》質韻有"唧"字，資悉切，精紐字，《集韻》質韻精紐也有"唧"字，子悉切，"唧""唧"爲異體字。

圖五

65. 鐕，《廣韻》覃韻精紐有"鐕"字，作含切，《集韻》覃韻精紐也有"鐕"字，祖含切，"鐕""鐕"爲異體字；

66. 顑，《廣韻》檻韻、豏韻疑紐均無"顑"字，《集韻》豏韻疑紐有"顑"小韻，五減切，韻圖同此；

67. 謟，《廣韻》琰韻徹紐有"諂"小韻，丑琰切，無"謟"字，"謟"爲豪韻透紐字，土刀切，依音不應置此，《集韻》琰韻也有"諂"小韻，丑琰切，"謟"字他刀切，豪韻透紐字，韻圖此處列"謟"字與《廣韻》《集韻》均不合；

68. 錽，《廣韻》范韻微紐有"錽"小韻，亡範切，無"錽"字，《集韻》范韻微紐有"錽"小韻，亡范切，韻圖同此，"錽""錽"爲異體字；

69. 顑，《廣韻》勘韻曉紐有"顑"小韻，無"顑"字，《集韻》勘韻曉紐"顑""顑"並列小韻首字，呼紺切，韻圖同此；

70. 湴，《廣韻》鑑韻有"湴"小韻，蒲鑑切，並紐字，《集韻》鑑韻也有"湴"小韻，薄鑑切，亦爲並紐字，《韻鏡》《七音略》"湴"字都列入並紐，《指掌圖》並紐已列同小韻"淰"字，此處又列"湴"字，小韻重出；

71. 儳，《廣韻》陷韻有"儳"小韻，仕陷切，牀紐字，《集韻》鑑韻有兩個"儳"小韻，

分别注音"才鑒切"、"蒼鑒切",依音當列入清紐和從紐,韻圖將"儳"字列入禪紐與《廣韻》《集韻》均不合;

72. 劒,《廣韻》梵韻見紐有"劍"小韻,居欠切,《集韻》驗韻有"劍"小韻,亦注居欠切,"劒""劍"爲異體字;

73. 敆,《廣韻》釅韻有"敆"小韻,丘釅切,溪紐字,《集韻》釅韻"敆"字去劍切,亦爲溪紐字,《韻鏡》《七音略》都列入溪紐,《指掌圖》將"敆"字列入群紐與《廣韻》《集韻》均不合;

74. 帀,《廣韻》合韻精紐有"帀"小韻,子荅切,《集韻》合韻"帀""迊"並列小韻首字,作荅切,兩書均未見"帀"字,據相關研究成果,"'帀'即'迊'字,今傳唐寫本韻書從辵之字每從辶,或於辶上加一短橫,知當時俗恒書如此"①,韻圖同《集韻》;

75. 輒,《廣韻》葉韻有"輒"小韻,陟葉切,《集韻》葉韻也有"輒"小韻,陟涉切,"輒""輒"爲異體字。

圖六

76. 稟,《廣韻》寢韻幫紐有"稟"小韻,筆錦切,《集韻》同此,"稟""稟"爲異體字;

77. 稟,《廣韻》沁韻幫紐無"稟"字,亦無"稟"字,《集韻》沁韻幫紐有"稟"小韻,逋鴆切,韻圖同此,"稟""稟"爲異體字;

78. 訡,《廣韻》沁韻未見"訡"字,《集韻》沁韻有"訡"小韻,于禁切,喻紐字,韻圖同此;

79. 鐔,《廣韻》沁韻邪紐無"鐔"字,《集韻》沁韻邪紐有"鐔"小韻,尋浸切,韻圖同此;

80. 鵖,《廣韻》緝韻未見"鵖"字,並紐有"䶕"小韻,皮及切,《集韻》緝韻有"鵖"小韻,弼急切,注"鴄鵖,鳥名",韻圖與《集韻》中"鵖"字的音韻地位相同,但注釋同《廣韻》"䶕"字,韻圖據《廣韻》,"䶕""鵖"爲異體字。

圖七

81. 獺,《廣韻》山韻澄紐有"獺"小韻,直閑切,又丑連切,《集韻》山韻澄紐也有"獺"小韻,丈山切,"獺""獺"爲異體字;

82. 姸,《廣韻》先韻疑紐有"姸"小韻,五堅切,《集韻》也作"姸",倪堅切,"姸""姸"爲異體字;

---

① 參見楊軍. 七音略校注[M]. 上海辭書出版社,2003:250.

83. 鬢，《廣韻》旱韻精紐有"鬢"小韻，作旱切，"鬢""鬢"爲異體字；

84. 瓚，《廣韻》旱韻從紐有"瓚"小韻，藏旱切，《集韻》緩韻從紐有"瓚"小韻，在坦切，韻圖注"在坦切"，據《集韻》，且"瓚""瓚"爲異體字；

85. 罕，《廣韻》旱韻曉紐有"罕"小韻，呼旱切，無"罕"字，《集韻》旱韻曉紐有"罕"小韻，許旱切，韻圖同此；

86. 簡，《廣韻》產韻見紐有"簡"小韻，古限切，未見"簡"字，《集韻》產韻見紐也有"簡"小韻，賈限切，"簡""簡"爲異體字；

87. 緂，《廣韻》阮韻、獮韻溪紐均無"緂"字，《集韻》獮韻溪紐有"緂"小韻，起輦切，韻圖同此；

88. 贊，《廣韻》翰韻精紐有"贊"小韻，則旰切，"贊""贊"爲異體字；

89. 攢，《廣韻》翰韻從紐有"攢"小韻，徂贊切，"攢""攢"爲異體字；

90. 戳，《廣韻》曷韻從紐有"戳"小韻，才割切，"戳""戳"爲異體字，《集韻》曷韻有"戳"小韻，才達切，從紐字，韻圖字形同《集韻》，注釋同《廣韻》；

91. 鍘，《廣韻》鎋韻牀紐有"鍘"小韻，查鎋切，無"鍘"字，《集韻》鎋韻"劗""鍘"並列小韻首字，槎鎋切，牀紐字，韻圖同此；

92. 蘖，《廣韻》薛韻疑紐有"櫱"字，屬"孽"小韻，魚列切，"櫱""蘖"爲異體字；

93. 疦，《廣韻》黠韻娘紐有"疦"小韻，女黠切，《集韻》黠韻娘紐也有"疦"小韻，亦注女黠切，韻圖注釋"女結切"與《廣韻》《集韻》均不同，"疦"字依音應列二等黠韻；

94. 截，《廣韻》屑韻從紐有"截"小韻，昨結切，無"截"字，《集韻》同此，"截""截"爲異體字；

95. 抴，《廣韻》薛韻喻紐有"抴"小韻，羊列切，無"抴"字，《集韻》薛韻"抴""抴"並列小韻首字，羊列切，注："'抴'或作'抴'"，"抴""抴"爲異體字。

圖八

96. 寬，《廣韻》桓韻溪紐有"寬"小韻，苦官切，《集韻》桓韻溪紐也有"寬"小韻，枯官切，"寬""寬"爲異體字；

97. 鑽，《廣韻》桓韻精紐有"鑽"小韻，借官切，《集韻》桓韻精紐有"鑽"小韻，祖官切，韻圖同此，"鑽""鑽"爲異體字；

98. 攛，《廣韻》桓韻無"攛"字，《集韻》桓韻"爨"小韻有"攛"字，七丸切，清紐字，韻圖同此；

99. 欑，《廣韻》桓韻從紐有"欑"小韻，在丸切，《集韻》桓韻從紐有"欑"小韻，徂丸切，韻圖同此，"欑""欑"爲異體字；

100. 趲，《廣韻》先韻、删韻均無"趲"字，《集韻》删韻群紐有"趲"小韻，巨班切，韻圖同此；

101. 欞，《廣韻》山韻來紐有"欞"小韻，力頑切，《集韻》山韻來紐有"欞"小韻，盧鰥切，韻圖同此，"欞""欞"爲異體字；

102. 𨅏，《廣韻》仙韻知紐有"𨅏"小韻，丁全切，注"行不正貌"，未見"𨅏"字，《集韻》也無"𨅏"字，韻圖注音及釋義均與《廣韻》同，"𨅏""𨅏"爲異體字；

103. 遄，《廣韻》仙韻禪紐有"遄"小韻，市緣切，《集韻》仙韻禪紐也有"遄"小韻，淳沿切，韻圖將牀紐"船"字列入禪紐，此處又將禪紐"遄"字列入牀紐，兩者位置顛倒；

104. 船，《廣韻》仙韻牀紐有"船"小韻，食川切，《集韻》仙韻牀紐也有"船"小韻，食川切，韻圖將牀紐字列入禪紐；

105. 娟，《廣韻》仙韻影紐有"娟"小韻，於緣切，《集韻》仙韻影紐也有"娟"小韻，縈緣切，"娟""娟"爲異體字；

106. 員，《廣韻》仙韻喻紐有"貟"小韻，王權切，《集韻》僊韻喻紐有"員"小韻，于權切，韻圖同此，"員""貟"爲異體字；

107. 孿，《廣韻》元韻、先韻、仙韻均未見"孿"字，仙韻來紐有"挛"小韻，吕員切，《集韻》與《廣韻》同，韻圖此處列"孿"字與《廣韻》《集韻》均不合；

108. 涓，《廣韻》先韻見紐有"湣"小韻，古玄切，《集韻》也作"湣"，圭玄切，"涓""湣"爲異體字；

109. 𡹟，《廣韻》先韻、仙韻群紐均無"𡹟"字，山韻群紐有"𡹟"小韻，跪頑切，《集韻》音韻地位同《廣韻》，韻圖二等删韻已列"趲"字，此處"𡹟"字列入四等；

110. 澯，《廣韻》緩韻曉紐無"澯"字，《集韻》緩韻曉紐有"澯"小韻，火管切，韻圖同此；

111. 鮸，《廣韻》潸韻無"鮸"字，產韻明紐有"鮸"小韻，武簡切，《集韻》寫作"晚"，亦注武簡切，韻圖"鮸"字依音當列產韻；

112. 偛，《廣韻》潸韻匣紐有"偛"小韻，下赧切，《集韻》也作"偛"，"偛""偛"爲異體字；

113. 轉，《廣韻》獮韻有"轉"小韻，陟兗切，知紐字，《集韻》獮韻有兩個"轉"字，一音主兗切，照紐字，又音陟兗切，知紐字，韻圖同此；

114. 篆，《廣韻》獮韻有"篆"小韻，持兗切，澄紐字，韻圖澄紐已列"篆"字，牀紐又列"篆"字，小韻重複；

115. 宛，《廣韻》獮韻、銑韻均無"宛"字，《集韻》獮韻影紐有"宛"小韻，烏勉切，韻圖同此；

116. 攢，《廣韻》換韻精紐有"攢"小韻，子筭切，《集韻》寫作"攢"，祖筭切，韻圖同此，"攢""攢"爲異體字；

117. 攢，《廣韻》換韻從紐有"攢"小韻，在玩切，《集韻》寫作"攢"，徂畔切，"攢""攢"爲異體字；

118. 嬔，《廣韻》願韻敷紐有"嬔"小韻，芳萬切，未見"嬔"字，《集韻》也無"嬔"字，"嬔""嬔"爲異體字；

119. 濶，《廣韻》末韻溪紐有"闊"小韻，苦栝切，《集韻》也作"闊"，苦活切，"闊""濶"爲異體字；

120. 悅，《廣韻》薛韻喻紐有"悅"小韻，弋雪切，《集韻》也作"悅"，欲雪切，"悅""悅"爲異體字。

圖九

121. 濑，《廣韻》臻韻穿紐無"濑"字，《集韻》臻韻穿紐有"濑"小韻，楚莘切，韻圖音韻地位同此，但與韻圖所注"雌人切"不相合；

122. 榛，《廣韻》臻韻牀紐無"榛"字，《集韻》臻韻牀紐有"榛"小韻，鋤臻切，韻圖同此；

123. 㻂，《廣韻》眞韻徹紐有"㻂"小韻，丑人切，《集韻》眞韻也有"㻂"小韻，癡鄰切，"㻂""㻂"爲異體字；

124. 舷，《廣韻》欣韻疑紐有"舷"小韻，語斤切，《集韻》欣韻疑紐也有"舷"小韻，魚斤切，依音應列三等欣韻，韻圖三等疑紐已列眞韻"銀"字，"舷"字列入相鄰四等韻；

125. 巡，《廣韻》諄韻從紐無"巡"字，"巡"爲諄韻邪紐字，屬"旬"小韻，詳遵切，《集韻》諄韻也有"巡"字，松倫切，亦爲邪紐字，韻圖將該字列入從紐與《廣韻》《集韻》均不合；

126. 近，《廣韻》隱韻群紐無"近"字，"近"爲隱韻溪紐字，屬"赾″小韻，丘謹切，《集韻》隱韻群紐有"近"小韻，巨謹切，韻圖同此；

127. 隱，《廣韻》隱韻影紐有"隱"小韻，於謹切，《集韻》隱韻影紐有"隱"小韻，倚謹切，韻圖同此，"隱""隱"爲異體字；

128. 刃，《廣韻》震韻日紐有"刃"小韻，而振切，《集韻》震韻日紐也作"刃"，而振切，"刃""刃"爲異體字；

129. 賮，《廣韻》稕韻未見"賮"字，《集韻》稕韻有"賮"字，屬"燼"小韻，徐刃切，邪紐字，韻圖同此；

130. 肩，《廣韻》震韻喻紐有"胤"小韻，羊晉切，《集韻》稕韻喻紐有"肩"字，羊進切，"胤""肩"爲異體字；

131~132. 剗、實，具體分析見圖四；

133. 卽，《廣韻》質韻精紐有"堲"小韻，資悉切，《集韻》質韻精紐也有"堲"小韻，子悉切，"卽""堲"爲異體字。

圖十

134. 昏，《廣韻》魂韻曉紐有"昏"小韻，呼昆切，《集韻》魂韻"昏""昬"並列小韻首字，呼昆切，"昏""昬"爲異體字；

135. 魂，《廣韻》魂韻匣紐有"䰟"小韻，戶昆切，《集韻》也作"䰟"，胡昆切，"䰟""魂"爲異體字；

136. 繽，《廣韻》眞韻滂紐有"繽"小韻，匹賓切，《集韻》也作"繽"，紕民切，"繽""繽"爲異體字；

137. 袞，《廣韻》混韻見紐有"袞"字，古本切，《集韻》混韻見紐也有"袞"小韻，古本切，"袞""袞"爲異體字；

138. 惢，《廣韻》混韻來紐有"惢"小韻，盧本切，《集韻》混韻也有"惢"小韻，魯本切，韻圖列"惢"字恐爲"惢"字之訛；

139. 攎，《廣韻》無"攎"字，《集韻》隱韻有"攎"小韻，舉蘊切，見紐字，韻圖同此；

140. 愍，《廣韻》吻韻、準韻都無"愍"字，《集韻》準韻明紐有"愍"小韻字，美隕切，韻圖同此；

141. 盾，《廣韻》準韻禪紐無"盾"字，牀紐有"盾"小韻，食尹切，《集韻》準韻禪紐有"盾"小韻，豎尹切，韻圖同此；

142. 牝，《廣韻》準韻無"牝"字，"牝"爲軫韻並紐字，毗忍切，《集韻》準韻有"牝"小韻，婢忍切，並紐字，韻圖同此；

143. 泯，《廣韻》準韻無"泯"字，軫韻明紐有"泯"小韻，武盡切，《集韻》準韻明紐有"泯"小韻，弭盡切，韻圖同此；

144. 惛，《廣韻》慁韻曉紐有"惛"小韻，呼悶切，"惛""惛"爲異體字；

145. 順，《廣韻》稕韻禪紐無"順"字，牀紐有"順"小韻，食閏切，《集韻》稕韻禪紐有"順"小韻，殊閏切，韻圖同此；

146. 閏，《廣韻》稕韻日紐有"閏"小韻，如順切，《集韻》稕韻日紐寫作"閏"，儒順切，韻圖同此，"閏""閏"爲異體字；

147. 突，《廣韻》沒韻定紐有"突"小韻，陀骨切，"突""突"爲異體字；

148. 不，《廣韻》沒韻幫紐無"不"字，物韻"弗"小韻有"不"字，分勿切，非紐字，《集韻》"不"字也在物韻"弗"小韻，分物切，韻圖已列小韻首字"弗"，此又列"不"字，小韻重出；

149. 𪑩，《廣韻》質韻無"𪑩"字，《集韻》質韻照紐有"𪑩"小韻，側律切，韻圖同此；

150. 術，《廣韻》術韻有"術"小韻，食聿切，牀紐字，《集韻》"術"字也爲術韻牀紐字，韻圖將牀紐字列入禪紐。

圖十一

151. 嗟，《廣韻》歌韻精紐無"嗟"字，"嗟"爲麻韻精紐字，子邪切，《集韻》歌韻精紐亦無"嗟"字，韻圖此處列"嗟"字與《廣韻》《集韻》均不合；

152. 鹺，《廣韻》哿韻、果韻均無"鹺"字，《集韻》果韻從紐有"鹺"小韻，才可切，韻圖同此；

153. 蘿，《廣韻》馬韻來紐有"蘿"小韻，盧下切，"蘿"爲藥韻喻紐字，以灼切，依音不應置此，《集韻》馬韻來紐也有"蘿"小韻，呂下切，韻圖音注與《集韻》同，此處"蘿"字恐爲"蘿"字之訛；

154. 俎，《廣韻》"俎"爲語韻照紐字，側呂切，入"阻"小韻，《集韻》"俎"字莊所切，也爲語韻照紐字，韻圖語韻照紐已列小韻首字"阻"，此處又列"俎"字，小韻重出；

155. 灺，《廣韻》馬韻邪紐有"灺"小韻，徐野切，《集韻》馬韻邪紐也有"灺"小韻，似也切，"灺""灺"爲異體字；

156. 奈，《廣韻》箇韻泥紐有"奈"小韻，奴箇切，《集韻》箇韻泥紐有"奈"小韻，乃箇切，韻圖同此，"奈""奈"爲異體字；

157. 舍，《廣韻》禡韻審紐有"舍"小韻，始夜切，《集韻》禡韻審紐有"舍"小韻，式夜切，韻圖同此，"舍""舍"爲異體字；

158. 射，《廣韻》禡韻有"射"小韻，神夜切，牀紐字，《集韻》禡韻"射"字也注神夜切，牀紐字，韻圖將牀紐字列入禪紐；

159. 擦，《廣韻》曷韻清紐有"擦"小韻，七曷切，《集韻》同此，"擦""擦"爲異體字；

160. 鍘，具體分析見圖七；

161. 孽，《廣韻》薛韻疑紐有"孽"小韻，魚列切，《集韻》薛韻有"孽"小韻，亦注魚列切，韻圖同此，"孽""孽"爲異體字；

162. 截，具體分析見圖七；

163. 枻，《廣韻》薛韻喻紐有"抴"小韻，羊列切，"枻"爲祭韻喻紐字，餘制切，依音不應置此，《集韻》薛韻喻紐有"抴"小韻，無"枻"字，韻圖此處"枻"字恐爲"抴"字之訛。

圖十二

164. 陊，《廣韻》戈韻端紐有"陊"小韻，丁戈切，《集韻》戈韻端紐有"陊"小韻，都戈切，韻圖同此，"隊""隊"爲異體字；

165. 捼，《廣韻》戈韻泥紐無"捼"字，有"捼"小韻，奴禾切，《集韻》戈韻"捼""捼"並列小韻首字，也注奴禾切，韻圖同此，"捼""捼"爲異體字；

166. 哶，《廣韻》麻韻明紐無"哶"字，《集韻》麻韻有"哶"小韻，彌嗟切，明紐字，韻圖同此；

167. 岋，《廣韻》果韻疑紐無"岋"字，有"姡"小韻，五果切，《集韻》果韻疑紐有"姡"小韻，五果切，其下有"岋"字，韻圖"岋"字恐爲"岋"字之訛；

168. 娿，《廣韻》果韻泥紐無"娿"字，有"娿"小韻，奴果切，《集韻》果韻泥紐有"娿"小韻，努果切，韻圖同此，"娿""娿"爲異體字；

169. 麼，《廣韻》果韻明紐有"麼"小韻，亡果切，《集韻》也作"麼"，母果切，"麼""麼"为異體字；

170. 悅，具體分析見圖八。

圖十三

171. 卬，《廣韻》陽韻無"卬"字，《集韻》陽韻疑紐有"卬"小韻，魚殃切，韻圖同此；

172. 繈，《廣韻》養韻見紐有"繈"小韻，居兩切，《集韻》也作"繈"，舉兩切，"繈""繈"爲異體字；

173. 磢，《廣韻》養韻無"磢"字，《集韻》養韻有"磢"小韻，丘仰切，溪紐字，韻圖同此；

174. 蔣，《廣韻》養韻從紐無"蔣"字，《集韻》養韻有"蔣"小韻，在兩切，從紐字，韻圖同此；

175. 蹌，《廣韻》宕韻清紐無"蹌"字，《集韻》宕韻有"蹌"小韻，七浪切，清紐字，韻圖同此；

176. 刅，《廣韻》漾韻穿紐有"刅"小韻，初亮切，《集韻》也作"刅"字，《韻鏡》《七音略》此處都列"刅"字，韻圖"刅"字恐爲"刅"字之訛；

177. 瀧，《廣韻》漾韻無"瀧"字，《集韻》漾韻"霜""瀧"並列小韻首字，色壯切，審紐字，韻圖同此，"霜""瀧"爲異體字；

178. 勺，《廣韻》藥韻知韻有"芍"小韻，無"勺"字，"勺"爲藥韻禪紐字，市若切，依音不應置此，《集韻》藥韻"碏"小韻有"勺"字，陟略切，知紐字，韻圖同此；

179. 畧，《廣韻》藥韻來紐有"略"小韻，離灼切，《集韻》也作"略"，力灼切，"畧""略"爲異體字。

圖十四

180. 龎，《廣韻》江韻並紐有"龐"小韻，薄江切，《集韻》也作"龎"，皮江切，"龐""龎"爲異體字；

181. 厐，《廣韻》江韻明紐有"厖"小韻，莫江切，《集韻》江韻明紐也有"厐"字，莫江切，"厖""厐"爲異體字；

182. 悷，《廣韻》陽紐無"悷"字，《集韻》陽韻有"悷"小韻，俱王切，見紐字，韻圖同此；

183. 恇，《廣韻》養韻無"恇"字，《集韻》養韻有"恇"小韻，丘往切，溪紐字，韻圖同此；

184. 胶，《廣韻》宕韻無"胶"字，《集韻》宕韻有"胶"小韻，滂謗切，滂紐字，韻圖同此；

185. 眶，《廣韻》漾韻無"眶"字，《集韻》漾韻有"眶"小韻，區旺切，溪紐字，韻圖同此；

186. 殼，《廣韻》覺韻溪紐有"殼"小韻，苦角切，《集韻》覺韻溪紐也有"殼"小韻，克角切，"殼""殼"爲異體字；

187. 剝，《廣韻》覺韻幫紐有"剥"小韻，北角切，《集韻》同此，"剝""剥"爲異體字；

188. 轉，《廣韻》藥韻無"轉"字，《集韻》藥韻有"轉"小韻，方縛切，非紐字，韻圖同此。

圖十五

189. 輁，《廣韻》登韻溪紐無"輁"字，《集韻》登韻有"輁"小韻，苦弘切，溪紐字，韻圖同此；

190. 濛，《廣韻》梗韻曉紐無"濛"字，《集韻》梗韻有"濛"小韻，呼猛切，曉紐字，韻圖同此；

191. 囧，《廣韻》梗韻見紐有"囧"字，俱永切，《集韻》也作"囧"，俱永切，"囧""囧"爲異體字。

圖十六

192. 烹，《廣韻》庚韻滂紐有"亨"小韻，撫庚切，滂紐字，《集韻》庚韻"磅"小韻有"烹"字，披庚切，韻圖同此，"亨""烹"爲異體字；

193. 并，《廣韻》清韻幫紐無"并"字，有"幷"小韻，府盈切，《集韻》清韻幫紐有"并"

小韻，卑盈切，韻圖同此，"幷""并"爲異體字；

194. 檠，《廣韻》靜韻、耿韻群紐均無"檠"字，梗韻見紐有"橄"字，入"警"小韻，居影切，與韻圖注音不相合，《集韻》靜韻、耿韻群紐亦無"檠"字，韻圖此處列"檠"字，與《廣韻》《集韻》均不合；

195. 井，《廣韻》靜韻精紐有"丼"小韻，子郢切，《集韻》靜韻"丼""井"並列小韻首字，子郢切，"丼""井"爲異體字；

196. 倗，《廣韻》嶝韻並紐無"倗"字，《集韻》嶝韻有"倗"小韻，步鄧切，並紐字，韻圖同此；

197. 乗，《廣韻》證韻禪紐無"乗"字，"乗"爲證韻牀紐字，實證切，《集韻》證韻禪紐有"乗"小韻，石證切，"乗""乗"爲異體字；

198. 甯，《廣韻》徑韻泥紐有"甯"小韻，乃定切，《集韻》徑韻有"甯"小韻，乃定切，泥紐字，韻圖同此；

199. 瞑，《廣韻》證韻無"瞑"字，《集韻》徑韻明紐有"瞑"字，莫定切，韻圖同此；

200. 拆，《廣韻》陌韻無"拆"字，《集韻》陌韻有"拆"字，恥格切，徹紐字，韻圖同此；

201. 賾，《廣韻》麥韻有"賾"小韻，士革切，牀紐字，《集韻》同此，韻圖牀紐已列職韻"崱"字，麥韻"賾"字列入禪紐；

202. 啞，《廣韻》陌韻影紐有"啞"小韻，烏格切，《集韻》陌韻影紐也有"啞"小韻，乙格切，"啞""啞"爲異體字。

圖十七

203. 皆，《廣韻》皆韻有"皆"小韻，古諧切，見紐字，《集韻》皆韻"皆""皆"並列小韻首字，居諧切，見紐字，韻圖同此，"皆""皆"爲異體字；

204. 拳，《廣韻》"拳"爲仙韻群紐字，依音不應置此，皆韻徹紐有"搋"小韻，丑皆切，《集韻》皆韻有"搋"小韻，注"忡皆切，以拳加物"，注音、釋義均與韻圖相合，韻圖據此，編者恐誤將釋文中"拳"字列入韻字正位；

205. 姯，《廣韻》咍韻滂紐有"姯"小韻，普才切，《集韻》咍韻也有"姯"小韻，鋪來切，韻圖注釋與《廣韻》同，"姯"字依音應列一等；

206. 腇，《廣韻》咍韻及相鄰諸韻都無"腇"字，《集韻》咍韻有"腇"字，屬"荋"小韻，汝來切，日紐字，韻圖同此；

207. 顗，《廣韻》海韻無"顗"字，《集韻》海韻疑紐有"顗"字，五亥切，韻圖同此；

208. 廌，《廣韻》蟹韻無"廌"字，《集韻》蟹韻澄紐有"廌"小韻，丈蟹切，韻圖同此；

209. 扺，《廣韻》"扺"字諸氏切，紙韻照紐字，《集韻》蟹韻照紐有"扺"小韻，仄蟹切，與韻圖注釋相合，韻圖同此；

210. 磕，《廣韻》泰韻溪紐有"磕"小韻，苦蓋切，《集韻》泰韻溪紐"磕""磕"並列小韻首字，丘蓋切，韻圖同此，"磕""磕"爲異體字；

211. 蠆，《廣韻》代韻、泰韻均無"蠆"字，夬韻徹紐有"蠆"小韻，丑犗切，《集韻》夬韻也有"蠆"小韻，丑邁切，韻圖注音與《廣韻》同，依音應列夬韻二等；

212. 哳，《廣韻》鎋韻知紐有"哳"小韻，陟鎋切，《集韻》同此，韻圖"哳"字依音應列鎋韻二等；

213. 鍘，具體分析見圖七；

214. 列，《廣韻》薛韻來紐有"列"小韻，良薛切，《集韻》薛韻來紐也有"列"小韻，力蘖切，韻圖此處列"列"字與《廣韻》《集韻》均不合。

圖十八

215. 菑，《廣韻》之韻有"菑"小韻，側持切，照紐字，《集韻》指韻也有"菑"小韻，莊持切，"菑""菑"爲異體字；

216. 俟，《廣韻》止韻牀紐有"俟"小韻，牀史切，《集韻》同此，韻圖將牀紐字列入禪紐；

217. 蜺，《廣韻》紙韻無"蜺"字，"蜺"字屬齊韻"倪"小韻，五稽切，疑紐字，《集韻》"蜺"字也屬"倪"小韻，韻圖齊韻已列小韻首字"倪"，此又列"蜺"字，小韻重出；

218. 迤，《廣韻》紙韻喻紐有"迆"字，屬"酏"小韻，移爾切，《集韻》紙韻"酏"小韻有"迤"字，演爾切，喻紐字，韻圖同此，"迤""迆"爲異體字；

219. 厠，《廣韻》志韻穿紐有"厠"小韻，初吏切，《集韻》志韻穿紐也有"廁"小韻，初吏切，"厠""廁"爲異體字；

220. 示，《廣韻》至韻牀紐有"示"小韻，神至切，《集韻》同此，韻圖將牀紐字列入禪紐；

221~222. 剟、實，具體分析見圖四；

223. 喞，《廣韻》質韻有"喞"字，資悉切，精紐字，《集韻》質韻精紐也有"喞"字，子悉切，"喞""喞"爲異體字；

224. 逸，《廣韻》質韻有"逸"小韻，夷質切，喻紐字，無"逸"字，《集韻》也未見"逸"字，"逸""逸"爲異體字。

圖十九

225. 㠯，《廣韻》灰韻有"㠯"小韻，乃回切，泥紐字，"㠯"爲緩韻泥紐字，奴案切，依音不應置此，《集韻》灰韻也有"懷"字，奴回切，灰韻無"懷"字，"懷""懷"爲異體字；

226. 暌，《廣韻》齊韻溪紐有"暌"小韻，苦圭切，《集韻》也作"暌"，"暌""暌"爲異體字；

227. 錞，《廣韻》賄韻定紐有"錞"小韻，徒猥切，《集韻》"錞""錞"並列小韻首字，杜罪切，韻圖同此，"錞""錞"为異體字；

228. 崔，《廣韻》賄韻無"崔"字，《集韻》賄韻有"崔"小韻，息罪切，心紐字，韻圖同此；

229. 瞡，《廣韻》紙韻無"瞡"字，《集韻》紙韻"頠"小韻有"瞡"字，五委切，疑紐字，韻圖同此；

230. 破，《廣韻》紙韻滂紐無"破"字，有"皷"小韻，匹靡切，"破"爲過韻滂紐字，普過切，依音不應置此，《集韻》紙韻也有"皷"小韻，注："普靡切，折也"，與韻圖注釋相合，韻圖此處"破"字恐爲"皷"字之訛；

231. 瞤，《廣韻》紙韻無"瞤"字，《集韻》也無，《廣韻》旨韻有"瞤"小韻，火癸切，曉紐字，韻圖"瞤"字恐爲"瞤"字之訛；

232. 兌，《廣韻》泰韻定紐有"兌"小韻，杜外切，《集韻》泰韻有"兌"小韻，徒外切，韻圖同此，"兌""兌"爲異體字；

233. 倍，《廣韻》海韻有"倍"小韻，薄亥切，並紐字，依音不應置此，《集韻》隊韻"背"小韻有"倍"字，補妹切，幫紐字，韻圖幫紐已列泰韻"貝"字，此處將"倍"字列入並紐；

234. 䃬，《廣韻》泰韻"䃬"小韻有"䃬"字，先外切，心紐字，《集韻》同此，韻圖將心紐字列入牀紐；

235. 出，《廣韻》至韻有"出"小韻，尺類切，穿紐字，《集韻》同此，韻圖將穿紐字列入徹紐；

236. 不，具體分析見圖十；

237. 叐，《廣韻》没韻有"叐"小韻，土骨切，透紐字，韻圖將透紐字列入牀紐；

238. 術，《廣韻》術韻有"術"小韻，食聿切，牀紐字，《集韻》食律切，亦爲術韻牀紐字，韻圖將牀紐字列入禪紐；

239. 鬱，《廣韻》物韻影紐有"鬱"小韻，紆物切，《集韻》迄韻影紐也有"鬱"小韻，紆物切，"鬱"字依音應列三等物韻。

圖二十

240. 衰，《廣韻》脂韻審紐有"衰"小韻，所追切，佳韻、皆韻均無"衰"字，《集韻》脂韻也有"衰"小韻，雙佳切，審紐字，韻圖脂韻審紐已列"衰"字，此處又列"衰"字，小韻重複。

6.2 《切韻指掌圖》用字總結

《切韻指掌圖》共收韻字 3482 個，其中 3242 字與《廣韻》相合，占比 93.11%，相合韻字中有 2889 個爲小韻首字，占比 89.11%。《切韻指掌圖》與《廣韻》的相合度超過了其他四種韻圖，成爲五韻圖中與《廣韻》吻合指數最高的韻圖。《切韻指掌圖》與《廣韻》不合的韻字僅 240 個，這些不合主要表現在以下方面：

1. 小韻不同：即《切韻指掌圖》中有一些小韻代表字在《廣韻》中並未收入，這些小韻大多據《集韻》而列，如圖八緩韻曉紐一等列"澴"字，《廣韻》緩韻曉紐無字，《集韻》緩韻曉紐有"澴"小韻，火管切，《切韻指掌圖》此處列"澴"字，與《集韻》相同。

2. 音韻地位不同：

(1)澄紐字列牀紐：如圖二鍾韻牀紐列"重"字，《廣韻》鍾韻、東韻牀紐均無"重"字，"重"爲鍾韻澄紐字，直容切，《集韻》"重"字傳容切，亦爲澄紐字，韻圖將澄紐"重"字列牀紐；另有同圖用韻牀紐"重"小韻，《廣韻》和《集韻》用韻牀紐都無"重"字，"重"爲澄紐字，韻圖也將"重"字列牀紐。

(2)徹紐字列穿紐：如圖三虞韻穿紐列"貙"字，《廣韻》魚韻、虞韻穿紐均無"貙"字，"貙"爲虞韻徹紐字，敕俱切，《集韻》"貙"小韻也爲徹紐字，韻圖將穿紐"貙"字列徹紐。

(3)牀紐字列禪紐：如圖三麌韻禪紐列"竪"字，《廣韻》"竪"字鷁禹切，牀紐字，韻圖將"竪"字列入禪紐。

(4)歸等不同：如圖十九物韻影紐列"鬱"字，《廣韻》物韻"鬱"字紆物切，物爲三等韻，切出的"鬱"字依音應列三等，韻圖列入四等。

3. 字形不同：《切韻指掌圖》在用字方面相對規範，訛誤字相对較少，體現出韻圖在發展演變中漸趨完善，《切韻指掌圖》與《廣韻》用字的不同有一些表現在字形方面，具體呈現如下特點：

(1)大量使用異體字：如圖一覺韻幫紐列"剝"字，《廣韻》和《集韻》都作"剥"，"剝""剥"爲異體字；圖三魚韻曉紐列"虛"字，《廣韻》《集韻》都作"虚"，"虛""虚"爲異體字；圖八末韻溪紐列"濶"字，《廣韻》和《集韻》都寫作"闊"，"闊""濶"爲異體字。

(2)使用別字①：如圖四德韻精紐列"側"字，《廣韻》德韻精紐無"側"字，有"則"小

---

① 此處"別字"意指選用了另一個字，不同於錯別字，錯別字本書統稱"形訛字"。

韻，子德切，《集韻》德韻精紐也有"則"小韻，即得切，韻圖此處所列"側"字爲職韻照紐字，依音不應置此，此處韻圖選擇了小韻之外的字作爲代表字。

（3）使用形訛字：如圖四德韻影紐列"餩"字，《廣韻》有"餤"小韻，愛黑切，注"噎聲"，與韻圖注釋一致，韻圖或據此，"餩"字恐爲抄寫時誤將"餤"字寫作"餩"字；又如圖十一薛韻喻紐列"枻"字，《廣韻》薛韻喻紐有"抴"小韻，羊列切，《集韻》薛韻喻紐也有"抴"小韻，無"枻"字，"枻""抴"兩字形似，韻圖此處"枻"字恐爲"抴"字之訛。

7 《經史正音切韻指南》用字研究

7.1 《經史正音切韻指南》各韻圖用字研究

圖一、《通攝内一侷門》

1. 順，《廣韻》東韻、冬韻群紐均無"順"字，《集韻》亦無，《五音集韻》"順"字渠公切，東韻群紐字，韻圖同此；

2. 鸃，《廣韻》東韻、冬韻泥紐均無"鸃"字，《集韻》冬韻泥紐有"鸃"字，奴冬切，《五音集韻》與《集韻》同，韻圖同此；

3. 莑，《廣韻》東韻無"莑"字，《集韻》東韻滂紐有"莑"小韻，樸蒙切，《五音集韻》與《集韻》同，韻圖同此；

4. 頼，《廣韻》董韻見紐無"頼"字，《集韻》董韻亦無"頼"字，《五音集韻》"頼"字古孔切，董韻見紐字，韻圖同此；

5. 澒，《廣韻》董韻疑紐無"澒"字，《集韻》董韻有"澒"小韻，吾翁切，疑紐字，《五音集韻》與《集韻》同，韻圖同此；

6. 嵏，《廣韻》董韻從紐無"嵏"字，《集韻》董韻從紐有"嵏"小韻，才總切，韻圖同此，《五音集韻》董韻"嵏"字才揔切，亦爲從紐字；

7. 槿，《廣韻》送韻並紐無"槿"字，《集韻》送韻有"槿"小韻，菩貢切，並紐字，《五音集韻》與《集韻》同，韻圖同此；

8. 鸃，《廣韻》燭韻牀紐無"鸃"字，《集韻》燭韻有"鸃"小韻，仕足切，牀紐字，韻圖同此；

9. 莑，《廣韻》鍾韻微紐無"莑"字，《集韻》鍾韻微紐有"莑"小韻，鳴龍切，《五音集韻》與《集韻》同，韻圖同此；

10. 雄，《廣韻》東韻"雄"字羽弓切，喻紐字，《集韻》東韻"雄"字胡弓切，匣紐字，《五音集韻》與《集韻》同，韻圖同此；

11. 葑，《廣韻》用韻有"葑"小韻，方用切，非紐字，《集韻》用韻"葑"字芳用切，敷紐字，《五音集韻》與《集韻》同，韻圖同此；

12. 艨，《廣韻》用韻無"艨"字，《集韻》用韻有"艨"小韻，忙用切，微紐字，韻圖同此，《五音集韻》用韻"艨"字無用切，亦爲微紐字；

13. 揰，《廣韻》用韻無"揰"字，《集韻》用韻有"揰"小韻，昌用切，《五音集韻》與《集韻》同，韻圖同此；

14. 趙，《廣韻》用韻無"趙"字，"趙"爲送韻精紐字，子仲切，《集韻》"趙"字于仲切，送韻喻紐字，《五音集韻》"趙"字也在送韻，喻母三等字，于仲切；

15. 傉，《廣韻》燭韻娘紐無"傉"字，《集韻》燭韻有"傉"小韻，女足切，娘紐字，《五音集韻》與《集韻》同，韻圖同此；

16. 匸，《廣韻》燭韻無"匸"字，《集韻》燭韻有"匸"小韻，甫玉切，非紐字，《五音集韻》與《集韻》同，韻圖同此；

17. 娟，《廣韻》燭韻微紐無"娟"字，《集韻》燭韻微紐有"娟"小韻，某玉切，韻圖同此，《五音集韻》"娟"字武玉切，燭韻微紐字；

18. 媕，《廣韻》燭韻無"媕"字，"媕"爲覺韻穿紐字，測角切，《集韻》燭韻穿紐有"媕"小韻，叉足切，《五音集韻》燭韻"媕"字尺足切，穿紐字，韻圖同此。

圖二、《江攝外一》

19. 控，《廣韻》講韻無"控"字，《集韻》講韻有"控"小韻，克講切，溪紐字，《五音集韻》與《集韻》同，韻圖同此；

20. 攏，《廣韻》講韻無"攏"字，《集韻》講韻有"攏"小韻，匿講切，娘紐字，《五音集韻》與《集韻》同，韻圖同此；

21. 搑，《廣韻》講韻無"搑"字，《集韻》講韻有"搑"小韻，普講切，滂紐字，《五音集韻》與《集韻》同，韻圖同此；

22. 傯，《廣韻》講韻無"傯"字，《集韻》講韻有"傯"小韻，初講切，穿紐字，《五音集韻》與《集韻》同，韻圖同此；

23. 聳，《廣韻》講韻無"聳"字，《集韻》講韻有"聳"小韻，雙講切，審紐字，《五音集韻》與《集韻》同，韻圖同此；

24. 勪，《廣韻》絳韻無"勪"字，《集韻》亦無，《五音集韻》絳韻溪紐有"勪"字，可絳切，韻圖同此；

25. 鬞，《廣韻》絳韻無"鬞"字，《集韻》絳韻有"鬞"小韻，尼降切，娘紐字，《五音集韻》與《集韻》同，韻圖同此；

26. 脹，《廣韻》絳韻滂紐無“脹”字，有“肨”小韻，匹絳切，《集韻》絳韻滂紐也有“肨”小韻，匹降切，未見“脹”字，《五音集韻》絳韻滂紐有“脹”小韻，匹絳切，韻圖同此；

27. 恇，《廣韻》絳韻無“恇”字，《集韻》絳韻有“恇”小韻，尨巷切，明紐字，《五音集韻》與《集韻》同，韻圖同此；

28. 荐，《廣韻》絳韻無“荐”字，《集韻》絳韻有“荐”小韻，赫巷切，匣紐字，《五音集韻》與《集韻》同，韻圖同此；

29. 𡽱，《廣韻》覺韻無“𡽱”字，《集韻》亦無，《五音集韻》覺韻群紐有“𡽱”字，巨角切，韻圖同此。

圖三、《止攝內二開口呼通門》

30. 茬，《廣韻》之韻牀紐有“茬”小韻，士之切，《集韻》之韻“茬”“茬”並列小韻首字，仕之切，韻圖同此，“茬”“茬”爲異體字，《五音集韻》“茬”“茬”並列“齹”小韻，士宜切；

31. 美，《廣韻》旨韻明紐有“美”小韻，無鄙切，《集韻》旨韻也有“美”小韻，母鄙切，明紐字，《五音集韻》旨韻明紐也有“美”字，無鄙切，“美”“美”爲異體字；

32. 倚，《廣韻》紙韻影紐有“倚”小韻，於綺切，《集韻》紙韻影紐有“倚”小韻，隱綺切，“倚”“倚”爲異體字，《五音集韻》寫作“倚”，於綺切，旨韻影紐字，韻圖同此；

33. 縻，《廣韻》至韻無“縻”字，《集韻》寘韻明紐有“縻”小韻，麋寄切，《五音集韻》至韻有“縻”小韻，靡寄切，韻圖同此；

34. 戲，《廣韻》寘韻曉紐有“戲”小韻，香義切，《集韻》同此，《五音集韻》至韻曉紐有“戲”小韻，亦注香義切，韻圖同此，“戲”“戲”爲異體字；

35. 拂，《廣韻》質韻無“拂”字，《集韻》質韻滂紐有“拂”小韻，普密切，《五音集韻》與《集韻》同，韻圖同此；

36. 崇，《廣韻》質韻無“崇”字，《集韻》亦無，《五音集韻》質韻禪紐有“崇”字，時質切，韻圖同此；

37. 觬，《廣韻》支韻無“觬”字，《集韻》支韻有“觬”小韻，語支切，疑紐字，《五音集韻》與《集韻》同，韻圖同此；

38. 體，《廣韻》旨韻無“體”字，《集韻》止韻透紐有“體”小韻，天以切，《五音集韻》旨韻透紐有“體”小韻，天以切，韻圖同此；

39. 弟，《廣韻》旨韻無“弟”字，《集韻》止韻定紐有“弟”小韻，蕩以切，《五音集韻》旨韻定紐有“弟”小韻，蕩以切，韻圖同此；

40. 鬻，《廣韻》“鬻”爲支韻精紐字，即移切，《集韻》紙韻有“鬻”小韻，自爾切，從紐字，《五音集韻》與《集韻》同，韻圖同此；

41. 繋，《廣韻》至韻無"繋"字，《集韻》至韻有"繋"小韻，吉棄切，見紐字，韻圖同此，《五音集韻》"繋"字古棄切；

42. 帝，《廣韻》至韻無"帝"字，《集韻》寘韻端紐有"帝"小韻，丁易切，《五音集韻》"帝"字入至韻，亦注丁易切，韻圖同此；

43. 庳，《廣韻》至韻幫紐有"痹"小韻，必至切，《集韻》至韻幫紐也有"痹"字，必至切，"庳"字毗至切，並紐字，《五音集韻》至韻幫紐有"庳"字，必至切，韻圖同此；

44. 寐，《廣韻》至韻明紐有"寐"小韻，彌二切，《集韻》至韻明紐"寐"字蜜二切，《五音集韻》至韻明紐也作"寐"，彌二切，"寐""寐"爲異體字；

45. 系，《廣韻》至韻無"系"字，《集韻》至韻匣紐有"系"小韻，兮肄切，韻圖同此，《五音集韻》至韻匣紐也有"系"字，兮異切；

46. 齕，《廣韻》質韻無"齕"字，"齕"爲屑韻疑紐字，五結切，《集韻》質韻疑紐有"齕"小韻，魚一切，《五音集韻》與《集韻》同，韻圖同此；

47. 窒，《廣韻》質韻無"窒"字，"窒"爲屑韻端紐字，丁結切，《集韻》質韻端紐有"窒"小韻，得悉切，《五音集韻》與《集韻》同，韻圖同此；

48. 耋，《廣韻》質韻無"耋"字，"耋"爲屑韻定紐字，徒結切，《集韻》質韻定紐有"耋"小韻，地一切，《五音集韻》與《集韻》同，韻圖同此；

49. 昵，《廣韻》質韻"昵"字尼質切，娘紐字，《集韻》質韻泥紐有"昵"字，乃吉切，《五音集韻》與《集韻》同，韻圖同此。

圖四、《止攝内二合口呼通門》

50. 蘽，《廣韻》"蘽"字遵爲切，支韻精紐字，《集韻》支韻有"蘽"小韻，莊隨切，照紐字，《五音集韻》與《集韻》同，韻圖同此；

51. 搥，《廣韻》尾韻、旨韻徹紐均無"搥"字，《集韻》旨韻有"搥"小韻，丑水切，徹紐字，《五音集韻》與《集韻》同，韻圖同此；

52. 荽，《廣韻》尾韻、旨韻娘紐均無"荽"字，《集韻》紙韻娘紐有"荽"小韻，女委切，《五音集韻》"荽"字入旨韻，女委切，韻圖同此；

53. 棰，《廣韻》尾韻、旨韻均無"棰"字，《集韻》紙韻照紐有"棰"小韻，主縈切，《五音集韻》旨韻"棰"字之累切，照紐字，韻圖同此；

54. 𩐁，《廣韻》至韻無"𩐁"字，《集韻》寘韻審紐有"𩐁"小韻，式瑞切，《五音集韻》注音與《集韻》同，"𩐁"字入至韻，韻圖同此；

55. 豽，《廣韻》質韻、物韻娘紐均無"豽"字，《集韻》質韻娘紐有"豽"小韻，女律切，韻圖同此，《五音集韻》"豽"字入術韻，女律切；

56. 絀，《廣韻》質韻、物韻審紐均無"絀"字，《集韻》質韻審紐有"絀"小韻，式聿切，韻圖同此，《五音集韻》"絀"小韻入術韻，式聿切；

57. 䤥，《廣韻》脂韻及相鄰小韻均無"䤥"字，《集韻》支韻見紐有"䤥"字，均窺切，《五音集韻》"䤥"字入脂韻，居窺切，見紐字，韻圖同此；

58. 崔，《廣韻》脂韻及相鄰小韻均無"崔"字，《集韻》脂韻精紐有"崔"小韻，遵綏切，韻圖同此，《五音集韻》脂韻精紐"崔"字醉綏切；

59. 夒，《廣韻》脂韻及相鄰小韻均無"夒"字，《集韻》亦無，《五音集韻》脂韻清紐有"夒"字，娶惟切，韻圖同此；

60. 厜，《廣韻》脂韻及相鄰小韻均無"厜"字，《集韻》支韻從紐有"厜"小韻，才規切，《五音集韻》"厜"字入脂韻，才規切，從紐字，韻圖同此；

61. 洼，《廣韻》脂韻及相鄰小韻均無"洼"字，《集韻》脂韻影紐有"洼"小韻，烏雖切，《五音集韻》與《集韻》同，韻圖同此；

62. 嵬，《廣韻》旨韻無"嵬"字，《集韻》旨韻疑紐有"嵬"小韻，藝薽切，韻圖同此，《五音集韻》旨韻疑紐也有"嵬"字，藝癸切；

63. 趡，《廣韻》旨韻清紐無"趡"字，《集韻》亦無，《五音集韻》旨韻清紐有"趡"字，此觜切，韻圖同此；

64. 繘，《廣韻》質韻、術韻群紐均無"繘"字，《集韻》質韻群紐有"繘"小韻，其聿切，《五音集韻》與《集韻》同，韻圖同此；

65. 崒，《廣韻》質韻、術韻從紐均無"崒"字，《集韻》術韻從紐有"崒"字，昨聿切，韻圖同此，《五音集韻》術韻"崒"字慈䘏切；

66. 驈，《廣韻》質韻、術韻匣紐均無"驈"字，《集韻》質韻匣紐有"驈"小韻，戶橘切，韻圖同此，《五音集韻》"驈"字戶橘切，入術韻。

圖五、《遇攝內三獨韻侷門》

67. 俆，《廣韻》模韻喻紐無"俆"字，《集韻》模韻喻紐有"俆"小韻，尤孤切，《五音集韻》與《集韻》同，韻圖同此；

68，70~73. 鶛、㑀、工、媚、姬，五字分析見圖《通攝內一侷門》；

69. 數，《廣韻》燭韻無"數"字，《集韻》燭韻審紐有"數"小韻，所錄切，《五音集韻》與《集韻》同，韻圖同此；

74. 覰，《廣韻》御韻清紐有"覰"小韻，七慮切，《集韻》寫作"覷"，七慮切，御韻清紐字，韻圖同此，《五音集韻》寫作"覷"，亦注七慮切，"覰""覷"為異體字。

圖六、《蟹攝外二開口呼廣門》

75. 頤,《廣韻》咍韻喻紐無"頤"字,《集韻》咍韻有"頤"小韻,曳來切,喻紐字,《五音集韻》與《集韻》同,韻圖同此;

76. 騃,《廣韻》海韻無"騃"字,《集韻》海韻疑紐有"騃"小韻,五亥切,《五音集韻》與《集韻》同,韻圖同此;

77. 恾,《廣韻》海韻幫紐無"恾"字,《集韻》海韻有"恾"小韻,布亥切,幫紐字,《五音集韻》與《集韻》同,韻圖同此;

78. 愢,《廣韻》海韻無"愢"字,《集韻》海韻心紐有"愢"小韻,息改切,《五音集韻》與《集韻》同,韻圖同此;

79. 隑,《廣韻》代韻群紐無"隑"字,《集韻》代韻有"隑"小韻,巨代切,群紐字,《五音集韻》與《集韻》同,韻圖同此;

80. 桯,《廣韻》皆韻知紐無"桯"字,《集韻》皆韻有"桯"小韻,都皆切,《五音集韻》與《集韻》同,韻圖同此;

81. 媋,《廣韻》皆韻澄紐無"媋"字,《集韻》皆韻有"媋"小韻,直皆切,澄紐字,《五音集韻》與《集韻》同,韻圖同此;

82. 㮕,《廣韻》皆韻娘紐有"搤"小韻,諾皆切,未見"㮕"字,《集韻》皆韻娘紐也有"搤"小韻,尼皆切,《五音集韻》皆韻娘紐也有"搤"字,昵皆切,韻圖"㮕"字恐爲"搤"字之訛;

83. 碩,《廣韻》皆韻幫紐無"碩"字,《集韻》皆韻有"碩"小韻,蘗皆切,幫紐字,韻圖同此,《五音集韻》皆韻"碩"字蘗皆切;

84. 嶏,《廣韻》皆韻滂紐無"嶏"字,《集韻》皆韻滂紐有"嶏"小韻,匹埋切,《五音集韻》與《集韻》同,韻圖同此;

85. 齋,《廣韻》皆韻照紐有"齋"小韻,側皆切,《集韻》皆韻"齋""齋"並列小韻首字,注:"'齋'隸作'齋'",莊皆切,《五音集韻》皆韻"齋"字莊皆切,與《集韻》同,韻圖同此;

86. 鍇,《廣韻》駭韻"鍇"爲溪紐字,苦駭切,《集韻》駭韻有"鍇"小韻,古駭切,見紐字,《五音集韻》與《集韻》同,韻圖同此;

87. 䫆,《廣韻》駭韻、蟹韻均無"䫆"字,《集韻》駭韻有"䫆"小韻,知駭切,知紐字,《五音集韻》與《集韻》同,韻圖同此;

88. 偍,《廣韻》駭韻無"偍"字,《集韻》駭韻澄紐有"偍"小韻,直駭切,韻圖同此,《五音集韻》駭韻澄紐"偍"字直駭切;

89. 牝,《廣韻》駭韻滂紐無"牝"字,《集韻》蟹韻有"牝"小韻,怦買切,滂紐字,

《五音集韻》駭韻"㧤"字普買切，滂紐字，韻圖同此；

90. 扴，《廣韻》駭韻、蟹韻均無"扴"字，《集韻》蟹韻照紐有"扴"小韻，仄蟹切，《五音集韻》蟹韻併入駭韻，"扴"字注音與《集韻》同，韻圖同此；

91. 㶄，《廣韻》駭韻無"㶄"字，《集韻》蟹韻穿紐有"㶄"小韻，楚解切，《五音集韻》"㶄"字列駭韻穿紐，楚蟹切，韻圖同此；

92. 攋，《廣韻》駭韻無"攋"字，《集韻》駭韻來紐有"攋"小韻，洛駭切，《五音集韻》與《集韻》同，韻圖同此；

93. 齛，《廣韻》怪韻無"齛"字，《集韻》怪韻群紐有"齛"小韻，渠介切，《五音集韻》與《集韻》同，韻圖同此；

94. 媞，《廣韻》怪韻知紐無"媞"字，《集韻》卦韻有"媞"小韻，得懈切，《五音集韻》怪韻知紐有"媞"字，朝懈切，韻圖同此；

95. 倸，《廣韻》怪韻牀紐無"倸"字，《集韻》怪韻有"𡣿"小韻，才瘵切，《五音集韻》怪韻牀紐有"𡣿"字，士瘵切，韻圖"倸"字恐爲"𡣿"字之訛；

96. 嗒，《廣韻》鎋韻無"嗒"字，《集韻》點韻有"嗒"小韻，知夏切，《五音集韻》與《集韻》同，韻圖同此；

97. 噠，《廣韻》鎋韻無"噠"字，《集韻》點韻有"噠"小韻，宅軋切，澄紐字，《五音集韻》與《集韻》同，韻圖同此；

98. 荋，《廣韻》齊韻、哈韻均無"荋"字，《集韻》哈韻有"荋"小韻，汝來切，日紐字，《五音集韻》與《集韻》同，韻圖同此；

99. 婑，《廣韻》祭韻無"婑"字，《集韻》亦無，《五音集韻》"婑"字女世切，祭韻娘紐字，韻圖同此；

100. 犐，《廣韻》祭韻無"犐"字，《集韻》亦無，《五音集韻》"犐"字呈勢切，祭韻牀紐字，韻圖同此；

101. 世，《廣韻》祭韻審紐有"丗"小韻，舒制切，《集韻》祭韻也有"丗"小韻，始制切，"丗""世"爲異體字，《五音集韻》祭韻列"世"字，舒制切，韻圖同此；

102. 歇，《廣韻》"歇"字爲月韻曉紐字，許竭切，依音不應置此，《集韻》廢韻曉紐有"歇"小韻，虛乂切，《五音集韻》"歇"字入祭韻，虛乂切，曉紐字，韻圖同此；

103~104. 拂、㡿，二字具體分析見圖《止攝內二開口呼通門》；

105. 砒，《廣韻》齊韻無"砒"字，《集韻》齊韻滂紐有"砒"字，篇迷切，《五音集韻》齊韻"砒"字匹迷切，滂紐字，韻圖同此；

106. 鷄，《廣韻》薺韻無"鷄"字，《集韻》薺韻有"鷄"小韻，古禮切，見紐字，《五音集韻》與《集韻》同，韻圖同此；

107. 賢,《廣韻》霽韻無"賢"字,《集韻》亦無,《五音集韻》霽韻喻紐有"賢"字,羊閉切,韻圖同此;

108~111. 甈、窒、鼜、昵,四字具體分析見圖《止攝内二開口呼》。

圖七、《蟹攝外二合口呼廣門》

112. 靁,《廣韻》灰韻來紐有"雷"小韻,魯回切,《集韻》"靁""雷"並列小韻首字,盧回切,"靁""雷"爲異體字,《五音集韻》與《集韻》同,韻圖同此;

113. 頌,《廣韻》賄韻無"頌"字,《集韻》賄韻有"頌"小韻,沽罪切,見紐字,《五音集韻》與《集韻》同,韻圖同此;

114. 悖,《廣韻》賄韻無"悖"字,《集韻》賄韻有"悖"小韻,必每切,幫紐字,《五音集韻》與《集韻》同,韻圖同此;

115. 琣,《廣韻》賄韻無"琣"字,《集韻》賄韻有"琣"小韻,普罪切,滂紐字,《五音集韻》與《集韻》同,韻圖同此;

116. 崔,《廣韻》賄韻無"崔"字,《集韻》賄韻有"崔"小韻,息罪切,心紐字,《五音集韻》與《集韻》同,韻圖同此;

117. 阮,《廣韻》賄韻喻紐無"阮"字,《集韻》賄韻有"阮"小韻,俞罪切,喻紐字,《五音集韻》"阮"字余罪切,賄韻喻紐字,韻圖同此;

118. 隤,《廣韻》隊韻無"隤"字,《集韻》隊韻群紐有"隤"小韻,巨内切,韻圖同此,《五音集韻》隊韻群紐有"隤"小韻,亦注巨内切,"隤""隤"爲異體字;

119. 晬,《廣韻》隊韻從紐無"晬"字,《集韻》隊韻有"晬"小韻,摧内切,從紐字,《五音集韻》隊韻從紐"晬"字昨内切,韻圖同此;

120. 䤈,《廣韻》隊韻、泰韻無"䤈"字,《集韻》泰韻喻紐有"䤈"小韻,于外切,《五音集韻》與《集韻》同,韻圖同此;

121. 雪,《廣韻》末韻心紐無"雪"字,《集韻》末韻有"雪"小韻,先活切,心紐字,《五音集韻》與《集韻》同,韻圖同此;

122. 詭,《廣韻》皆韻無"詭"字,《集韻》佳韻疑紐有"詭"小韻,五咼切,《五音集韻》皆韻疑紐有"詭"字,五咼切,韻圖"詭"字恐爲"詭"字之訛;

123. 硡,《廣韻》皆韻無"硡"字,《集韻》皆韻有"硡"小韻,楚懷切,穿紐字,《五音集韻》與《集韻》同,韻圖同此;

124. 襄,《廣韻》皆韻無"襄"字,《集韻》皆韻有"襄"小韻,所乖其,審紐字,《五音集韻》與《集韻》同,韻圖同此;

125. 朡,《廣韻》駭韻無"朡"字,《集韻》蟹韻溪紐有"朡"小韻,枯買切,《五音集韻》

"胯"字入駭韻，枯買切，韻圖同此；

126. 傸，《廣韻》駭韻無"傸"字，《集韻》蟹韻知紐有"傸"小韻，都買切，《五音集韻》"傸"字入駭韻，知駭切，韻圖同此；

127. 撮，《廣韻》駭韻無"撮"字，《集韻》蟹韻穿紐有"撮"小韻，初買切，《五音集韻》"撮"字入駭韻，初買切，穿紐字，韻圖同此；

128. 崴，《廣韻》駭韻無"崴"字，《集韻》蟹韻影紐有"崴"小韻，烏買切，《五音集韻》"崴"字入駭韻，烏買切，影紐字，韻圖同此；

129. 鬠，《廣韻》怪韻無"鬠"字，《集韻》卦韻有"鬠"小韻，求卦切，群紐字，《五音集韻》怪韻群紐有"鬠"字，求卦切，韻圖同此；

130. 額，《廣韻》怪韻"額"字迾怪切，知紐字，《集韻》同此，《五音集韻》怪韻"額"字有兩音，一爲竹卦切，知紐字，一爲他怪切，徹紐字，韻圖據第二音列此；

131. 取，《廣韻》怪韻無"取"字，《集韻》夬韻娘紐有"取"小韻，女夬切，韻圖與《集韻》字形有異，《五音集韻》怪韻娘紐有"取"小韻，女夬切，韻圖同此；

132. 庍，《廣韻》怪韻無"庍"字，卦韻幫紐有"庍"小韻，方卦切，"庍""庍"爲異體字，《集韻》怪韻及相鄰韻未見"庍""庍"二字，《五音集韻》怪韻幫紐"庍""庍"並列，方卦切，韻圖同此；

133. 摛，《廣韻》怪韻無"摛"字，《集韻》怪韻有"摛"小韻，仕壞切，牀紐字，《五音集韻》怪韻"摛"字士壞切，韻圖同此；

134. 欱，《廣韻》廢韻無"欱"字，《集韻》廢韻溪紐有"欱"小韻，去穢切，《五音集韻》與《集韻》同，韻圖同此；

135. 嫁，《廣韻》廢韻無"嫁"字，《集韻》廢韻疑紐有"嫁"小韻，牛吠切，《五音集韻》與《集韻》同，韻圖同此；

136. 惙，《廣韻》廢韻徹紐無"惙"字，《集韻》祭韻徹紐有"惙"小韻，丑芮切，《五音集韻》廢韻徹紐有"惙"字，丑芮切，韻圖同此；

137. 鏑，《廣韻》祭韻澄紐有"鏑"小韻，除芮切，《集韻》祭韻澄紐有"鏑"字，亦注除芮切，《五音集韻》廢韻澄紐有"鏑"字，除芮切，韻圖"鏑"字恐爲"鏑"字之訛；

138. 衛，《廣韻》祭韻喻紐有"衛"小韻，于歲切，"衛""衞"爲異體字，《集韻》也作"衞"，于歲切，祭韻喻紐字，《五音集韻》廢韻喻紐有"衛"字，于劌切，韻圖同此；

139. 朮，《廣韻》術韻澄紐有"朮"小韻，直律切，《集韻》同此，《五音集韻》術韻澄紐也有"朮"字，亦注直律切，韻圖"朮"字恐爲"朮"字之訛；

140. 豽，《廣韻》術韻娘紐無"豽"字，《集韻》質韻娘紐有"豽"小韻，女律切，《五音集韻》術韻有"豽"小韻，女律切，娘紐字，韻圖同此；

141. 絀，《廣韻》術韻審紐無"絀"字，《集韻》質韻審紐有"絀"小韻，式聿切，《五音集韻》術韻有"絀"小韻，式聿切，審紐字，韻圖同此；

142. 觬，《廣韻》齊韻無"觬"字，《集韻》齊韻疑紐有"觬"小韻，五圭切，《五音集韻》與《集韻》同，韻圖同此；

143. 睳，《廣韻》齊韻"睳"字戶圭切，匣紐字，《集韻》齊韻並紐有"睳"小韻，扶畦切，《五音集韻》與《集韻》同，韻圖同此；

144. 褛，《廣韻》霽韻無"褛"字，《集韻》霽韻有"褛"小韻，睽桂切，溪紐字，《五音集韻》與《集韻》同，韻圖同此；

145. 刷，《廣韻》祭韻無"刷"字，《集韻》亦無，《五音集韻》"刷"字匹銳切，祭韻滂紐字，韻圖同此；

146. 銳，《廣韻》祭韻喻紐有"鋭"小韻，以芮切，《集韻》祭韻喻紐也作"鋭"，俞芮切，"鋭""銳"爲異體字，《五音集韻》祭韻喻紐作"銳"，以芮切，韻圖同此；

147. 繘，《廣韻》術韻群紐無"繘"字，《集韻》質韻群紐有"繘"小韻，其律切，《五音集韻》術韻群紐有"繘"小韻，其律切，韻圖同此；

148. 驈，《廣韻》術韻匣紐無"驈"字，"驈"字餘律切，喻紐字，《集韻》質韻匣紐有"驈"小韻，戶橘切，《五音集韻》術韻匣紐有"驈"小韻，戶橘切，韻圖同此。

圖八、《臻攝外三開口呼通門》

149. 鞎，《廣韻》痕韻溪紐無"鞎"字，《集韻》亦無，《五音集韻》痕韻溪紐"鞎"字口恩切，韻圖同此；

150. 頎，《廣韻》很韻無"頎"字，《集韻》很韻群紐有"頎"小韻，其懇切，《五音集韻》與《集韻》同，韻圖同此；

151. 限，《廣韻》很韻無"限"字，《集韻》混韻疑紐有"限"小韻，魚懇切，《五音集韻》"限"字入很韻，魚懇切，疑紐字，韻圖同此；

152. 洒，《廣韻》很韻無"洒"字，《集韻》很韻心紐有"洒"小韻，蘇很切，《五音集韻》與《集韻》同，韻圖同此；

153. 穏，《廣韻》很韻無"穏"字，《集韻》很韻影紐有"穏"小韻，安很切，《五音集韻》與《集韻》同，韻圖同此；

154. 硍，《廣韻》恨韻無"硍"字，《集韻》恨韻溪紐有"硍"小韻，苦恨切，《五音集韻》與《集韻》同，韻圖同此；

155. 痕，《廣韻》恨韻無"痕"字，《集韻》恨韻透紐有"痕"小韻，佗恨切，韻圖同此，《五音集韻》恨韻透紐"痕"字他恨切；

156. 擤，《廣韻》恨韻無"擤"字，《集韻》恨韻心紐有"擤"小韻，所恨切，《五音集韻》與《集韻》同，韻圖同此；

157. 抌，《廣韻》没韻無"抌"字，《集韻》没韻見紐有"抌"小韻，古紇切，韻圖同此，《五音集韻》没韻見紐"抌"字吉紇切；

158. 硆，《廣韻》没韻無"硆"字，《集韻》没韻疑紐有"硆"小韻，敭紇切，《五音集韻》與《集韻》同，韻圖同此；

159. 瀙，《廣韻》眞韻、臻韻穿紐均無"瀙"字，《集韻》臻韻穿紐有"瀙"小韻，楚莘切，韻圖同此，《五音集韻》眞韻、臻韻合韻，"瀙"字亦注楚莘切，穿紐字；

160. 繗，《廣韻》震韻、燉韻均無"繗"字，《集韻》亦無，《五音集韻》燉韻照紐有"繗"字，阻近切，韻圖同此；

161. 酳，《廣韻》震韻、稕韻牀紐均無"酳"字，《集韻》稕韻牀紐有"酳"小韻，士刃切，《五音集韻》震韻、稕韻同用，"酳"字亦注士刃切，牀紐字，韻圖同此；

162. 緊，《廣韻》眞韻、諄韻均無"緊"字，《集韻》諄韻溪紐有"緊"小韻，乞鄰切，《五音集韻》"緊"字入眞韻，乞鄰切，溪紐字，韻圖同此；

163. 咽，《廣韻》眞韻無"咽"字，《集韻》諄韻影紐有"咽"小韻，於巾切，《五音集韻》眞韻影紐有"咽"小韻，於巾切，韻圖同此；

164. 駗，《廣韻》軫韻"駗"字章忍切，照紐字，《集韻》準韻有"駗"小韻，知忍切，《五音集韻》"駗"字入軫韻，知忍切，知紐字，韻圖同此；

165. 迿，《廣韻》軫韻無"迿"字，《集韻》亦無，《五音集韻》軫韻曉紐有"迿"字，許吝切，韻圖同此；

166. 迎，《廣韻》軫韻無"迎"字，《集韻》亦無，《五音集韻》軫韻影紐有"迎"字，於吝切，韻圖同此；

167. 掀，《廣韻》震韻、燉韻均無"掀"字，《集韻》燉韻溪紐有"掀"小韻，丘近切，《五音集韻》與《集韻》同，韻圖同此；

168. 懂，《廣韻》震韻、燉韻均無"懂"字，《集韻》燉韻群紐有"懂"字，巨靳切，《五音集韻》震韻群紐"懂"字渠撵切，韻圖同此；

169. 鎮，《廣韻》震韻知紐有"鎮"小韻，陟刃切，《集韻》"鎮"字入稕韻，陟刃切，《五音集韻》與《廣韻》同，"鎮""鎮"爲異體字；

170. 愍，《廣韻》震韻無"愍"字，《集韻》稕韻明紐有"愍"小韻，忙覲切，《五音集韻》"愍"字入震韻(稕同用)，忙覲切，韻圖同此；

171. 拂，具體分析見圖《止攝內二開口呼通門》；

172. 篆，具體分析見圖《止攝內二開口呼通門》；

173. 𩿪，《廣韻》真韻無“𩿪”字，《集韻》真韻曉紐有“𩿪”小韻，呼鄰切，《五音集韻》與《集韻》同，韻圖同此；

174. 䏊，《廣韻》軫韻、準韻幫紐均無“䏊”字，《集韻》準韻幫紐有“䏊”小韻，逋忍切，《五音集韻》“䏊”字入軫韻，徧忍切，幫紐字，韻圖同此；

175. 砇，《廣韻》軫韻、準韻均無“砇”字，《集韻》準韻滂紐有“砇”小韻，匹忍切，《五音集韻》“砇”字入軫韻，匹忍切，滂紐字，韻圖同此；

176. 卤，《廣韻》軫韻無“卤”字，《集韻》準韻心紐有“囟”小韻，思忍切，《五音集韻》軫韻心紐有“囟”字，思忍切，未見“卤”字，韻圖“卤”字恐爲“囟”字之誤；

177~180. 䏲、窒、耋、昵，四字分析見圖《止攝内二開口呼通門》。

图九、《臻攝外三合口呼通門》

181. 昏，《廣韻》魂韻曉紐有“昏”小韻，呼昆切，《集韻》魂韻“昏”“昬”並列小韻首字，亦注呼昆切，“昏”“昬”爲異體字，《五音集韻》與《集韻》同，韻圖同此；

182. 魂，《廣韻》魂韻匣紐有“䰟”小韻，戶昆切，《集韻》魂韻也作“䰟”，胡昆切，“䰟”“魂”爲異體字，《五音集韻》魂韻匣紐寫作“魂”，戶昆切，韻圖同此；

183. 崸，《廣韻》混韻無“崸”字，《集韻》亦無，《五音集韻》混韻端紐有“崸”字，丁本切，韻圖同此；

184. 惀，《廣韻》混韻來紐有“惀”小韻，盧本切，《集韻》同此，《五音集韻》混韻來紐寫作“惀”，也注盧本切，韻圖同此；

185. 黗，《廣韻》慁韻無“黗”字，《集韻》恨韻透紐有“黗”小韻，暾頓切，《五音集韻》慁韻透紐有“黗”字，他困切，韻圖同此；

186. 惛，《廣韻》慁韻曉紐有“惛”小韻，呼悶切，《五音集韻》慁韻曉紐亦寫作“惽”，呼悶切，“惛”“惽”爲異體字；

187. 䆅，具體分析見圖《臻攝外三開口呼通門》；

188. 不，《廣韻》没韻無“不”字，《集韻》亦無，《五音集韻》没韻幫紐“不”字博没切，韻圖同此；

189. 竣，《廣韻》諄韻照紐無“竣”字，《集韻》諄韻照紐有“竣”小韻，莊倫切，《五音集韻》與《集韻》同，韻圖同此；

190. 帞，《廣韻》諄韻穿紐無“帞”字，《集韻》眞韻穿紐有“帞”小韻，測倫切，《五音集韻》“帞”字入諄韻，也注測倫切，穿紐字，韻圖同此；

191. 輑，《廣韻》諄韻、文韻疑紐均無“輑”字，《集韻》文韻疑紐有“輑”小韻，虞云切，《五音集韻》與《集韻》同，韻圖同此；

192. 庫，《廣韻》準韻、吻韻無"庫"字，《集韻》隱韻有"庫"字，舉蘊切，見紐字，《五音集韻》"庫"字入吻韻，居吻切，見紐字，韻圖同此；

193. 稇，《廣韻》準韻無"稇"字，《集韻》準韻溪紐有"稇"小韻，苦殞切，《五音集韻》與《集韻》同，韻圖同此；

194. 輑，《廣韻》準韻疑紐無"輑"字，《集韻》準韻疑紐有"輑"小韻，牛尹切，韻圖同此，《五音集韻》準韻"輑"字牛殞切，疑紐字；

195. 稛，《廣韻》準韻徹紐無"稛"字，《集韻》準韻徹紐有"楯"小韻，勑准切，《五音集韻》準韻徹紐寫作"稛"，勑准切，韻圖同此；

196. 蜳，《廣韻》準韻、吻韻均無"蜳"字，《集韻》準韻澄紐有"蜳"小韻，柱允切，《五音集韻》與《集韻》同，韻圖同此；

197. 壼，《廣韻》稕韻無"壼"字，《集韻》稕韻溪紐有"壼"小韻，困閏切，韻圖同此，《五音集韻》稕韻"壼"字困閏切，溪紐字；

198. 飩，《廣韻》稕韻無"飩"字，《集韻》稕韻知紐有"飩"小韻，屯閏切，韻圖同此，《五音集韻》稕韻"飩"字陟閏切，知紐字；

199. 淪，《廣韻》稕韻無"淪"字，《集韻》稕韻來紐有"淪"小韻，倫浚切，《五音集韻》與《集韻》同，韻圖同此；

200~201. 貀、絀，具體分析見圖《蟹攝外二合口呼廣門》；

202. 蝹，《廣韻》諄韻無"蝹"字，《集韻》諄韻影紐有"蝹"小韻，一均切，《五音集韻》與《集韻》同，韻圖同此；

203. 蹲，《廣韻》準韻清紐無"蹲"字，《集韻》準韻清紐有"蹲"小韻，趣允切，《五音集韻》與《集韻》同，韻圖同此；

204. 癟，《廣韻》準韻無"癟"字，《集韻》準韻從紐有"癟"小韻，才尹切，《五音集韻》"癟"字才允切，亦爲準韻從紐字，韻圖同此；

205. 楯，《廣韻》準韻邪紐無"楯"字，《集韻》準韻邪紐有"楯"小韻，辭允切，《五音集韻》與《集韻》同，韻圖同此；

206. 卷，《廣韻》稕韻無"卷"字，《集韻》稕韻見紐有"卷"小韻，九峻切，《五音集韻》與《集韻》同，韻圖同此；

207~208. 繑、騙，具體分析見圖《蟹攝外二合口呼廣門》。

圖十、《山攝外四開口呼廣門》

209. 籛，《廣韻》寒韻無"籛"字，《集韻》寒韻精紐有"籛"小韻，子幹切，《五音集韻》與《集韻》同，韻圖同此；

210. 趲，《廣韻》旱韻、緩韻精紐均無"趲"字，《集韻》緩韻精紐有"趲"字，子罕切，《五音集韻》旱韻有"趲"字，作旱切，精紐字，韻圖同此；

211. 侒，《廣韻》旱韻無"侒"字，《集韻》緩韻影紐有"侒"小韻，阿侃切，《五音集韻》與《集韻》同，韻圖同此；

212. 侃，《廣韻》翰韻溪紐有"侃"小韻，苦旰切，《集韻》翰韻溪紐也有"侃"字，墟旰切，"侃""侃"爲異體字，《五音集韻》翰韻溪紐寫作"侃"，苦旰切，韻圖同此；

213. 攤，《廣韻》翰韻無"攤"字，《集韻》換韻泥紐有"攤"字，乃旦切，《五音集韻》翰韻泥紐有"攤"字，奴案切，韻圖同此；

214. 繖，《廣韻》翰韻無"繖"字，《集韻》換韻心紐有"繖"小韻，先旰切，《五音集韻》翰韻心紐有"繖"字，蘇旰切，韻圖同此；

215. 間，《廣韻》山韻見紐有"開"小韻，古閑切，《集韻》山韻見紐也有"開"小韻，居閑切，《五音集韻》山韻見紐也作"開"，古閑切，"開""間"爲異體字；

216. 嘫，《廣韻》山韻娘紐有"嘫"小韻，女閑切，未見"嘫"字，《集韻》山韻娘紐也有"嘫"小韻，尼鰥切，《五音集韻》山韻娘紐有"嘫"字，女閑切，韻圖同此；

217. 瓣，《廣韻》山韻無"瓣"字，《集韻》山韻並紐有"瓣"小韻，薄閑切，《五音集韻》與《集韻》同，韻圖同此；

218. 獋，《廣韻》山韻穿紐有"獋"小韻，充山切，《集韻》同此，《五音集韻》亦同，韻圖"獋"字恐爲"獋"字之訛；

219. 簡，《廣韻》產韻見紐有"簡"小韻，古限切，《集韻》產韻見紐也作"簡"，賈限切，"簡""簡"爲異體字，《五音集韻》寫作"簡"，古限切，韻圖同此；

220. 驏，《廣韻》產韻、潸韻均無"驏"字，《集韻》潸韻有"驏"小韻，丑板切，徹紐字，《五音集韻》產韻徹紐有"驏"字，丑板切，韻圖同此；

221. 赧，《廣韻》潸韻娘紐有"赧"小韻，奴板切，《集韻》"赧"小韻也在潸韻，乃版切，《五音集韻》"赧"字入產韻，奴板切，娘紐字，韻圖同此；

222. 肦，《廣韻》產韻無"肦"字，《集韻》產韻滂紐有"盼"小韻，匹限切，《五音集韻》與《集韻》同，韻圖"肦"字恐爲"盼"字之訛；

223. 版，《廣韻》產韻無"版"字，《集韻》產韻並紐有"版"小韻，蒲限切，《五音集韻》與《集韻》同，韻圖同此；

224. 軋，《廣韻》產韻無"軋"字，《集韻》產韻影紐有"軋"小韻，脣眼切，《五音集韻》與《集韻》同，韻圖同此；

225. 暴，《廣韻》諫韻無"暴"字，《集韻》諫韻有"暴"小韻，乃諫切，娘紐字，《五音集韻》同《集韻》，韻圖同此；

226～227. 唔、䶎，具體分析見圖《蟹攝外二開口呼廣門》；

228. 孿，《廣韻》仙韻無"孿"字，《集韻》仙韻明紐有"㮹"小韻，免員切，《五音集韻》也寫作"㮹"，免員切，韻圖"孿"字恐爲"㮹"字之訛；

229. 綣，《廣韻》獮韻溪紐無"綣"字，《集韻》獮韻溪紐有"綣"小韻，起輦切，韻圖同此，《五音集韻》獮韻溪紐"綣"字起阢切；

230. 倦，《廣韻》線韻無"倦"字，《集韻》線韻群紐有"倦"小韻，虔彥切，《五音集韻》線韻溪紐有"倦"字，丘彥切，韻圖同此；

231. 輒，《廣韻》線韻無"輒"字，《集韻》線韻日紐有"輒"小韻，如戰切，《五音集韻》與《集韻》同，韻圖同此；

232. 紇，《廣韻》月韻無"紇"字，《集韻》月韻匣紐有"紇"小韻，恨竭切，《五音集韻》與《集韻》同，韻圖同此；

233. 羯，《廣韻》薛韻無"羯"字，《集韻》薛韻影紐有"羯"小韻，乙列切，韻圖同此，《五音集韻》薛韻影紐"羯"字乙傑切；

234. 妍，《廣韻》先韻疑紐有"妍"小韻，五堅切，《集韻》先韻也有"妍"小韻，倪堅切，"妍""妍"爲異體字，《五音集韻》仙韻疑紐有"妍"字，五堅切，韻圖同此；

235. 祆，《廣韻》仙韻、元韻均無"祆"字，《集韻》先韻曉紐有"祆"小韻，馨煙切，《五音集韻》"祆"字入仙韻，呼煙切，韻圖同此；

236. 篇，《廣韻》獮韻滂紐無"篇"字，《集韻》獮韻有"篇"小韻，匹善切，滂紐字，《五音集韻》與《集韻》同，韻圖同此；

237. 麪，《廣韻》霰韻明紐有"麪"小韻，莫甸切，《集韻》霰韻也有"麪"小韻，眠見切，明紐字，《五音集韻》也作"麪"，線韻明紐字，莫甸切，"麪""麪"爲異體字；

238. 昚，《廣韻》屑韻曉紐有"昚"小韻，虎結切，《集韻》屑韻曉紐有"昚"小韻，顯結切，《五音集韻》薛韻曉紐有"昚"字，火結切，韻圖"昚"字恐爲"昚"字之訛。

圖十一、《山攝外四合口呼廣門》

239. 鋑，《廣韻》桓韻無"鋑"字，《集韻》桓韻清紐有"鋑"字，七丸切，《五音集韻》同《集韻》，韻圖同此；

240. 攒，《廣韻》桓韻從紐有"欑"小韻，在丸切，《集韻》桓韻從紐也有"欑"小韻，徂丸切，《五音集韻》桓韻從紐也寫作"欑"，在丸切，韻圖"攒"字恐爲"欑"字之訛；

241. 輐，《廣韻》緩韻疑紐無"輐"字，《集韻》緩韻疑紐有"輐"小韻，五管切，《五音集韻》與《集韻》同，韻圖同此；

242. 憲，《廣韻》緩韻無"憲"字，《集韻》緩韻清紐有"憲"小韻，千短切，《五音集韻》與《集韻》同，韻圖同此；

243. 㬇，《廣韻》緩韻無“㬇”字，《集韻》緩韻曉紐有“㬇”小韻，火管切，《五音集韻》與《集韻》同，韻圖同此；

244. 㓦，具體分析見圖《蟹攝外二合口呼廣門》；

245. 䑎，《廣韻》山韻無“䑎”字，《集韻》刪韻群紐有“䑎”小韻，巨班切，《五音集韻》山韻群紐有“䑎”小韻，巨班切，韻圖同此；

246. 狗，《廣韻》山韻無“狗”字，“狗”爲先韻牀紐字，崇玄切，《集韻》同，《五音集韻》“狗”字入山韻，崇玄切，牀紐字，韻圖同此；

247. 豩，《廣韻》山韻無“豩”字，《集韻》刪韻曉紐有“豩”小韻，呼關切，《五音集韻》山韻曉紐有“豩”小韻，呼關切，韻圖同此；

248. 鉡，《廣韻》產韻無“鉡”字，《集韻》亦無，《五音集韻》產韻知紐有“鉡”字，中板切，韻圖同此；

249. 蟤，《廣韻》產韻無“蟤”字，《集韻》獮韻照紐有“蟤”小韻，茁撰切，《五音集韻》“蟤”字入產韻，茁撰切，照紐字，韻圖同此；

250. 䑎，《廣韻》諫韻無“䑎”字，《集韻》諫韻有“䑎”小韻，求患切，群紐字，《五音集韻》與《集韻》同，韻圖同此；

251. 腞，《廣韻》獮韻無“腞”字，《集韻》獮韻徹紐有“腞”小韻，敕轉切，《五音集韻》與《集韻》同，韻圖同此；

252. 腝，《廣韻》獮韻、阮韻均無“腝”字，《集韻》獮韻娘紐有“腝”小韻，女軟切，《五音集韻》與《集韻》同，韻圖同此；

253. 疲，《廣韻》阮韻、獮韻均無“疲”字，《集韻》阮韻敷紐有“疲”小韻，芳反切，《五音集韻》與《集韻》同，韻圖同此；

254. 縳，《廣韻》線韻審紐無“縳”字，《集韻》線韻審紐有“縳”小韻，升絹切，《五音集韻》與《集韻》同，韻圖同此；

255. 蹶，《廣韻》薛韻“蹶”字紀劣切，見紐字，屬“蹶”小韻，《集韻》薛韻群紐有“蹶”小韻，巨劣切，《五音集韻》薛韻群紐也有“蹶”小韻，巨噦切，韻圖同此；

256. 髮，《廣韻》月韻非紐有“髮”小韻，方伐切，《集韻》月韻非紐也寫作“髮”，方伐切，《五音集韻》與《集韻》同，“髮”“髮”爲異體字；

257. 褊，《廣韻》獮韻幫紐有“褊”小韻，方緬切，《集韻》獮韻幫紐有“褊”小韻，俾緬切，韻圖同此，《五音集韻》獮韻幫紐寫作“褊”，方緬切；

258. 蕧，《廣韻》獮韻邪紐無“蕧”字，《集韻》獮韻邪紐有“蕧”小韻，詳兗切，《五音集韻》與《集韻》同，韻圖同此；

259. 蜎，《廣韻》獮韻影紐無"蜎"字，《集韻》銑韻影紐有"蜎"小韻，於泫切，《五音集韻》"蜎"字入獮韻，也注於泫切，影紐字，韻圖同此；

260. 駽，《廣韻》線韻、霰韻均無"駽"字，《集韻》霰韻溪紐有"駽"小韻，犬縣切，《五音集韻》線韻溪紐有"駽"字，亦注犬縣切，韻圖同此；

261. 恮，《廣韻》線韻無"恮"字，《集韻》線韻照紐有"恮"小韻，莊眷切，《五音集韻》線韻精紐有"恮"字，子眷切，韻圖同此；

262. 泉，《廣韻》線韻從紐無"泉"字，《集韻》線韻有"泉"小韻，疾眷切，從紐字，《五音集韻》與《集韻》同，韻圖同此；

263. 悅，《廣韻》薛韻喻紐有"悅"小韻，弋雪切，《集韻》薛韻也作"悅"，欲雪切，《五音集韻》與《廣韻》同，"悅""悅"爲異體字。

圖十二、《効攝外五獨韻廣門》

264. 儦，《廣韻》晧韻無"儦"字，《集韻》晧韻滂紐有"儦"小韻，滂保切，韻圖同此，《五音集韻》與《集韻》同；

265. 擣，《廣韻》号韻無"擣"字，《集韻》号韻群紐有"擣"小韻，巨到切，《五音集韻》與《集韻》同，韻圖同此；

266. 鞱，《廣韻》号韻透紐無"鞱"字，《集韻》号韻透紐有"鞱"小韻，叨号切，《五音集韻》與《集韻》同，韻圖同此；

267. 犦，《廣韻》号韻滂紐無"犦"字，《集韻》号韻滂紐有"犦"小韻，匹到切，《五音集韻》與《集韻》同，韻圖同此；

268. 耗，《廣韻》号韻曉紐有"耗"小韻，呼到切，《集韻》也寫作"耗"，虛到切，"耗""耗"爲異體字，《五音集韻》号韻曉紐寫作"耗"，韻圖同此；

269. 沰，《廣韻》鐸韻端紐無"沰"字，《集韻》鐸韻有"沰"小韻，當各切，端紐字，《五音集韻》與《集韻》同，韻圖同此；

270. 博，《廣韻》鐸韻幫紐有"博"小韻，補各切，《集韻》也作"博"，伯各切，《五音集韻》與《廣韻》同，"博""博"爲異體字；

271. 猇，《廣韻》肴韻喻紐無"猇"字，《集韻》肴韻喻紐有"猇"小韻，于包切，《五音集韻》與《集韻》同，韻圖同此；

272. 翺，《廣韻》巧韻無"翺"字，《集韻》亦無，《五音集韻》巧韻徹紐有"翺"字，丑卯切，韻圖同此；

273. 砲，《廣韻》巧韻無"砲"字，《集韻》亦無，《五音集韻》巧韻滂紐有"砲"字，匹卯切，韻圖同此；

274. 嗃，《廣韻》巧韻無“嗃”字，《集韻》巧韻曉紐有“嗃”小韻，孝狡切，《五音集韻》與《集韻》同，韻圖同此；

275. 瞜，《廣韻》巧韻無“瞜”字，《集韻》亦無，《五音集韻》巧韻來紐有“瞜”字，力絞切，韻圖同此；

276. 教，《廣韻》效韻見紐有“教”小韻，古孝切，《集韻》效韻見紐也作“敎”，居效切，《五音集韻》與《廣韻》同，“教”“敎”爲異體字；

277. 嚾，具體分析見圖《江攝外一》；

278. 瀌，《廣韻》宵韻並紐無“瀌”字，《集韻》宵韻並紐有“瀌”小韻，蒲嬌切，《五音集韻》與《集韻》同，韻圖同此；

279. 槁，《廣韻》小韻無“槁”字，《集韻》小韻溪紐有“槁”小韻，祛矯切，《五音集韻》與《集韻》同，韻圖同此；

280. 肈，《廣韻》小韻無“肈”字，《集韻》小韻“肈”字直紹切，澄紐字，《五音集韻》小韻澄紐也有“肈”字，治小切，韻圖同此；

281. 驕，《廣韻》笑韻無“驕”字，《集韻》笑韻見紐有“驕”小韻，嬌廟切，《五音集韻》與《集韻》同，韻圖同此；

282. 超，《廣韻》笑韻無“超”字，《集韻》笑韻徹紐有“超”小韻，抽廟切，《五音集韻》與《集韻》同，韻圖同此；

283. 覞，《廣韻》笑韻穿紐無“覞”字，《集韻》笑韻有“覞”小韻，昌召切，穿紐字，《五音集韻》與《集韻》同，韻圖同此；

284. 尞，《廣韻》笑韻來紐有“寮”小韻，力照切，《集韻》笑韻有“尞”小韻，也注力照切，《五音集韻》笑韻來紐“尞”字力嶠切，韻圖同此，“尞”“寮”爲異體字；

285. 嬈，《廣韻》宵韻無“嬈”字，《集韻》蕭韻泥紐有“嬈”小韻，裹聊切，《五音集韻》宵韻泥紐有“嬈”小韻，裹聊切，韻圖同此；

286. 飆，《廣韻》宵韻幫紐有“飆”小韻，甫遙切，《集韻》宵韻有“飊”字，卑遥切，《五音集韻》宵韻幫紐寫作“飊”，甫遙切，韻圖同此，“飊”“飆”爲異體字；

287. 狢，《廣韻》小韻群紐無“狢”字，《集韻》小韻群紐有“狢”小韻，巨小切，《五音集韻》與《集韻》同，韻圖同此；

288. 鼽，《廣韻》小韻無“鼽”字，《集韻》小韻疑紐有“鼽”小韻，魚小切，《五音集韻》與《集韻》同，韻圖同此；

289. 潐，《廣韻》小韻從紐無“潐”字，《集韻》小韻從紐有“潐”小韻，樵小切，《五音集韻》與《集韻》同，韻圖同此；

290. 吊，《廣韻》嘯韻端紐有“吊”小韻，多嘯切，《集韻》同，《五音集韻》笑韻端紐有

“吊”字，亦注多嘯切，韻圖同此；

291. 標，《廣韻》笑韻無“標”字，《集韻》笑韻幫紐有“標”小韻，卑妙切，《五音集韻》與《集韻》同，韻圖同此；

292. 笑，《廣韻》笑韻心紐有“笑”小韻，私妙切，《集韻》笑韻心紐有“𥬇”小韻，仙妙切，《五音集韻》笑韻“𥬇”字亦注私妙切，心紐字，韻圖同此，“笑”“𥬇”爲異體字；

293. 歊，《廣韻》笑韻無“歊”字，《集韻》笑韻曉紐有“歊”小韻，虛廟切，《五音集韻》笑韻曉韻也有“歊”字，火吊切，韻圖同此；

294. 顤，《廣韻》笑韻無“顤”字，《集韻》嘯韻匣紐有“顤”小韻，戶吊切，《五音集韻》“顤”字入笑韻，也注戶吊切，匣紐字，韻圖同此。

圖十三、《果攝内四假攝外六狹門》

295. 翑，《廣韻》歌韻無“翑”字，《集韻》亦無，《五音集韻》歌韻群紐“翑”字巨何切，韻圖同此；

296. 犻，《廣韻》歌韻無“犻”字，《集韻》亦無，《五音集韻》歌韻精紐“犻”字作何切，韻圖同此；

297. 䐴，《廣韻》哿韻無“䐴”字，《集韻》果韻從紐有“䐴”小韻，才可切，《五音集韻》哿韻從紐有“䐴”小韻，才可切，韻圖同此；

298. 椏，《廣韻》箇韻影紐無“椏”字，《集韻》箇韻影紐有“椏”小韻，阿个切，《五音集韻》與《集韻》同，韻圖同此；

299. 沰，具體分析見圖《劾攝外五獨韻廣門》；

300. 楂，《廣韻》麻韻照紐有“樝”小韻，側加切，《集韻》麻韻也有“樝”小韻，莊加切，《五音集韻》與《廣韻》同，“楂”“樝”爲異體字；

301. 踱，《廣韻》馬韻無“踱”字，《集韻》馬韻澄紐有“踱”小韻，宅下切，《五音集韻》與《集韻》同，韻圖同此；

302. 土，《廣韻》馬韻無“土”字，《集韻》馬韻滂紐有“土”小韻，片賈切，《五音集韻》與《集韻》同，韻圖同此；

303. 笑，《廣韻》馬韻無“笑”字，《集韻》馬韻穿紐有“笑”小韻，初雅切，《五音集韻》與《集韻》同，韻圖同此；

304. 䕞，《廣韻》馬韻來紐有“䕞”小韻，盧下切，《集韻》馬韻也有“䕞”小韻，呂下切，《五音集韻》與《廣韻》同，韻圖此處“䕞”字恐爲“䕞”字之訛；

305. 瘥，《廣韻》禡韻無“瘥”字，《集韻》禡韻穿紐有“瘥”小韻，楚嫁切，《五音集韻》與《集韻》同，韻圖同此；

306~307. 唗、噠，具體分析見圖《蟹攝外二開口呼廣門》；

308. 儸，《廣韻》麻韻無"儸"字，《集韻》麻韻來紐有"儸"小韻，利遮切，《五音集韻》與《集韻》同，韻圖同此；

309. 跙，《廣韻》馬韻無"跙"字，《集韻》馬韻來紐有"跙"小韻，力者切，《五音集韻》與《集韻》同，韻圖同此；

310. 舍，《廣韻》禡韻審紐有"舍"小韻，始夜切，《集韻》禡韻審紐有"舍"小韻，式夜切，《五音集韻》與《集韻》同，韻圖同此，"舍""舍"爲異體字；

311. 坬，《廣韻》禡韻無"坬"字，《集韻》亦無，《五音集韻》禡韻禪紐有"坬"小韻，時夜切，韻圖同此；

312. 偌，《廣韻》禡韻無"偌"字，《集韻》禡韻日紐有"偌"小韻，人夜切，《五音集韻》與《集韻》同，韻圖同此；

313. 膧，《廣韻》麻韻無"膧"字，《集韻》戈韻泥紐有"膧"字，囊何切，《五音集韻》"膧"字入麻韻，乃邪切，泥紐字，韻圖同此；

314. 哶，《廣韻》麻韻無"哶"字，《集韻》麻韻明紐有"哶"小韻，彌嗟切，《五音集韻》與《集韻》同，韻圖同此；

315. 䃚，《廣韻》麻韻無"䃚"字，《集韻》麻韻清紐有"䃚"小韻，七邪切，《五音集韻》與《集韻》同，韻圖同此；

316. 苛，《廣韻》麻韻無"苛"字，《集韻》麻韻曉紐有"苛"小韻，黑嗟切，《五音集韻》與《集韻》同，韻圖同此；

317. 哆，《廣韻》馬韻端紐無"哆"字，《集韻》馬韻端紐有"哆"小韻，丁寫切，《五音集韻》與《集韻》同，韻圖同此；

318. 姐，《廣韻》馬韻從紐無"姐"字，《集韻》馬韻從紐有"姐"小韻，慈野切，《五音集韻》與《集韻》同，韻圖同此；

319. 截，《廣韻》屑韻從紐有"截"小韻，昨結切，《集韻》同，"截""截"爲異體字，《五音集韻》薛韻從紐有"截"字，昨結切，韻圖同此。

圖十四、《果攝內四假攝外六合口呼》

320. 陊，《廣韻》戈韻端紐有"陊"小韻，丁戈切，《集韻》戈韻端紐有"陊"小韻，都戈切，韻圖同此，《五音集韻》與《廣韻》同，"陊""陊"爲異體字；

321. 䛢，《廣韻》戈韻無"䛢"字，《集韻》戈韻有"䛢"小韻，于戈切，喻紐字，《五音集韻》戈韻喻紐有"䛢"字，于戈切，韻圖同此；

322. 麼，《廣韻》果韻明紐有"麼"小韻，亡果切，《集韻》也作"麼"，母果切，《五音集韻》寫作"麼"，亡果切，果韻明紐字，韻圖同此，"麼""麼"爲異體字；

323. 臥，《廣韻》過韻疑紐有"臥"小韻，吾貨切，《集韻》寫作"卧"，亦注吾貨切，《五音集韻》與《廣韻》同，韻圖同此，"臥""卧"爲異體字；

324. 㾰，《廣韻》過韻無"㾰"字，《集韻》過韻並紐有"㾰"小韻，步臥切，"㾰""㾰"爲異體字，《五音集韻》過韻並紐有"㾰"小韻，步臥切，韻圖同此；

325. 挫，《廣韻》麻韻無"挫"字，《集韻》麻韻有"挫"小韻，祖加切，《五音集韻》麻韻照紐有"挫"字，側瓜切，韻圖同此；

326. 孿，《廣韻》麻韻無"孿"字，《集韻》亦無，《五音集韻》麻韻來紐有"孿"字，力華切，韻圖同此；

327. 䶡，《廣韻》馬韻無"䶡"字，《集韻》亦無，《五音集韻》馬韻知紐有"䶡"字，竹瓦切，韻圖同此；

328. 䃦，《廣韻》馬韻無"䃦"字，《集韻》亦無，《五音集韻》馬韻澄紐有"䃦"字，除瓦切，韻圖或據此，"䃦"字恐爲"䃦"字之訛；

329. 掗，《廣韻》馬韻無"掗"字，《集韻》馬韻影紐有"掗"小韻，烏瓦切，《五音集韻》與《集韻》同，韻圖同此；

330. 掗，《廣韻》禡韻影紐有"㪇"小韻，烏吳切，《集韻》禡韻影紐"掗""㪇"並列"宨"小韻，烏化切，"㪇""掗"爲異體字，《五音集韻》禡韻影紐並列"㪇""掗"，亦注烏吳切，韻圖同此；

331. 稜，《廣韻》麻韻、戈韻日紐均無"稜"字，《集韻》麻韻日紐有"挼"小韻，儒邪切，《五音集韻》麻韻日紐也有"挼"小韻，儒華切，韻圖"稜"字恐爲"挼"字之訛；

332. 毴，具體分析見圖《山攝外四合口呼廣門》。

圖十五、《宕攝內五開口呼侷門》[①]

333. 蹌，《廣韻》宕韻無"蹌"字，《集韻》宕韻清紐有"蹌"小韻，七浪切，《五音集韻》與《集韻》同，韻圖同此；

334~335. 沰、愽，具體分析見圖《効攝外五獨韻廣門》；

336. 怅，《廣韻》養韻無"怅"字，《集韻》亦無，《五音集韻》養韻照紐有"怅"字，之爽切，韻圖同此；

337. 刱，《廣韻》漾韻穿紐有"刱"小韻，初亮切，《集韻》亦作"刱"，楚亮切，《五音

---

① 《廣韻》《集韻》《五音集韻》都有"漾"韻，該圖將韻目"漾"寫作"様"，本圖分析韻字時認定"漾""様"同韻，表述時都使用"漾"韻。

181

集韻》與《廣韻》同，韻圖"刜"字恐爲"刜"字之訛；

338. 霜，《廣韻》漾韻無"霜"字，《集韻》漾韻審紐有"霜"小韻，色壯切，《五音集韻》與《集韻》同，韻圖同此；

339. 斮，《廣韻》藥韻牀紐無"斮"字，《集韻》藥韻牀紐有"斮"小韻，士略切，《五音集韻》與《集韻》同，韻圖同此；

340. 強，《廣韻》陽韻群紐有"強"小韻，巨良切，《集韻》也作"强"，渠良切，"强""強"爲異體字，《五音集韻》陽韻群紐有"强"字，巨良切，韻圖同此；

341. 卬，《廣韻》陽韻無"卬"字，《集韻》陽韻疑紐有"卬"小韻，魚殃切，《五音集韻》與《集韻》同，韻圖同此；

342. 繦，《廣韻》養韻見紐有"繦"小韻，居兩切，《集韻》也作"繈"，舉兩切，《五音集韻》與《廣韻》同，"繦""繈"爲異體字；

343. 硈，《廣韻》養韻無"硈"字，《集韻》養韻有"硈"小韻，丘仰切，溪紐字，《五音集韻》與《集韻》同，韻圖同此；

344. 轉，《廣韻》藥韻無"轉"字，《集韻》藥韻非紐有"轉"小韻，方縛切，《五音集韻》與《集韻》同，韻圖同此；

345. 饟，《廣韻》養韻無"饟"字，《集韻》亦無，《五音集韻》養韻泥紐有"饟"字，乃驪切，韻圖同此；

346. 蔣，《廣韻》養韻從紐無"蔣"字，《集韻》養韻從紐有"蔣"小韻，在兩切，《五音集韻》與《集韻》同，韻圖同此。

圖十六、《宕攝內五合口呼侗門》

347. 胮，《廣韻》宕韻無"胮"字，《集韻》宕韻滂紐有"胮"小韻，滂謗切，《五音集韻》與《集韻》同，韻圖同此；

348. 恇，《廣韻》陽韻無"恇"字，《集韻》陽韻見紐有"恇"小韻，俱王切，《五音集韻》與《集韻》同，韻圖同此；

349. 恇，《廣韻》養韻無"恇"字，《集韻》養韻溪紐有"恇"小韻，丘往切，《五音集韻》與《集韻》同，韻圖同此；

350. 忹，《廣韻》養韻無"忹"字，《集韻》亦無，《五音集韻》養韻影紐有"忹"字，紆徃切，韻圖同此；

351. 眶，《廣韻》漾韻無"眶"字，《集韻》漾韻溪紐有"眶"小韻，區旺切，《五音集韻》與《集韻》同，韻圖同此。

圖十七、《曾攝内六開口呼侷門》

352. 肻，《廣韻》登韻無“肻”字，《集韻》登韻溪紐有“肻”小韻，肯登切，《五音集韻》與《集韻》同，韻圖同此；

353. 彰，《廣韻》登韻無“彰”字，《集韻》登韻清紐有“彰”小韻，七曾切，《五音集韻》與《集韻》同，韻圖同此；

354. 韡，《廣韻》登韻無“韡”字，《集韻》登韻影紐有“韡”小韻，一憎切，《五音集韻》登韻影紐“韡”字於增切，韻圖同此；

355. 㾄，《廣韻》等韻無“㾄”字，《集韻》等韻見紐有“㾄”小韻，孤等切，《五音集韻》與《集韻》同，韻圖同此；

356. 鼟，《廣韻》等韻無“鼟”字，《集韻》等韻透紐有“鼟”小韻，他等切，《五音集韻》與《集韻》同，韻圖同此；

357. 蹬，《廣韻》等韻無“蹬”字，《集韻》等韻定紐有“蹬”小韻，徒等切，《五音集韻》與《集韻》同，韻圖同此；

358. 倗，《廣韻》等韻無“倗”字，《集韻》等韻並紐有“倗”小韻，步等切，《五音集韻》與《集韻》同，韻圖同此；

359. 瞢，《廣韻》等韻無“瞢”字，《集韻》等韻明紐有“瞢”小韻，忙肯切，《五音集韻》與《集韻》同，韻圖同此；

360. 噌，《廣韻》等韻無“噌”字，《集韻》等韻精紐有“噌”小韻，子等切，《五音集韻》與《集韻》同，韻圖同此；

361. 扂，《廣韻》等韻無“扂”字，《集韻》亦無，《五音集韻》等韻匣紐有“扂”字，戶登切，韻圖同此；

362. 堩，《廣韻》嶝韻溪紐無“堩”字，《集韻》嶝韻溪紐有“堩”小韻，口鄧切，《五音集韻》與《集韻》同，韻圖同此；

363. 鼐，《廣韻》嶝韻無“鼐”字，《集韻》嶝韻泥紐有“鼐”小韻，寧鄧切，《五音集韻》與《集韻》同，韻圖同此；

364. 鬅，《廣韻》嶝韻無“鬅”字，《集韻》亦無，《五音集韻》嶝韻滂紐有“鬅”字，匹亘切，韻圖同此；

365. 倰，《廣韻》嶝韻無“倰”字，《集韻》嶝韻來紐有“倰”小韻，郎鄧切，《五音集韻》嶝韻來紐“倰”字魯鄧切，韻圖同此；

366. 儚，《廣韻》蒸韻無“儚”字，《集韻》蒸韻明紐有“儚”小韻，亡冰切，《五音集韻》與《集韻》同，韻圖同此；

367. 熊，《廣韻》蒸韻無"熊"字，《集韻》蒸韻喻紐有"熊"小韻，矣殊切，《五音集韻》與《集韻》同，韻圖同此；

368. 澄，《廣韻》拯韻無"澄"字，《集韻》拯韻澄紐有"澄"小韻，直拯切，《五音集韻》與《集韻》同，韻圖同此；

369. 憑，《廣韻》拯韻無"憑"字，《集韻》拯韻並紐有"憑"小韻，皮殞切，《五音集韻》與《集韻》同，韻圖同此；

370. 齒，《廣韻》拯韻無"齒"字，《集韻》拯韻穿紐有"齒"小韻，稱拯切，《五音集韻》與《集韻》同，韻圖同此；

371. 耳，《廣韻》拯韻無"耳"字，《集韻》拯韻日紐有"耳"小韻，仍拯切，《五音集韻》與《集韻》同，韻圖同此；

372. 欨，《廣韻》證韻無"欨"字，《集韻》亦無，《五音集韻》證韻溪紐有"欨"字，口孕切，韻圖同此；

373. 㚷，《廣韻》證韻無"㚷"字，《集韻》證韻娘紐有"㚷"小韻，尼證切，《五音集韻》與《集韻》同，韻圖同此；

374. 冰，《廣韻》證韻無"冰"字，《集韻》證韻幫紐有"冰"小韻，逋孕切，《五音集韻》與《集韻》同，韻圖同此；

375. 湆，《廣韻》證韻無"湆"字，《集韻》亦無，《五音集韻》證韻滂紐有"湆"字，匹孕切，韻圖據此，"湆"字恐爲"湆"字之訛；

376. 砅，《廣韻》證韻無"砅"字，《集韻》證韻並紐有"砅"小韻，蒲應切，《五音集韻》與《集韻》同，韻圖同此；

377. 洁，《廣韻》職韻無"洁"字，《集韻》亦無，《五音集韻》職韻匣紐有"洁"字，戶式切，韻圖同此；

378. 日，《廣韻》職韻無"日"字，《集韻》職韻日紐有"日"小韻，而力切，《五音集韻》與《集韻》同，韻圖同此；

379. 䰝，《廣韻》蒸韻無"䰝"字，《集韻》蒸韻精紐有"䰝"小韻，即凌切，《五音集韻》"䰝"字即陵切，蒸韻精紐字，韻圖同此；

380. 綡，《廣韻》蒸韻無"綡"字，《集韻》蒸韻心紐有"綡"小韻，息凌切，《五音集韻》"綡"字息陵切，蒸韻心紐字，韻圖同此；

381. 彰，《廣韻》證韻無"彰"字，《集韻》證韻清紐有"彰"小韻，七孕切，《五音集韻》與《集韻》同，韻圖同此。

圖十八、《曾攝内六合口呼侷門》

382. 鞃，《廣韻》登韻無"鞃"字，《集韻》登韻溪紐有"鞃"小韻，苦弘切，《五音集韻》

登韻溪紐"軱"字苦肱切,韻圖同此;

383. 泓,《廣韻》登韻無"泓"字,《集韻》登韻影紐有"泓"小韻,乙肱切,《五音集韻》與《集韻》同,韻圖同此;

384. 耺,《廣韻》蒸韻無"耺"字,《集韻》蒸韻喻紐有"耺"小韻,筠水切,《五音集韻》與《集韻》同,韻圖同此。

圖十九、《梗攝外七開口呼廣門》

385. 争,《廣韻》耕韻照紐有"争"小韻,側莖切,《集韻》耕韻也有"爭"小韻,甾莖切,《五音集韻》與《廣韻》同,"争""爭"爲異體字;

386. 磷,《廣韻》庚韻無"磷"字,《集韻》耕韻來紐有"磷"小韻,力耕切,《五音集韻》庚韻來紐有"磷"小韻,力耕切,韻圖同此;

387. 伉,《廣韻》梗韻無"伉"字,《集韻》梗韻溪紐有"伉"小韻,苦杏切,《五音集韻》與《集韻》同,韻圖同此;

388. 眐,《廣韻》梗韻照紐無"眐"字,《集韻》梗韻照紐有"静"小韻,側杏切,《五音集韻》與《集韻》同,韻圖"眐"字恐爲"静"字之訛;

389. 濪,《廣韻》梗韻無"濪"字,《集韻》梗韻穿紐有"濪"小韻,差梗切,《五音集韻》與《集韻》同,韻圖同此;

390. 諻,《廣韻》梗韻無"諻"字,《集韻》梗韻曉紐有"諻"小韻,虎梗切,《五音集韻》與《集韻》同,韻圖同此;

391. 犣,《廣韻》梗韻無"犣"字,《集韻》梗韻影紐有"犣"小韻,於杏切,《五音集韻》與《集韻》同,韻圖同此;

392. 亨,《廣韻》静韻無"亨"字,《集韻》映韻滂紐有"亨"小韻,普孟切,《五音集韻》静韻滂紐有"亨"小韻,普孟切,韻圖同此;

393. 瘬,《廣韻》陌韻無"瘬"字,《集韻》麥韻徹紐有"瘬"小韻,丑厄切,《五音集韻》陌韻徹紐有"瘬"小韻,丑厄切,韻圖同此;

394. 策,《廣韻》麥韻穿紐有"策"小韻,楚革切,《集韻》"策"小韻也入麥韻,測革切,"策""策"爲異體字,《五音集韻》陌韻穿紐有"策"字,楚革切,韻圖同此;

395. 穰,《廣韻》清韻無"穰"字,《集韻》清韻日紐有"穰"小韻,人成切,《五音集韻》與《集韻》同,韻圖同此;

396. 令,《廣韻》静韻無"令"字,《集韻》梗韻來紐有"令"小韻,盧景切,《五音集韻》静韻來紐有"令"小韻,亦注盧景切,韻圖同此;

397. 睖,《廣韻》静韻無"睖"字,《集韻》静韻知紐有"睖"小韻,知領切,《五音集韻》

與《集韻》同，韻圖同此；

398. 䫥，《廣韻》靜韻無"䫥"字，《集韻》靜韻日紐有"䫥"小韻，如潁切，《五音集韻》與《集韻》同，韻圖同此；

399. 甯，《廣韻》勁韻、徑韻均無"甯"字，《集韻》勁韻有"甯"小韻，女正切，娘紐字，《五音集韻》與《集韻》同，韻圖同此；

400. 病，《廣韻》勁韻、徑韻滂紐均無"病"字，《集韻》映韻滂紐有"病"小韻，鋪病切，《五音集韻》滂紐"病"字入勁韻，亦注鋪病切，滂紐字，韻圖同此；

401. 覤，《廣韻》昔韻、錫韻均無"覤"字，《集韻》昔韻見紐有"覤"小韻，紀彳切，《五音集韻》昔韻"覤"字紀逆切，見紐字，韻圖同此；

402. 鈚，《廣韻》昔韻、錫韻均無"鈚"字，《集韻》昔韻滂紐有"鈚"小韻，鋪彳切，《五音集韻》昔韻"鈚"字鋪戟切，滂紐字，韻圖同此；

403. 虩，《廣韻》昔韻、錫韻均無"虩"字，《集韻》昔韻曉紐有"虩"小韻，火彳切，"虩""號"爲異體字，《五音集韻》寫作"號"，許戟切，昔韻曉紐字，韻圖同此；

404. 頸，《廣韻》清韻、青韻見紐均無"頸"字，《集韻》清韻見紐有"頸"小韻，吉成切，《五音集韻》與《集韻》同，韻圖同此；

405. 聤，《廣韻》清韻、青韻均無"聤"字，《集韻》清韻滂紐有"聤"小韻，匹名切，《五音集韻》與《集韻》同，韻圖同此；

406. 鵑，《廣韻》迥韻、靜韻均無"鵑"字，《集韻》迥韻曉紐有"鵑"小韻，呼頂切，《五音集韻》與《集韻》同，韻圖同此；

407. 井，《廣韻》靜韻精紐有"丼"小韻，子郢切，《集韻》靜韻"丼""井"並列小韻首字，子郢切，"井""丼"爲異體字，《五音集韻》與《集韻》同，韻圖同此；

408. 聽，《廣韻》徑韻透紐有"聽"小韻，他定切，《集韻》同，"聽""聴"爲異體字，《五音集韻》徑韻透紐寫作"聴"，他定切，"聽""聴"爲異體字；

409. 屏，《廣韻》勁韻、徑韻均無"屏"字，《集韻》徑韻並紐有"屏"小韻，步定切，《五音集韻》與《集韻》同，韻圖同此；

410. 纓，《廣韻》勁韻、徑韻均無"纓"字，《集韻》勁韻影紐有"纓"小韻，於政切，《五音集韻》與《集韻》同，韻圖同此；

411. 慼，《廣韻》昔韻、錫韻無"慼"字，《集韻》昔韻溪紐有"慼"小韻，苦席切，《五音集韻》與《集韻》同，韻圖同此；

412. 剔，《廣韻》昔韻無"剔"字，《集韻》昔韻透紐有"剔"小韻，土益切，《五音集韻》與《集韻》同，韻圖同此；

413. 悌，《廣韻》昔韻、錫韻均無"悌"字，《集韻》昔韻定紐有"悌"小韻，待亦且，

《五音集韻》昔韻“悌”字特亦切，韻圖同此；

414. 鑷，《廣韻》昔韻無“鑷”字，《集韻》昔韻泥紐有“鑷”小韻，奴剌切，《五音集韻》昔韻泥紐也有“鑷”小韻，奴剔切，韻圖同此；

415. 翮，《廣韻》昔韻無“翮”字，《集韻》昔韻來紐有“翮”小韻，令益切，《五音集韻》與《集韻》同，韻圖同此。

圖二十、《梗攝外七合口呼廣門》

416. 銥，《廣韻》庚韻無“銥”字，《集韻》亦無，《五音集韻》庚韻溪紐有“銥”字，口觥切，韻圖同此；

417. 宖，《廣韻》庚韻喻紐無“宖”字，《集韻》耕韻喻紐有“宖”小韻，于萌切，《五音集韻》“宖”字入庚韻，亦注于萌切，韻圖同此；

418. 濛，《廣韻》梗韻曉紐無“濛”字，《集韻》梗韻曉紐有“濛”小韻，呼猛切，《五音集韻》與《集韻》同，韻圖同此；

419. 嚄，《廣韻》陌韻喻紐無“嚄”字，《集韻》陌韻喻紐有“嚄”小韻，雲白切，《五音集韻》陌韻喻紐“嚄”字云虢切，韻圖同此；

420. 憬，《廣韻》靜韻、迥韻溪紐均無“憬”字，《集韻》亦無，《五音集韻》靜韻溪紐有“憬”字，孔永切，韻圖同此；

421. 褧，《廣韻》勁韻、徑韻均無“褧”字，《集韻》亦無，《五音集韻》勁韻見紐有“褧”小韻，居詠切，韻圖同此；

422. 窮，《廣韻》勁韻、徑韻溪紐均無“窮”字，《集韻》映韻溪紐有“窮”小韻，丘詠切，《五音集韻》溪紐“窮”字入勁韻，丘詠切，韻圖同此；

423. 病，《廣韻》勁韻、徑韻曉紐均無“病”字，《集韻》映韻曉紐有“病”小韻，況病切，《五音集韻》曉紐“病”字入勁韻，亦注況病切，韻圖同此；

424. 棫，《廣韻》昔韻、錫韻均無“棫”字，《集韻》錫韻喻紐有“棫”小韻，於狊切，《五音集韻》昔韻喻紐有“棫”小韻，於昊切，韻圖同此；

425. 泂，《廣韻》清韻、青韻均無“泂”字，《集韻》清韻見紐有“泂”小韻，古營切，《五音集韻》與《集韻》同，韻圖同此；

426. 屧，《廣韻》清韻、青韻均無“屧”字，《集韻》青韻精紐有“屧”小韻，子泂切，《五音集韻》青韻“屧”字子泂切，精紐字，韻圖同此；

427. 騂，《廣韻》清韻、青韻曉紐均無“騂”字，《集韻》清韻曉紐有“騂”小韻，許營切，《五音集韻》與《集韻》同，韻圖同此；

428. 穎，《廣韻》靜韻“穎”爲喻紐字，餘頃切，未見心紐“穎”字，《集韻》靜韻心紐有

"潁"小韻，騂潁切，《五音集韻》靜韻心紐"潁"字騂頃切，韻圖同此；

429. 悅，《廣韻》靜韻無"悅"字，《集韻》靜韻曉紐有"悅"小韻，吁請切，《五音集韻》靜韻曉紐也有"悅"小韻，吁潁切，韻圖同此；

430. 迥，《廣韻》迥韻匣紐有"迥"小韻，戶頂切，《集韻》迥韻匣紐也作"迥"，戶茗切，《五音集韻》迥韻匣紐有"迥"字，戶頃切，"迥""迥"爲異體字；

431. 淡，《廣韻》勁韻、徑韻均無"淡"字，《集韻》徑韻匣紐有"淡"小韻，胡鎣切，《五音集韻》與《集韻》同，韻圖同此；

432. 扃，《廣韻》勁韻、徑韻見紐均無"扃"字，《集韻》徑韻見紐有"扃"小韻，扃定切，《五音集韻》徑韻見紐"扃"字古絅切，韻圖同此；

433. 謦，《廣韻》勁韻、徑韻溪紐均無"謦"字，《集韻》勁韻溪紐有"謦"小韻，傾敻切，《五音集韻》勁韻"謦"字口敻切，溪紐字，韻圖同此；

434. 闃，《廣韻》錫韻溪紐有"闃"小韻，苦鷄切，《集韻》錫韻溪紐也有"闃"小韻，苦臭切，《五音集韻》與《廣韻》同，"闃""闃"爲異體字。

圖二十一、《流攝内七獨韻狹門》

435. 兜，《廣韻》侯韻端紐有"兜"小韻，當侯切，《集韻》《五音集韻》同此，"兜""兜"爲異體字；

436. 抙，《廣韻》侯韻"抙"爲並紐字，薄侯切，《集韻》侯韻滂紐有"抙"字，普溝切，《五音集韻》與《集韻》同，韻圖同此；

437. 鱮，《廣韻》厚韻無"鱮"字，《集韻》亦無，《五音集韻》厚韻邪紐有"鱮"字，徐垢切，韻圖同此；

438. 候，《廣韻》候韻匣紐有"候"小韻，胡遘切，《集韻》候韻匣紐也有"候"小韻，下遘切，《五音集韻》候韻匣紐有"候"字，胡遘切，韻圖同此；

439. 羀，具體分析見《通攝内一侗門》；

440. 惆，《廣韻》尤韻娘紐無"惆"字，"惆"爲尤韻徹紐字，丑鳩切，《集韻》尤韻娘紐有"惆"小韻，尼猷切，《五音集韻》與《集韻》同，韻圖同此；

441. 鱺，《廣韻》有韻無"鱺"字，《集韻》有韻疑紐有"鱺"小韻，牛久切，《五音集韻》與《集韻》同，韻圖同此；

442. 薵，《廣韻》宥韻無"薵"字，《集韻》亦無，《五音集韻》宥韻牀紐有"薵"字，食救切，韻圖同此；

443. 憂，《廣韻》宥韻無"憂"字，"憂"爲尤韻影紐字，於求切，《集韻》宥韻影紐有"憂"小韻，於救切，《五音集韻》與《集韻》同，韻圖同此；

444~445. 㑞、亿，具體分析見《通攝内一侷門》；

446. 娟，《廣韻》燭韻微紐無"娟"字，《集韻》燭韻微紐有"娟"小韻，某玉切，《五音集韻》燭韻微紐也作"媚"，武玉切，韻圖同此，"娟"字恐爲"媚"字之訛；

447. 區，《廣韻》尤韻及鄰韻均無"區"字，《集韻》幽韻溪紐有"區"小韻，羗幽切，《五音集韻》幽韻溪紐也有"區"小韻，羗幽切，韻圖同此；

448. 嬢，《廣韻》有韻及鄰韻均無"嬢"字，《集韻》黝韻溪紐有"嬢"小韻，苦糺切，《五音集韻》溪紐"嬢"字入有韻，也注苦糺切，韻圖同此；

449. 赳，《廣韻》宥韻、幼韻均無"赳"字，《集韻》幼韻見紐有"赳"小韻，古幼切，《五音集韻》宥韻見紐也有"赳"字，亦注古幼切，韻圖同此；

450. 蟉，《廣韻》宥韻、幼韻均無"蟉"字，《集韻》幼韻曉紐有"蟉"小韻，火幼切，《五音集韻》宥韻曉紐也有"蟉"字，亦注火幼切，韻圖同此。

圖二十二、《深攝内八獨韻狹門》

451. 怎，《廣韻》寢韻無"怎"字，《集韻》亦無，《五音集韻》寢韻精紐有"怎"字，子吽切，韻圖同此；

452. 吽，《廣韻》寢韻無"吽"字，《集韻》亦無，《五音集韻》寢韻曉紐有"吽"小韻，呼怎切，韻圖同此；

453. 岑，《廣韻》侵韻牀紐有"岑"小韻，鋤針切，"岑"爲青韻來紐字，郎丁切，依音不應置此，《集韻》侵韻也有"岑"小韻，鉏簪切，《五音集韻》侵韻牀紐也作"岑"，士針切，韻圖"岺"字恐爲"岑"字之訛；

454. 顉，《廣韻》寢韻牀紐有"顉"小韻，士痒切，《集韻》同此，《五音集韻》寫作"顉"，亦注士痒切，韻圖同此；

455. 穛，《廣韻》沁韻無"穛"字，《集韻》沁韻牀紐有"穛"小韻，岑譖切，《五音集韻》與《集韻》同，韻圖同此；

456. 捡，《廣韻》沁韻無"捡"字，《集韻》沁韻溪紐有"捡"小韻，丘禁切，《五音集韻》與《集韻》同，韻圖同此；

457. 禀，《廣韻》沁韻無"禀"字，《集韻》沁韻幫紐有"稟"小韻，逋鴆切，《五音集韻》與《集韻》同，"禀""稟"爲異體字；

458. 滼，《廣韻》沁韻無"滼"字，《集韻》沁韻穿紐有"滼"小韻，鴟禁切，《五音集韻》沁韻穿紐"滼"字尺禁切，韻圖同此；

459. 譀，《廣韻》沁韻無"譀"字，《集韻》沁韻曉紐有"譀"小韻，火禁切，《五音集韻》與《集韻》同，韻圖同此；

460. 磣，《廣韻》侵韻無"磣"字，《集韻》侵韻透紐有"磣"小韻，天心切，《五音集韻》與《集韻》同，韻圖同此；

461. 鱏，《廣韻》沁韻無"鱏"字，《集韻》亦無，《五音集韻》沁韻從紐有"鱏"字，才鴆切，韻圖同此；

462. 勸，《廣韻》沁韻無"勸"字，《集韻》沁韻心紐有"勸"小韻，思沁切，《五音集韻》與《集韻》同，韻圖同此；

463. 鐔，《廣韻》沁韻無"鐔"字，《集韻》沁韻邪紐有"鐔"小韻，尋浸切，《五音集韻》與《集韻》同，韻圖同此；

464. 酖，《廣韻》沁韻無"酖"字，《集韻》沁韻喻紐有"酖"小韻，淫沁切，《五音集韻》沁韻"酖"字潘沁切，喻紐字，韻圖同此。

圖二十三、《咸攝外八獨韻狹門》

465. 玵，《廣韻》覃韻無"玵"字，《集韻》談韻疑紐有"玵"小韻，五甘切，《五音集韻》"玵"字入覃韻，亦注五甘切，疑紐字，韻圖同此；

466. 酟，《廣韻》覃韻無"酟"字，《集韻》談韻喻紐有"酟"小韻，與甘切，《五音集韻》覃韻喻紐有"酟"小韻，與甘切，韻圖同此；

467. 靲，《廣韻》勘韻無"靲"字，《集韻》勘韻群紐有"靲"小韻，其闇切，《五音集韻》與《集韻》同，韻圖同此；

468. 姏，《廣韻》勘韻無"姏"字，《集韻》勘韻明紐有"姏"小韻，莫紺切，《五音集韻》與《集韻》同，韻圖同此；

469. 顑，《廣韻》勘韻無"顑"字，《集韻》勘韻曉紐有"顑"小韻，呼紺切，《五音集韻》與《集韻》同，韻圖同此；

470. 鑑，《廣韻》勘韻無"鑑"字，《集韻》闞韻匣紐有"鑑"小韻，胡暫切，《五音集韻》"鑑"字入勘韻，亦注胡暫切，韻圖同此；

471. 𧮫，《廣韻》咸韻無"𧮫"字，《集韻》咸韻澄紐有"𧮫"小韻，湛咸切，《五音集韻》與《集韻》同，韻圖同此；

472. 麥，《廣韻》咸韻無"麥"字，《集韻》咸韻明紐有"薆"小韻，亡咸切，《五音集韻》與《集韻》同，韻圖"麥"字恐爲"薆"字之誤；

473. 漸，《廣韻》咸韻無"漸"字，《集韻》銜韻精紐有"漸"小韻，側銜切，《五音集韻》"漸"字入咸韻，亦注側銜切，韻圖同此；

474. 㴉，《廣韻》咸韻無"㴉"字，《集韻》咸韻喻紐有"㴉"小韻，弋咸切，《五音集韻》與《集韻》同，韻圖同此；

475. 鑑，《廣韻》咸韻無"鑑"字，《集韻》銜韻來紐有"鑑"小韻，力銜切，《五音集韻》"鑑"字入咸韻，亦注力銜切，韻圖同此；

476. 顑，《廣韻》嫌韻疑紐無"顑"字，《集韻》嫌韻疑紐有"顑"小韻，五減切，《五音集韻》與《集韻》同，韻圖同此；

477. 飳，《廣韻》嫌韻無"飳"字，《集韻》嫌韻知紐有"飳"小韻，竹減切，《五音集韻》與《集韻》同，韻圖同此；

478. 鰦，《廣韻》陷韻無"鰦"字，《集韻》亦無，《五音集韻》陷韻穿紐有"鰦"字，初陷切，韻圖同此；

479. 鑑，《廣韻》陷韻無"鑑"字，《集韻》陷韻來紐有"鑑"小韻，力陷切，《五音集韻》與《集韻》同，韻圖同此；

480. 賧，《廣韻》洽韻無"賧"字，《集韻》洽韻徹紐有"賧"小韻，敕洽切，《五音集韻》洽韻徹紐"賧"字丑囡切，韻圖同此；

481. 粩，《廣韻》洽韻無"粩"字，《集韻》洽韻澄紐有"粩"小韻，徒洽切，《五音集韻》與《集韻》同，韻圖同此；

482. 垃，《廣韻》洽韻無"垃"字，《集韻》洽韻來紐有"垃"小韻，力洽切，《五音集韻》與《集韻》同，韻圖同此；

483. 黔，《廣韻》鹽韻見紐無"黔"字，《集韻》鹽韻見紐有"黔"小韻，紀炎切，《五音集韻》與《集韻》同，韻圖同此；

484. 狎，《廣韻》鹽韻無"狎"字，《集韻》鹽韻並紐有"狎"小韻，蒲瞻切，《五音集韻》與《集韻》同，韻圖同此；

485. 婪，《廣韻》鹽韻曉紐無"婪"字，《集韻》鹽韻曉紐有"婪"小韻，火占切，《五音集韻》與《集韻》同，韻圖同此；

486. 湛，《廣韻》琰韻無"湛"字，《集韻》琰韻澄紐有"湛"小韻，牒琰切，《五音集韻》琰韻澄紐也有"湛"小韻，長琰切，韻圖同此；

487. 黵，《廣韻》琰韻無"黵"字，《集韻》琰韻照紐有"黵"小韻，止染切，《五音集韻》與《集韻》同，韻圖同此；

488. 陝，《廣韻》琰韻審紐有"陝"小韻，失冉切，《集韻》《五音集韻》與《廣韻》同，"陝""陜"爲異體字；

489. 斂，《廣韻》琰韻來紐有"斂"小韻，良冉切，《集韻》琰韻也有"斂"小韻，力冉切，《五音集韻》與《廣韻》同，"斂""歛"爲異體字；

490. 鹸，《廣韻》豔韻無"鹸"字，《集韻》亦無，《五音集韻》豔韻群紐有"鹸"字，渠驗切，韻圖同此；

491. 鵯，《廣韻》棠韻幫紐無"鵯"字，《集韻》棠韻幫紐有"鵯"小韻，貶耴切，《五音集韻》棠韻幫紐也有"鵯"小韻，貶輒切，韻圖同此；

492. 妭，《廣韻》棠韻無"妭"字，《集韻》棠韻滂紐有"妭"小韻，匹耴切，韻圖同此，《五音集韻》棠韻滂紐"妭"字匹輒切；

493. 傑，《廣韻》棠韻曉紐無"傑"字，《集韻》棠韻曉紐有"傑"小韻，虛涉切，《五音集韻》與《集韻》同，韻圖同此；

494. 涅，《廣韻》鹽韻及鄰韻均無"涅"字，《集韻》沾韻群紐有"涅"小韻，其兼切，《五音集韻》鹽韻群紐有"涅"字，其兼切，韻圖同此；

495. 僭，《廣韻》琰韻無"僭"字，《集韻》忝韻精紐有"僭"小韻，子忝切，《五音集韻》琰韻精紐有"僭"字，子忝切，韻圖同此；

496. 斂，《廣韻》琰韻"斂"字良冉切，來紐字，《集韻》琰韻心紐有"斂"小韻，纖琰切，《五音集韻》與《集韻》同，韻圖同此；

497. 燄，《廣韻》琰韻"燄"字以冉切，喻紐字，《集韻》琰韻邪紐有"燄"小韻，習琰切，《五音集韻》與《集韻》同，韻圖同此；

498. 蒨，《廣韻》棠韻無"蒨"字，《集韻》帖韻清紐有"蒨"小韻，千俠切，《五音集韻》棠韻清紐有"蒨"字，千協切，韻圖同此；

499. 燮，《廣韻》怗韻心紐有"燮"小韻，蘇協切，《集韻》帖韻也有"燮"小韻，悉協切，《五音集韻》棠韻心紐有"燮"，蘇協切，"燮""燮"爲異體字；

500. 恊，《廣韻》怗韻匣紐有"協"小韻，胡頰切，《集韻》帖韻也有"恊"字，檄頰切，《五音集韻》棠韻匣紐也作"恊"，"恊""協"爲異體字。

圖二十四、《咸攝外八狹門》

501. 黔，《廣韻》凡韻無"黔"字，《集韻》嚴韻見紐有"黔"小韻，居嚴切，《五音集韻》見紐"黔"字入凡韻，亦注居嚴切，韻圖同此；

502. 顩，《廣韻》凡韻無"顩"字，《集韻》凡韻溪紐有"顩"小韻，丘凡切，《五音集韻》與《集韻》同，韻圖同此；

503. 琢，《廣韻》凡韻無"琢"字，《集韻》凡韻微紐有"琢"小韻，亡凡切，《五音集韻》與《集韻》同，韻圖同此；

504. 拑，《廣韻》范韻無"拑"字，《集韻》范韻群紐有"拑"小韻，極范切，《五音集韻》范韻"拑"字巨范切，群紐字，韻圖同此；

505. 冂，《廣韻》范韻無"冂"字，《集韻》范韻疑紐有"冂"小韻，五犯切，《五音集韻》與《集韻》同，韻圖同此；

506. 拈，《廣韻》范韻無"拈"字，《集韻》儼韻照紐有"拈"小韻，章貶切，《五音集韻》"拈"字爲范韻照紐字，章鉽切，韻圖同此；

507. 險，《廣韻》范韻無"險"字，《集韻》亦無，《五音集韻》范韻曉紐有"險"小韻，希埯切，韻圖同此；

508. 埯，《廣韻》范韻無"埯"字，《集韻》亦無，《五音集韻》范韻影紐有"埯"小韻，於廣切，韻圖同此；

509. 㯥，《廣韻》范韻無"㯥"字，《集韻》范韻"㯥"字胡犯切，匣紐字，《五音集韻》范韻喻紐有"㯥"字，有犯切，韻圖同此；

510. 㺝，《廣韻》梵韻群紐無"㺝"字，《集韻》驗韻群紐有"㺝"小韻，巨欠切，《五音集韻》梵韻群紐有"㺝"字，巨欠切，韻圖同此；

511. 廞，《廣韻》梵韻無"廞"字，《集韻》亦無，《五音集韻》梵韻疑紐有"廞"字，魚欠切，韻圖同此；

512. 黏，《廣韻》梵韻無"黏"字，《集韻》驗韻娘紐有"黏"小韻，女驗切，《五音集韻》梵韻娘紐有"黏"字，亦注女驗切，韻圖同此；

513. 疿，《廣韻》梵韻無"疿"字，《集韻》亦無，《五音集韻》梵韻審紐有"疿"字，式劍切，韻圖同此；

514. 刧，《廣韻》業韻見紐有"劫"小韻，居怯切，《集韻》"劫"字訖業切，業韻見紐字，《五音集韻》乏韻見紐有"劫"小韻，亦注居怯切，"刧""劫"爲異體字；

515. 堨，《廣韻》乏韻無"堨"字，《集韻》業韻澄紐有"堨"小韻，直業切，《五音集韻》乏韻澄紐有"堨"小韻，亦注直業切，韻圖同此；

516. 鎑，《廣韻》乏韻無"鎑"字，《集韻》"鎑"字谷盍切，盍韻見紐字，《五音集韻》乏韻喻紐有"鎑"字，于劫切，韻圖同此。

7.2 《經史正音切韻指南》用字總結

　　劉鑑《經史正音切韻指南》自序中說："(《經史正音切韻指南》)與韓氏《五音集韻》互爲體用，諸韻字音皆由此出"，可知《經史正音切韻指南》是據金韓道昭《五音集韻》而作。我們首先將《經史正音切韻指南》所收全部韻字與《廣韻》進行系統比較，可以得出該韻圖與《廣韻》的吻合度，確定《經史正音切韻指南》這部韻圖的語音性質。然後將韻圖中與《廣韻》不合的韻字分別與《集韻》《五音集韻》兩部韻書進行比較，進而推斷這些韻字的來源，觀察語音及韻圖的發展情況，也借此檢驗《經史正音切韻指南》與《五音集韻》的對應關係。

　　通過韻圖與韻書間的綜合比較，可以得出以下基本結論：

（1）《經史正音切韻指南》共收韻字 3902 個，其中 3386 字與《廣韻》相合，占 86.78%，相合韻字中有 3277 字爲小韻首字，占比 96.78%。《經史正音切韻指南》與《廣韻》不合的韻字中有很多與《集韻》相同，如韻圖《梗攝外七開口呼廣門》迴韻曉紐列"鶪"字，《廣韻》迴韻無此字，《集韻》迴韻曉紐有"鶪"小韻，呼頂切。這表明元代韻圖在很大程度上保留了《切韻》系韻書的語音面貌，或者説這體現了元代韻圖對早期韻圖的繼承。

（2）《經史正音切韻指南》與《廣韻》不相合的 516 字絕大多數能在《五音集韻》中找到依據，從而有力證實"《切韻指南》據《五音集韻》而作"的説法，但也有一些用字與《五音集韻》不相吻合，具體表現爲字形的不同：

①使用異體字：如韻圖《果攝内四假攝外六合口呼》過韻疑紐列"卧"字，《廣韻》過韻疑紐有"臥"小韻，吾貨切，《集韻》過韻疑紐也寫作"卧"，亦注吾貨切，《五音集韻》與《廣韻》《集韻》字形、注音均相同，"卧""臥"爲異體字；又如韻圖《梗攝外七合口呼廣門》錫韻溪紐四等列"闃"字，《廣韻》《集韻》和《五音集韻》都作"闃"，"闃""闃"爲異體字。

②字形訛誤：如韻圖《山攝外四開口呼廣門》產韻滂紐二等列"肦"字，《廣韻》產韻滂紐無字，《集韻》產韻滂紐有"盼"小韻，匹限切，《五音集韻》產韻滂紐也有"盼"小韻，匹限切，韻圖"肦"字恐爲"盼"字之訛；又如韻圖《流攝内七獨韻狹門》燭韻微紐三等列"娟"字，《廣韻》燭韻微紐無"娟"字，《集韻》燭韻微紐有"媚"小韻，某玉切，《五音集韻》燭韻微紐也作"媚"，武玉切，韻圖所列"娟"字與韻書所收"媚"字形體相似，恐爲韻圖傳抄時訛誤所致。

8 宋元韻圖五種用字比較研究

8.1 宋元韻圖五種用字比較

宋元五種韻圖《韻鏡》《七音略》《四聲等子》《切韻指掌圖》《經史正音切韻指南》之間存在一定程度的用字差異，我們將《韻鏡》和《七音略》、《七音略》和《四聲等子》、《四聲等子》和《切韻指掌圖》、《切韻指掌圖》和《經史正音切韻指南》這四組韻圖的用字進行兩兩比較，通过梳理它們之間的異同，可以窺探韻圖的發展綫索。

韻圖的比較研究，以《韻鏡》和《七音略》的比較爲例進行説明。通過建立兩韻圖數據表的聯合查詢，將《韻鏡》所收韻字與《七音略》所收韻字進行逐一比較，比較的字段包括韻字、聲、韻、調和等，對於五個字段均相同的韻字，即認定爲兩韻圖相合；對於其中有一個以上字段不同的韻字，則認定爲兩韻圖不合。通過比較，兩韻圖不合的情況可以歸納爲以下三種：

(1)韻字、聲、韻、調、等五字段均不合，則認爲該韻字所代表的小韻爲某一韻圖所獨有；

(2)韻字相合，聲、韻、調、等四字段有一處及以上不合，則認爲韻字音韻地位不同；

(3)韻字不合，聲、韻、調、等四字段均相合，則認爲小韻擇字不同，有些是選擇小韻中不同的代表字，有些是選擇同一代表字的不同字形，有些是字形的訛誤。

以下列舉《韻鏡·内轉第一開》與《七音略·内轉第一》兩韻圖的用字比較統計表(見表 8-1、表 8-2)具體展示它們之間的比較情況，表中以"w"表示對比圖中未收的小韻，以"dw"表示韻字音韻地位不同，以"bt"表示韻圖擇字不同：

表 8-1　《韵镜》与《七音略》比較——《韵镜》

韻字	聲	韻	調	等	圖名	比較
檧	心	東	平	一	内轉第一開	bt

续表

韻字	聲	韻	調	等	圖名	比較
忽	清	東	平	一	内轉第一開	bt
蔓	精	東	平	一	内轉第一開	bt
肜	喻	東	平	三	内轉第一開	w
犐	疑	東	平	三	内轉第一開	w
蟲	澄	東	平	三	内轉第一開	bt
矓	來	董	上	一	内轉第一開	bt
儱	匣	董	上	一	内轉第一開	bt
捧	並	董	上	一	内轉第一開	bt
閧	匣	送	去	一	内轉第一開	bt
甕	影	送	去	一	内轉第一開	bt
稯	精	送	去	一	内轉第一開	bt
夢	明	送	去	一	内轉第一開	dw
撞	並	送	去	一	内轉第一開	bt
趨	曉	送	去	三	内轉第一開	w
㷀	微	送	去	三	内轉第一開	dw
縠	匣	屋	入	一	内轉第一開	dw
熇	曉	屋	入	一	内轉第一開	bt
暴	並	屋	入	一	内轉第一開	bt
畜	曉	屋	入	三	内轉第一開	bt
塾	禪	屋	入	三	内轉第一開	w
驧	群	屋	入	三	内轉第一開	bt
麴	溪	屋	入	三	内轉第一開	bt
朒	孃	屋	入	三	内轉第一開	bt
育	喻	屋	入	三	内轉第一開	w

表 8-2　《韵镜》与《七音略》比较——《七音略》

韻字	聲	韻	調	等	圖名	比較
楤	心	東	平	一	内轉第一重中重	bt
葱	清	東	平	一	内轉第一重中重	bt
嫯	精	東	平	一	内轉第一重中重	bt

续表

韻字	聲	韻	調	等	圖名	比較
佟	滂	東	平	一	內轉第一重中重	w
雡	穿	東	平	三	內轉第一重中重	w
呇	曉	東	平	三	內轉第一重中重	w
硳	影	東	平	三	內轉第一重中重	w
蟲	澄	東	平	三	內轉第一重中重	bt
曨	來	董	上	一	內轉第一重中重	bt
澒	匣	董	上	一	內轉第一重中重	bt
嵷	從	董	上	一	內轉第一重中重	w
溤	疑	董	上	一	內轉第一重中重	w
菶	並	董	上	一	內轉第一重中重	bt
哄	匣	送	去	一	內轉第一重中重	bt
瓮	影	送	去	一	內轉第一重中重	bt
粽	精	送	去	一	內轉第一重中重	bt
幪	明	送	去	一	內轉第一重中重	dw
槰	並	送	去	一	內轉第一重中重	bt
蓲	徹	送	去	三	內轉第一重中重	w
夢	微	送	去	三	內轉第一重中重	dw
穀	曉	屋	入	一	內轉第一重中重	dw
瀑	並	屋	入	一	內轉第一重中重	bt
簇	牀	屋	入	三	內轉第一重中重	w
蓄	曉	屋	入	三	內轉第一重中重	bt
孰	牀	屋	入	三	內轉第一重中重	w
駶	群	屋	入	三	內轉第一重中重	bt
趜	溪	屋	入	三	內轉第一重中重	bt
朒	孃	屋	入	三	內轉第一重中重	bt

通過韻圖之間的比較，可以得出它們之間的相合比例，這一數據是通過"兩圖相合數÷

兩韻圖收字總數×100%"的公式計算出來的，其中，"兩韻圖收字總數"就是做比較的兩部韻圖收字數量之和，由於韻圖在比較時，逐一掃描了兩韻圖所有韻字的使用情況，這些韻字都是觀測對象，應該作爲比較的總範圍；"兩圖相合數"不是簡單的 A 與 B 相合數的兩倍，而是分別觀測 A 中的所有韻字和 B 中的所有韻字，即用 A 與 B 的相合數加上 B 與 A 的相合數，得到這個相合總數，所以，這個相合數理論上可以是奇數。

8.1.1　《韻鏡》與《七音略》用字比較

《韻鏡》和《七音略》都有內外轉所攝四十三張圖，縱向以二十三列編排聲紐，輕重唇並列、舌頭舌上並列、齒頭正齒並列，橫向以四聲統四等，即每圖按照平、上、去、入四聲的順序依次編排韻目，每聲之內又分四行列一、二、三、四等。兩韻圖體制相承，具體到每圖用字，其差異可歸納爲以下幾種情形：

（1）小韻不同

《韻鏡》和《七音略》所收小韻不盡相同，有些小韻只存在於《韻鏡》中，《七音略》未見；有些小韻則爲《七音略》所獨有，《韻鏡》未收。如《韻鏡·內轉第一開》東韻疑紐平聲三等列"𤜵"字，《七音略》東韻疑紐平聲三等無字，未收入該小韻；《七音略·內轉第一》東韻滂紐平聲一等列"䨵"字，而《韻鏡》東韻滂紐平聲一等無字。根據本書第三、四章各韻圖用字分析可知，小韻不同或爲韻圖所據韻書不同所致，或爲韻圖在流傳過程中經後人傳抄增補所致，有些有跡可循，有些依據則不確鑿。

（2）音韻地位不同

有些韻字在《韻鏡》和《七音略》中都予收入，但在兩韻圖中所處的坐標位置有時不同，表明兩圖對同一韻字音韻地位的認定不盡相同。如兩圖都於屋韻入聲一等列"縠"字，但所列聲紐不同，《韻鏡》將該字列入匣紐，《七音略》列入曉紐。這種差異的出現，或許爲兩圖所據語音材料不同所致，又或許爲其中一圖錯位所致，如例中"縠"字，據《廣韻》和《集韻》所載，"縠"字胡谷切，依音當列匣紐，《七音略》列曉紐與《廣韻》《集韻》均不合。

（3）擇字不同

有些小韻在《韻鏡》和《七音略》中都予收入，即兩韻圖在同一坐標位置都列代表字，但這些代表字有所不同，可能有以下原因：

第一，所據韻書不同。某些韻字在《廣韻》中爲非小韻首字，但在《集韻》等其他韻書中爲小韻首字，如"葵"字在《廣韻》中爲小韻首字，"夌"字在《集韻》中爲小韻首字，《韻鏡》列"葼"字據《廣韻》，而《七音略》則據《集韻》列"嵏"字。

第二，韻圖所列非小韻首字。一般來説，韻圖以小韻首字作爲代表字編排入圖，但是通過比較我們發現，《韻鏡》和《七音略》未必如此，如《廣韻》和《集韻》東韻清紐都以"怱"字爲小韻首字，《韻鏡》列"怱"，《七音略》列非小韻首字"葱"。

第三，韻字錯誤。如《七音略》東韻澄紐列"蟲"字，《韻鏡》此處列"蟲"字，根據各韻書所列韻字讀音情況判斷，《七音略》此處"蟲"字恐爲"蟲"字之誤，選擇了其他韻的韻字。

第四，字形差異。兩圖所選同一小韻、列入相同音韻地位的韻字，有些存在字形差異，如《韻鏡》覺韻疑紐列"岳"字，《七音略》列"嶽"字，據《集韻》注："'嶽'古作'岳'"，"嶽""岳"並列小韻首字，韻圖所選不同。有些字形差異是由於訛誤造成的，如《韻鏡·内轉第一開》董韻來紐一等列"矓"字，《七音略·内轉第一》董韻來紐一等列"曨"字，恐爲《韻鏡》之訛；有些字形差異是由於使用異體字造成的，如《韻鏡·内轉第四開合》支韻群紐三等列"奇"字，《七音略·内轉第四》支韻群紐三等列"竒"字。

8.1.2　《七音略》與《四聲等子》用字比較

《七音略》與《四聲等子》的編排體例有很大差異，從韻圖數量來看，《七音略》有四十三圖，《四聲等子》僅二十圖，數量大大減少，其直接原因是《四聲等子》引入"攝"的概念，同攝韻合圖編排，如《七音略》前兩圖《内轉第一》和《内轉第二》所列各韻目在《四聲等子》中都列入韻圖《通攝内一》。此外，《四聲等子》有併韻現象，如《效攝外五·全重無輕韻》"蕭"韻併入"宵"韻，這樣的編排方式減少了韻目的數量。聲紐排列方面，兩圖都是根據發音部位的不同將聲紐縱排二十三列，但排列順序有所不同，《七音略》輕重脣音並排一列，三十二聲紐以脣、舌、牙、齒、喉、半舌、半齒的順序依次排列，《四聲等子》輕重脣音分離，三十六聲紐以牙、舌、脣、齒、喉、半舌、半齒的順序依次排列。表格編排方面，《七音略》是以四聲統四等，即每圖先依聲調分平、上、去、入四聲，再於每聲之内列一、二、三、四等，而《四聲等子》則是以四等統四聲，即每圖先分四行排列四等，再於每等之内列四聲。具體到兩韻圖的用字情況，其差異主要體現在以下方面：

(1)小韻不同：由於編排體例不同，《七音略》和《四聲等子》兩部韻圖在小韻的選取上存在較大差異。一是併韻，如《四聲等子》冬韻併入東韻，《七音略》所列冬韻字在《四聲等子》中未收。二是合等，如《七音略》送韻分別有一、二、三、四等字，在《四聲等子》中，送韻三等與用韻三等合併，使得一些韻字如"諷""賵""夢""蟲""眾"等字無處安放。三是小韻選取不同，如《七音略》東韻穿紐有"𩐛"小韻，《四聲等子》爲"○"表示有音無字；《四聲等子》東韻群紐有"𩓥"小韻，《七音略》此處爲空。

(2)擇字不同：對於兩韻圖都予收入的小韻，在代表字的選擇上有所不同，如《七音略》東韻精紐一等列"夑"字，董韻來紐一等列"曨"字，《四聲等子》東韻精紐一等列"椶"字，董韻來紐一等列"籠"字。

（3）音韻地位不同：兩韻圖收入同一小韻，選取同一韻字，但該韻字在兩韻圖中所處位置不同，如"剫"小韻在《七音略》中列昔韻來紐二等，《四聲等子》中列質韻來紐三等；《七音略》東韻知紐三等列"中"字，徹紐三等列"忡"字，《四聲等子》"中"字列鍾韻知紐三等，"忡"字列鍾韻徹紐三等。

（4）字形不同：兩韻圖所列韻字在字形上存在差異，如《七音略》東韻疑紐一等列"峘"字，而《四聲等子》該位置列"峱"字，兩字爲異體字；《七音略》東韻心紐一等列"楤"字，《四聲等子》東韻心紐一等列"檧"字。

8.1.3 《四聲等子》與《切韻指掌圖》用字比較

《四聲等子》和《切韻指掌圖》都有二十圖，將二百零六韻合併列入圖中，在韻目的排列方面兩圖有諸多相合之處。聲組編排方面，兩圖存在顯著區別，《四聲等子》縱排二十三列表示聲母，輕重脣並列、舌頭舌上並列、齒頭正齒並列，《切韻指掌圖》則以三十六字母單獨成列，縱排于各圖首行。此外，關於調與等的編排，《四聲等子》是以四等統四聲，《切韻指掌圖》是以四聲統四等。通過全面比較《四聲等子》和《切韻指掌圖》的用字，發現它們之間的不同之處多達三分之一，具體體現仍可歸納爲小韻的有無、擇字的不同、音韻地位的不同和字形的差異四種情形。

（1）小韻不同：兩韻圖都存在大量對方未收的小韻，如《切韻指掌圖》小韻牀紐三等有"肇"小韻，《四聲等子》無；又如《四聲等子》東韻滂紐一等有"䬝"小韻，而《切韻指掌圖》無。

（2）擇字不同：對於共存於兩韻圖的小韻，韻圖所選代表字有所不同，如《四聲等子》董韻來紐一等列"籠"字，而《切韻指掌圖》董韻來紐一等列"曨"字。

（3）音韻地位不同：同一小韻在不同韻圖中的地位不完全相同，如《四聲等子》和《切韻指掌圖》都有"㿄"小韻，前者列皓韻滂紐一等，後者列小韻滂紐三等。

（4）字形不同：相同音韻地位的同一韻字在不同韻圖中的形體有所差異，如《四聲等子》宵韻明紐四等列"蜱"，《切韻指掌圖》列"蠯"，"蠯""蜱"爲異體字。

8.1.4 《切韻指掌圖》與《經史正音切韻指南》用字比較

《經史正音切韻指南》依《五音集韻》而列，將所有韻目編排爲二十四圖，比《切韻指掌圖》多出四圖，在體制上，《切韻指南》與《四聲等子》相一致，即縱排二十三列表示三十六聲母，脣、舌、齒音分別並列，以四等統四聲。《切韻指南》共收韻字 3902 個，在數量上超過《切韻指掌圖》三百餘字，這一方面與編排體制有關，多出的四圖可以容納更多的小韻，另一方面表明後代韻書在《切韻》系韻書的基礎上做了一些增補。據統計，兩圖用字差異存在千餘處，這些異同的表現形式也可以同上總結歸納爲小韻、擇字、地位、字形四個方面。

（1）小韻不同：如《切韻指掌圖》用韻牀紐三等有"重"小韻，而《切韻指南》無；又如《切韻指南》董韻疑紐一等有"湡"小韻，而《切韻指掌圖》此處爲"○"表示有音無字。

（2）擇字不同：這裏的擇字不僅指同一小韻代表字的選擇，還包括合韻之後究竟以哪個韻爲主來選個小韻的問題。如《切韻指掌圖》東鍾韻日紐三等列"戎"字，是選擇東韻日紐的小韻，《切韻指南》相同音韻地位列"茸"字則是據鍾韻。

（3）音韻地位不同：如《切韻指掌圖》小韻疑紐四等有"磽"小韻，而《切韻指南》"磽"小韻則列溪紐。

（4）字形不同：如《切韻指掌圖》宵韻曉紐三等列"嚣"字，《切韻指南》則列異體字"嚻"。

8.2 宋元韻圖五種用字情況總結

通過對宋元時期五種代表性韻圖用字情況的全面整理與系統分析，我們試圖辨析各韻圖韻字的來源、音韻地位、字形諸方面的具體情況，特別是將韻圖所有韻字與《廣韻》進行了逐一比較，得出了比較客觀的統計數據，相異之處又參照《集韻》《五音集韻》等韻書作出分析，爲宋元韻圖的深入研究做了大量的基礎工作。

宋元韻圖五種與《廣韻》用字比較，相合數量統計如表 8-3：

表 8-3　宋元韻圖五種與《廣韻》用字比較

韻圖	收字總數	與《廣韻》相合數	相合比例
《韻鏡》	3893	3576	91.86%
《七音略》	3987	3454	86.63%
《四聲等子》	3787	3193	84.31%
《切韻指掌圖》	3482	3242	93.11%
《經史正音切韻指南》	3902	3386	86.78%

表 8-3 數據顯示，五種韻圖與《廣韻》的相合比例均達到 80% 以上，特別是《韻鏡》和《切韻指掌圖》兩種韻圖與《廣韻》的相合比例高達 90% 以上，表明這些韻圖用字與《廣韻》

關係密切，主要來源於《切韻》系韻書，早期韻圖的製作是以《切韻》系韻書爲底本的。

通過宋元五種韻圖之間的用字比較，可以發現它們之間的異同關係，統計結果如表 8-4：

表 8-4　宋元韻圖五種用字比較

韻圖	收字總數	兩圖相合數	相合比例
《韻鏡》與《七音略》	7880	6225	79.00%
《七音略》與《四聲等子》	7774	4575	58.85%
《四聲等子》與《切韻指掌圖》	7269	4526	62.26%
《切韻指掌圖》與《經史正音切韻指南》	7384	4772	64.62%

表中數據顯示，宋元韻圖五種之間的相合比例都在 50% 以上，由於計算機處理過程中忽略了部分特殊情況的人工處理，具體數據或不十分確切，然而數據的基本面貌比較清晰。由此可以從用字方面展示宋元不同時代韻圖之間的繼承關係，如《韻鏡》和《七音略》的相合程度相對較高，體現了時代特點；而從《七音略》到《四聲等子》，韻圖的發展出現了一個較明顯的跨越，表明韻圖隨時代推移處於一個不斷發展的過程之中。

8.3　宋元韻圖五種相關問題探討

宋元韻圖五種的用字情況可以反映出以下幾個問題：

（1）五韻圖的性質。宋元五韻圖用字與《廣韻》的相合比例都達到 80% 以上，表明這些韻圖所依據的韻圖底本是以《切韻》爲語音基礎的，韻圖與《廣韻》不相合的韻字中有些依據後來的韻書如《集韻》《五音集韻》等進行了修訂，如《四聲等子》與《廣韻》不合的韻字中有 60% 都是根據《集韻》進行的增補或改訂；如果不考慮字形上的差異，《經史正音切韻指南》與《廣韻》不合的小韻都可以在《五音集韻》中找到依據。根據這些情況，宋元五種韻圖都可以認定爲修訂型韻圖。

對比《韻鏡》和《經史正音切韻指南》，發現韻圖與《廣韻》的相合度遞減明顯。在《四聲等子》《切韻指掌圖》和《經史正音切韻指南》中，韻圖不再拘泥於中古韻書的分韻列部，而是根據實際的語音變化進行調整，首先表現在韻圖體制方面，之前的四十三圖壓縮成二十，編排發生很大變化；其次是韻部的合併，206 韻合併爲 106 韻，在早期韻圖的基礎上刪減了很多小韻。於是，韻圖的變革已成爲時代的召喚，反映實際語音的韻圖，如《聲韻會通》《韻法直圖》等便應運而生。

　　然而，《切韻指掌圖》與《廣韻》的相合度還是比較高的，反映了傳統韻書對韻圖的發展有著強大的束縛，韻圖想要充分反映實際語音系統必須擺脫傳統韻書和早期韻圖的束縛，另創體制，一場韻圖界的革命如巨浪般滾滾襲來，勢不可擋。

　　(2)音韻地位不同體現的語音特徵。韻圖與韻書音韻地位的不同最突出的體現在《切韻指掌圖》，有澄紐字列牀紐的情況，也有徹紐字列穿紐的情況，還有牀紐字列禪紐的情況。船禪二組在五種韻圖中的排列情況比較複雜，《切韻指掌圖》與其他四種大不相同，說明船禪不分、船禪相混是唐宋漢語語音實際存在的現象。前面提到，根據學者們的研究，從隋—初唐到宋代語音系統的變化主要體現在以下幾點：聲紐方面，唇音分化爲重唇、輕唇，知組與照組相近，船禪不分；韻部方面，主要是韻部的簡化，同攝韻部的合併或轉移；聲調方面，濁上歸去。我們通過對韻圖用字的研究，發現小韻音韻地位的不同恰好印證了語音上的變化，知組字列照組表明舌上音混入正齒音。

　　(3)等韻門法在韻圖歸等中有重要作用。等韻門法是韻圖的重要内容，最早在《四聲等子》中得到系統闡述，到了《經史正音切韻指南》，内容更加充實和完備，其後所附“門法玉鑰匙”是門法的集大成者，詳述了韻圖的各種歸等原則。韻圖隨時間的推移與《廣韻》越來越偏離，這充分説明韻圖作者在列字時是以《切韻》一類韻書爲底本，而又根據實際語音做出調整，爲了解決反切矛盾，與《廣韻》越遠的韻圖越需要複雜的門法，門法的複雜化與韻圖對《廣韻》的偏離程度之間存在正相關。反言之，這種相關恰好説明門法的目的就在於將《廣韻》一類韻書的語音系統改造爲韻圖的語音系統，或者説是爲了將韻圖的語音系統還原爲韻書的語音系統。通過韻圖用字的分析，我們發現韻圖作者在小韻歸等上的特殊情況一般能夠以門法條例來解釋，“輕重交互”“類隔”“精照互用”的例子屢見不鮮。

　　(4)韻圖中大量選用異形字。宋元韻圖大量使用異體字，可能有以下四個原因：第一，韻圖遵循的韻圖底本使用異體字；第二，韻圖參照的韻書使用異體字，據以改之；第三，韻圖作者主觀改用異體字；第四，傳抄過程中由後人改作異體字。至於韻圖中出現的訛字、俗字等，可能與時代有關。晚唐五代俗訛字大量流行，這遵循中國漢字史發展的一般規律，即政權穩定、文化繁榮時期，才有學者進行正字工作，也就是漢字的規範化；而社會動盪、政局不穩時，社會用字則開始混亂，俗訛字大量流行，到了宋代俗字轉多，因此韻圖中大量使用異體字、俗字則不足爲怪。此外，也可能是依據某種唐五代韻書而作，唐五代十幾種韻書中有些就非常喜歡使用俗字，或者是後人傳抄過程中改作俗字或不慎寫作訛字，還有可能是韻圖作者改成俗字或由於疏忽寫錯了字，當然末一種可能性是比較小的，將正字改作俗字的原因並不充分，故此因僅作參考。

　　(5)通過五種韻圖之間用字的比較，可以進一步證明宋元韻圖的發展是一脈相承的，尤其早期韻圖《韻鏡》和《七音略》相似度較高，都比較忠實地反映了《切韻》系韻書的面貌。

隨著語音的發展演變，宋元韻圖首先在體制上進行了調整，大大減縮了韻圖的數量，這是《七音略》與《四聲等子》有眾多不合之處的外在原因，根本上還是由於《四聲等子》依據實際語音對韻圖進行了調整，如小韻的增補和刪減、字形的更改等，而這種調整在《四聲等子》和《切韻指掌圖》是不同步的，於是它們之間也存在眾多不同。到了《經史正音切韻指南》，韻圖愈加如實地反映現實語音。

參 考 文 獻

一、韻圖與韻書

韻鏡. 永祿本. 古籍出版社, 1955.

韻鏡. 寬永五年本. 日本勉誠社, 1977.

韻鏡. 應永元年寫本. 日本巖南堂書店, 1981.

七音略. 元至治本. 等韻五種[M]. 臺北藝文印書館, 2005.

四聲等子. 恩進齋叢書本. 中華書局, 1985.

切韻指掌圖. 墨海金壺本. 中華書局, 1985.

切韻指掌圖. 嚴氏誨刻本. 中華書局, 1962.

切韻指掌圖. 十萬卷樓叢書本. 等韻五種[M]. 臺北藝文印書館, 2005.

切韻指掌圖. 影宋本. 四部叢刊續編.

經史正音切韻指南. 弘治本. 等韻五種[M]. 臺北藝文印書館, 2005.

經史正音切韻指南. 四庫本. 欽定四庫全書.

宋本廣韻. 澤存堂本. 北京中國書店, 1982.

集韻. 述古堂影宋抄本. 上海古籍出版社, 1985.

五音集韻. 影印文淵閣四庫全書. 臺灣"商務印書館", 1983.

二、專著

陳廣忠. 韻鏡通釋[M]. 上海辭書出版社, 2003.

陳澧. 切韻考[M]. 中國書店, 1984.

陳新雄. 等韻述要[M]. 譯文印書館, 1999.

大矢透. 韻鏡考[M]. 東京府北豐島郡高田町大字雜司, 1924.

方孝嶽. 廣韻韻圖[M]. 中華書局, 1988.

高本漢. 中國音韻學研究[M]. 趙元任、羅常培、李方桂譯, 商務印書館, 1948.

耿振生. 明清等韻學通論[M]. 語文出版社, 1992.

校正韻鏡[M]. 川勝五郎右衛門, 1696.

孔仲温. 韻鏡研究[M]. 臺灣學生書局, 1987.

羅常培. 唐五代西北方音的研究[M]. 中央研究院, 1933.

李榮. 隋韻譜. 音韻存稿[M]. 商務印書館, 1982.

李無未主編. 音韻學論著指要與總目[M]. 作家出版社, 2007.

李新魁. 漢語等韻學[M]. 中華書局, 1983.

李新魁. 韻鏡校證[M]. 中華書局, 1982.

李新魁, 麥耘. 韻學古籍述要[M]. 陝西人民出版社, 1993.

龍宇純. 韻鏡校注[M]. 藝文印書館, 1969.

婁育. 《經史正音切韻指南》文獻整理與研究[M]. 中央民族大學出版社, 2013.

馬淵和夫. 韻鏡校本と廣韻索引[M]. 巖南堂書店, 1970.

潘文國. 韻圖考[M]. 華東師範大學出版社, 1997.

三澤諄治郎. 《韻鏡》研究[M]. 韻鏡研究會(三宅謄寫堂)印, 1960.

王力. 漢語語音史[M]. 中國社會科學出版社, 1985.

文雄. 磨光韻鏡[M]. 八幡屋四郎兵衛, 1744.

薛鳳生. 從等韻到《中原音韻》[M]. 漢語音韻史十講. 華語教學出版社, 1999.

謝啟昆. 小學考[M]. 漢語大詞典出版社, 1997.

楊軍. 七音略校注[M]. 上海辭書出版社, 2003.

等韻五種[M]. 藝文印書館, 1998 年.

竺家寧. 聲韻學[M]. 國立編譯館, 1992.

朱曉農. 北宋中原韻轍考——一項數理統計研究[M]. 語文出版社, 1989.

趙蔭棠. 等韻源流[M]. 商務印書館, 2011.

三、論文

白平. "四呼"的由來及其演化的過程[J]. 新疆教育學院學報, 1987(1).

白一平. 漢語上古音的-u 和-iw 在《詩經》中的反映. //漢語音韻學論文集[C]. 首都師範大學出版社, 1997.

白鐘仁. 《韻鏡校證》求疵[J]. 古漢語研究, 1998(2).

薄守生. 鄭樵小學研究[D]. 蘇州大學, 2009.

曹婧. 《韻鏡》與《七音略》異同之比較[J]. 蘭州教育學院學報, 2015(12).

曹正義. 《通志·七音略》"重""輕"探疑. //音韻學研究(第三輯)[C]. 中華書局, 1994.

陳廣忠.《韻鏡校注》補正[J]. 語言研究，2004(2).

陳廣忠. 釋《韻鏡》"邪"紐[J]. 語言科學，2004(3-2).

陳貴麟. 論《韻鏡》重紐的邏輯原型及其重估之現象. //聲韻論叢(第六輯)[C]，1997.

鄧曉玲.《七音略》和《四聲等子》的比較研究[D]. 華中科技大學，2008.

丁治民. 張麟之首刊《韻鏡》的成書年代考[J]. 中國語言學報，2018(18).

董紹克. 論《七音略》鐸藥兩韻塞音韻尾的音質特徵[J]. 古漢語研究，2003(2).

董同龢.《廣韻》重紐試釋. //中央研究院歷史語言研究所集刊[C](13)，1945.

董同龢. 等韻門法通釋[J]. 中央研究院歷史語言研究所集刊(14)，1949.

董同龢. 切韻指掌圖中幾個問題. 中央研究院歷史語言研究所集刊[C](17)，1948.

杜其容. 釋內外轉名義. //中央研究院歷史語言研究所集刊[C](40)，1968.

範進軍.《韻鏡》分圖之微瑕[J]. 包頭師專學報，1986(1).

馮桂容.《韻鏡》內外轉問題和成書年代綜述[J]. 蘭州教育學院學報，2013(8).

馮蒸. 論《切韻指掌圖》三四等對立中的重紐與准重紐[J]. 語言，2000(2).

付新軍，李曼. 從《韻鏡》的韻部排序看作者用意[J]. 江西科技師範學院學報，2008(6).

傅定淼. 梵文拼音原理傳入與反切起源關係新探[J]. 漢字文化，2001(1).

高明. 嘉吉元年本韻鏡跋. //高明小學論叢高明小學論叢[M]. 黎明文化事業股份有限公司，1978 年.

高明. 經史正音切韻指南之研究. //高明小學論叢[M]. 黎明文化事業股份有限公司，1978.

高明. 四聲等子之研究. //高明小學論叢高明小學論叢[M]. 黎明文化事業股份有限公司，1978.

高明. 鄭樵與通志七音略. //高明小學論叢高明小學論叢[M]. 黎明文化事業股份有限公司，1978.

葛毅卿.《韻鏡》音所代表的時間和區域[J]. 學術月刊，1957(8).

葛毅卿.《韻鏡》中的等呼[J]. 南京師院學報，1979(3).

侯俊. 論大島正健的《韻鏡》研究[D]. 延邊大學，2017(5).

許紹早.《切韻指掌圖》試析. //音韻學研究(第三輯)[C]. 中華書局，1994.

黃典誠. 試論《辯四聲輕清重濁法》與等韻的關係. //音韻學研究(第三輯)[C]. 中華書局，1994.

黃笑山.《切韻》和中唐-五代音位系統[D]. 廈門大學，1990.

黃耀堃. 宋本切韻指掌圖檢例與四聲等子. //黃耀堃語言學論文集[C]，鳳凰出版社，2004.

黃耀堃. 中古韻圖電腦化研究[J]. 古漢語研究，2000(3).

孔德明. 論等韻門法歸字列等的基本原則[J]. 語文研究，1985(2).

孔仲溫. 論《韻鏡》序例的"題下注""歸納助紐字"及其相關問題. //聲韻論叢(第一輯)[C]，1994.

賴江基. 《韻鏡》是宋人拼讀反切的工具書[J]. 暨南學報，1991(2).

黎新第. 《韻鏡》異常歸字所見時音辨析[J]. 語言研究，2005(4).

李紅. 《切韻指掌圖》入聲問題再探[J]. 漢字文化，2009(3).

李紅. 《切韻指掌圖》研究[D]. 吉林大學，2006.

李紅. 加權統計與數理模化在韻圖研究中的應用——以《切韻指掌圖》研究爲例[J]. 漢字文化，2019(21).

李無未. 《韻鏡考》：日本江戶後期《韻鏡》學構建[J]. 古汉语研究，2012(2).

李無未. 大矢透《韻鏡考》"要説"尋繹[J]. 古漢語研究，2008(3).

李無未. 日本學者的《韻鏡》研究[J]. 古漢語研究，2004(4).

李新魁. 《韻鏡》研究[J]. 語言研究，1981(1).

李新魁. 等韻門法研究. //語言研究論叢[C]. 天津人民出版社，1980.

李新魁. 論"等"的起源和發展. //李新魁自選集[M]. 河南教育出版社，1994.

李新魁. 論内外轉. //音韻學研究(第二輯)[C]. 中華書局，1986.

李新魁. 重紐研究[J]. 語言研究，1984(2).

李秀芹. 中古重紐類型分析[D]. 浙江大學，2006.

林秉娟，張平忠. 《韻鏡》一系韻圖唇音韻字開合在《四聲等子》一系韻圖中的演變[J]. 福建教育學院學報，2010(2).

劉華江. 《韻鏡》版本述略[J]. 皖西學院學報，2011(6).

劉華江. 《韻鏡》列字所據韻書初探[J]. 古漢語研究，2009(3).

劉華江. 《韻鏡》與相關韻書的比較研究[D]. 貴州大學，2007.

劉華江. 《韻鏡校本廣韻索引》求疵[J]. 古籍研究，2008(下).

劉華江. 從《韻鏡》與相關韻書韻目及其排序之比較看《韻鏡》列字所據之韻書[J]. 遵義師範學院學報，2009(1).

劉華江. 從《韻鏡》與相關韻書之比較看《韻鏡》列字所依據的韻書[J]. 皖西學院學報，2008(3).

劉華江. 從聲母系統看《韻鏡》的產生年代[J]. 綏化學院學報，2010(2).

劉華江. 日本元德三年抄本《韻鏡》研究[J]. 皖西學院學報，2010(1).

劉華江. 談《韻鏡》的層累與復原[J]. 阜陽師範學院學報, 2011(6).

劉明. 宋刊《切韻指掌圖》底本考辨[J]. 讀書叢札, 2010(2).

劉鬆寶. 從《韻鏡》到《四聲等子》等列的變遷與語音的演變[D]. 福建師範大學, 2004.

劉璇. 80年代以來碩、博論文對於等韻學的研究綜述[J]. 四川民族學院學報, 2010(3).

婁育, 趙小丹. 近代以來《經史正音切韻指南》研究綜覽. //漢語史研究集刊[C](12), 2009.

婁育.《經史正音切韻指南》考——以著錄、版本、音系研究爲中心[D]. 廈門大學, 2010.

婁育.《切韻指南》版本問題拾零[J]. 中國典籍與文化, 2013(4).

魯國堯.《盧宗邁切韻法》述評. //魯國堯自選集[M]. 河南教育出版社, 1994.

魯國堯. 關於《廣韻》和《韻鏡》——《宋本廣韻·永禄本韻鏡》合刊影印本弁語[J]. 古漢語研究, 2002(4).

羅常培. 釋内外轉. //中央研究院歷史語言研究所集刊[C](4-2), 1933.

羅常培. 釋清濁. //羅常培語言學論文集[M]. 商務印書館, 2004.

羅常培. 釋重輕. //中央研究院歷史語言研究所集刊[C](2-4), 1932.

羅常培. 通志·七音略研究. //中央研究院歷史語言研究所集刊[C](5-4), 1935.

呂斌. 淺談等韻圖產生的背景以及《切韻指南》的特點與優點[J]. 許昌師專學報, 1999(3).

麥耘. 隋代押韻材料的數理分析[J]. 語言研究, 1999(2).

聶鴻音. 黑水城出土等韻抄本《解釋歌義》和早期等韻門法[J]. 寧夏大學學報, 1997(4).

聶鴻音. 智公、忍公和等韻門法的創立[J]. 中國語文, 2005(2).

寧忌浮.《切韻指南》的唇音開合與入配陰陽——《切韻指南》研究之二[J]. 社會科學戰線, 1993(6).

寧忌浮.《切韻指南》的列字和空圈——《切韻指南》研究之一[J]. 吉林大學社會科學學報, 1995(4).

歐陽麗雯.《切韻》系韻書所見語音及對其認識的演變[D]. 武漢大學, 2016.

平山久雄.《韻鏡》二事. //紀念王力先生九十誕辰文集[C]. 山東教育出版社, 1992.

平山久雄. 重紐問題在日本. //平山久雄語言學論文集[C]. 商務印書館, 2005.

覃勤. 悉曇文字與反切起源[J]. 廣西師範學院學報, 2006(3).

史存直. 關於"等"和"門法". //漢語音韻學論文集[C]. 華東師範大學出版社, 1997.

宋亞雲，張蓉.《切韻》系韻書重紐研究綜述[J]. 古漢語研究，2001(2).

譚海生. 對《韻鏡》研究中的兩種成說的質疑[J]. 廣東第二師範學院學報，2012(6).

唐作藩.《四聲等子》研究. //漢語史學習與研究[M]. 商務印書館，2001.

唐作藩. 關於"等"的概念. //音韻學研究(第三輯)[M]. 中華書局，1994.

王邦雄. 鄭樵《通志·七音略》中的"胡僧"及其他[J]. 四川大學學報(哲學社會科學版)，2013(2).

王曦. 思進齋叢書《四聲等子》版本研究[J]. 湖南社會科學，2008(2).

王瑩瑩.《韻鏡》與《切韻指掌圖》語音比較研究[D]. 貴州大學，2006.

尉遲治平. 隋唐五代漢語詩文韻部史分期簡論[J]. 語言研究，2010(4).

溫春燕，李計珍. 試析《七音略》中的"輕中重"、"重中輕"兩圖[J]. 太原師範學院學報(社會科學版)，2004(3).

吳聖雄. 張麟之《韻鏡》所反映的宋代音韻現象. //聲韻論叢(第八輯)[C]，1999.

夏瑞華. 日譯漢字音與《切韻指掌圖》聲母對照[J]. 鎮江師專學報，1988(3).

夏瑞華. 日譯漢字音與《切韻指掌圖》韻母對照[J]. 鎮江師專學報，1989(3).

蕭振豪.《重編改正四聲全形等子》初探——兼論《四聲等子》與《指玄論》的關係[J]. 語言研究，2015(4).

謝伯良.《韻鏡》李校補遺[J]. 語言研究，1993(1).

謝雲飛.《切韻指掌圖》與《四聲等子》之成書年代考[J]. 學萃，1968(1).

閻玉山. 等韻"門法"中的"類隔"切語——兼論《切韻》音系中舌音的分合[J]. 東北師範大學學報，1984(3).

楊軍.《韻鏡》所標"開合"及相關問題再研究[J]. 古漢語研究，2005(2).

楊軍.《韻鏡校證》補正[J]. 貴州大學學報，1995(1).

楊軍.《韻鏡校證》續正[J]. 古漢語研究，2001(2).

楊軍. 北大本《韻鏡》的版本問題[J]. 貴州大學學報，2001(19-4).

姚榮鬆.《切韻指掌圖》研究[D]. 臺灣師範大學，1973.

殷煥先，張玉來. 重紐的歷史研究[J]. 古漢語研究，1991(4).

于建鬆. 早期韻圖研究[D]. 蘇州大學，2007.

俞光中. 說內外轉. //音韻學研究(第二輯)[C]. 中華書局，1986.

俞敏. 等韻溯源. //音韻學研究(第一輯)[C]. 中華書局，1984.

張平忠.《韻鏡》一系韻圖齒音開合在《等子》一系韻圖中的演變[J]. 福建教育學院學報，2005(4).

張平忠. 唇音字開合口的演變——從《韻鏡》一系韻圖到《韻法直圖》一系韻圖[J]. 莆

田學院學報，2012(3).

張平忠. 中古以來的開合口研究[D]. 福建師範大學，2008.

張世祿. 等韻學派系統的分析. //張世祿語言學論文集[C]. 學林出版社，1984.

趙克剛.《七音略校釋》緒論(續)[J]. 重慶師院學報，1988(4).

趙克剛.《七音略校釋》緒論[J]. 重慶師院學報，1988(3).

趙克剛. 四等重輕論. //音韻學研究(第三輯)[C]. 中華書局，1994.

鍾樹梁. 從《切韻指掌圖》到《切音指南》及所謂漢語韻母由"豐富"到"偏枯"和"時音"問題——中國聲韻學研究之三[J]. 成都大學學報，1983(2).

周法高.《廣韻》重紐的研究. //中央研究院歷史語言研究所集刊[C](13)，1945.

周法高.《韻鏡》中韻圖之結構. //"中央研究院"歷史語言研究所集刊[C](54-1)，1983.

周廣榮. 梵語《悉曇章》與等韻學的形成[J]. 古漢語研究，2001(4).

周世箴. 論《切韻指掌圖》中的入聲[J]. 語言研究，1986(2).

周祖謨. 宋人等韻圖中"轉"字的來源. //問學集[C]. 中華書局，1966.

竺家寧. 試論重紐的語音[J]. 中國語文，1995(4).

附　録

表附 1　《韻鏡》與《廣韻》相異字表

序號	韻字	紐	韻鏡韻	調	等	圖名
1	𫊻	疑	東	平	三 B	内轉第一開
2	雄	匣	東	平	三 B	内轉第一開
3	㰅	匣	董	上	一	内轉第一開
4	曨	來	董	上	一	内轉第一開
5	捧	並	送	去	一	内轉第一開
6	鳳	奉	送	去	三 B	内轉第一開
7	㟬	微	送	去	三 B	内轉第一開
8	𢯱	群	腫	上	三 B	内轉第二開合
9	踵	徹	用	去	三 B	内轉第二開合
10	倲	穿	燭	入	三 B	内轉第二開合
11	媚	明	燭	入	三 B	内轉第二開合
12	揰	知	江	平	二	外轉第三開合
13	胧	明	絳	去	二	外轉第三開合
14	斵	知	覺	入	二	外轉第三開合
15	殼	溪	覺	入	二	外轉第三開合
16	敧	溪	支	平	三 C	内轉第四開合
17	奇	群	支	平	三 C	内轉第四開合
18	疵	牀	支	平	三 C	内轉第四開合
19	柴	照	寘	去	三 C	内轉第四開合
20	郪	穿	寘	去	三 C	内轉第四開合

序號	韻字	紐	韻鏡韻	調	等	圖名
21	倚	影	寅	去	三 C	內轉第四開合
22	錘	定	支	平	三 C	內轉第五合
23	瀡	邪	紙	上	三 C	內轉第五合
24	耆	群	脂	平	三 C	內轉第六開
25	夷	曉	脂	平	三 D	內轉第六開
26	秜	娘	旨	上	三 C	內轉第六開
27	系	匣	至	去	三 C	內轉第六開
28	嶉	精	脂	平	三 C	內轉第七合
29	沐	照	旨	上	三 C	內轉第七合
30	璃	曉	旨	上	三 C	內轉第七合
31	菑	照	之	平	三 B	內轉第八開
32	剺	穿	止	上	三 B	內轉第八開
33	駛	審	志	去	三 B	內轉第八開
34	恣	精	志	去	三 B	內轉第八開
35	狶	曉	尾	上	三 A	內轉第九開
36	計	見	廢	去	三 A	內轉第九開
37	歸	溪	微	平	三 A	內轉第十合
38	賾	群	末	去	三 A	內轉第十合
39	緣	疑	廢	去	三 A	內轉第十合
40	菹	照	魚	平	三 B	內轉第十一開
41	褚	徹	語	上	三 B	內轉第十一開
42	鴽	照	語	上	三 B	內轉第十一開
43	叙	邪	語	上	三 B	內轉第十一開
44	覰	清	御	去	三 B	內轉第十一開
45	蕪	心	模	平	一	內轉第十二開合
46	廚	澄	虞	平	三 B	內轉第十二開合
47	窶	群	麌	上	三 B	內轉第十二開合

序號	韻字	紐	韻鏡韻	調	等	圖名
48	瘭	牀	麌	上	三 B	内轉第十二開合
49	做	精	暮	去	一	内轉第十二開合
50	厝	清	暮	去	一	内轉第十二開合
51	胅	徹	遇	去	三 B	内轉第十二開合
52	俖	幫	海	上	一	外轉第十三開
53	鍇	見	駭	上	二	外轉第十三開
54	獺	來	駭	上	二	外轉第十三開
55	灑	禪	薺	上	三 A	外轉第十三開
56	怖	滂	代	去	一	外轉第十三開
57	隑	群	代	去	一	外轉第十三開
58	瘥	穿	怪	去	二	外轉第十三開
59	憩	溪	祭	去	三 C	外轉第十三開
60	朅	曉	祭	去	三 C	外轉第十三開
61	媲	滂	霽	去	四	外轉第十三開
62	蕙	徹	夬	去	二	外轉第十三開
63	眭	曉	齊	平	四	外轉第十四合
64	鐓	定	賄	上	一	外轉第十四合
65	瞶	群	隊	去	一	外轉第十四合
66	衛	喻	祭	去	三 C	外轉第十四合
67	低	溪	佳	平	二	外轉第十五開
68	廌	澄	蟹	上	二	外轉第十五開
69	芀	溪	蟹	上	二	外轉第十五開
70	旆	並	泰	去	一	外轉第十五開
71	耇	穿	卦	去	二	外轉第十五開
72	曳	喻	祭	去	三 C	外轉第十五開
73	祾	清	泰	去	一	外轉第十六合
74	憓	喻	泰	去	一	外轉第十六合

序號	韻字	紐	韻鏡韻	調	等	圖名
75	獜	徹	眞	平	三 C	外轉第十七開
76	頜	群	很	上	一	外轉第十七開
77	穩	影	很	上	一	外轉第十七開
78	蠁	曉	軫	上	三 C	外轉第十七開
79	朕	曉	軫	上	三 C	外轉第十七開
80	抻	見	震	去	三 C	外轉第十七開
81	晉	精	震	去	三 C	外轉第十七開
82	茒	見	没	入	一	外轉第十七開
83	穭	溪	没	入	一	外轉第十七開
84	颮	喻	質	入	三 C	外轉第十七開
85	月	日	質	入	三 C	外轉第十七開
86	姪	定	質	入	三 C	外轉第十七開
87	昵	泥	質	入	三 C	外轉第十七開
88	臕	透	䰟	平	一	外轉第十八合
89	磌	澄	諄	平	三 C	外轉第十八合
90	媋	審	諄	平	三 C	外轉第十八合
91	趣	群	諄	平	三 D	外轉第十八合
92	惀	來	混	上	一	外轉第十八合
93	稇	溪	準	上	三 B	外轉第十八合
94	楯	邪	準	上	三 B	外轉第十八合
95	䐦	透	慁	去	一	外轉第十八合
96	順	禪	稕	去	三 C	外轉第十八合
97	閏	日	稕	去	三 C	外轉第十八合
98	昀	見	稕	去	三 D	外轉第十八合
99	儁	精	稕	去	三 C	外轉第十八合
100	卒	精	没	入	一	外轉第十八合
101	屈	群	術	入	三 C	外轉第十八合

序號	韻字	紐	韻鏡韻	調	等	圖名
102	欯	照	術	入	三C	外轉第十八合
103	趉	群	術	入	三D	外轉第十八合
104	近	群	隱	上	三A	外轉第十九開
105	群	群	文	平	三A	外轉第二十合
106	攈	見	吻	上	三A	外轉第二十合
107	颲	曉	物	入	三A	外轉第二十合
108	版	幫	產	上	二	外轉第二十一開
109	阪	滂	產	上	二	外轉第二十一開
110	阪	並	產	上	二	外轉第二十一開
111	簡	見	產	上	二	外轉第二十一開
112	言	疑	阮	上	三A	外轉第二十一開
113	褊	幫	獮	上	三D	外轉第二十一開
114	緣	邪	獮	上	三C	外轉第二十一開
115	盼	滂	襉	去	二	外轉第二十一開
116	袒	澄	襉	去	二	外轉第二十一開
117	襉	見	襉	去	二	外轉第二十一開
118	面	明	線	去	三D	外轉第二十一開
119	巘	疑	線	去	三D	外轉第二十一開
120	羨	邪	線	去	三C	外轉第二十一開
121	鍘	照	鎋	入	二	外轉第二十一開
122	稿	溪	月	入	三A	外轉第二十一開
123	瞥	滂	薛	入	三D	外轉第二十一開
124	蹩	並	薛	入	三D	外轉第二十一開
125	竊	清	薛	入	三C	外轉第二十一開
126	頑	疑	山	平	二	外轉第二十二合
127	佺	穿	山	平	二	外轉第二十二合
128	奻	影	山	平	二	外轉第二十二合

序號	韻字	紐	韻鏡韻	調	等	圖名
129	卷	見	阮	上	三A	外轉第二十二合
130	㨲	群	獼	上	三D	外轉第二十二合
131	顝	知	鎋	入	二	外轉第二十二合
132	爡	徹	月	入	三A	外轉第二十二合
133	麩	群	月	入	三A	外轉第二十二合
134	絕	從	薛	入	三C	外轉第二十二合
135	潺	牀	删	平	二	外轉第二十三開
136	姸	疑	仙	平	三C	外轉第二十三開
137	罕	曉	旱	上	一	外轉第二十三開
138	辯	並	銑	上	四	外轉第二十三開
139	沔	明	銑	上	四	外轉第二十三開
140	肝	見	翰	去	一	外轉第二十三開
141	羨	喻	線	去	三C	外轉第二十三開
142	綖	日	線	去	三C	外轉第二十三開
143	咥	知	黠	入	二	外轉第二十三開
144	蓬	澄	黠	入	二	外轉第二十三開
145	孽	疑	薛	入	三C	外轉第二十三開
146	鷩	幫	屑	入	四	外轉第二十三開
147	揳	溪	屑	入	四	外轉第二十三開
148	攢	從	桓	平	一	外轉第二十四合
149	豿	牀	删	平	二	外轉第二十四合
150	儇	曉	先	平	四	外轉第二十四合
151	輐	疑	緩	上	一	外轉第二十四合
152	鄼	從	緩	上	一	外轉第二十四合
153	澸	曉	緩	上	一	外轉第二十四合
154	夘	來	緩	上	一	外轉第二十四合
155	㠾	穿	濳	上	二	外轉第二十四合

序號	韻字	紐	韻鏡韻	調	等	圖名
156	膊	審	獮	上	三 C	外轉第二十四合
157	宛	影	獮	上	三 C	外轉第二十四合
158	旋	心	銑	上	四	外轉第二十四合
159	蜎	影	銑	上	四	外轉第二十四合
160	趯	群	諫	去	二	外轉第二十四合
161	掾	徹	線	去	三 C	外轉第二十四合
162	縣	匣	線	去	三 C	外轉第二十四合
163	潑	滂	末	入	一	外轉第二十四合
164	雪	心	末	入	一	外轉第二十四合
165	俻	曉	黠	入	二	外轉第二十四合
166	襃	滂	豪	平	一	外轉第二十五開
167	高	見	豪	平	一	外轉第二十五開
168	薫	滂	宵	平	三 C	外轉第二十五開
169	堯	疑	宵	平	三 C	外轉第二十五開
170	囂	曉	宵	平	三 C	外轉第二十五開
171	僚	來	宵	平	三 C	外轉第二十五開
172	曉	曉	蕭	平	四	外轉第二十五開
173	犐	滂	晧	上	一	外轉第二十五開
174	鬌	群	小	上	三 C	外轉第二十五開
175	篠	心	篠	上	四	外轉第二十五開
176	臑	泥	號	去	一	外轉第二十五開
177	耗	曉	號	去	一	外轉第二十五開
178	孝	曉	效	去	二	外轉第二十五開
179	驕	見	笑	去	三 C	外轉第二十五開
180	叫	見	嘯	去	四	外轉第二十五開
181	勦	精	小	上	四	外轉第二十六合
182	漅	從	小	上	四	外轉第二十六合

续表

序號	韻字	紐	韻鏡韻	調	等	圖名
183	𩑶	溪	笑	去	四	外轉第二十六合
184	趬	疑	笑	去	四	外轉第二十六合
185	左	精	哿	上	一	內轉第二十七合
186	除	端	戈	平	一	內轉第二十八合
187	陀	定	戈	平	一	內轉第二十八合
188	䯏	溪	戈	平	三 B	內轉第二十八合
189	麽	明	果	上	一	內轉第二十八合
190	儸	來	麻	平	三 B	內轉第二十九開
191	爹	端	麻	平	三 B	內轉第二十九開
192	蘿	來	馬	上	三 B	內轉第二十九開
193	担	從	馬	上	三 B	內轉第二十九開
194	偌	日	禡	去	三 B	內轉第二十九開
195	檕	徹	馬	上	二	外轉第三十合
196	葰	牀	馬	上	二	外轉第三十合
197	搲	影	馬	上	二	外轉第三十合
198	羌	溪	陽	平	三 B	內轉第三十一開
199	商	審	陽	平	三 B	內轉第三十一開
200	駠	疑	蕩	上	一	內轉第三十一開
201	稽	清	宕	去	一	內轉第三十一開
202	喪	心	宕	去	一	內轉第三十一開
203	剏	穿	漾	去	三 B	內轉第三十一開
204	唴	溪	漾	去	三 B	內轉第三十一開
205	強	群	漾	去	三 B	內轉第三十一開
206	轉	非	藥	入	三 B	內轉第三十一開
207	芍	知	藥	入	三 B	內轉第三十一開
208	誆	群	漾	去	三 B	內轉第三十二合
209	臒	影	鐸	入	一	內轉第三十二合

序號	韻字	紐	韻鏡韻	調	等	圖名
210	儜	娘	庚	平	三 B	外轉第三十三開
211	卿	溪	庚	平	三 B	外轉第三十三開
212	迎	疑	庚	平	四	外轉第三十三開
213	擰	娘	梗	上	三 B	外轉第三十三開
214	井	精	靜	上	四	外轉第三十三開
215	烹	滂	敬	去	三 B	外轉第三十三開
216	栟	幫	勁	去	四	外轉第三十三開
217	拆	徹	陌	入	三 B	外轉第三十三開
218	砦	來	陌	入	三 B	外轉第三十三開
219	戟	見	陌	入	三 B	外轉第三十三開
220	隙	溪	陌	入	三 B	外轉第三十三開
221	劇	群	陌	入	三 B	外轉第三十三開
222	剔	透	昔	入	四	外轉第三十三開
223	營	喻	庚	平	三 B	外轉第三十四合
224	卝	匣	梗	上	三 B	外轉第三十四合
225	憬	溪	梗	上	三 B	外轉第三十四合
226	敻	匣	勁	去	四	外轉第三十四合
227	鵙	見	昔	入	四	外轉第三十四合
228	躆	溪	昔	入	四	外轉第三十四合
229	菓	精	昔	入	四	外轉第三十四合
230	撐	徹	耕	平	二	外轉第三十五開
231	寧	泥	青	平	四	外轉第三十五開
232	輕	溪	青	平	四	外轉第三十五開
233	菁	精	青	平	四	外轉第三十五開
234	侹	透	迥	上	四	外轉第三十五開
235	跰	幫	徑	去	四	外轉第三十五開
236	策	穿	麥	入	二	外轉第三十五開

序號	韻字	紐	韻鏡韻	調	等	圖名
237	欂	並	昔	入	三A	外轉第三十五開
238	翩	來	昔	入	三A	外轉第三十五開
239	壁	幫	錫	入	四	外轉第三十五開
240	撒	匣	錫	入	四	外轉第三十五開
241	迥	匣	迥	上	四	外轉第三十六合
242	宏	影	靜	去	二	外轉第三十六合
243	詗	曉	徑	去	四	外轉第三十六合
244	礦	溪	麥	入	二	外轉第三十六合
245	蓮	群	麥	入	二	外轉第三十六合
246	礰	來	麥	入	二	外轉第三十六合
247	闠	溪	錫	入	四	外轉第三十六合
248	兜	端	侯	平	一	內轉第三十七開
249	鄹	從	侯	平	一	內轉第三十七開
250	搜	審	尤	平	三B	內轉第三十七開
251	飍	滂	幽	平	四	內轉第三十七開
252	滮	並	幽	平	四	內轉第三十七開
253	湊	審	有	上	三B	內轉第三十七開
254	壽	牀	有	上	三B	內轉第三十七開
255	咒	照	宥	去	三B	內轉第三十七開
256	忱	牀	侵	平	三C	內轉第三十八合
257	碪	透	侵	平	三C	內轉第三十八合
258	潯	喻	侵	平	三C	內轉第三十八合
259	願	牀	寢	上	三C	內轉第三十八合
260	稟	幫	寢	上	三C	內轉第三十八合
261	廩	來	寢	上	三C	內轉第三十八合
262	讖	穿	沁	去	三C	內轉第三十八合
263	戢	穿	緝	入	三C	內轉第三十八合

序號	韻字	紐	韻鏡韻	調	等	圖名
264	襵	牀	緝	入	三 C	内轉第三十八合
265	兼	見	鹽	平	三 C	外轉第三十九開
266	襜	穿	鹽	平	三 C	外轉第三十九開
267	妗	曉	鹽	平	三 C	外轉第三十九開
268	添	透	添	平	四	外轉第三十九開
269	鉗	群	添	平	四	外轉第三十九開
270	頷	疑	感	上	一	外轉第三十九開
271	壈	來	感	上	一	外轉第三十九開
272	顑	疑	豏	上	二	外轉第三十九開
273	陝	審	琰	上	三 C	外轉第三十九開
274	鷄	匣	琰	上	三 C	外轉第三十九開
275	歛	來	琰	上	三 C	外轉第三十九開
276	點	端	忝	上	四	外轉第三十九開
277	忝	透	忝	上	四	外轉第三十九開
278	苒	日	忝	上	四	外轉第三十九開
279	紺	見	勘	去	一	外轉第三十九開
280	蹔	從	勘	去	一	外轉第三十九開
281	闞	曉	陷	去	二	外轉第三十九開
282	陷	匣	陷	去	二	外轉第三十九開
283	𪗽	澄	洽	入	二	外轉第三十九開
284	貶	照	洽	入	二	外轉第三十九開
285	痎	溪	葉	入	三 C	外轉第三十九開
286	傑	曉	葉	入	三 C	外轉第三十九開
287	協	匣	帖	入	四	外轉第三十九開
288	妾	清	帖	入	四	外轉第三十九開
289	黯	影	談	平	一	外轉第四十合
290	欦	溪	嚴	平	三 A	外轉第四十合

序號	韻字	組	韻鏡韻	調	等	圖名
291	黔	群	嚴	平	三A	外轉第四十合
292	䇺	禪	嚴	平	三A	外轉第四十合
293	笣	精	鹽	平	三C	外轉第四十合
294	瞻	端	敢	上	一	外轉第四十合
295	擔	定	闞	去	一	外轉第四十合
296	懴	穿	鑑	去	二	外轉第四十合
297	贂	曉	釅	去	三A	外轉第四十合
298	獫	來	釅	去	三A	外轉第四十合
299	踏	定	盍	入	一	外轉第四十合
300	渫	澄	狎	入	二	外轉第四十合
301	迷	審	業	入	三A	外轉第四十合
302	挾	匣	葉	入	三D	外轉第四十合
303	訉	非	凡	平	三A	外轉第四十一合
304	瓊	微	凡	平	三A	外轉第四十一合
305	柑	見	范	上	三A	外轉第四十一合
306	顩	疑	范	上	三A	外轉第四十一合
307	菱	微	梵	去	三A	外轉第四十一合
308	揷	知	乏	入	三A	外轉第四十一合
309	鼟	透	登	平	一	內轉第四十二開
310	倗	並	等	上	一	內轉第四十二開
311	蹭	精	等	上	一	內轉第四十二開
312	倰	來	等	上	一	內轉第四十二開
313	殑	溪	拯	上	三A	內轉第四十二開
314	倗	並	嶝	去	一	內轉第四十二開
315	剩	禪	證	去	三B	內轉第四十二開
316	㣻	清	證	去	三B	內轉第四十二開
317	泓	影	登	平	一	內轉第四十三合

表附 2　《七音略》與《廣韻》相異字表

序號	韻字	紐	七音略韻	調	等	圖名
1	徟	澪	束	平	一	內轉第一重中重
2	楤	心	束	平	一	內轉第一重中重
3	雓	穿	束	平	三 B	內轉第一重中重
4	蟲	澄	束	平	三 B	內轉第一重中重
5	碕	影	束	平	三 B	內轉第一重中重
6	嗀	曉	束	平	三 B	內轉第一重中重
7	雄	匣	束	平	三 B	內轉第一重中重
8	桻	並	董	上	一	內轉第一重中重
9	渼	疑	董	上	一	內轉第一重中重
10	嵸	從	董	上	一	內轉第一重中重
11	槿	並	送	去	一	內轉第一重中重
12	幪	明	送	去	一	內轉第一重中重
13	蟲	徹	送	去	三 B	內轉第一重中重
14	縠	曉	屋	入	三 B	內轉第一重中重
15	簇	牀	屋	入	三 B	內轉第一重中重
16	趜	溪	屋	入	三 B	內轉第一重中重
17	孰	牀	屋	入	三 B	內轉第一重中重
18	峰	敷	鍾	平	三 B	內轉第二輕中輕
19	盅	溪	鍾	平	三 B	內轉第二輕中輕
20	蚣	群	鍾	平	三 B	內轉第二輕中輕
21	統	透	腫	上	三 B	內轉第二輕中輕
22	醲	泥	腫	上	三 B	內轉第二輕中輕
23	梁	群	腫	上	三 B	內轉第二輕中輕
24	尰	禪	腫	上	三 B	內轉第二輕中輕
25	樅	精	腫	上	三 B	內轉第二輕中輕
26	湩	端	宋	去	一	內轉第二輕中輕
27	癑	泥	宋	去	一	內轉第二輕中輕

序號	韻字	紐	七音略韻	調	等	圖名
28	隆	來	宋	去	一	內轉第二輕中輕
29	艟	微	用	去	三B	內轉第二輕中輕
30	湩	知	用	去	三B	內轉第二輕中輕
31	械	娘	用	去	三B	內轉第二輕中輕
32	種	穿	用	去	三B	內轉第二輕中輕
33	菁	澄	沃	入	一	內轉第二輕中輕
34	債	透	沃	入	一	內轉第二輕中輕
35	宋	從	沃	入	一	內轉第二輕中輕
36	嫌	穿	燭	入	三B	內轉第二輕中輕
37	㶿	牀	燭	入	三B	內轉第二輕中輕
38	數	審	燭	入	三B	內轉第二輕中輕
39	娟	明	燭	入	三B	內轉第二輕中輕
40	溽	娘	燭	入	三B	內轉第二輕中輕
41	胮	澄	江	平	二	外轉第三重中重
42	紺	幫	講	上	三A	外轉第三重中重
43	耩	澄	講	上	三A	外轉第三重中重
44	恾	明	講	上	三A	外轉第三重中重
45	矃	娘	絳	去	三A	外轉第三重中重
46	戀	曉	絳	去	三A	外轉第三重中重
47	麋	明	支	平	三C	內轉第四重中輕內重
48	羈	見	支	平	三C	內轉第四重中輕內重
49	敧	溪	支	平	三C	內轉第四重中輕內重
50	衹	群	支	平	三D	內轉第四重中輕內重
51	訑	曉	支	平	三D	內轉第四重中輕內重
52	椅	見	紙	上	三C	內轉第四重中輕內重
53	倚	影	紙	上	三C	內轉第四重中輕內重
54	比	幫	紙	上	三D	內轉第四重中輕內重

续表

序號	韻字	紐	七音略韻	調	等	圖名
55	魅	明	寘	去	三C	内轉第四重中輕内重
56	郅	穿	寘	去	三C	内轉第四重中輕内重
57	倚	影	寘	去	三C	内轉第四重中輕内重
58	崽	審	支	平	三C	内轉第五輕中輕
59	萎	幫	紙	上	三C	内轉第五輕中輕
60	痿	知	紙	上	三C	内轉第五輕中輕
61	獮	邪	紙	上	三C	内轉第五輕中輕
62	旎	溪	寘	去	三C	内轉第五輕中輕
63	毇	曉	寘	去	三C	内轉第五輕中輕
64	諉	見	寘	去	三D	内轉第五輕中輕
65	睨	溪	寘	去	三D	内轉第五輕中輕
66	示	疑	脂	平	三C	内轉第六重中重
67	只	審	脂	平	三C	内轉第六重中重
68	秫	照	旨	上	三C	内轉第六重中重
69	誔	澄	旨	上	三C	内轉第六重中重
70	繭	知	旨	上	三C	内轉第六重中重
71	歆	影	旨	上	三C	内轉第六重中重
72	唏	曉	旨	上	三C	内轉第六重中重
73	覆	來	旨	上	三C	内轉第六重中重
74	姊	精	旨	上	三C	内轉第六重中重
75	痹	幫	至	去	三D	内轉第六重中重
76	鱉	見	至	去	三D	内轉第六重中重
77	嗺	精	脂	平	三C	内轉第七輕中重内輕
78	嫢	從	脂	平	三C	内轉第七輕中重内輕
79	綏	心	脂	平	三C	内轉第七輕中重内輕
80	蕊	日	旨	上	三C	内轉第七輕中重内輕
81	癸	見	至	去	三C	内轉第七輕中重内輕

序號	韻字	紐	七音略韻	調	等	圖名
82	攈	群	至	去	三 C	内轉第七輕中重内輕
83	款	穿	至	去	三 C	内轉第七輕中重内輕
84	墜	定	至	去	三 C	内轉第七輕中重内輕
85	轛	端	○	入	一	内轉第七輕中重内輕
86	季	見	○	入	一	内轉第七輕中重内輕
87	悸	群	○	入	一	内轉第七輕中重内輕
88	茬	牀	之	平	三 B	内轉第八重中重内重
89	剺	穿	止	上	三 B	内轉第八重中重内重
90	佽	禪	止	上	三 B	内轉第八重中重内重
91	耻	徹	止	上	三 B	内轉第八重中重内重
92	你	娘	止	上	三 B	内轉第八重中重内重
93	枲	心	止	上	三 B	内轉第八重中重内重
94	厠	穿	志	去	三 B	内轉第八重中重内重
95	駛	審	志	去	三 B	内轉第八重中重内重
96	子	精	志	去	三 B	内轉第八重中重内重
97	稀	曉	未	去	三 B	内轉第九重中重内輕
98	旭	曉	尾	上	三 A	内轉第十輕中輕内輕
99	扉	奉	未	去	三 A	内轉第十輕中輕内輕
100	葅	照	魚	平	三 B	内轉第十一重中重
101	楀	影	語	上	三 B	内轉第十一重中重
102	跛	清	語	上	三 B	内轉第十一重中重
103	叙	邪	語	上	三 B	内轉第十一重中重
104	覰	清	御	去	三 B	内轉第十一重中重
105	屖	邪	御	去	三 B	内轉第十一重中重
106	厨	澄	虞	平	三 B	内轉第十二輕中輕
107	簬	清	姥	上	一	内轉第十二輕中輕
108	户	匣	姥	上	一	内轉第十二輕中輕

续表

序號	韻字	紐	七音略韻	調	等	圖名
109	塢	喻	姥	上	一	內轉第十二輕中輕
110	詡	影	麌	上	三 B	內轉第十二輕中輕
111	趨	照	遇	去	三 B	內轉第十二輕中輕
112	蕟	穿	遇	去	三 B	內轉第十二輕中輕
113	棟	審	遇	去	三 B	內轉第十二輕中輕
114	閏	徹	遇	去	三 B	內轉第十二輕中輕
115	墅	從	遇	去	三 B	內轉第十二輕中輕
116	峕	日	哈	平	一	內轉第十三重中重
117	碩	幫	皆	平	二	內轉第十三重中重
118	崼	滂	皆	平	二	內轉第十三重中重
119	移	邪	齊	平	四	內轉第十三重中重
120	諰	心	海	上	一	內轉第十三重中重
121	駭	曉	駭	上	二	內轉第十三重中重
122	襰	來	駭	上	二	內轉第十三重中重
123	坫	照	薺	上	三 A	內轉第十三重中重
124	徯	曉	薺	上	四	內轉第十三重中重
125	瘥	穿	怪	去	二	內轉第十三重中重
126	傪	牀	怪	去	二	內轉第十三重中重
127	劓	疑	祭	去	三 C	內轉第十三重中重
128	慧	曉	祭	去	三 C	內轉第十三重中重
129	媲	滂	霽	去	四	內轉第十三重中重
130	碎	穿	夬	去	二	內轉第十三重中重
131	虧	匣	夬	去	二	內轉第十三重中重
132	慄	泥	灰	平	一	外轉第十四輕中重
133	崋	見	皆	平	二	外轉第十四輕中重
134	鐓	定	賄	上	一	外轉第十四輕中重
135	頠	見	賄	上	一	外轉第十四輕中重

序號	韻字	紐	七音略韻	調	等	圖名
136	晬	從	隊	去	一	外轉第十四輕中重
137	隈	影	隊	去	一	外轉第十四輕中重
138	𪗪	穿	恠	去	二	外轉第十四輕中重
139	顡	疑	祭	去	三 C	外轉第十四輕中重
140	衛	喻	祭	去	三 C	外轉第十四輕中重
141	揆	溪	霽	去	四	外轉第十四輕中重
142	杈	徹	佳	平	二	外轉第十五重中輕
143	廌	澄	蟹	上	二	外轉第十五重中輕
144	妳	娘	蟹	上	二	外轉第十五重中輕
145	斾	並	泰	去	一	外轉第十五重中輕
146	眛	明	泰	去	一	外轉第十五重中輕
147	太	定	泰	去	一	外轉第十五重中輕
148	磕	溪	泰	去	一	外轉第十五重中輕
149	賴	來	泰	去	一	外轉第十五重中輕
150	媞	知	卦	去	二	外轉第十五重中輕
151	曳	喻	祭	去	三 C	外轉第十五重中輕
152	派	幫	卦	去	二	外轉第十六輕中輕
153	膪	知	卦	去	二	外轉第十六輕中輕
154	啐	審	卦	去	二	外轉第十六輕中輕
155	譮	影	卦	去	二	外轉第十六輕中輕
156	畫	匣	卦	去	二	外轉第十六輕中輕
157	歲	心	祭	去	三 C	外轉第十六輕中輕
158	痕	曉	痕	平	一	外轉第十七重中重
159	趁	群	眞	平	三 D	外轉第十七重中重
160	苓	來	眞	平	三 C	外轉第十七重中重
161	龀	穿	隱	上	二	外轉第十七重中重
162	駗	知	軫	上	三 C	外轉第十七重中重

序號	韻字	紐	七音略韻	調	等	圖名
163	膌	幫	軫	上	三 D	外轉第十七重中重
164	硴	滂	軫	上	三 D	外轉第十七重中重
165	引	影	軫	上	三 D	外轉第十七重中重
166	硍	溪	恨	去	一	外轉第十七重中重
167	阠	審	嫩	去	二	外轉第十七重中重
168	隱	影	震	去	三 C	外轉第十七重中重
169	硴	滂	震	去	三 D	外轉第十七重中重
170	遍	並	震	去	三 D	外轉第十七重中重
171	愍	明	震	去	三 D	外轉第十七重中重
172	刹	穿	櫛	入	二	外轉第十七重中重
173	秩	徹	質	入	三 C	外轉第十七重中重
174	眰	娘	質	入	三 C	外轉第十七重中重
175	颭	喻	質	入	三 C	外轉第十七重中重
176	昵	泥	質	入	三 C	外轉第十七重中重
177	昏	曉	魂	平	一	外轉第十八輕中輕
178	竣	照	諄	平	三 C	外轉第十八輕中輕
179	惷	穿	諄	平	三 C	外轉第十八輕中輕
180	唇	牀	諄	平	三 C	外轉第十八輕中輕
181	媋	審	諄	平	三 C	外轉第十八輕中輕
182	唇	從	諄	平	三 C	外轉第十八輕中輕
183	怨	來	混	上	一	外轉第十八輕中輕
184	蜳	澄	準	上	三 C	外轉第十八輕中輕
185	窘	見	準	上	三 C	外轉第十八輕中輕
186	稇	溪	準	上	三 C	外轉第十八輕中輕
187	準	照	準	上	三 C	外轉第十八輕中輕
188	蹲	清	準	上	三 C	外轉第十八輕中輕
189	惛	曉	恩	去	一	外轉第十八輕中輕

序號	韻字	紐	七音略韻	調	等	圖名
190	順	禪	稕	去	三 C	外轉第十八輕中輕
191	閏	日	稕	去	三 C	外轉第十八輕中輕
192	徇	影	稕	去	三 D	外轉第十八輕中輕
193	齣	穿	術	入	三 C	外轉第十八輕中輕
194	怵	知	術	入	三 C	外轉第十八輕中輕
195	述	澄	術	入	三 C	外轉第十八輕中輕
196	橘	日	術	入	三 C	外轉第十八輕中輕
197	崛	端	術	入	三 C	外轉第十八輕中輕
198	茁	透	術	入	三 C	外轉第十八輕中輕
199	近	群	隱	上	三 A	外轉第十九重中輕
200	攍	見	吻	上	三 A	外轉第二十輕中輕
201	間	見	山	平	二	外轉二十一重中輕
202	版	幫	產	上	二	外轉二十一重中輕
203	阪	滂	產	上	二	外轉二十一重中輕
204	簡	見	產	上	二	外轉二十一重中輕
205	冕	明	阮	上	三 A	外轉二十一重中輕
206	㫰	徹	阮	上	三 A	外轉二十一重中輕
207	犍	見	阮	上	三 A	外轉二十一重中輕
208	言	溪	阮	上	三 A	外轉二十一重中輕
209	言	疑	阮	上	三 A	外轉二十一重中輕
210	褊	幫	獮	上	三 D	外轉二十一重中輕
211	扁	滂	獮	上	三 D	外轉二十一重中輕
212	緣	邪	獮	上	三 C	外轉二十一重中輕
213	袒	澄	襇	去	二	外轉二十一重中輕
214	襇	見	襇	去	二	外轉二十一重中輕
215	幏	審	襇	去	二	外轉二十一重中輕
216	脣	溪	願	去	三 A	外轉二十一重中輕

序號	韻字	紐	七音略韻	調	等	圖名
217	健	群	願	去	三A	外轉二十一重中輕
218	羨	邪	綫	去	三C	外轉二十一重中輕
219	鍘	牀	鎋	入	二	外轉二十一重中輕
220	鷨	影	鎋	入	二	外轉二十一重中輕
221	婺	並	薛	入	三D	外轉二十一重中輕
222	蠽	精	薛	入	三C	外轉二十一重中輕
223	晵	清	薛	入	三C	外轉二十一重中輕
224	頑	疑	山	平	二	外轉二十二輕中輕
225	黰	影	山	平	二	外轉二十二輕中輕
226	樠	微	元	平	三A	外轉二十二輕中輕
227	變	見	阮	上	三A	外轉二十二輕中輕
228	琄	見	獮	上	三D	外轉二十二輕中輕
229	蓮	清	獮	上	三C	外轉二十二輕中輕
230	趨	邪	獮	上	三C	外轉二十二輕中輕
231	券	溪	願	去	三A	外轉二十二輕中輕
232	泉	從	綫	去	三C	外轉二十二輕中輕
233	絕	從	薛	入	三C	外轉二十二輕中輕
234	挻	徹	仙	平	三C	外轉二十三重中重
235	妍	疑	先	平	四	外轉二十三重中重
236	郚	疑	旱	上	一	外轉二十三重中重
237	瓚	從	旱	上	一	外轉二十三重中重
238	侒	影	旱	上	一	外轉二十三重中重
239	罕	曉	旱	上	一	外轉二十三重中重
240	爛	來	旱	上	一	外轉二十三重中重
241	被	娘	潸	上	二	外轉二十三重中重
242	個	匣	潸	上	二	外轉二十三重中重
243	戀	溪	獮	上	三C	外轉二十三重中重

序號	韻字	紐	七音略韻	調	等	圖名
244	枆	匣	獮	上	三 C	外轉二十三重中重
245	蹨	日	獮	上	三 C	外轉二十三重中重
246	丏	明	銑	上	四	外轉二十三重中重
247	現	匣	銑	上	四	外轉二十三重中重
248	贊	精	翰	去	一	外轉二十三重中重
249	繖	心	翰	去	一	外轉二十三重中重
250	婵	知	諫	去	二	外轉二十三重中重
251	楗	群	線	去	三 C	外轉二十三重中重
252	礎	穿	線	去	三 C	外轉二十三重中重
253	麪	明	霰	去	四	外轉二十三重中重
254	囐	精	曷	入	一	外轉二十三重中重
255	巀	從	曷	入	一	外轉二十三重中重
256	呾	徹	點	入	二	外轉二十三重中重
257	嚓	澄	點	入	二	外轉二十三重中重
258	孼	疑	薛	入	三 C	外轉二十三重中重
259	爇	日	薛	入	三 C	外轉二十三重中重
260	㩛	從	屑	入	四	外轉二十三重中重
261	㰒	曉	屑	入	四	外轉二十三重中重
262	渜	泥	桓	平	一	外轉二十四輕中重
263	寬	溪	桓	平	一	外轉二十四輕中重
264	鑽	精	桓	平	一	外轉二十四輕中重
265	朘	清	桓	平	一	外轉二十四輕中重
266	攢	從	桓	平	一	外轉二十四輕中重
267	盼	並	删	平	二	外轉二十四輕中重
268	袀	牀	删	平	二	外轉二十四輕中重
269	攌	審	删	平	二	外轉二十四輕中重
270	戀	明	仙	平	三 C	外轉二十四輕中重

序號	韻字	紐	七音略韻	調	等	圖名
271	鐉	徹	仙	平	三C	外轉二十四輕中重
272	版	幫	緩	上	一	外轉二十四輕中重
273	輐	疑	緩	上	一	外轉二十四輕中重
274	惷	清	緩	上	一	外轉二十四輕中重
275	鄼	從	緩	上	一	外轉二十四輕中重
276	夘	來	緩	上	一	外轉二十四輕中重
277	蟤	照	潸	上	二	外轉二十四輕中重
278	羼	審	潸	上	二	外轉二十四輕中重
279	睠	徹	獮	上	三C	外轉二十四輕中重
280	蜺	娘	獮	上	三C	外轉二十四輕中重
281	宛	影	獮	上	三C	外轉二十四輕中重
282	臑	日	獮	上	三C	外轉二十四輕中重
283	旋	心	銑	上	四	外轉二十四輕中重
284	蜎	影	銑	上	四	外轉二十四輕中重
285	叚	定	換	去	一	外轉二十四輕中重
286	鑹	溪	換	去	一	外轉二十四輕中重
287	竄	清	換	去	一	外轉二十四輕中重
288	攢	從	換	去	一	外轉二十四輕中重
289	袖	幫	諫	去	二	外轉二十四輕中重
290	襻	滂	諫	去	二	外轉二十四輕中重
291	攣	群	諫	去	二	外轉二十四輕中重
292	惓	照	諫	去	二	外轉二十四輕中重
293	饌	牀	諫	去	二	外轉二十四輕中重
294	豫	徹	線	去	三C	外轉二十四輕中重
295	捒	牀	線	去	三C	外轉二十四輕中重
296	練	審	線	去	三C	外轉二十四輕中重
297	綻	定	霰	去	四	外轉二十四輕中重

序號	韻字	組	七音略韻	調	等	圖名
298	趬	溪	霰	去	四	外轉二十四輕中重
299	捌	疑	末	入	一	外轉二十四輕中重
300	刷	心	末	入	一	外轉二十四輕中重
301	齳	牀	黠	入	二	外轉二十四輕中重
302	旻	曉	薛	入	三 C	外轉二十四輕中重
303	曩	滂	豪	平	一	外轉二十五重中重
304	熝	影	豪	平	一	外轉二十五重中重
305	啁	知	肴	平	二	外轉二十五重中重
306	桃	澄	肴	平	二	外轉二十五重中重
307	饒	娘	肴	平	二	外轉二十五重中重
308	熛	滂	宵	平	三 C	外轉二十五重中重
309	嚻	曉	宵	平	三 C	外轉二十五重中重
310	遼	來	宵	平	三 C	外轉二十五重中重
311	嬈	泥	蕭	平	四	外轉二十五重中重
312	么	影	蕭	平	四	外轉二十五重中重
313	臕	滂	皓	上	一	外轉二十五重中重
314	皓	匣	皓	上	一	外轉二十五重中重
315	抓	徹	巧	上	二	外轉二十五重中重
316	趬	溪	小	上	三 C	外轉二十五重中重
317	鱙	疑	小	上	三 C	外轉二十五重中重
318	磽	疑	篠	上	四	外轉二十五重中重
319	犡	滂	号	去	一	外轉二十五重中重
320	韜	透	号	去	一	外轉二十五重中重
321	道	定	号	去	一	外轉二十五重中重
322	臑	泥	号	去	一	外轉二十五重中重
323	耗	曉	号	去	一	外轉二十五重中重
324	撓	娘	效	去	二	外轉二十五重中重

序號	韻字	紐	七音略韻	調	等	圖名
325	教	見	效	去	二	外轉二十五重中重
326	膘	並	笑	去	三 C	外轉二十五重中重
327	驕	見	笑	去	三 C	外轉二十五重中重
328	覷	穿	笑	去	三 C	外轉二十五重中重
329	博	幫	鐸	入	一	外轉二十五重中重
330	沰	端	鐸	入	一	外轉二十五重中重
331	斮	牀	藥	入	三 B	外轉二十五重中重
332	轉	幫	藥	入	三 B	外轉二十五重中重
333	蜱	明	宵	平	三 D	外轉二十六重中重
334	翹	疑	宵	平	三 D	外轉二十六重中重
335	摽	幫	小	上	三 D	外轉二十六重中重
336	猺	疑	小	上	三 D	外轉二十六重中重
337	勦	精	小	上	三 C	外轉二十六重中重
338	瑳	精	歌	平	一	內轉二十七重中重
339	柂	透	哿	上	一	內轉二十七重中重
340	何	溪	哿	上	一	內轉二十七重中重
341	鬌	從	哿	上	一	內轉二十七重中重
342	柂	透	箇	去	一	內轉二十七重中重
343	陊	端	戈	平	一	內轉二十八輕中輕
344	捼	泥	戈	平	一	內轉二十八輕中輕
345	吙	曉	戈	平	一	內轉二十八輕中輕
346	麼	明	果	上	一	內轉二十八輕中輕
347	姀	泥	果	上	一	內轉二十八輕中輕
348	垝	疑	果	上	一	內轉二十八輕中輕
349	鏁	心	果	上	一	內轉二十八輕中輕
350	腂	影	果	上	一	內轉二十八輕中輕
351	愞	泥	過	去	一	內轉二十八輕中輕

序號	韻字	紐	七音略韻	調	等	圖名
352	臁	心	過	去	一	内轉二十八輕中輕
353	儸	來	麻	平	三 B	外轉二十九重中重
354	硨	清	麻	平	三 B	外轉二十九重中重
355	査	從	麻	平	三 B	外轉二十九重中重
356	踷	澄	馬	上	三 B	外轉二十九重中重
357	笯	穿	馬	上	三 B	外轉二十九重中重
358	蘒	來	馬	上	三 B	外轉二十九重中重
359	担	從	馬	上	三 B	外轉二十九重中重
360	把	並	禡	去	二	外轉二十九重中重
361	扠	穿	禡	去	二	外轉二十九重中重
362	睉	照	麻	平	二	外轉三十輕中輕
363	稱	徹	馬	上	二	外轉三十輕中輕
364	掹	影	馬	上	二	外轉三十輕中輕
365	攕	審	咸	平	二	外轉三十一重中重
366	宿	影	咸	平	二	外轉三十一重中重
367	傔	溪	鹽	平	三 C	外轉三十一重中重
368	嫌	匣	鹽	平	三 C	外轉三十一重中重
369	喊	曉	感	上	一	外轉三十一重中重
370	凛	來	感	上	一	外轉三十一重中重
371	顑	疑	豏	上	二	外轉三十一重中重
372	釅	穿	豏	上	二	外轉三十一重中重
373	嶃	牀	豏	上	二	外轉三十一重中重
374	麦	明	琰	上	三 C	外轉三十一重中重
375	謟	徹	琰	上	三 C	外轉三十一重中重
376	陝	審	琰	上	三 C	外轉三十一重中重
377	歛	來	琰	上	三 C	外轉三十一重中重
378	點	端	忝	上	四	外轉三十一重中重

序號	韻字	紐	七音略韻	調	等	圖名
379	顑	疑	忝	上	四	外轉三十一重中重
380	賺	澄	陷	去	二	外轉三十一重中重
381	餡	匣	陷	去	二	外轉三十一重中重
382	榼	溪	合	入	一	外轉三十一重中重
383	䫞	疑	合	入	一	外轉三十一重中重
384	䪡	精	合	入	一	外轉三十一重中重
385	鎉	徹	洽	入	二	外轉三十一重中重
386	䶩	娘	洽	入	二	外轉三十一重中重
387	瘂	疑	洽	入	二	外轉三十一重中重
388	貶	照	洽	入	二	外轉三十一重中重
389	歃	審	洽	入	二	外轉三十一重中重
390	燮	心	帖	入	四	外轉三十一重中重
391	協	匣	帖	入	四	外轉三十一重中重
392	蚺	透	談	平	一	外轉三十二重中輕
393	鬵	精	鹽	平	三 C	外轉三十二重中輕
394	蹔	從	敢	上	一	外轉三十二重中輕
395	嶃	牀	檻	上	二	外轉三十二重中輕
396	黭	影	檻	上	二	外轉三十二重中輕
397	槧	清	琰	上	三 D	外轉三十二重中輕
398	憸	心	琰	上	三 C	外轉三十二重中輕
399	黶	影	琰	上	三 C	外轉三十二重中輕
400	懺	穿	鑑	去	二	外轉三十二重中輕
401	㗇	疑	盍	入	一	外轉三十二重中輕
402	䶐	曉	盍	入	一	外轉三十二重中輕
403	囃	穿	狎	入	二	外轉三十二重中輕
404	渫	牀	狎	入	二	外轉三十二重中輕
405	讘	照	業	入	三 C	外轉三十二重中輕

续表

序號	韻字	紐	七音略韻	調	等	圖名
406	膠	非	范	上	三 A	外轉三十三輕中輕
407	僴	徹	范	上	三 A	外轉三十三輕中輕
408	扣	見	范	上	三 A	外轉三十三輕中輕
409	뇌	溪	范	上	三 A	外轉三十三輕中輕
410	菱	微	梵	去	三 A	外轉三十三輕中輕
411	蚢	曉	唐	平	一	内轉三十四重中重
412	彇	娘	養	上	三 B	内轉三十四重中重
413	硄	溪	養	上	三 B	内轉三十四重中重
414	強	群	養	上	三 B	内轉三十四重中重
415	瞮	滂	宕	去	一	内轉三十四重中重
416	槍	清	宕	去	一	内轉三十四重中重
417	刱	穿	漾	去	三 B	内轉三十四重中重
418	澛	審	漾	去	三 B	内轉三十四重中重
419	悵	知	漾	去	三 B	内轉三十四重中重
420	帳	徹	漾	去	三 B	内轉三十四重中重
421	疆	見	漾	去	三 B	内轉三十四重中重
422	慱	幫	鐸	入	一	内轉三十四重中重
423	沰	端	鐸	入	一	内轉三十四重中重
424	戠	牀	藥	入	三 B	内轉三十四重中重
425	轉	幫	藥	入	三 B	内轉三十四重中重
426	着	澄	藥	入	三 B	内轉三十四重中重
427	杓	牀	藥	入	三 B	内轉三十四重中重
428	流	曉	唐	平	一	内轉三十五輕中輕
429	恇	見	陽	平	三 B	内轉三十五輕中輕
430	妴	曉	陽	平	三 B	内轉三十五輕中輕
431	臦	見	養	上	三 B	内轉三十五輕中輕
432	恇	溪	養	上	三 B	内轉三十五輕中輕

续表

序號	韻字	紐	七音略韻	調	等	圖名
433	眶	溪	漾	去	三 B	内轉三十五輕中輕
434	喋	精	漾	去	三 B	内轉三十五輕中輕
435	榜	滂	庚	平	二	外轉三十六重中輕
436	鬣	娘	庚	平	二	外轉三十六重中輕
437	卿	溪	庚	平	三 B	外轉三十六重中輕
438	娉	滂	清	平	三 B	外轉三十六重中輕
439	泠	來	清	平	三 B	外轉三十六重中輕
440	鮪	並	梗	上	二	外轉三十六重中輕
441	打	知	梗	上	二	外轉三十六重中輕
442	盯	徹	梗	上	二	外轉三十六重中輕
443	沆	溪	梗	上	二	外轉三十六重中輕
444	泠	來	梗	上	三 B	外轉三十六重中輕
445	令	來	梗	上	三 B	外轉三十六重中輕
446	徎	透	靜	上	三 B	外轉三十六重中輕
447	瘿	疑	靜	上	三 B	外轉三十六重中輕
448	井	精	靜	上	三 B	外轉三十六重中輕
449	鋹	澄	敬	去	二	外轉三十六重中輕
450	土	審	敬	去	二	外轉三十六重中輕
451	淨	從	勁	去	三 B	外轉三十六重中輕
452	纓	影	勁	去	三 B	外轉三十六重中輕
453	柏	滂	陌	入	二	外轉三十六重中輕
454	坼	徹	陌	入	二	外轉三十六重中輕
455	睪	日	陌	入	二	外轉三十六重中輕
456	戟	見	陌	入	三 B	外轉三十六重中輕
457	䅲	溪	庚	平	二	内轉三十七輕中輕
458	湟	曉	庚	平	二	内轉三十七輕中輕
459	眴	曉	清	平	三 B	内轉三十七輕中輕

序號	韻字	紐	七音略韻	調	等	圖名
460	廿	匣	梗	上	三B	内轉三十七輕中輕
461	嘛	喻	陌	入	二	内轉三十七輕中輕
462	鵙	見	昔	入	三B	内轉三十七輕中輕
463	躩	溪	昔	入	三B	内轉三十七輕中輕
464	獰	娘	耕	平	二	外轉三十八重中重
465	磷	來	耕	平	二	外轉三十八重中重
466	冥	明	青	平	四	外轉三十八重中重
467	菁	精	青	平	四	外轉三十八重中重
468	暒	影	青	平	四	外轉三十八重中重
469	鯁	幫	耿	上	二	外轉三十八重中重
470	倂	並	耿	上	二	外轉三十八重中重
471	嶬	影	耿	上	二	外轉三十八重中重
472	鯹	曉	耿	上	二	外轉三十八重中重
473	睖	知	靜	上	三B	外轉三十八重中重
474	裎	澄	靜	上	三B	外轉三十八重中重
475	剄	溪	迥	上	四	外轉三十八重中重
476	謦	群	迥	上	四	外轉三十八重中重
477	苓	來	迥	上	四	外轉三十八重中重
478	耕	滂	諍	去	一	外轉三十八重中重
479	瞞	明	諍	去	二	外轉三十八重中重
480	碾	澄	諍	去	二	外轉三十八重中重
481	褮	匣	諍	去	二	外轉三十八重中重
482	鑋	娘	勁	去	三B	外轉三十八重中重
483	跰	幫	徑	去	四	外轉三十八重中重
484	燹	滂	徑	去	四	外轉三十八重中重
485	屏	並	徑	去	四	外轉三十八重中重
486	叮	端	徑	去	四	外轉三十八重中重

序號	韻字	紐	七音略韻	調	等	圖名
487	蘗	幫	麥	入	二	外轉三十八重中重
488	擗	並	麥	入	二	外轉三十八重中重
489	蹢	彻	麥	入	二	外轉三十八重中重
490	擿	澄	麥	入	二	外轉三十八重中重
491	鈊	滂	昔	入	三 B	外轉三十八重中重
492	檘	並	昔	入	三 B	外轉三十八重中重
493	刷	來	昔	入	三 B	外轉三十八重中重
494	壁	幫	錫	入	四	外轉三十八重中重
495	覓	明	錫	入	四	外轉三十八重中重
496	擲	定	錫	入	四	外轉三十八重中重
497	扃	見	青	平	四	外轉三十九輕中輕
498	蝈	溪	麥	入	二	外轉三十九輕中輕
499	臬	見	錫	入	四	外轉三十九輕中輕
500	闃	溪	錫	入	四	外轉三十九輕中輕
501	兜	端	侯	平	一	内轉四十重中重
502	鈎	見	侯	平	一	内轉四十重中重
503	婁	來	侯	平	一	内轉四十重中重
504	酋	從	幽	平	三 B	内轉四十重中重
505	妵	透	厚	上	一	内轉四十重中重
506	鮠	從	厚	上	一	内轉四十重中重
507	巓	心	候	去	一	内轉四十重中重
508	漏	日	候	去	一	内轉四十重中重
509	僦	照	宥	去	三 B	内轉四十重中重
510	苺	微	宥	去	三 B	内轉四十重中重
511	幼	影	幼	去	三 B	内轉四十重中重
512	訲	娘	侵	平	三 C	内轉四十一重中重
513	灊	從	侵	平	三 C	内轉四十一重中重

序號	韻字	紐	七音略韻	調	等	圖名
514	顑	牀	寢	上	三 C	內轉四十一重中重
515	稟	幫	寢	上	三 C	內轉四十一重中重
516	桩	娘	寢	上	三 C	內轉四十一重中重
517	歆	曉	寢	上	三 C	內轉四十一重中重
518	凛	來	寢	上	三 C	內轉四十一重中重
519	禀	幫	沁	去	三 C	內轉四十一重中重
520	躬	明	緝	入	三 C	內轉四十一重中重
521	斟	穿	緝	入	三 C	內轉四十一重中重
522	靸	心	緝	入	三 C	內轉四十一重中重
523	桓	見	登	平	一	內轉四十二重中重
524	彭	清	登	平	一	內轉四十二重中重
525	恒	曉	登	平	一	內轉四十二重中重
526	儚	明	蒸	平	三 B	內轉四十二重中重
527	騬	精	蒸	平	三 B	內轉四十二重中重
528	彡	清	蒸	平	三 B	內轉四十二重中重
529	綾	心	蒸	平	三 B	內轉四十二重中重
530	倗	並	嶝	去	一	內轉四十二重中重
531	倰	來	嶝	去	一	內轉四十二重中重
532	日	日	職	入	三 B	內轉四十二重中重
533	觓	溪	登	平	一	內轉四十三輕中輕

<h3 style="text-align:center">表附 3　《四聲等子》與《廣韻》相異字表</h3>

序號	韻字	紐	等子韻	調	等	圖名
1	順	群	東	平	一	通攝內一重少輕多韻
2	嵬	疑	東	平	一	通攝內一重少輕多韻
3	徟	滂	東	平	一	通攝內一重少輕多韻
4	蓊	見	董	上	一	通攝內一重少輕多韻

序號	韻字	紐	等子韻	調	等	圖名
5	渦	疑	董	上	一	通攝内一重少輕多韻
6	總	精	董	上	一	通攝内一重少輕多韻
7	嵸	從	董	上	一	通攝内一重少輕多韻
8	敊	心	董	上	一	通攝内一重少輕多韻
9	蓬	並	送	去	一	通攝内一重少輕多韻
10	矇	明	送	去	一	通攝内一重少輕多韻
11	禄	來	屋	入	一	通攝内一重少輕多韻
12	嚳	牀	屋	入	二	通攝内一重少輕多韻
13	封	敷	鍾	平	三 B	通攝内一重少輕多韻
14	胷	曉	鍾	平	三 B	通攝内一重少輕多韻
15	雄	匣	鍾	平	三 B	通攝内一重少輕多韻
16	揰	穿	用	去	三 B	通攝内一重少輕多韻
17	傉	娘	燭	入	三 B	通攝内一重少輕多韻
18	錄	來	燭	入	三 B	通攝内一重少輕多韻
19	高	見	豪	平	一	效攝外五全重無輕韻
20	囊	溄	豪	平	一	效攝外五全重無輕韻
21	爊	影	豪	平	一	效攝外五全重無輕韻
22	皫	溄	皓	上	一	效攝外五全重無輕韻
23	皓	匣	皓	上	一	效攝外五全重無輕韻
24	檔	群	號	去	一	效攝外五全重無輕韻
25	套	透	號	去	一	效攝外五全重無輕韻
26	懪	溄	號	去	一	效攝外五全重無輕韻
27	耗	曉	號	去	一	效攝外五全重無輕韻
28	奧	影	號	去	一	效攝外五全重無輕韻
29	沰	端	鐸	入	一	效攝外五全重無輕韻
30	敲	溪	肴	平	二	效攝外五全重無輕韻

序號	韻字	組	等子韻	調	等	圖名
31	猫	明	肴	平	二	效攝外五全重無輕韻
32	瞓	照	肴	平	二	效攝外五全重無輕韻
33	猇	喻	肴	平	二	效攝外五全重無輕韻
34	咬	疑	巧	上	二	效攝外五全重無輕韻
35	嚆	曉	巧	上	二	效攝外五全重無輕韻
36	教	見	效	去	二	效攝外五全重無輕韻
37	敲	溪	效	去	二	效攝外五全重無輕韻
38	砲	滂	效	去	二	效攝外五全重無輕韻
39	殼	溪	覺	入	二	效攝外五全重無輕韻
40	剝	幫	覺	入	二	效攝外五全重無輕韻
41	斮	牀	覺	入	二	效攝外五全重無輕韻
42	瀌	並	宵	平	三 C	效攝外五全重無輕韻
43	囂	曉	宵	平	三 C	效攝外五全重無輕韻
44	槁	溪	小	上	三 C	效攝外五全重無輕韻
45	驕	群	小	上	三 C	效攝外五全重無輕韻
46	驕	見	笑	去	三 C	效攝外五全重無輕韻
47	覞	穿	笑	去	三 C	效攝外五全重無輕韻
48	鱎	曉	笑	去	三 C	效攝外五全重無輕韻
49	嫽	來	笑	去	三 C	效攝外五全重無輕韻
50	噱	群	藥	入	三 C	效攝外五全重無輕韻
51	彫	端	宵	平	四	效攝外五全重無輕韻
52	嬈	泥	宵	平	四	效攝外五全重無輕韻
53	鍬	清	宵	平	四	效攝外五全重無輕韻
54	遙	喻	宵	平	四	效攝外五全重無輕韻
55	趫	群	小	上	四	效攝外五全重無輕韻
56	磽	疑	小	上	四	效攝外五全重無輕韻

续表

序號	韻字	紐	等子韻	調	等	圖名
57	勦	精	小	上	四	效攝外五全重無輕韻
58	澡	從	小	上	四	效攝外五全重無輕韻
59	篠	心	小	上	四	效攝外五全重無輕韻
60	標	幫	笑	去	四	效攝外五全重無輕韻
61	顟	曉	笑	去	四	效攝外五全重無輕韻
62	顠	匣	笑	去	四	效攝外五全重無輕韻
63	莽	明	蕩	上	一	宕攝內五陽唐重多輕少韻江
64	忼	影	蕩	上	一	宕攝內五陽唐重多輕少韻江
65	讜	端	宕	去	一	宕攝內五陽唐重多輕少韻江
66	漭	明	宕	去	一	宕攝內五陽唐重多輕少韻江
67	蹌	清	宕	去	一	宕攝內五陽唐重多輕少韻江
68	巏	疑	江	平	二	宕攝內五陽唐重多輕少韻江
69	邦	幫	江	平	二	宕攝內五陽唐重多輕少韻江
70	龐	並	江	平	二	宕攝內五陽唐重多輕少韻江
71	控	溪	講	上	二	宕攝內五陽唐重多輕少韻江
72	綁	幫	講	上	二	宕攝內五陽唐重多輕少韻江
73	撞	澄	講	上	二	宕攝內五陽唐重多輕少韻江
74	蚌	並	絳	去	二	宕攝內五陽唐重多輕少韻江
75	悵	明	絳	去	二	宕攝內五陽唐重多輕少韻江
76	孀	審	絳	去	二	宕攝內五陽唐重多輕少韻江
77	巷	曉	絳	去	二	宕攝內五陽唐重多輕少韻江
78	殼	溪	覺	入	二	宕攝內五陽唐重多輕少韻江
79	剝	幫	覺	入	二	宕攝內五陽唐重多輕少韻江
80	斮	牀	覺	入	二	宕攝內五陽唐重多輕少韻江
81	強	群	陽	平	三B	宕攝內五陽唐重多輕少韻江
82	卬	疑	陽	平	三B	宕攝內五陽唐重多輕少韻江

序號	韻字	組	等子韻	調	等	圖名
83	萇	徹	陽	平	三 B	宕攝內五陽唐重多輕少韻江
84	磢	溪	養	上	三 B	宕攝內五陽唐重多輕少韻江
85	殭	見	樣	去	三 B	宕攝內五陽唐重多輕少韻江
86	強	群	樣	去	三 B	宕攝內五陽唐重多輕少韻江
87	轉	非	藥	入	三 B	宕攝內五陽唐重多輕少韻江
88	饟	泥	養	上	四	宕攝內五陽唐重多輕少韻江
89	蔣	從	養	上	四	宕攝內五陽唐重多輕少韻江
90	樣	喻	樣	去	四	宕攝內五陽唐重多輕少韻江
91	钁	匣	鐸	入	一	宕攝內五
92	艧	影	鐸	入	一	宕攝內五
93	椿	知	江	平	二	宕攝內五
94	攮	娘	講	上	二	宕攝內五
95	㦘	穿	講	上	二	宕攝內五
96	聳	審	講	上	二	宕攝內五
97	䰀	娘	絳	去	二	宕攝內五
98	狂	見	陽	平	三 B	宕攝內五
99	恇	溪	養	上	三 B	宕攝內五
100	眶	溪	漾	去	三 B	宕攝內五
101	粗	清	模	平	一	遇攝內三重少輕多韻
102	伃	喻	模	平	一	遇攝內三重少輕多韻
103	污	影	暮	去	一	遇攝內三重少輕多韻
104	疏	審	御	去	二	遇攝內三重少輕多韻
105	憷	穿	御	去	二	遇攝內三重少輕多韻
106	族	牀	屋	入	二	遇攝內三重少輕多韻
107	驉	娘	虞	平	三 B	遇攝內三重少輕多韻
108	柱	知	噴	上	三 B	遇攝內三重少輕多韻

序號	韻字	紐	等子韻	調	等	圖名
109	拄	澄	噳	上	三B	遇攝內三重少輕多韻
110	錄	來	燭	入	三B	遇攝內三重少輕多韻
111	褥	娘	燭	入	三B	遇攝內三重少輕多韻
112	緒	邪	遇	去	四	遇攝內三重少輕多韻
113	捊	滂	侯	平	一	流攝內六全重無輕韻
114	樓	來	侯	平	一	流攝內六全重無輕韻
115	鯫	從	厚	上	一	流攝內六全重無輕韻
116	蔻	曉	候	去	一	流攝內六全重無輕韻
117	候	匣	候	去	一	流攝內六全重無輕韻
118	祿	來	屋	入	一	流攝內六全重無輕韻
119	鏃	精	屋	入	一	流攝內六全重無輕韻
120	酢	牀	铎	入	二	流攝內六全重無輕韻
121	惆	娘	尤	平	三B	流攝內六全重無輕韻
122	齵	疑	有	上	三B	流攝內六全重無輕韻
123	舟	知	有	上	三B	流攝內六全重無輕韻
124	秚	敷	有	上	三B	流攝內六全重無輕韻
125	狷	微	宥	去	三B	流攝內六全重無輕韻
126	憂	影	宥	去	三B	流攝內六全重無輕韻
127	區	溪	尤	平	三B	流攝內六全重無輕韻
128	彪	端	尤	平	三B	流攝內六全重無輕韻
129	齨	溪	有	上	四	流攝內六全重無輕韻
130	軜	見	宥	去	四	流攝內六全重無輕韻
131	蚯	群	宥	去	四	流攝內六全重無輕韻
132	趨	清	宥	去	四	流攝內六全重無輕韻
133	螜	曉	宥	去	四	流攝內六全重無輕韻
134	摵	從	屋	入	四	流攝內六全重無輕韻

续表

序號	韻字	紐	等子韻	調	等	圖名
135	脗	並	咍	平	一	蟹攝外二輕重俱等開口呼
136	頤	喻	咍	平	一	蟹攝外二輕重俱等開口呼
137	騃	疑	海	上	一	蟹攝外二輕重俱等開口呼
138	倍	幫	海	上	一	蟹攝外二輕重俱等開口呼
139	諰	心	海	上	一	蟹攝外二輕重俱等開口呼
140	葢	見	泰	去	一	蟹攝外二輕重俱等開口呼
141	旆	並	泰	去	一	蟹攝外二輕重俱等開口呼
142	昧	明	泰	去	一	蟹攝外二輕重俱等開口呼
143	薛	疑	曷	入	一	蟹攝外二輕重俱等開口呼
144	擦	清	曷	入	一	蟹攝外二輕重俱等開口呼
145	踋	幫	皆	平	二	蟹攝外二輕重俱等開口呼
146	釞	知	駭	上	二	蟹攝外二輕重俱等開口呼
147	妳	娘	駭	上	二	蟹攝外二輕重俱等開口呼
148	帗	滂	駭	上	二	蟹攝外二輕重俱等開口呼
149	抧	照	駭	上	二	蟹攝外二輕重俱等開口呼
150	豺	穿	駭	上	二	蟹攝外二輕重俱等開口呼
151	㰈	來	駭	上	二	蟹攝外二輕重俱等開口呼
152	齸	群	怪	去	二	蟹攝外二輕重俱等開口呼
153	媞	知	怪	去	二	蟹攝外二輕重俱等開口呼
154	褧	娘	怪	去	二	蟹攝外二輕重俱等開口呼
155	粺	並	怪	去	二	蟹攝外二輕重俱等開口呼
156	嚁	知	黠	入	二	蟹攝外二輕重俱等開口呼
157	嗟	澄	黠	入	二	蟹攝外二輕重俱等開口呼
158	鏩	牀	黠	入	二	蟹攝外二輕重俱等開口呼
159	腝	日	齊	平	三 C	蟹攝外二輕重俱等開口呼
160	劓	疑	祭	去	三 C	蟹攝外二輕重俱等開口呼

序號	韻字	紐	等子韻	調	等	圖名
161	世	審	祭	去	三 C	蟹攝外二輕重俱等開口呼
162	栵	來	祭	去	三 C	蟹攝外二輕重俱等開口呼
163	蘖	疑	薛	入	三 C	蟹攝外二輕重俱等開口呼
164	熱	日	薛	入	三 C	蟹攝外二輕重俱等開口呼
165	䖖	疑	齊	平	四	蟹攝外二輕重俱等開口呼
166	䐔	滂	齊	平	四	蟹攝外二輕重俱等開口呼
167	鎞	並	齊	平	四	蟹攝外二輕重俱等開口呼
168	梨	來	齊	平	四	蟹攝外二輕重俱等開口呼
169	鵖	見	薺	上	四	蟹攝外二輕重俱等開口呼
170	啟	溪	薺	上	四	蟹攝外二輕重俱等開口呼
171	苐	定	霽	去	四	蟹攝外二輕重俱等開口呼
172	嫕	滂	霽	去	四	蟹攝外二輕重俱等開口呼
173	涅	泥	屑	入	四	蟹攝外二輕重俱等開口呼
174	撇	幫	屑	入	四	蟹攝外二輕重俱等開口呼
175	截	從	屑	入	四	蟹攝外二輕重俱等開口呼
176	抴	喻	屑	入	四	蟹攝外二輕重俱等開口呼
177	埓	來	屑	入	四	蟹攝外二輕重俱等開口呼
178	胚	滂	灰	平	一	蟹攝外二輕重俱等韻合口呼
179	催	心	灰	平	一	蟹攝外二輕重俱等韻合口呼
180	頦	見	賄	上	一	蟹攝外二輕重俱等韻合口呼
181	㟴	幫	賄	上	一	蟹攝外二輕重俱等韻合口呼
182	琣	滂	賄	上	一	蟹攝外二輕重俱等韻合口呼
183	崔	心	賄	上	一	蟹攝外二輕重俱等韻合口呼
184	啐	從	隊	去	一	蟹攝外二輕重俱等韻合口呼
185	㓨	心	末	入	一	蟹攝外二輕重俱等韻合口呼
186	詭	疑	皆	平	二	蟹攝外二輕重俱等韻合口呼

序號	韻字	紐	等子韻	調	等	圖名
187	頹	幫	皆	平	二	蟹攝外二輕重俱等韻合口呼
188	崷	滂	皆	平	二	蟹攝外二輕重俱等韻合口呼
189	攄	照	皆	平	二	蟹攝外二輕重俱等韻合口呼
190	硬	穿	皆	平	二	蟹攝外二輕重俱等韻合口呼
191	蓑	審	皆	平	二	蟹攝外二輕重俱等韻合口呼
192	拐	見	駭	上	二	蟹攝外二輕重俱等韻合口呼
193	儑	知	駭	上	二	蟹攝外二輕重俱等韻合口呼
194	捽	澄	駭	上	二	蟹攝外二輕重俱等韻合口呼
195	撮	穿	駭	上	二	蟹攝外二輕重俱等韻合口呼
196	崴	影	駭	上	二	蟹攝外二輕重俱等韻合口呼
197	髥	娘	駭	去	二	蟹攝外二輕重俱等韻合口呼
198	眭	牀	怪	去	二	蟹攝外二輕重俱等韻合口呼
199	滅	審	怪	去	二	蟹攝外二輕重俱等韻合口呼
200	悷	徹	祭	去	三 C	蟹攝外二輕重俱等韻合口呼
201	蒸	日	屑	入	三 C	蟹攝外二輕重俱等韻合口呼
202	祏	溪	祭	去	三 D	蟹攝外二輕重俱等韻合口呼
203	歲	心	祭	去	三 C	蟹攝外二輕重俱等韻合口呼
204	彗	邪	祭	去	三 D	蟹攝外二輕重俱等韻合口呼
205	銳	喻	祭	去	三 D	蟹攝外二輕重俱等韻合口呼
206	鷩	幫	薛	入	三 D	蟹攝外二輕重俱等韻合口呼
207	蔽	並	薛	入	三 D	蟹攝外二輕重俱等韻合口呼
208	悅	喻	薛	入	三 D	蟹攝外二輕重俱等韻合口呼
209	祐	見	之	平	一	止攝內二重少輕多韻開口呼
210	菑	照	之	平	二	止攝內二重少輕多韻開口呼
211	茬	牀	之	平	二	止攝內二重少輕多韻開口呼
212	厠	穿	志	去	二	止攝內二重少輕多韻開口呼

序號	韻字	紐	等子韻	調	等	圖名
213	奇	群	脂	平	三 C	止攝內二重少輕多韻開口呼
214	穇	徹	脂	平	三 C	止攝內二重少輕多韻開口呼
215	掎	見	旨	上	三 C	止攝內二重少輕多韻開口呼
216	輢	溪	至	去	三 C	止攝內二重少輕多韻開口呼
217	屎	徹	至	去	三 C	止攝內二重少輕多韻開口呼
218	郪	穿	至	去	三 C	止攝內二重少輕多韻開口呼
219	戲	曉	至	去	三 C	止攝內二重少輕多韻開口呼
220	隙	溪	質	入	三 C	止攝內二重少輕多韻開口呼
221	鉆	滂	質	入	三 C	止攝內二重少輕多韻開口呼
222	虩	曉	質	入	三 C	止攝內二重少輕多韻開口呼
223	觬	疑	支	平	三 D	止攝內二重少輕多韻開口呼
224	踶	定	支	平	三 C	止攝內二重少輕多韻開口呼
225	卑	幫	支	平	三 D	止攝內二重少輕多韻開口呼
226	惢	從	紙	上	三 C	止攝內二重少輕多韻開口呼
227	倪	疑	寘	去	三 D	止攝內二重少輕多韻開口呼
228	慼	溪	昔	入	三 D	止攝內二重少輕多韻開口呼
229	悌	定	昔	入	三 C	止攝內二重少輕多韻開口呼
230	鑈	泥	昔	入	三 C	止攝內二重少輕多韻開口呼
231	蘽	照	脂	平	三 C	止攝內二重少輕多韻合口呼
232	壨	來	微	平	三 C	止攝內二重少輕多韻合口呼
233	烡	溪	尾	上	三 C	止攝內二重少輕多韻合口呼
234	僞	疑	尾	上	三 C	止攝內二重少輕多韻合口呼
235	捶	徹	尾	上	三 C	止攝內二重少輕多韻合口呼
236	豴	澄	尾	上	三 C	止攝內二重少輕多韻合口呼
237	萎	娘	尾	上	三 C	止攝內二重少輕多韻合口呼
238	佳	照	尾	上	三 C	止攝內二重少輕多韻合口呼

序號	韻字	紐	等子韻	調	等	圖名
239	劓	疑	未	去	三 C	止攝内二重少輕多韻合口呼
240	䚐	娘	物	入	三 C	止攝内二重少輕多韻合口呼
241	頲	照	物	入	三 C	止攝内二重少輕多韻合口呼
242	絀	審	物	入	三 C	止攝内二重少輕多韻合口呼
243	颭	曉	物	入	三 C	止攝内二重少輕多韻合口呼
244	飫	影	物	入	三 C	止攝内二重少輕多韻合口呼
245	卑	幫	脂	平	三 D	止攝内二重少輕多韻合口呼
246	毗	並	脂	平	三 D	止攝内二重少輕多韻合口呼
247	咨	精	脂	平	三 C	止攝内二重少輕多韻合口呼
248	嵬	疑	旨	上	三 D	止攝内二重少輕多韻合口呼
249	庫	幫	至	去	三 D	止攝内二重少輕多韻合口呼
250	役	端	質	入	三 C	止攝内二重少輕多韻合口呼
251	驕	匣	質	入	三 D	止攝内二重少輕多韻合口呼
252	報	溪	痕	平	一	臻攝外三輕重俱等韻開口呼
253	頜	群	很	上	一	臻攝外三輕重俱等韻開口呼
254	限	疑	很	上	一	臻攝外三輕重俱等韻開口呼
255	洒	心	很	上	一	臻攝外三輕重俱等韻開口呼
256	硍	溪	恨	去	一	臻攝外三輕重俱等韻開口呼
257	疼	透	恨	去	一	臻攝外三輕重俱等韻開口呼
258	攮	心	恨	去	一	臻攝外三輕重俱等韻開口呼
259	殟	溪	没	入	一	臻攝外三輕重俱等韻開口呼
260	灦	穿	臻	平	二	臻攝外三輕重俱等韻開口呼
261	榛	牀	臻	平	二	臻攝外三輕重俱等韻開口呼
262	酳	牀	嫩	去	二	臻攝外三輕重俱等韻開口呼
263	刻	穿	櫛	入	二	臻攝外三輕重俱等韻開口呼
264	勤	群	軫	上	三 B	臻攝外三輕重俱等韻開口呼

序號	韻字	紐	等子韻	調	等	圖名
265	駗	知	軫	上	三 B	臻攝外三輕重俱等韻開口呼
266	掀	溪	震	去	三 B	臻攝外三輕重俱等韻開口呼
267	呻	審	震	去	三 B	臻攝外三輕重俱等韻開口呼
268	眰	娘	質	入	三 B	臻攝外三輕重俱等韻開口呼
269	拂	滂	質	入	三 B	臻攝外三輕重俱等韻開口呼
270	緊	溪	眞	平	四	臻攝外三輕重俱等韻開口呼
271	賓	幫	眞	平	四	臻攝外三輕重俱等韻開口呼
272	繽	滂	眞	平	四	臻攝外三輕重俱等韻開口呼
273	賢	匣	眞	平	四	臻攝外三輕重俱等韻開口呼
274	臏	幫	軫	上	四	臻攝外三輕重俱等韻開口呼
275	砒	滂	軫	上	四	臻攝外三輕重俱等韻開口呼
276	囟	心	軫	上	四	臻攝外三輕重俱等韻開口呼
277	嬪	滂	震	去	四	臻攝外三輕重俱等韻開口呼
278	臏	並	震	去	四	臻攝外三輕重俱等韻開口呼
279	肩	喻	震	去	四	臻攝外三輕重俱等韻開口呼
280	黜	疑	質	入	四	臻攝外三輕重俱等韻開口呼
281	鉄	透	質	入	四	臻攝外三輕重俱等韻開口呼
282	耋	定	質	入	四	臻攝外三輕重俱等韻開口呼
283	昵	泥	質	入	四	臻攝外三輕重俱等韻開口呼
284	臟	泥	䰟	平	一	臻攝外三輕重俱等韻合口呼
285	懇	來	混	上	一	臻攝外三輕重俱等韻合口呼
286	嬹	透	慁	去	一	臻攝外三輕重俱等韻合口呼
287	鱒	從	慁	去	一	臻攝外三輕重俱等韻合口呼
288	黯	曉	慁	去	一	臻攝外三輕重俱等韻合口呼
289	旲	透	沒	入	一	臻攝外三輕重俱等韻合口呼
290	悴	清	沒	入	一	臻攝外三輕重俱等韻合口呼

序號	韻字	紐	等子韻	調	等	圖名
291	竣	照	諄	平	三 B	臻攝外三輕重俱等韻合口呼
292	幨	穿	諄	平	三 C	臻攝外三輕重俱等韻合口呼
293	卷	溪	文	平	三 A	臻攝外三輕重俱等韻合口呼
294	䩡	疑	文	平	三 A	臻攝外三輕重俱等韻合口呼
295	脣	牀	諄	平	三 B	臻攝外三輕重俱等韻合口呼
296	捵	日	諄	平	三 B	臻攝外三輕重俱等韻合口呼
297	攟	見	準	上	三 A	臻攝外三輕重俱等韻合口呼
298	蜳	澄	準	上	三 B	臻攝外三輕重俱等韻合口呼
299	楯	禪	準	上	三 B	臻攝外三輕重俱等韻合口呼
300	坛	喻	吻	上	三 A	臻攝外三輕重俱等韻合口呼
301	趜	溪	問	去	三 B	臻攝外三輕重俱等韻合口呼
302	鈍	澄	稕	去	三 B	臻攝外三輕重俱等韻合口呼
303	淪	來	稕	去	三 B	臻攝外三輕重俱等韻合口呼
304	閏	日	問	去	三 A	臻攝外三輕重俱等韻合口呼
305	貀	娘	物	入	三 B	臻攝外三輕重俱等韻合口呼
306	梻	敷	物	入	三 B	臻攝外三輕重俱等韻合口呼
307	頔	照	物	入	三 B	臻攝外三輕重俱等韻合口呼
308	絀	審	物	入	三 B	臻攝外三輕重俱等韻合口呼
309	颰	曉	物	入	三 B	臻攝外三輕重俱等韻合口呼
310	踳	清	準	上	三 B	臻攝外三輕重俱等韻合口呼
311	瘄	從	準	上	三 B	臻攝外三輕重俱等韻合口呼
312	殉	邪	準	上	三 B	臻攝外三輕重俱等韻合口呼
313	昀	見	稕	去	三 B	臻攝外三輕重俱等韻合口呼
314	郇	邪	稕	去	三 B	臻攝外三輕重俱等韻合口呼
315	驈	匣	術	入	三 B	臻攝外三輕重俱等韻合口呼
316	箋	精	寒	平	一	山攝外四輕重俱等韻開口呼

序號	韻字	紐	等子韻	調	等	圖名
317	鬃	精	旱	上	一	山攝外四輕重俱等韻開口呼
318	瓚	從	旱	上	一	山攝外四輕重俱等韻開口呼
319	侒	影	旱	上	一	山攝外四輕重俱等韻開口呼
320	贊	精	翰	去	一	山攝外四輕重俱等韻開口呼
321	儹	從	翰	去	一	山攝外四輕重俱等韻開口呼
322	嶭	疑	曷	入	一	山攝外四輕重俱等韻開口呼
323	擦	清	曷	入	一	山攝外四輕重俱等韻開口呼
324	巀	從	曷	入	一	山攝外四輕重俱等韻開口呼
325	虥	牀	山	平	二	山攝外四輕重俱等韻開口呼
326	間	見	山	平	二	山攝外四輕重俱等韻開口呼
327	獑	澄	山	平	二	山攝外四輕重俱等韻開口呼
328	瓣	並	山	平	二	山攝外四輕重俱等韻開口呼
329	嫻	來	山	平	二	山攝外四輕重俱等韻開口呼
330	茼	見	産	上	二	山攝外四輕重俱等韻開口呼
331	虥	徹	産	上	二	山攝外四輕重俱等韻開口呼
332	馦	娘	産	上	二	山攝外四輕重俱等韻開口呼
333	盼	滂	産	上	二	山攝外四輕重俱等韻開口呼
334	版	並	産	上	二	山攝外四輕重俱等韻開口呼
335	晚	微	産	上	二	山攝外四輕重俱等韻開口呼
336	軋	影	産	上	二	山攝外四輕重俱等韻開口呼
337	澗	見	襇	去	二	山攝外四輕重俱等韻開口呼
338	晏	娘	襇	去	二	山攝外四輕重俱等韻開口呼
339	盼	滂	襇	去	二	山攝外四輕重俱等韻開口呼
340	譇	澄	鎋	入	二	山攝外四輕重俱等韻開口呼
341	蠻	明	仙	平	三C	山攝外四輕重俱等韻開口呼
342	緻	溪	獮	上	三C	山攝外四輕重俱等韻開口呼

序號	韻字	紐	等子韻	調	等	圖名
343	膳	照	獮	上	三 C	山攝外四輕重俱等韻開口呼
344	憶	曉	獮	上	三 C	山攝外四輕重俱等韻開口呼
345	騫	溪	線	去	三 C	山攝外四輕重俱等韻開口呼
346	靷	日	線	去	三 C	山攝外四輕重俱等韻開口呼
347	邊	幫	先	平	四	山攝外四輕重俱等韻開口呼
348	䏖	滂	銑	上	四	山攝外四輕重俱等韻開口呼
349	瑱	透	霰	去	四	山攝外四輕重俱等韻開口呼
350	睍	泥	霰	去	四	山攝外四輕重俱等韻開口呼
351	辯	並	霰	去	四	山攝外四輕重俱等韻開口呼
352	鐵	透	屑	入	四	山攝外四輕重俱等韻開口呼
353	蹩	滂	屑	入	四	山攝外四輕重俱等韻開口呼
354	擘	並	屑	入	四	山攝外四輕重俱等韻開口呼
355	截	從	屑	入	四	山攝外四輕重俱等韻開口呼
356	楔	喻	屑	入	四	山攝外四輕重俱等韻開口呼
357	寬	溪	桓	平	一	山攝外四輕重俱等韻合口呼
358	鑽	精	桓	平	一	山攝外四輕重俱等韻合口呼
359	爨	清	桓	平	一	山攝外四輕重俱等韻合口呼
360	輓	疑	緩	上	一	山攝外四輕重俱等韻合口呼
361	𤲃	滂	緩	上	一	山攝外四輕重俱等韻合口呼
362	㹕	清	緩	上	一	山攝外四輕重俱等韻合口呼
363	澣	曉	緩	上	一	山攝外四輕重俱等韻合口呼
364	㪍	溪	換	去	一	山攝外四輕重俱等韻合口呼
365	鑽	精	換	去	一	山攝外四輕重俱等韻合口呼
366	潑	滂	末	入	一	山攝外四輕重俱等韻合口呼
367	雪	心	末	入	一	山攝外四輕重俱等韻合口呼
368	扮	並	删	平	二	山攝外四輕重俱等韻合口呼

续表

序號	韻字	紐	等子韻	調	等	圖名
369	猭	曉	删	平	二	山攝外四輕重俱等韻合口呼
370	羼	審	產	上	二	山攝外四輕重俱等韻合口呼
371	販	滂	產	上	二	山攝外四輕重俱等韻合口呼
372	粄	並	產	上	二	山攝外四輕重俱等韻合口呼
373	蒾	群	襇	去	二	山攝外四輕重俱等韻合口呼
374	恮	照	襇	去	二	山攝外四輕重俱等韻合口呼
375	傄	明	鎋	入	二	山攝外四輕重俱等韻合口呼
376	番	非	元	平	三 B	山攝外四輕重俱等韻合口呼
377	袁	喻	元	平	三 B	山攝外四輕重俱等韻合口呼
378	囀	知	阮	上	三 B	山攝外四輕重俱等韻合口呼
379	脘	徹	阮	上	三 B	山攝外四輕重俱等韻合口呼
380	顥	娘	阮	上	三 B	山攝外四輕重俱等韻合口呼
381	疲	敷	阮	上	三 B	山攝外四輕重俱等韻合口呼
382	傆	徹	願	去	三 B	山攝外四輕重俱等韻合口呼
383	縛	審	願	去	三 B	山攝外四輕重俱等韻合口呼
384	爇	日	月	入	三 B	山攝外四輕重俱等韻合口呼
385	涓	見	仙	平	四	山攝外四輕重俱等韻合口呼
386	鐫	精	仙	平	四	山攝外四輕重俱等韻合口呼
387	餶	群	獮	上	四	山攝外四輕重俱等韻合口呼
388	蝙	滂	獮	上	四	山攝外四輕重俱等韻合口呼
389	膇	精	獮	上	四	山攝外四輕重俱等韻合口呼
390	蒬	邪	獮	上	四	山攝外四輕重俱等韻合口呼
391	蜎	影	獮	上	四	山攝外四輕重俱等韻合口呼
392	缺	溪	線	去	四	山攝外四輕重俱等韻合口呼
393	恮	精	線	去	四	山攝外四輕重俱等韻合口呼
394	泉	從	線	去	四	山攝外四輕重俱等韻合口呼

序號	韻字	紐	等子韻	調	等	圖名
395	擎	幫	薛	入	四	山攝外四輕重俱等韻合口呼
396	蔽	並	薛	入	四	山攝外四輕重俱等韻合口呼
397	悅	喻	薛	入	四	山攝外四輕重俱等韻合口呼
398	玦	影	薛	入	四	山攝外四輕重俱等韻合口呼
399	瘥	精	歌	平	一	果攝內四重多輕少韻開口呼
400	軃	端	哿	上	一	果攝內四重多輕少韻開口呼
401	攞	來	哿	上	一	果攝內四重多輕少韻開口呼
402	拕	透	箇	去	一	果攝內四重多輕少韻開口呼
403	汩	端	鐸	入	一	果攝內四重多輕少韻開口呼
404	姹	徹	馬	上	二	果攝內四重多輕少韻開口呼
405	觰	知	馬	上	二	果攝內四重多輕少韻開口呼
406	垞	澄	馬	上	二	果攝內四重多輕少韻開口呼
407	土	澬	馬	上	二	果攝內四重多輕少韻開口呼
408	罷	並	馬	上	二	果攝內四重多輕少韻開口呼
409	笅	穿	馬	上	二	果攝內四重多輕少韻開口呼
410	蘿	來	馬	上	二	果攝內四重多輕少韻開口呼
411	吒	澄	禡	去	二	果攝內四重多輕少韻開口呼
412	瘥	穿	禡	去	二	果攝內四重多輕少韻開口呼
413	厦	審	禡	去	二	果攝內四重多輕少韻開口呼
414	啈	知	鎋	入	二	果攝內四重多輕少韻開口呼
415	噠	澄	鎋	入	二	果攝內四重多輕少韻開口呼
416	轚	明	鎋	入	二	果攝內四重多輕少韻開口呼
417	儸	來	麻	平	三 B	果攝內四重多輕少韻開口呼
418	跓	來	馬	上	三 B	果攝內四重多輕少韻開口呼
419	蹉	照	禡	去	三 B	果攝內四重多輕少韻開口呼
420	赾	穿	禡	去	三 B	果攝內四重多輕少韻開口呼

序號	韻字	紐	等子韻	調	等	圖名
421	舍	審	禡	去	三 B	果攝内四重多輕少韻開口呼
422	偌	日	禡	去	三 B	果攝内四重多輕少韻開口呼
423	哶	明	麻	平	四	果攝内四重多輕少韻開口呼
424	䃰	清	麻	平	四	果攝内四重多輕少韻開口呼
425	查	心	麻	平	四	果攝内四重多輕少韻開口呼
426	苛	曉	麻	平	四	果攝内四重多輕少韻開口呼
427	哆	端	馬	上	四	果攝内四重多輕少韻開口呼
428	姐	心	馬	上	四	果攝内四重多輕少韻開口呼
429	褯	心	禡	去	四	果攝内四重多輕少韻開口呼
430	陊	端	戈	平	一	果攝内四重多輕少韻合口呼麻外六
431	誇	喻	戈	平	一	果攝内四重多輕少韻合口呼麻外六
432	婐	疑	果	上	一	果攝内四重多輕少韻合口呼麻外六
433	妠	泥	果	上	一	果攝内四重多輕少韻合口呼麻外六
434	鏁	心	果	上	一	果攝内四重多輕少韻合口呼麻外六
435	隋	定	過	去	一	果攝内四重多輕少韻合口呼麻外六
436	穤	泥	過	去	一	果攝内四重多輕少韻合口呼麻外六
437	撾	知	麻	平	二	果攝内四重多輕少韻合口呼麻外六
438	夊	知	馬	上	二	果攝内四重多輕少韻合口呼麻外六
439	掗	影	馬	上	二	果攝内四重多輕少韻合口呼麻外六
440	抓	見	禡	去	二	果攝内四重多輕少韻合口呼麻外六
441	話	匣	禡	去	二	果攝内四重多輕少韻合口呼麻外六
442	矬	精	馬	上	四	果攝内四重多輕少韻合口呼麻外六
443	絚	見	登	平	一	曾攝内八重多輕少韻啟口呼梗攝外八
444	俞	溪	登	平	一	曾攝内八重多輕少韻啟口呼梗攝外八
445	鼟	透	登	平	一	曾攝内八重多輕少韻啟口呼梗攝外八
446	繃	滂	登	平	一	曾攝内八重多輕少韻啟口呼梗攝外八

序號	韻字	紐	等子韻	調	等	圖名
447	彰	清	登	平	一	曾攝内八重多輕少韻啟口呼梗攝外八
448	翰	影	登	平	一	曾攝内八重多輕少韻啟口呼梗攝外八
449	寙	見	等	上	一	曾攝内八重多輕少韻啟口呼梗攝外八
450	蹳	定	等	上	一	曾攝内八重多輕少韻啟口呼梗攝外八
451	倗	並	等	上	一	曾攝内八重多輕少韻啟口呼梗攝外八
452	瞢	明	等	上	一	曾攝内八重多輕少韻啟口呼梗攝外八
453	嶒	精	等	上	一	曾攝内八重多輕少韻啟口呼梗攝外八
454	倰	來	等	上	一	曾攝内八重多輕少韻啟口呼梗攝外八
455	亘	見	嶝	去	一	曾攝内八重多輕少韻啟口呼梗攝外八
456	堩	溪	嶝	去	一	曾攝内八重多輕少韻啟口呼梗攝外八
457	磴	透	嶝	去	一	曾攝内八重多輕少韻啟口呼梗攝外八
458	鼎	泥	嶝	去	一	曾攝内八重多輕少韻啟口呼梗攝外八
459	倗	並	嶝	去	一	曾攝内八重多輕少韻啟口呼梗攝外八
460	綜	精	嶝	去	一	曾攝内八重多輕少韻啟口呼梗攝外八
461	倰	來	嶝	去	一	曾攝内八重多輕少韻啟口呼梗攝外八
462	萠	並	德	入	一	曾攝内八重多輕少韻啟口呼梗攝外八
463	萠	明	庚	平	二	曾攝内八重多輕少韻啟口呼梗攝外八
464	磷	來	庚	平	二	曾攝内八重多輕少韻啟口呼梗攝外八
465	伉	溪	梗	上	二	曾攝内八重多輕少韻啟口呼梗攝外八
466	瑒	澄	梗	上	二	曾攝内八重多輕少韻啟口呼梗攝外八
467	逬	幫	梗	上	二	曾攝内八重多輕少韻啟口呼梗攝外八
468	睜	照	梗	上	二	曾攝内八重多輕少韻啟口呼梗攝外八
469	瀄	穿	梗	上	二	曾攝内八重多輕少韻啟口呼梗攝外八
470	諹	曉	梗	上	二	曾攝内八重多輕少韻啟口呼梗攝外八
471	犗	影	梗	上	二	曾攝内八重多輕少韻啟口呼梗攝外八
472	軯	澄	敬	去	二	曾攝内八重多輕少韻啟口呼梗攝外八

序號	韻字	紐	等子韻	調	等	圖名
473	墑	徹	陌	入	二	曾攝內八重多輕少韻啟口呼梗攝外八
474	僻	並	陌	入	二	曾攝內八重多輕少韻啟口呼梗攝外八
475	硱	溪	蒸	平	三A	曾攝內八重多輕少韻啟口呼梗攝外八
476	儚	明	蒸	平	三A	曾攝內八重多輕少韻啟口呼梗攝外八
477	熊	喻	蒸	平	三A	曾攝內八重多輕少韻啟口呼梗攝外八
478	聇	知	抍	上	三A	曾攝內八重多輕少韻啟口呼梗攝外八
479	憑	並	抍	上	三A	曾攝內八重多輕少韻啟口呼梗攝外八
480	愞	穿	抍	上	三A	曾攝內八重多輕少韻啟口呼梗攝外八
481	倰	來	抍	上	三A	曾攝內八重多輕少韻啟口呼梗攝外八
482	稔	日	抍	上	三A	曾攝內八重多輕少韻啟口呼梗攝外八
483	政	知	證	去	三A	曾攝內八重多輕少韻啟口呼梗攝外八
484	侫	娘	證	去	三A	曾攝內八重多輕少韻啟口呼梗攝外八
485	砯	滂	證	去	三A	曾攝內八重多輕少韻啟口呼梗攝外八
486	乘	牀	證	去	三A	曾攝內八重多輕少韻啟口呼梗攝外八
487	日	日	職	入	三A	曾攝內八重多輕少韻啟口呼梗攝外八
488	娙	疑	青	平	四	曾攝內八重多輕少韻啟口呼梗攝外八
489	寧	泥	青	平	四	曾攝內八重多輕少韻啟口呼梗攝外八
490	幷	幫	青	平	四	曾攝內八重多輕少韻啟口呼梗攝外八
491	脛	疑	迥	上	四	曾攝內八重多輕少韻啟口呼梗攝外八
492	珽	透	迥	上	四	曾攝內八重多輕少韻啟口呼梗攝外八
493	井	精	迥	上	四	曾攝內八重多輕少韻啟口呼梗攝外八
494	鵑	曉	迥	上	四	曾攝內八重多輕少韻啟口呼梗攝外八
495	顊	日	迥	上	四	曾攝內八重多輕少韻啟口呼梗攝外八
496	跰	幫	徑	去	四	曾攝內八重多輕少韻啟口呼梗攝外八
497	屏	並	徑	去	四	曾攝內八重多輕少韻啟口呼梗攝外八
498	撇	匣	錫	入	四	曾攝內八重多輕少韻啟口呼梗攝外八

序號	韻字	紐	等子韻	調	等	圖名
499	歷	來	錫	入	四	曾攝内八重多輕少韻啟口呼梗攝外八
500	泓	影	登	平	一	曾攝内八重多輕少韻合口呼梗攝外二
501	奓	溪	庚	平	二	曾攝内八重多輕少韻合口呼梗攝外二
502	窋	喻	耕	平	二	曾攝内八重多輕少韻合口呼梗攝外二
503	趪	群	梗	上	二	曾攝内八重多輕少韻合口呼梗攝外二
504	搒	幫	映	去	二	曾攝内八重多輕少韻合口呼梗攝外二
505	亨	滂	映	去	二	曾攝内八重多輕少韻合口呼梗攝外二
506	劃	溪	麥	入	二	曾攝内八重多輕少韻合口呼梗攝外二
507	摑	照	麥	入	二	曾攝内八重多輕少韻合口呼梗攝外二
508	嚄	喻	陌	入	二	曾攝内八重多輕少韻合口呼梗攝外二
509	營	影	庚	平	三Ａ	曾攝内八重多輕少韻合口呼梗攝外二
510	憬	溪	梗	上	三Ａ	曾攝内八重多輕少韻合口呼梗攝外二
511	憬	群	梗	上	三Ａ	曾攝内八重多輕少韻合口呼梗攝外二
512	窉	群	映	去	三Ａ	曾攝内八重多輕少韻合口呼梗攝外二
513	窉	滂	映	去	三Ａ	曾攝内八重多輕少韻合口呼梗攝外二
514	窉	曉	映	去	三Ａ	曾攝内八重多輕少韻合口呼梗攝外二
515	攫	見	陌	入	三Ａ	曾攝内八重多輕少韻合口呼梗攝外二
516	躩	群	陌	入	三Ａ	曾攝内八重多輕少韻合口呼梗攝外二
517	鑃	滂	陌	入	三Ａ	曾攝内八重多輕少韻合口呼梗攝外二
518	并	幫	清	平	四	曾攝内八重多輕少韻合口呼梗攝外二
519	屦	精	清	平	四	曾攝内八重多輕少韻合口呼梗攝外二
520	頴	心	靜	上	四	曾攝内八重多輕少韻合口呼梗攝外二
521	誷	曉	靜	上	四	曾攝内八重多輕少韻合口呼梗攝外二
522	泂	見	勁	去	四	曾攝内八重多輕少韻合口呼梗攝外二
523	謦	溪	勁	去	四	曾攝内八重多輕少韻合口呼梗攝外二
524	淡	匣	勁	去	四	曾攝内八重多輕少韻合口呼梗攝外二

续表

序號	韻字	紐	等子韻	調	等	圖名
525	閴	溪	昔	入	四	曾攝內八重多輕少韻合口呼梗攝外二
526	役	曉	昔	入	四	曾攝內八重多輕少韻合口呼梗攝外二
527	舺	端	覃	平	一	咸攝外八重輕俱等韻
528	炶	喻	覃	平	一	咸攝外八重輕俱等韻
529	麥	明	感	上	一	咸攝外八重輕俱等韻
530	顲	曉	感	上	一	咸攝外八重輕俱等韻
531	黔	群	勘	去	一	咸攝外八重輕俱等韻
532	儋	端	勘	去	一	咸攝外八重輕俱等韻
533	探	透	勘	去	一	咸攝外八重輕俱等韻
534	姏	明	勘	去	一	咸攝外八重輕俱等韻
535	顲	曉	勘	去	一	咸攝外八重輕俱等韻
536	擥	來	勘	去	一	咸攝外八重輕俱等韻
537	屒	溪	合	入	一	咸攝外八重輕俱等韻
538	煠	疑	合	入	一	咸攝外八重輕俱等韻
539	頜	曉	合	入	一	咸攝外八重輕俱等韻
540	喊	澄	咸	平	二	咸攝外八重輕俱等韻
541	芝	並	咸	平	二	咸攝外八重輕俱等韻
542	菱	明	咸	平	二	咸攝外八重輕俱等韻
543	佔	喻	咸	平	二	咸攝外八重輕俱等韻
544	鑑	來	咸	平	二	咸攝外八重輕俱等韻
545	顑	疑	嗛	上	二	咸攝外八重輕俱等韻
546	鮎	知	嗛	上	二	咸攝外八重輕俱等韻
547	臉	穿	嗛	上	二	咸攝外八重輕俱等韻
548	跲	群	陷	去	二	咸攝外八重輕俱等韻
549	籚	影	陷	去	二	咸攝外八重輕俱等韻
550	睫	疑	洽	入	二	咸攝外八重輕俱等韻

序號	韻字	紐	等子韻	調	等	圖名
551	霅	澄	洽	入	二	咸攝外八重輕俱等韻
552	箑	牀	洽	入	二	咸攝外八重輕俱等韻
553	拉	來	洽	入	二	咸攝外八重輕俱等韻
554	黔	見	凡	平	三A	咸攝外八重輕俱等韻
555	瑔	微	凡	平	三A	咸攝外八重輕俱等韻
556	襜	穿	凡	平	三A	咸攝外八重輕俱等韻
557	陝	審	范	上	三A	咸攝外八重輕俱等韻
558	劍	見	梵	去	三A	咸攝外八重輕俱等韻
559	黏	娘	梵	去	三A	咸攝外八重輕俱等韻
560	汎	非	梵	去	三A	咸攝外八重輕俱等韻
561	宒	敷	梵	去	三A	咸攝外八重輕俱等韻
562	㝹	微	梵	去	三A	咸攝外八重輕俱等韻
563	襜	穿	梵	去	三A	咸攝外八重輕俱等韻
564	掩	影	梵	去	三A	咸攝外八重輕俱等韻
565	刦	見	乏	入	三A	咸攝外八重輕俱等韻
566	業	影	乏	入	三A	咸攝外八重輕俱等韻
567	砭	敷	乏	入	三A	咸攝外八重輕俱等韻
568	曄	喻	乏	入	三A	咸攝外八重輕俱等韻
569	僭	精	琰	上	四	咸攝外八重輕俱等韻
570	漸	從	琰	上	四	咸攝外八重輕俱等韻
571	孅	心	琰	上	四	咸攝外八重輕俱等韻
572	燄	邪	琰	上	四	咸攝外八重輕俱等韻
573	磩	心	艷	去	四	咸攝外八重輕俱等韻
574	妾	滂	葉	入	四	咸攝外八重輕俱等韻
575	燮	從	葉	入	四	咸攝外八重輕俱等韻
576	站	見	侵	平	一	深攝內七全重無輕韻

序號	韻字	紐	等子韻	調	等	圖名
577	怎	精	寢	上	一	深攝內七全重無輕韻
578	吽	曉	寢	上	一	深攝內七全重無輕韻
579	穄	牀	沁	去	二	深攝內七全重無輕韻
580	袵	娘	寢	上	三A	深攝內七全重無輕韻
581	稟	幫	寢	上	三A	深攝內七全重無輕韻
582	廩	來	寢	上	三A	深攝內七全重無輕韻
583	搇	溪	沁	去	三A	深攝內七全重無輕韻
584	妗	群	沁	去	三A	深攝內七全重無輕韻
585	稟	幫	沁	去	三A	深攝內七全重無輕韻
586	潘	穿	沁	去	三A	深攝內七全重無輕韻
587	葚	牀	沁	去	三A	深攝內七全重無輕韻
588	譀	曉	沁	去	三A	深攝內七全重無輕韻
589	許	喻	沁	去	三A	深攝內七全重無輕韻
590	蕈	從	寢	上	四	深攝內七全重無輕韻
591	蕈	邪	寢	上	四	深攝內七全重無輕韻
592	潯	心	沁	去	四	深攝內七全重無輕韻
593	鐔	邪	沁	去	四	深攝內七全重無輕韻
594	甚	喻	沁	去	四	深攝內七全重無輕韻

表附 4　《切韻指掌圖》與《廣韻》相異字表

序號	韻字	紐	指掌圖韻	調	等	圖名
1	高	見	豪	平	一	一
2	淘	定	豪	平	一	一
3	囂	曉	宵	平	三C	一
4	熛	滂	宵	平	四	一
5	蠹	明	宵	平	四	一

序號	韻字	紐	指掌圖韻	調	等	圖名
6	鍬	清	宵	平	四	一
7	么	影	蕭	平	四	一
8	遙	喻	宵	平	四	一
9	飍	幫	宵	平	四	一
10	皓	匣	晧	上	一	一
11	咬	疑	巧	上	二	一
12	鱎	溪	小	上	三 C	一
13	肇	牀	小	上	三 C	一
14	磽	疑	篠	上	三 D	一
15	告	見	号	去	一	一
16	韜	透	号	去	一	一
17	奥	影	号	去	一	一
18	耗	曉	号	去	一	一
19	教	見	效	去	二	一
20	砲	滂	效	去	二	一
21	尞	來	笑	去	三 C	一
22	葆	定	嘯	去	三 C	一
23	殼	溪	覺	入	二	一
24	剝	幫	覺	入	二	一
25	重	牀	鍾	平	三 B	二
26	匈	曉	鍾	平	三 B	二
27	雄	匣	鍾	平	三 B	二
28	宂	日	腫	上	三 B	二
29	懞	明	送	去	一	二
30	重	牀	用	去	三 B	二
31	趙	喻	送	去	三 B	二
32	祿	來	屋	入	一	二

序號	韻字	紐	指掌圖韻	調	等	圖名
33	𪌈	溪	屋	入	三 B	二
34	貙	穿	虞	平	三 B	三
35	厨	牀	虞	平	三 B	三
36	虛	曉	魚	平	三 B	三
37	𥯤	禪	麌	上	三 B	三
38	煮	照	語	上	三 B	三
39	庚	影	麌	上	三 B	三
40	兔	透	暮	去	一	三
41	做	精	暮	去	一	三
42	疏	審	御	去	二	三
43	筋	牀	御	去	三 B	三
44	噓	曉	御	去	三 B	三
45	覷	清	御	去	三 B	三
46	朴	滂	屋	入	一	三
47	祿	來	屋	入	一	三
48	𪌈	溪	屋	入	三 B	三
49	鈎	見	侯	平	一	四
50	惆	娘	幽	平	三 B	四
51	滮	並	幽	平	四	四
52	鯫	從	厚	上	一	四
53	溲	審	有	上	二	四
54	滫	心	有	上	四	四
55	候	匣	候	去	一	四
56	莓	微	宥	去	三 B	四
57	咒	照	宥	去	三 B	四
58	𧿹	溪	幼	去	四	四
59	幼	影	幼	去	四	四

序號	韻字	紐	指掌圖韻	調	等	圖名
60	側	精	德	入	一	四
61	餩	影	德	入	一	四
62	𣽎	穿	櫛	入	三 B	四
63	實	禪	質	入	三 B	四
64	喞	精	質	入	四	四
65	鏒	精	覃	平	一	五
66	顉	疑	㡿	上	二	五
67	諂	徹	琰	上	三 A	五
68	鋄	微	范	上	三 A	五
69	顑	曉	勘	去	一	五
70	埕	明	鑑	去	二	五
71	儳	禪	陷	去	二	五
72	劍	見	梵	去	三 A	五
73	籡	群	釅	去	三 A	五
74	匝	精	合	入	一	五
75	輒	知	葉	入	三 A	五
76	稟	幫	寢	上	三 A	六
77	稟	幫	沁	去	三 A	六
78	潯	喻	沁	去	三 A	六
79	鐔	邪	沁	去	四	六
80	鴔	並	緝	入	三 A	六
81	獮	澄	山	平	二	七
82	姸	疑	先	平	四	七
83	鬢	精	旱	上	一	七
84	瓚	從	旱	上	一	七
85	罕	曉	旱	上	一	七
86	簡	見	産	上	二	七

序號	韻字	紐	指掌圖韻	調	等	圖名
87	緁	溪	獮	上	三 C	七
88	贊	精	翰	去	一	七
89	儹	從	翰	去	一	七
90	戳	從	曷	入	一	七
91	鎩	牀	鎋	入	二	七
92	蘖	疑	薛	入	三 B	七
93	疿	娘	薛	入	三 B	七
94	截	從	屑	入	四	七
95	拽	喻	薛	入	四	七
96	寬	溪	桓	平	一	八
97	鑽	精	桓	平	一	八
98	攛	清	桓	平	一	八
99	欑	從	桓	平	一	八
100	趫	群	刪	平	二	八
101	闤	來	山	平	二	八
102	廛	知	仙	平	三 C	八
103	歂	牀	仙	平	三 C	八
104	船	禪	仙	平	三 C	八
105	娟	影	仙	平	三 C	八
106	員	喻	仙	平	三 C	八
107	攣	來	仙	平	三 C	八
108	涓	見	先	平	四	八
109	麀	群	先	平	四	八
110	涙	曉	緩	上	一	八
111	夘	明	潸	上	二	八
112	僩	匣	潸	上	二	八
113	轉	照	獮	上	三 C	八

序號	韻字	紐	指掌圖韻	調	等	圖名
114	篆	牀	獮	上	三C	八
115	宛	影	獮	上	四	八
116	鑽	精	換	去	一	八
117	攢	從	換	去	一	八
118	嬎	敷	願	去	三B	八
119	濶	溪	末	入	一	八
120	悦	喻	薛	入	四	八
121	瀙	穿	臻	平	二	九
122	榛	牀	臻	平	二	九
123	獮	徹	眞	平	三C	九
124	硍	疑	眞	平	三D	九
125	巡	從	諄	平	三C	九
126	近	群	隱	上	三C	九
127	隱	影	隱	上	三C	九
128	刃	日	震	去	三C	九
129	贐	邪	稕	去	三C	九
130	胤	喻	震	去	三D	九
131	剎	穿	櫛	入	二	九
132	實	禪	質	入	三C	九
133	卽	精	質	入	三C	九
134	昏	曉	魂	平	一	十
135	魂	匣	魂	平	一	十
136	繽	滂	眞	平	四	十
137	袞	見	混	上	一	十
138	怨	來	混	上	一	十
139	攗	見	準	上	三B	十
140	愍	明	準	上	三B	十

序號	韻字	紐	指掌圖韻	調	等	圖名
141	盾	禪	準	上	三 B	十
142	牝	並	準	上	四	十
143	泯	明	準	上	四	十
144	惛	曉	慁	去	一	十
145	順	禪	稕	去	三 B	十
146	閏	日	稕	去	三 B	十
147	突	定	没	入	一	十
148	不	幫	没	入	一	十
149	蝨	照	質	入	二	十
150	術	禪	術	入	三 B	十
151	嗟	精	歌	平	一	十一
152	鹺	從	哿	上	一	十一
153	蘿	來	馬	上	二	十一
154	姐	精	馬	上	四	十一
155	灺	邪	馬	上	四	十一
156	柰	泥	箇	去	一	十一
157	舍	審	禡	去	三 B	十一
158	射	禪	禡	去	三 B	十一
159	擦	清	曷	入	一	十一
160	鍘	牀	鎋	入	二	十一
161	孽	疑	薛	入	三 B	十一
162	截	從	屑	入	四	十一
163	枻	喻	薛	入	四	十一
164	陊	端	戈	平	一	十二
165	捼	泥	戈	平	一	十二
166	咩	明	麻	平	四	十二
167	扡	疑	果	上	一	十二

序號	韻字	紐	指掌圖韻	調	等	圖名
168	娿	泥	果	上	一	十二
169	麼	明	果	上	一	十二
170	悅	喻	薛	入	四	十二
171	卬	疑	陽	平	三B	十三
172	繈	見	養	上	三B	十三
173	磋	溪	養	上	三B	十三
174	蔣	從	養	上	三B	十三
175	搶	清	宕	去	一	十三
176	剏	穿	漾	去	二	十三
177	潒	審	漾	去	二	十三
178	勺	知	藥	入	三B	十三
179	畧	來	藥	入	三B	十三
180	龐	並	江	平	二	十四
181	厖	明	江	平	二	十四
182	惊	見	陽	平	三B	十四
183	恇	溪	養	上	三B	十四
184	胮	滂	宕	去	一	十四
185	眶	溪	漾	去	三B	十四
186	設	溪	覺	入	三B	十四
187	剝	幫	覺	入	三B	十四
188	轉	非	藥	入	三B	十四
189	輷	溪	登	平	二	十五
190	濙	曉	梗	上	二	十五
191	囧	見	梗	上	四	十五
192	烹	滂	庚	平	二	十六
193	并	幫	清	平	四	十六
194	礮	群	靜	上	三B	十六

序號	韻字	紐	指掌圖韻	調	等	圖名
195	井	精	靜	上	四	十六
196	倗	並	嶝	去	一	十六
197	乘	禪	證	去	三B	十六
198	甯	泥	徑	去	四	十六
199	瞑	明	徑	去	四	十六
200	拆	徹	陌	入	二	十六
201	賾	禪	麥	入	二	十六
202	啞	影	陌	入	二	十六
203	皆	見	皆	平	二	十七
204	拳	徹	皆	平	二	十七
205	姟	滂	皆	平	二	十七
206	腬	日	咍	平	三B	十七
207	顗	疑	海	上	一	十七
208	廌	澄	蠏	上	二	十七
209	抧	照	薺	上	三B	十七
210	磕	溪	泰	去	一	十七
211	蠆	徹	泰	去	一	十七
212	哳	知	曷	入	一	十七
213	鍘	牀	黠	入	二	十七
214	列	來	黠	入	二	十七
215	菑	照	之	平	二	十八
216	俟	禪	紙	上	二	十八
217	蛪	疑	紙	上	四	十八
218	迆	喻	紙	上	四	十八
219	厠	穿	志	去	二	十八
220	示	禪	至	去	三C	十八
221	刺	穿	櫛	入	二	十八

序號	韻字	紐	指掌圖韻	調	等	圖名
222	實	禪	質	入	三C	十八
223	唧	精	質	入	四	十八
224	**逸**	喻	質	入	四	十八
225	攃	泥	灰	平	一	十九
226	暌	溪	齊	平	四	十九
227	鐓	定	賄	上	一	十九
228	崔	心	賄	上	一	十九
229	睨	疑	紙	上	三D	十九
230	破	滂	紙	上	三D	十九
231	瞞	曉	紙	上	三D	十九
232	兌	定	泰	去	一	十九
233	倍	並	隊	去	一	十九
234	暱	牀	至	去	二	十九
235	出	徹	至	去	三B	十九
236	不	幫	没	入	一	十九
237	叐	牀	没	入	一	十九
238	術	禪	術	入	三B	十九
239	鬱	影	術	入	四	十九
240	哀	审	佳	平	二	二十

表附 5　《經史正音切韻指南》與《廣韻》相異字表

序號	韻字	紐	指南韻	調	等	圖名
1	顒	群	東	平	一	通攝內一侷門
2	儂	泥	東	平	一	通攝內一侷門
3	佭	滂	東	平	一	通攝內一侷門
4	潁	見	董	上	一	通攝內一侷門
5	澴	疑	董	上	一	通攝內一侷門

序號	韻字	紐	指南韻	調	等	圖名
6	憽	從	董	上	一	通攝内一侷門
7	槿	並	送	去	一	通攝内一侷門
8	鸀	牀	燭	入	三B	通攝内一侷門
9	犎	微	鍾	平	三B	通攝内一侷門
10	雄	匣	鍾	平	三B	通攝内一侷門
11	葑	敷	用	去	三B	通攝内一侷門
12	艨	明	用	去	三B	通攝内一侷門
13	揰	穿	用	去	三B	通攝内一侷門
14	趙	喻	用	去	三B	通攝内一侷門
15	傗	娘	燭	入	三B	通攝内一侷門
16	匚	非	燭	入	三B	通攝内一侷門
17	娟	微	燭	入	三B	通攝内一侷門
18	妮	穿	燭	入	三B	通攝内一侷門
19	控	溪	講	上	二	江攝外一
20	攤	娘	講	上	二	江攝外一
21	撰	滂	講	上	二	江攝外一
22	傯	穿	講	上	二	江攝外一
23	聳	審	講	上	二	江攝外一
24	颩	溪	絳	去	二	江攝外一
25	鬗	娘	絳	去	二	江攝外一
26	賬	滂	絳	去	二	江攝外一
27	恾	明	絳	去	二	江攝外一
28	恅	曉	絳	去	二	江攝外一
29	崲	群	覺	入	二	江攝外一
30	茌	牀	脂	平	三C	止攝内二開口呼通門
31	美	明	旨	上	三C	止攝内二開口呼通門
32	倚	影	旨	上	三C	止攝内二開口呼通門

序號	韻字	紐	指南韻	調	等	圖名
33	縻	明	至	去	三 C	止攝內二開口呼通門
34	戲	曉	至	去	三 C	止攝內二開口呼通門
35	拂	滂	質	入	三 C	止攝內二開口呼通門
36	崒	禪	質	入	三 C	止攝內二開口呼通門
37	觺	疑	脂	平	三 D	止攝內二開口呼通門
38	體	透	旨	上	三 C	止攝內二開口呼通門
39	弟	定	旨	上	三 C	止攝內二開口呼通門
40	薺	從	旨	上	三 C	止攝內二開口呼通門
41	繫	見	至	去	三 D	止攝內二開口呼通門
42	帝	端	至	去	三 C	止攝內二開口呼通門
43	庫	幫	至	去	三 D	止攝內二開口呼通門
44	寐	明	至	去	三 D	止攝內二開口呼通門
45	系	匣	至	去	三 C	止攝內二開口呼通門
46	齕	疑	質	入	三 D	止攝內二開口呼通門
47	室	端	質	入	三 C	止攝內二開口呼通門
48	耋	定	質	入	三 C	止攝內二開口呼通門
49	昵	泥	質	入	三 C	止攝內二開口呼通門
50	蕤	照	脂	平	三 C	止攝內二合口呼通門
51	推	徹	旨	上	三 C	止攝內二合口呼通門
52	萎	娘	旨	上	三 C	止攝內二合口呼通門
53	箠	照	旨	上	三 C	止攝內二合口呼通門
54	餒	審	至	去	三 C	止攝內二合口呼通門
55	貀	娘	質	入	三 C	止攝內二合口呼通門
56	絀	審	質	入	三 C	止攝內二合口呼通門
57	鬑	見	脂	平	三 D	止攝內二合口呼通門
58	漼	精	脂	平	三 C	止攝內二合口呼通門
59	嫛	清	脂	平	三 C	止攝內二合口呼通門

序號	韻字	紐	指南韻	調	等	圖名
60	厜	從	脂	平	三C	止攝內二合口呼通門
61	洼	影	脂	平	三D	止攝內二合口呼通門
62	嵬	疑	旨	上	三D	止攝內二合口呼通門
63	崒	清	旨	上	三C	止攝內二合口呼通門
64	繘	群	質	入	三D	止攝內二合口呼通門
65	崪	從	質	入	三C	止攝內二合口呼通門
66	䫻	匣	質	入	三C	止攝內二合口呼通門
67	俉	喻	模	平	一	遇攝內三獨韻侷門
68	欘	牀	燭	入	三B	遇攝內三獨韻侷門
69	數	審	燭	入	三B	遇攝內三獨韻侷門
70	傳	娘	燭	入	三B	遇攝內三獨韻侷門
71	匚	非	燭	入	三B	遇攝內三獨韻侷門
72	媚	微	燭	入	三B	遇攝內三獨韻侷門
73	妲	穿	燭	入	三B	遇攝內三獨韻侷門
74	覻	清	御	去	三B	遇攝內三獨韻侷門
75	頤	喻	咍	平	一	蟹攝外二開口呼廣門
76	騃	疑	海	上	一	蟹攝外二開口呼廣門
77	愷	幫	海	上	一	蟹攝外二開口呼廣門
78	謜	心	海	上	一	蟹攝外二開口呼廣門
79	隑	群	代	去	一	蟹攝外二開口呼廣門
80	緷	知	皆	平	二	蟹攝外二開口呼廣門
81	嫭	澄	皆	平	二	蟹攝外二開口呼廣門
82	槐	娘	皆	平	二	蟹攝外二開口呼廣門
83	頻	幫	皆	平	二	蟹攝外二開口呼廣門
84	崑	滂	皆	平	二	蟹攝外二開口呼廣門
85	齋	照	皆	平	二	蟹攝外二開口呼廣門
86	鍇	見	駭	上	二	蟹攝外二開口呼廣門

续表

序號	韻字	紐	指南韻	調	等	圖名
87	鉫	知	駭	上	二	蟹攝外二開口呼廣門
88	徥	澄	駭	上	二	蟹攝外二開口呼廣門
89	牝	滂	駭	上	二	蟹攝外二開口呼廣門
90	抧	照	駭	上	二	蟹攝外二開口呼廣門
91	嵃	穿	駭	上	二	蟹攝外二開口呼廣門
92	攋	來	駭	上	二	蟹攝外二開口呼廣門
93	齛	群	怪	去	二	蟹攝外二開口呼廣門
94	媞	知	怪	去	二	蟹攝外二開口呼廣門
95	憖	牀	怪	去	二	蟹攝外二開口呼廣門
96	啠	知	鎋	入	二	蟹攝外二開口呼廣門
97	噠	澄	鎋	入	二	蟹攝外二開口呼廣門
98	苪	日	齊	平	一	蟹攝外二開口呼廣門
99	嫟	娘	祭	去	三 C	蟹攝外二開口呼廣門
100	犂	牀	祭	去	三 C	蟹攝外二開口呼廣門
101	世	審	祭	去	三 C	蟹攝外二開口呼廣門
102	歇	曉	祭	去	三 C	蟹攝外二開口呼廣門
103	拂	滂	質	入	三 C	蟹攝外二開口呼廣門
104	嵞	禪	質	入	三 C	蟹攝外二開口呼廣門
105	矷	滂	齊	平	四	蟹攝外二開口呼廣門
106	鵙	見	薺	上	四	蟹攝外二開口呼廣門
107	瞖	喻	霽	去	四	蟹攝外二開口呼廣門
108	麂	疑	質	入	三 D	蟹攝外二開口呼廣門
109	窒	端	質	入	三 C	蟹攝外二開口呼廣門
110	耋	定	質	入	三 C	蟹攝外二開口呼廣門
111	昵	泥	質	入	三 C	蟹攝外二開口呼廣門
112	靁	來	灰	平	一	蟹攝外二合口呼廣門
113	頜	見	賄	上	一	蟹攝外二合口呼廣門

续表

序號	韻字	紐	指南韻	調	等	圖名
114	悖	幫	賄	上	一	蟹攝外二合口呼廣門
115	琣	滂	賄	上	一	蟹攝外二合口呼廣門
116	漼	心	賄	上	一	蟹攝外二合口呼廣門
117	阭	喻	賄	上	一	蟹攝外二合口呼廣門
118	韇	群	隊	去	一	蟹攝外二合口呼廣門
119	啐	從	隊	去	一	蟹攝外二合口呼廣門
120	瘛	喻	隊	去	一	蟹攝外二合口呼廣門
121	刡	心	末	入	一	蟹攝外二合口呼廣門
122	詭	疑	皆	平	二	蟹攝外二合口呼廣門
123	磈	穿	皆	平	二	蟹攝外二合口呼廣門
124	蓑	審	皆	平	二	蟹攝外二合口呼廣門
125	膀	溪	駭	上	二	蟹攝外二合口呼廣門
126	儰	知	駭	上	二	蟹攝外二合口呼廣門
127	撮	穿	駭	上	二	蟹攝外二合口呼廣門
128	崴	影	駭	上	二	蟹攝外二合口呼廣門
129	鬠	群	怪	去	二	蟹攝外二合口呼廣門
130	顡	徹	怪	去	二	蟹攝外二合口呼廣門
131	取	娘	怪	去	二	蟹攝外二合口呼廣門
132	庍	幫	怪	去	二	蟹攝外二合口呼廣門
133	擺	牀	怪	去	二	蟹攝外二合口呼廣門
134	觖	溪	廢	去	三A	蟹攝外二合口呼廣門
135	餯	疑	廢	去	三A	蟹攝外二合口呼廣門
136	惙	徹	廢	去	三A	蟹攝外二合口呼廣門
137	鏑	澄	廢	去	三A	蟹攝外二合口呼廣門
138	衛	喻	廢	去	三A	蟹攝外二合口呼廣門
139	木	澄	術	入	三C	蟹攝外二合口呼廣門
140	貀	娘	術	入	三C	蟹攝外二合口呼廣門

序號	韻字	紐	指南韻	調	等	圖名
141	絀	審	術	入	三 C	蟹攝外二合口呼廣門
142	覟	疑	齊	平	四	蟹攝外二合口呼廣門
143	睦	並	齊	平	四	蟹攝外二合口呼廣門
144	袂	溪	霽	去	四	蟹攝外二合口呼廣門
145	刷	滂	霽	去	三 D	蟹攝外二合口呼廣門
146	銳	喻	霽	去	三 C	蟹攝外二合口呼廣門
147	繘	群	術	入	三 D	蟹攝外二合口呼廣門
148	驈	匣	術	入	三 C	蟹攝外二合口呼廣門
149	鞎	溪	痕	平	一	臻攝外三開口呼通門
150	頷	群	很	上	一	臻攝外三開口呼通門
151	限	疑	很	上	一	臻攝外三開口呼通門
152	洒	心	很	上	一	臻攝外三開口呼通門
153	穩	影	很	上	一	臻攝外三開口呼通門
154	佷	溪	恨	去	一	臻攝外三開口呼通門
155	瘄	透	恨	去	一	臻攝外三開口呼通門
156	撋	心	恨	去	一	臻攝外三開口呼通門
157	抾	見	沒	入	一	臻攝外三開口呼通門
158	硈	疑	沒	入	一	臻攝外三開口呼通門
159	溵	穿	眞	平	三 C	臻攝外三開口呼通門
160	緣	照	震	去	三 A	臻攝外三開口呼通門
161	酳	牀	震	去	三 C	臻攝外三開口呼通門
162	緊	溪	眞	平	三 C	臻攝外三開口呼通門
163	咽	影	眞	平	三 C	臻攝外三開口呼通門
164	駗	知	軫	上	三 C	臻攝外三開口呼通門
165	逊	曉	軫	上	三 C	臻攝外三開口呼通門
166	辿	影	軫	上	三 C	臻攝外三開口呼通門
167	掀	溪	焮	去	三 C	臻攝外三開口呼通門

序號	韻字	紐	指南韻	調	等	圖名
168	僅	群	震	去	三 C	臻攝外三開口呼通門
169	鎮	知	震	去	三 C	臻攝外三開口呼通門
170	愍	明	震	去	三 C	臻攝外三開口呼通門
171	拂	滂	質	入	三 C	臻攝外三開口呼通門
172	宲	禪	質	入	三 C	臻攝外三開口呼通門
173	鵁	曉	眞	平	三 D	臻攝外三開口呼通門
174	臏	幫	軫	上	三 D	臻攝外三開口呼通門
175	砏	滂	軫	上	三 D	臻攝外三開口呼通門
176	卤	心	軫	上	三 C	臻攝外三開口呼通門
177	貎	疑	質	入	三 D	臻攝外三開口呼通門
178	室	端	質	入	三 C	臻攝外三開口呼通門
179	臺	定	質	入	三 C	臻攝外三開口呼通門
180	昵	泥	質	入	三 C	臻攝外三開口呼通門
181	昏	曉	魂	平	一	臻攝外三合口呼通門
182	魂	匣	魂	平	一	臻攝外三合口呼通門
183	頓	端	混	上	一	臻攝外三合口呼通門
184	怨	來	混	上	一	臻攝外三合口呼通門
185	黗	透	慁	去	一	臻攝外三合口呼通門
186	慁	曉	慁	去	一	臻攝外三合口呼通門
187	硉	疑	沒	入	一	臻攝外三合口呼通門
188	不	幫	沒	入	一	臻攝外三合口呼通門
189	竣	照	諄	平	三 C	臻攝外三合口呼通門
190	輴	穿	諄	平	三 C	臻攝外三合口呼通門
191	輑	疑	文	平	三 A	臻攝外三合口呼通門
192	庫	見	吻	上	三 C	臻攝外三合口呼通門
193	稛	溪	準	上	三 C	臻攝外三合口呼通門
194	輑	疑	準	上	三 C	臻攝外三合口呼通門

序號	韻字	紐	指南韻	調	等	圖名
195	楮	徹	準	上	三C	臻攝外三合口呼通門
196	蜳	澄	準	上	三C	臻攝外三合口呼通門
197	壺	溪	稕	去	三C	臻攝外三合口呼通門
198	蝕	知	稕	去	三C	臻攝外三合口呼通門
199	淪	來	稕	去	三C	臻攝外三合口呼通門
200	豽	娘	術	入	三C	臻攝外三合口呼通門
201	絀	審	術	入	三C	臻攝外三合口呼通門
202	蜦	影	諄	平	三D	臻攝外三合口呼通門
203	蹲	清	準	上	三C	臻攝外三合口呼通門
204	瘄	從	準	上	三C	臻攝外三合口呼通門
205	楯	邪	準	上	三C	臻攝外三合口呼通門
206	昀	見	稕	去	三D	臻攝外三合口呼通門
207	繘	群	術	入	三D	臻攝外三合口呼通門
208	驌	匣	術	入	三C	臻攝外三合口呼通門
209	籛	精	寒	平	一	山攝外四開口呼廣門
210	趲	精	旱	上	一	山攝外四開口呼廣門
211	侒	影	旱	上	一	山攝外四開口呼廣門
212	侃	溪	翰	去	一	山攝外四開口呼廣門
213	攤	泥	翰	去	一	山攝外四開口呼廣門
214	繖	心	翰	去	一	山攝外四開口呼廣門
215	間	見	山	平	二	山攝外四開口呼廣門
216	然	娘	山	平	二	山攝外四開口呼廣門
217	瓣	並	山	平	二	山攝外四開口呼廣門
218	犉	穿	山	平	二	山攝外四開口呼廣門
219	簡	見	產	上	二	山攝外四開口呼廣門
220	屍	徹	產	上	二	山攝外四開口呼廣門
221	赧	娘	產	上	二	山攝外四開口呼廣門

续表

序號	韻字	紐	指南韻	調	等	圖名
222	昐	滂	產	上	二	山攝外四開口呼廣門
223	版	並	產	上	二	山攝外四開口呼廣門
224	軋	影	產	上	二	山攝外四開口呼廣門
225	暴	娘	諫	去	二	山攝外四開口呼廣門
226	哳	知	鎋	入	二	山攝外四開口呼廣門
227	噠	澄	鎋	入	二	山攝外四開口呼廣門
228	櫾	明	仙	平	三 C	山攝外四開口呼廣門
229	綣	溪	獮	上	三 C	山攝外四開口呼廣門
230	倢	溪	線	去	三 C	山攝外四開口呼廣門
231	軔	日	線	去	三 C	山攝外四開口呼廣門
232	紇	匣	月	入	三 A	山攝外四開口呼廣門
233	緆	影	薛	入	三 C	山攝外四開口呼廣門
234	妍	疑	仙	平	三 D	山攝外四開口呼廣門
235	祆	曉	仙	平	三 D	山攝外四開口呼廣門
236	萹	滂	獮	上	三 D	山攝外四開口呼廣門
237	麪	明	線	去	三 D	山攝外四開口呼廣門
238	旮	曉	薛	入	三 D	山攝外四開口呼廣門
239	鋑	清	桓	平	一	山攝外四合口呼廣門
240	攢	從	桓	平	一	山攝外四合口呼廣門
241	輐	疑	緩	上	一	山攝外四合口呼廣門
242	蠢	清	緩	上	一	山攝外四合口呼廣門
243	濺	曉	緩	上	一	山攝外四合口呼廣門
244	刢	心	末	入	一	山攝外四合口呼廣門
245	讙	群	山	平	二	山攝外四合口呼廣門
246	狗	牀	山	平	二	山攝外四合口呼廣門
247	豩	曉	山	平	二	山攝外四合口呼廣門
248	豣	知	產	上	二	山攝外四合口呼廣門

序號	韻字	紐	指南韻	調	等	圖名
249	䁲	照	產	上	二	山攝外四合口呼廣門
250	蹇	群	諫	去	二	山攝外四合口呼廣門
251	脧	徹	獮	上	三C	山攝外四合口呼廣門
252	䐉	娘	獮	上	三C	山攝外四合口呼廣門
253	疲	敷	阮	上	三A	山攝外四合口呼廣門
254	縛	審	線	去	三C	山攝外四合口呼廣門
255	猭	群	薛	入	三C	山攝外四合口呼廣門
256	髮	非	薛	入	三A	山攝外四合口呼廣門
257	徧	幫	獮	上	三D	山攝外四合口呼廣門
258	葰	邪	獮	上	三C	山攝外四合口呼廣門
259	蜎	影	獮	上	三D	山攝外四合口呼廣門
260	駽	溪	線	去	三D	山攝外四合口呼廣門
261	恮	精	線	去	三C	山攝外四合口呼廣門
262	泉	從	線	去	三C	山攝外四合口呼廣門
263	悅	喻	薛	入	三C	山攝外四合口呼廣門
264	醩	澄	皓	上	一	効攝外五獨韻廣門
265	擡	群	号	去	一	効攝外五獨韻廣門
266	韜	透	号	去	一	効攝外五獨韻廣門
267	㸪	澄	号	去	一	効攝外五獨韻廣門
268	耗	曉	号	去	一	効攝外五獨韻廣門
269	泑	端	鐸	入	一	効攝外五獨韻廣門
270	博	幫	鐸	入	一	効攝外五獨韻廣門
271	猇	喻	肴	平	二	効攝外五獨韻廣門
272	䄻	徹	巧	上	二	効攝外五獨韻廣門
273	砲	澄	巧	上	二	効攝外五獨韻廣門
274	嗃	曉	巧	上	二	効攝外五獨韻廣門
275	膠	來	巧	上	二	効攝外五獨韻廣門

续表

序號	韻字	紐	指南韻	調	等	圖名
276	教	見	効	去	二	効攝外五獨韻廣門
277	嶨	群	覺	入	二	効攝外五獨韻廣門
278	瀌	並	宵	平	三C	効攝外五獨韻廣門
279	槁	溪	小	上	三C	効攝外五獨韻廣門
280	肇	澄	小	上	三C	効攝外五獨韻廣門
281	驕	見	笑	去	三C	効攝外五獨韻廣門
282	超	徹	笑	去	三C	効攝外五獨韻廣門
283	覤	穿	笑	去	三C	効攝外五獨韻廣門
284	尞	來	笑	去	三C	効攝外五獨韻廣門
285	嬈	泥	宵	平	三C	効攝外五獨韻廣門
286	飆	幫	宵	平	三D	効攝外五獨韻廣門
287	猶	群	小	上	三D	効攝外五獨韻廣門
288	鶫	疑	小	上	三D	効攝外五獨韻廣門
289	濯	從	小	上	三C	効攝外五獨韻廣門
290	吊	端	笑	去	三C	効攝外五獨韻廣門
291	標	幫	笑	去	三D	効攝外五獨韻廣門
292	笑	心	笑	去	三C	効攝外五獨韻廣門
293	魖	曉	笑	去	三D	効攝外五獨韻廣門
294	顤	匣	笑	去	三C	効攝外五獨韻廣門
295	翱	群	歌	平	一	果攝內四假攝外六狹門
296	牷	精	歌	平	一	果攝內四假攝外六狹門
297	蠡	從	哿	上	一	果攝內四假攝外六狹門
298	椏	影	箇	去	一	果攝內四假攝外六狹門
299	沰	端	鐸	入	一	果攝內四假攝外六狹門
300	槎	照	麻	平	三B	果攝內四假攝外六狹門
301	踏	澄	馬	上	二	果攝內四假攝外六狹門
302	土	滂	馬	上	二	果攝內四假攝外六狹門

序號	韻字	紐	指南韻	調	等	圖名
303	笈	穿	馬	上	三B	果攝內四假攝外六狹門
304	蘲	來	馬	上	三B	果攝內四假攝外六狹門
305	瘥	穿	禡	去	三B	果攝內四假攝外六狹門
306	唶	知	鎋	入	二	果攝內四假攝外六狹門
307	噠	澄	鎋	入	二	果攝內四假攝外六狹門
308	𦌘	來	麻	平	三B	果攝內四假攝外六狹門
309	跊	來	馬	上	三B	果攝內四假攝外六狹門
310	舍	審	禡	去	三B	果攝內四假攝外六狹門
311	坬	禪	禡	去	三B	果攝內四假攝外六狹門
312	偌	日	禡	去	三B	果攝內四假攝外六狹門
313	臁	泥	麻	平	三B	果攝內四假攝外六狹門
314	咩	明	麻	平	三B	果攝內四假攝外六狹門
315	硨	清	麻	平	三B	果攝內四假攝外六狹門
316	苛	曉	麻	平	三B	果攝內四假攝外六狹門
317	哆	端	馬	上	三B	果攝內四假攝外六狹門
318	姐	從	馬	上	三B	果攝內四假攝外六狹門
319	截	從	屑	入	三C	果攝內四假攝外六狹門
320	䐹	端	戈	平	一	果攝內四假攝外六合口呼
321	詑	喻	戈	平	一	果攝內四假攝外六合口呼
322	麼	明	果	上	一	果攝內四假攝外六合口呼
323	臥	疑	過	去	一	果攝內四假攝外六合口呼
324	馌	並	過	去	一	果攝內四假攝外六合口呼
325	挫	照	麻	平	三B	果攝內四假攝外六合口呼
326	孌	來	麻	平	三B	果攝內四假攝外六合口呼
327	𠆩	知	馬	上	二	果攝內四假攝外六合口呼
328	磋	澄	馬	上	二	果攝內四假攝外六合口呼
329	掗	影	馬	上	二	果攝內四假攝外六合口呼

续表

序號	韻字	紐	指南韻	調	等	圖名
330	掗	影	禡	去	二	果攝內四假攝外六合口呼
331	樇	日	麻	平	三 B	果攝內四假攝外六合口呼
332	㕟	群	薛	入	三 C	果攝內四假攝外六合口呼
333	穄	清	宕	去	一	宕攝內五開口呼佪門
334	泬	端	鐸	入	一	宕攝內五開口呼佪門
335	愽	幫	鐸	入	一	宕攝內五開口呼佪門
336	愢	照	養	上	三 B	宕攝內五開口呼佪門
337	翄	穿	樣	去	三 B	宕攝內五開口呼佪門
338	霜	審	樣	去	三 B	宕攝內五開口呼佪門
339	斳	牀	藥	入	三 B	宕攝內五開口呼佪門
340	強	群	陽	平	三 B	宕攝內五開口呼佪門
341	卬	疑	陽	平	三 B	宕攝內五開口呼佪門
342	繈	見	養	上	三 B	宕攝內五開口呼佪門
343	磋	溪	養	上	三 B	宕攝內五開口呼佪門
344	轉	非	藥	入	三 B	宕攝內五開口呼佪門
345	饟	泥	養	上	三 B	宕攝內五開口呼佪門
346	蔣	從	養	上	三 B	宕攝內五開口呼佪門
347	胮	滂	宕	去	一	宕攝內五合口呼佪門
348	恇	見	陽	平	三 B	宕攝內五合口呼佪門
349	恇	溪	養	上	三 B	宕攝內五合口呼佪門
350	尩	影	養	上	三 B	宕攝內五合口呼佪門
351	眶	溪	樣	去	三 B	宕攝內五合口呼佪門
352	硱	溪	登	平	一	曾攝內六開口呼佪門
353	鬅	清	登	平	一	曾攝內六開口呼佪門
354	鞥	影	登	平	一	曾攝內六開口呼佪門
355	寎	見	等	上	一	曾攝內六開口呼佪門
356	齆	透	等	上	一	曾攝內六開口呼佪門

序號	韻字	紐	指南韻	調	等	圖名
357	踱	定	等	上	一	曾攝内六開口呼侷門
358	倗	並	等	上	一	曾攝内六開口呼侷門
359	瞢	明	等	上	一	曾攝内六開口呼侷門
360	矰	精	等	上	一	曾攝内六開口呼侷門
361	詯	匣	等	上	一	曾攝内六開口呼侷門
362	塂	溪	嶝	去	一	曾攝内六開口呼侷門
363	鼐	泥	嶝	去	一	曾攝内六開口呼侷門
364	鯛	滂	嶝	去	一	曾攝内六開口呼侷門
365	倰	來	嶝	去	一	曾攝内六開口呼侷門
366	儚	明	蒸	平	三B	曾攝内六開口呼侷門
367	熊	喻	蒸	平	三B	曾攝内六開口呼侷門
368	澄	澄	拯	上	三B	曾攝内六開口呼侷門
369	憑	並	拯	上	三B	曾攝内六開口呼侷門
370	齒	穿	拯	上	三B	曾攝内六開口呼侷門
371	耳	日	拯	上	三B	曾攝内六開口呼侷門
372	炊	溪	證	去	三B	曾攝内六開口呼侷門
373	迡	娘	證	去	三B	曾攝内六開口呼侷門
374	冰	幫	證	去	三B	曾攝内六開口呼侷門
375	淜	滂	證	去	三B	曾攝内六開口呼侷門
376	砅	並	證	去	三B	曾攝内六開口呼侷門
377	洫	匣	職	入	三B	曾攝内六開口呼侷門
378	日	日	職	入	三B	曾攝内六開口呼侷門
379	鱛	精	蒸	平	三B	曾攝内六開口呼侷門
380	繰	心	蒸	平	三B	曾攝内六開口呼侷門
381	鬙	清	證	去	三B	曾攝内六開口呼侷門
382	硱	溪	登	平	一	曾攝内六合口呼侷門
383	泓	影	登	平	一	曾攝内六合口呼侷門

续表

序號	韻字	紐	指南韻	調	等	圖名
384	䛐	喻	蒸	平	三 B	曾攝内六合口呼侷門
385	爭	照	庚	平	二	梗攝外七開口呼廣門
386	磷	來	庚	平	二	梗攝外七開口呼廣門
387	伉	溪	梗	上	二	梗攝外七開口呼廣門
388	睜	照	梗	上	二	梗攝外七開口呼廣門
389	瀒	穿	梗	上	二	梗攝外七開口呼廣門
390	諱	曉	梗	上	二	梗攝外七開口呼廣門
391	憼	影	梗	上	二	梗攝外七開口呼廣門
392	諍	澄	静	去	二	梗攝外七開口呼廣門
393	瘌	徹	陌	入	二	梗攝外七開口呼廣門
394	策	穿	陌	入	二	梗攝外七開口呼廣門
395	穤	日	清	平	三 B	梗攝外七開口呼廣門
396	令	來	静	上	三 B	梗攝外七開口呼廣門
397	最	知	静	上	三 B	梗攝外七開口呼廣門
398	騽	日	静	上	三 B	梗攝外七開口呼廣門
399	㗃	娘	勁	去	三 B	梗攝外七開口呼廣門
400	痫	澄	勁	去	三 B	梗攝外七開口呼廣門
401	覢	見	昔	入	三 B	梗攝外七開口呼廣門
402	虼	澄	昔	入	三 B	梗攝外七開口呼廣門
403	虩	曉	昔	入	三 B	梗攝外七開口呼廣門
404	頸	見	清	平	三 B	梗攝外七開口呼廣門
405	聘	澄	清	平	三 B	梗攝外七開口呼廣門
406	䓶	曉	逈	上	四	梗攝外七開口呼廣門
407	井	精	静	上	三 B	梗攝外七開口呼廣門
408	聴	透	徑	去	四	梗攝外七開口呼廣門
409	屏	並	徑	去	四	梗攝外七開口呼廣門
410	纓	影	勁	去	三 B	梗攝外七開口呼廣門

序號	韻字	紐	指南韻	調	等	圖名
411	愨	溪	昔	入	三 B	梗攝外七開口呼廣門
412	剔	透	昔	入	三 B	梗攝外七開口呼廣門
413	悌	定	昔	入	三 B	梗攝外七開口呼廣門
414	鑷	泥	昔	入	三 B	梗攝外七開口呼廣門
415	酈	來	昔	入	三 B	梗攝外七開口呼廣門
416	鎠	溪	庚	平	二	梗攝外七合口呼廣門
417	宏	喻	庚	平	二	梗攝外七合口呼廣門
418	澋	曉	梗	上	二	梗攝外七合口呼廣門
419	嚇	喻	陌	入	二	梗攝外七合口呼廣門
420	憬	溪	靜	上	三 B	梗攝外七合口呼廣門
421	褧	見	勁	去	三 B	梗攝外七合口呼廣門
422	痀	溪	勁	去	三 B	梗攝外七合口呼廣門
423	病	曉	勁	去	三 B	梗攝外七合口呼廣門
424	棫	喻	昔	入	三 B	梗攝外七合口呼廣門
425	泂	見	清	平	三 B	梗攝外七合口呼廣門
426	屜	精	青	平	四	梗攝外七合口呼廣門
427	騂	曉	清	平	三 B	梗攝外七合口呼廣門
428	潁	心	靜	上	三 B	梗攝外七合口呼廣門
429	悄	曉	靜	上	三 B	梗攝外七合口呼廣門
430	迥	匣	迥	上	四	梗攝外七合口呼廣門
431	濙	匣	徑	去	四	梗攝外七合口呼廣門
432	扃	見	徑	去	四	梗攝外七合口呼廣門
433	鑎	溪	勁	去	三 B	梗攝外七合口呼廣門
434	闃	溪	錫	入	四	梗攝外七合口呼廣門
435	兜	端	侯	平	一	流攝內七獨韻狹門
436	抙	滂	侯	平	一	流攝內七獨韻狹門
437	鯫	邪	厚	上	一	流攝內七獨韻狹門

序號	韻字	紐	指南韻	調	等	圖名
438	候	匣	候	去	一	流攝內七獨韻狹門
439	鵩	牀	屋	入	三B	流攝內七獨韻狹門
440	惆	娘	尤	平	三B	流攝內七獨韻狹門
441	齵	疑	有	上	三B	流攝內七獨韻狹門
442	薵	牀	宥	去	三B	流攝內七獨韻狹門
443	憂	影	宥	去	三B	流攝內七獨韻狹門
444	傉	娘	燭	入	三B	流攝內七獨韻狹門
445	匚	非	燭	入	三B	流攝內七獨韻狹門
446	娟	微	燭	入	三B	流攝內七獨韻狹門
447	區	溪	尤	平	三B	流攝內七獨韻狹門
448	嫗	溪	有	上	三B	流攝內七獨韻狹門
449	赳	見	宥	去	三B	流攝內七獨韻狹門
450	螑	曉	宥	去	三B	流攝內七獨韻狹門
451	怎	精	寑	上	三C	深攝內八獨韻狹門
452	吽	曉	寑	上	三C	深攝內八獨韻狹門
453	岑	牀	侵	平	三C	深攝內八獨韻狹門
454	願	牀	寑	上	三C	深攝內八獨韻狹門
455	磣	牀	沁	去	三C	深攝內八獨韻狹門
456	搇	溪	沁	去	三C	深攝內八獨韻狹門
457	禀	幫	沁	去	三C	深攝內八獨韻狹門
458	瀋	穿	沁	去	三C	深攝內八獨韻狹門
459	譖	曉	沁	去	三C	深攝內八獨韻狹門
460	碪	透	侵	平	三C	深攝內八獨韻狹門
461	鱏	從	沁	去	三C	深攝內八獨韻狹門
462	勷	心	沁	去	三C	深攝內八獨韻狹門
463	鐔	邪	沁	去	三C	深攝內八獨韻狹門
464	甝	喻	沁	去	三C	深攝內八獨韻狹門

续表

序號	韻字	紐	指南韻	調	等	圖名
465	玵	疑	覃	平	一	咸攝外八獨韻狹門
466	玵	喻	覃	平	一	咸攝外八獨韻狹門
467	齡	群	勘	去	一	咸攝外八獨韻狹門
468	姏	明	勘	去	一	咸攝外八獨韻狹門
469	顑	曉	勘	去	一	咸攝外八獨韻狹門
470	鑑	匣	勘	去	一	咸攝外八獨韻狹門
471	憾	澄	咸	平	二	咸攝外八獨韻狹門
472	麥	明	咸	平	二	咸攝外八獨韻狹門
473	漸	照	咸	平	二	咸攝外八獨韻狹門
474	沾	喻	咸	平	二	咸攝外八獨韻狹門
475	鑑	來	咸	平	二	咸攝外八獨韻狹門
476	顐	疑	豏	上	二	咸攝外八獨韻狹門
477	覘	知	豏	上	二	咸攝外八獨韻狹門
478	鯗	穿	陷	去	二	咸攝外八獨韻狹門
479	鑑	來	陷	去	二	咸攝外八獨韻狹門
480	賠	徹	洽	入	二	咸攝外八獨韻狹門
481	罷	澄	洽	入	二	咸攝外八獨韻狹門
482	拉	來	洽	入	二	咸攝外八獨韻狹門
483	黔	見	鹽	平	三 C	咸攝外八獨韻狹門
484	狎	並	鹽	平	三 C	咸攝外八獨韻狹門
485	婆	曉	鹽	平	三 C	咸攝外八獨韻狹門
486	湛	澄	琰	上	三 C	咸攝外八獨韻狹門
487	讇	照	琰	上	三 C	咸攝外八獨韻狹門
488	陝	審	琰	上	三 C	咸攝外八獨韻狹門
489	歛	來	琰	上	三 C	咸攝外八獨韻狹門
490	鐱	群	豔	去	三 C	咸攝外八獨韻狹門
491	鴹	幫	葉	入	三 C	咸攝外八獨韻狹門

序號	韻字	紐	指南韻	調	等	圖名
492	妜	澪	葉	入	三 C	咸攝外八獨韻狹門
493	倢	曉	葉	入	三 C	咸攝外八獨韻狹門
494	涅	群	鹽	平	三 D	咸攝外八獨韻狹門
495	僭	精	琰	上	三 C	咸攝外八獨韻狹門
496	纖	心	琰	上	三 C	咸攝外八獨韻狹門
497	餤	邪	琰	上	三 C	咸攝外八獨韻狹門
498	戢	清	葉	入	三 C	咸攝外八獨韻狹門
499	燮	心	葉	入	三 C	咸攝外八獨韻狹門
500	協	匣	葉	入	三 C	咸攝外八獨韻狹門
501	黔	見	凡	平	三 A	咸攝外八狹門
502	顪	溪	凡	平	三 A	咸攝外八狹門
503	珱	微	凡	平	三 A	咸攝外八狹門
504	拑	群	范	上	三 A	咸攝外八狹門
505	凵	疑	范	上	三 A	咸攝外八狹門
506	拈	照	范	上	三 A	咸攝外八狹門
507	險	曉	范	上	三 A	咸攝外八狹門
508	崦	影	范	上	三 A	咸攝外八狹門
509	槏	喻	范	上	三 A	咸攝外八狹門
510	扻	群	梵	去	三 A	咸攝外八狹門
511	廞	疑	梵	去	三 A	咸攝外八狹門
512	黏	娘	梵	去	三 A	咸攝外八狹門
513	妡	審	梵	去	三 A	咸攝外八狹門
514	刧	見	乏	入	三 A	咸攝外八狹門
515	墋	澄	乏	入	三 A	咸攝外八狹門
516	鎰	喻	乏	入	三 A	咸攝外八狹門

後　　記

　　轉眼間，博士論文公開發表已逾十年，終於下定決心將它出版。各種機緣巧合，《宋元韻圖五種用字研究》這本小書將要問世，掛著我鍾愛的桂子之香。輕撫手中熟悉的文字，依稀回到了那段難忘的校園時光。

　　2006 年，我遠離家鄉，隻身來漢求學，有幸師從音韻學家尉遲治平教授攻讀語言學及應用語言學專業，一晃就是五年。這期間，老師淵博的學識、縝密的思維和嚴謹的治學態度常常令我讚歎不已，他教書育人，深入淺出，把漢語史、音韻學講得十分通透；他潛心研究，孜孜不倦，將最傳統和最前沿結合得異常精妙。在我心目中，正是像老師這樣的學者成就了大學之大。直至今日，我仍時時將老師所授之道講述給我的學生。

　　音韻學被稱爲絕學，是語言學中的冷門。入學之初，老師沒有給我們太多時間"望而卻步"，很快爲我們同屆四個研究生選定了研究内容，我和鄧曉玲做韻圖，主要材料是《韻鏡》《七音略》《四聲等子》《切韻指掌圖》和《經史正音切韻指南》五部宋元時期的代表韻圖。問題導向讓初入學術殿堂的我們快速進入了研究者的角色，首先是電子文本的製作，我們必須深入研讀每部韻圖，了解它們各自的體例和特點，纔能正確選擇電子文本的呈現方式；我們必須了解輸入法和字庫，必要時還得學學造字的本領。有了可靠的電子文本，接下來的工作主要藉助數字化手段逐步完成。讀博之後，老師與我商定將課題選定爲韻圖用字研究，希望將各韻圖韻字的情況進行一個全面系統的梳理，主要是通過韻圖與韻書的比較、韻圖之間的比較來展示韻圖的用字特點，並在此基礎之上探討韻圖的性質。這項任務看似基礎，實則工作量巨大，如果僅靠案頭工作，短短三年時間是不可能完成的。好在尉遲老師所帶領的團隊一直致力於中文信息處理和計算機輔助漢語史研究的相關工作，我所面臨的很多困難最終都在團隊成員的幫助之下順利解決。

　　研究過程中，有兩點感受特別深刻。一是堅定了"語言學既是自然科學又是社會科學"的學科認知。用材料舉證、用數據説話，可以"大膽假設"，但務必"小心求證"，所有的結論必須建立在嚴密論證的基礎上，或以數據，或以過程，最忌諱的就是信口開河。而今，語言學的橋樑作用不斷彰顯，正在與各種自然學科尋求交叉融合，在相互滲透中探索創新，努力服務社會發展進步。二是明白了團隊之於研究的重要性。尉遲老師的本碩博學生形成了一個分工明確的研究團隊，依靠學術沙龍的平臺，共同探討研究中出現的問題，提出行之有效的解決思路，我們每個人不必深耕所有的技術難題，只要明確工作需求，总能借助團隊的力量找到自己的出路。何其幸運，在最好的時光遇到最好的你們。

　　書稿撰寫期間，師兄黃仁瑄教授給予我諸多指導和幫助，他常鼓勵我不畏艱難，勇攀學術研究之峰，没有師兄的鞭策，此書恐尚在醖釀之中；韻圖研究中，曾一度面臨材料收集的難題，幸得等韻學專家楊軍教授不吝賜書、賜教，此"學術乃天下公器"之氣度令人敬仰。求學之路奠定了我的人生之路，由衷感謝一直以來教導幫扶我的恩師夏先培教授，"無望其速成，無誘於勢利，養其根而竢其實，加其膏而希其光"的囑咐時常縈繞於耳畔；感謝爲我授業解惑的程邦雄教授、董爲光教授、李崇興教授、劉根輝教授、劉寶俊教授、岳利民教授；感謝一直助力我技術攻關的高天俊博士、鄧曉玲博士、張新珍博士；感謝湖北大學文學院、原國際教育學院各位領導和前輩的大力支持；感謝家人的温暖陪伴，先生胡守年與我攜手同行十餘年，彼此理解，互相支持，已然成爲靈魂之伴侣，兒子景爍秉性質樸、寬厚仁愛，是上蒼賜予我最好的禮物，父母、外祖父母的寵愛亦成爲我前進途中的強大動力，僅此一並致謝。惟願山河無恙，家人師長平安順遂。出版之際，感謝同樣爲本書付出辛勤勞動的責任編輯李瓊老師。

　　由於本人學識能力所限，書中對於韻字的討論分析恐有疏漏之處，懇請博雅方家不吝賜正。

逯亞榮

2021 年 10 月 21 日於武漢沙湖之畔